计算机类本科教材

U0822864

MATLAB
基础及应用

/ 汤紫雄　林　薇　戴坤成 / 主编

電子工業出版社
Publishing House of Electronics Industry
北京 · BEIJING

内 容 提 要

本书融合教学中的实践经验，以培养应用型本科生的实际能力为主来设计结构、形式和内容。本书共 13 章，包括基础篇和应用篇。基础篇包括 MATLAB 入门、MATLAB 程序设计、MATLAB 图形绘制、MATLAB 数学运算、线性代数常用算法、概率统计常用算法、插值与拟合、MATLAB 优化算法、图与网络常用算法。应用篇提供了 MATLAB 在信号与系统、信息论编码、数字信号处理和数据分析中的典型应用案例，并配有算法功能解析。

本书可作为高等院校理工科相关专业学生学习 MATLAB 的教材，也可供对 MATLAB 感兴趣的人员参考。

图书在版编目（CIP）数据

MATLAB 基础及应用 / 汤紫雄，林薇，戴坤成主编.
北京 : 电子工业出版社，2025. 3 (2025. 9 重印).
ISBN 978-7-121-49999-9

Ⅰ. TP317

中国国家版本馆 CIP 数据核字第 20257W0B45 号

责任编辑：张　鑫　　文字编辑：韩玉宏
印　　刷：涿州市般润文化传播有限公司
装　　订：涿州市般润文化传播有限公司
出版发行：电子工业出版社
　　　　　北京市海淀区万寿路 173 信箱　　邮编：100036
开　　本：787×1 092　1/16　印张：11.75　字数：331 千字
版　　次：2025 年 3 月第 1 版
印　　次：2025 年 9 月第 2 次印刷
定　　价：59.00 元

凡所购买电子工业出版社图书有缺损问题，请向购买书店调换. 若书店售缺，请与本社发行部联系，联系及邮购电话：（010）88254888，88258888。

质量投诉请发邮件至 zlts@phei.com.cn，盗版侵权举报请发邮件至 dbqq@phei.com.cn。

本书咨询联系方式：zhangx@phei.com.cn。

前言

MATLAB 是一种用于科学计算、可视化表达和交互式程序设计的高级计算语言，也是许多科学领域中用于算法开发、数据可视化、数据分析、数值计算与应用开发的基本工具。MATLAB 可以解决科学计算中的许多问题。另外，由于 MATLAB 具有代码编写简单、效率高等优点，因此它在工程计算与仿真、图像处理、通信、信号处理、金融计算等领域的应用都十分广泛。

本书根据任课教师的意见，融合教学中的实践经验，以培养应用型本科生的实际能力为主来设计结构、形式和内容。基础篇系统讲述了 MATLAB 的基础知识，包括 MATLAB 入门、MATLAB 程序设计、MATLAB 图形绘制、MATLAB 数学运算、线性代数常用算法、概率统计常用算法、插值与拟合、MATLAB 优化算法、图与网络常用算法。基础篇重点突出，内容简洁，图文并茂。为加强读者对基础知识的理解和提高读者解决实际应用问题的能力，应用篇提供了 MATLAB 在信号与系统、信息论编码、数字信号处理和数据分析中的典型应用案例，并配有算法功能解析。

本书具有以下特点：

（1）由浅入深，循序渐进。以先基础后应用、先理论后实践、循序渐进的原则进行编排，方便教师教学和学生自学。

（2）内容丰富，例题新颖。本书结合编者多年教学经验和使用 MATLAB 的实践经验，列举出丰富的应用案例，便于读者更好地理解和掌握信号与系统、数字信号处理的数学概念、物理概念和工程概念。

（3）注重实践性。本书注重 MATLAB 基础知识与应用的紧密结合，以基础知识为主线，以实践应用为特色，引入大量相关课程的应用案例，从而引导读者更好地用 MATLAB 解决实际应用问题。

本书由汤紫雄、林薇、戴坤成联合编写。其中，第 10、11、13 章由林薇编写，剩下的章节由汤紫雄和戴坤成编写。

鉴于编者学识有限，书中可能存在缺点和不足之处，恳请读者谅解并提出宝贵意见，以便在将来加以改进和完善。

CONTENTS

目 录

基 础 篇

第 1 章 MATLAB 入门 …… 2
1.1 MATLAB 通用命令 …… 2
1.2 简单运算 …… 2
1.3 符号运算 …… 3
1.4 代数方程（组）求根 …… 4
第 2 章 MATLAB 程序设计 …… 5
2.1 M 文件 …… 5
2.1.1 脚本文件 …… 6
2.1.2 调试脚本文件 …… 7
2.1.3 函数文件 …… 9
2.2 流程控制语句 …… 11
2.2.1 顺序结构 …… 11
2.2.2 循环结构 …… 15
2.2.3 break 语句 …… 19
2.2.4 continue 语句 …… 20
2.3 交互程序控制命令 …… 22
2.3.1 input 和 disp 命令 …… 22
2.3.2 pause 命令 …… 22
2.3.3 echo 命令 …… 23
第 3 章 MATLAB 图形绘制 …… 24
3.1 二维图形 …… 24
3.2 图形修饰 …… 24
3.3 图形控制 …… 26
3.4 三维绘图 …… 26
3.5 应用举例 …… 27
第 4 章 MATLAB 数学运算 …… 33
4.1 函数 …… 33
4.2 极限、导数和极值 …… 35
4.3 积分 …… 36
4.4 求微分方程（组）的解析解 …… 36
4.5 数值微积分 …… 37
4.6 求微分方程（组）的数值解 …… 38
第 5 章 线性代数常用算法 …… 40
5.1 矩阵的创建 …… 40
5.2 矩阵运算命令 …… 40
5.3 矩阵分解 …… 41
5.4 多项式 …… 42
5.5 解线性方程组 …… 43
5.6 特征值与特征向量 …… 44
第 6 章 概率统计常用算法 …… 45
6.1 常用的概率分布计算 …… 45
6.2 数理统计常用算法 …… 45
第 7 章 插值与拟合 …… 48
7.1 数据插值 …… 48
7.2 数据拟合 …… 50
第 8 章 MATLAB 优化算法 …… 52
8.1 线性规划算法 …… 52

8.2 二次规划算法 …… 53
8.3 非线性规划算法 …… 54
8.4 整数线性规划算法 …… 55
8.5 0-1 整数线性规划算法 …… 57
8.6 方差分析 …… 59
8.7 回归分析 …… 60
第 9 章 图与网络常用算法 …… 62
9.1 最短路径算法 …… 62
9.2 最小生成树算法 …… 64

应 用 篇

第 10 章 MATLAB 在信号与系统中的应用 …… 67
实验 1 信号的时域描述与运算 …… 67
一、实验目的 …… 67
二、实验原理 …… 67
三、实验内容 …… 70
实验 2 连续时间系统的时域分析 …… 79
一、实验目的 …… 79
二、实验原理 …… 79
三、实验内容 …… 80
实验 3 信号频域分析 …… 88
一、实验目的 …… 88
二、实验原理 …… 88
三、实验内容 …… 90
实验 4 连续时间系统的频域分析 …… 101
一、实验目的 …… 101
二、实验原理 …… 102
三、实验内容 …… 103
实验 5 连续时间系统的复频域分析 …… 106
一、实验目的 …… 106
二、实验原理 …… 107
三、实验内容 …… 108
第 11 章 MATLAB 在信息论编码中的应用 …… 123
实验 1 离散信源及其信息测度 …… 123
一、实验目的 …… 123
二、实验原理 …… 123
三、实验内容 …… 124
四、实验过程 …… 125
实验 2 离散信道及其容量 …… 127
一、实验目的 …… 127
二、实验原理 …… 127
三、实验内容 …… 127
四、实验过程 …… 128
实验 3 无失真信源编码 …… 130
一、实验目的 …… 130
二、实验原理 …… 130
三、实验内容 …… 130
四、实验过程 …… 130
五、实验结果 …… 132
实验 4 信道编码技术的仿真 …… 133
一、实验目的 …… 133
二、实验原理 …… 133
三、实验内容 …… 133
四、实验过程 …… 133
五、实验结果 …… 135

第 12 章　MATLAB 在数字信号处理中的应用……136
实验 1　基于 MATLAB 离散系统时域分析……136
一、实验目的……136
二、实验原理……136
三、实验内容……136
四、实验报告要求……137
五、相关 MATLAB 语言工具函数简介……137
实验 2　基于 MATLAB 线性卷积和循环卷积计算……140
一、实验目的……140
二、实验原理……140
三、实验内容……142
四、思考题……142
五、实验报告要求……142
六、相关 MATLAB 语言工具函数简介……142
实验 3　基于 FFT 信号频谱分析……144
一、实验目的……144
二、实验原理……145
三、实验内容……148
四、思考题……148
五、实验报告要求……148
六、相关 MATLAB 语言工具函数简介……148
实验 4　基于 FFT 快速卷积计算……150
一、实验目的……150
二、实验原理……150
三、实验内容……151
四、思考题……152
五、实验报告要求……152
六、相关 MATLAB 语言工具函数简介……152
实验 5　基于 MATLAB 离散系统的变换域分析……153
一、实验目的……153
二、实验原理……153
三、实验内容……154
四、实验报告要求……154
五、相关 MATLAB 语言工具函数使用举例……154
实验 6　基于双线性变换法 IIR 滤波器设计……157
一、实验目的……157
二、实验原理……157
三、实验内容……160
四、思考题……160
五、实验报告要求……160
六、相关 MATLAB 语言工具函数简介……160
实验 7　基于窗口法 FIR 滤波器设计……162
一、实验目的……162
二、实验原理……162
三、实验内容……163
四、思考题……164
五、实验报告要求……164
六、相关 MATLAB 语言工具函数简介……164
第 13 章　MATLAB 在数据分析中的应用……166
实验 1　基于 MATLAB 数据预处理……166
一、实验目的……166
二、实验原理……166
三、实验内容……167
四、练习题……169

实验 2　基于 MATLAB 数据降维处理方法 …… 170
一、实验目的 …… 170
二、实验原理 …… 170
三、实验内容 …… 171
四、练习题 …… 173
实验 3　基于 MATLAB 数据方差分析 …… 173
一、实验目的 …… 173
二、实验原理 …… 174
三、实验内容 …… 174
四、练习题 …… 176
实验 4　基于 MATLAB 数据拟合与线性回归分析 …… 176
一、实验目的 …… 176
二、实验原理 …… 177
三、实验内容 …… 177
四、练习题 …… 180

基 础 篇

第 1 章　MATLAB 入门

1.1　MATLAB 通用命令

启动 MATLAB 后，就进入命令窗口（command window，也称命令行窗口），提示符为“>>”。

除通过菜单选项对工作空间进行控制外，MATLAB 还提供了许多通过键盘输入的通用命令，如表 1-1 所示。

表 1-1　MATLAB 的部分通用命令

通用命令	功　能
quit	关闭和退出 MATLAB
clc	擦除 MATLAB 命令窗口中的所有显示内容
clf	擦除 MATLAB 当前图形窗口中的图形
clear	清除内存中的变量和函数
pack	收集内存碎片以扩大内存空间
dir	列出指定目录下的文件和子目录清单
cd	改变当前工作目录
disp	（在运行中）显示变量和文字内容
type	显示所有指定文件的全部内容
echo	控制运行文件命令是否显示的开关

1.2　简单运算

1. 简单的运算举例

【例 1-1】 计算球体积。

```
r=2;               %有“;”不显示结果
v=4/3*pi*r^3      %没有“;”显示结果
```

注意：

（1）可将多个命令写在一行中，命令间用“,”或“;”分开。

（2）允许使用“←”“↑”“→”“↓”键来编辑前面的命令。

2. 变量和数据

（1）变量有数值型和字符型两类，变量类型和数组大小无须预先定义。

（2）常用的常量：i 或 j 表示复数单位，pi 表示 π ，Inf 表示无穷大。

（3）变量名以英文字母开头，后可跟英文字母、数字和下画线，区分大小写。

（4）变量查询用 who 或 whos，清除变量用 clear。

（5）数据显示格式：整数以无小数位形式显示，实数显示 4 位小数，可通过 format 命令改变。

（6）数据保存用 save，调用用 load。

【例 1-2】 变量定义、查询和清除。

```
a=1+2*i
A='This is a string'
who                %变量查询
whos               %变量查询
a                  %显示变量 a 的值
clear   a   A;     %清除变量 a 和 A
clear;             %清除所有变量
```

【例 1-3】 数据显示、保存和调用。

```
b=5
c=pi
format   rational;
c
format;
c
save;      %当前所有变量和数据保存到数据文件 matlab.mat 中
clear;
c
load;
c
```

3．数学函数

常用数学函数有 sin(A)、asin(A)、tan(A)、cot(A)、exp(A)、sqrt(A)、abs(A)、log(A)。

1.3　符号运算

符号运算的变量、表达式均为符号对象，应当用 sym 或 syms 生成。例如：

```
syms a,b,c;          %生成符号变量 a,b,c
```

【例 1-4】 多项式运算举例。

```
syms x; f=(x-1)^3; g=(x+1)^3;
h=f*g
s=expand(h)                    %展开
```

```
hf=factor(s)                %因式分解
hsub=subs(s,x,x^2+x+1)      %变量代换
hsim=simple(hsub)           %化简
```

1.4　代数方程（组）求根

常用的代数方程（组）求根命令如下：

roots：求多项式方程的根。

fzero：求一元函数在[a,b]的实根（要求函数在 a,b 两点异号）。

fsolve：求方程（组）的数值解。

solve：方程（组）求解。

【例 1-5】 求方程 $x^3+2x^2-5=0$ 的根。

```
roots([1 2 0 -5])
```

【例 1-6】 求方程 $\sin x=0.1x$ 在[2,6]中的实根。

```
fzero('sin(x)-0.1*x',[2,6])
```

【例 1-7】 解方程组 $\begin{cases}4x_1-x_2+\dfrac{1}{10}\mathrm{e}^{x_1}=1\\-x_1+4x_2+\dfrac{1}{8}x_1^2=0\end{cases}$。

```
[x,y,f]=fsolve('[4*x(1)-x(2)+exp(x(1))/10-1 , -x(1)+4*x(2)+x(1)^2/8]',[0,0])
```

【例 1-8】 求方程 $x^2-3x+\mathrm{e}^x=2$ 和方程组 $\begin{cases}x^2+xy+y=3\\x^2-4x+3=0\end{cases}$ 的根。

```
solve('x^2-3*x+exp(x)-2','x')
solve('x^2-3*x+exp(x)=2')
[x,y]=solve('x^2+x*y+y=3','x^2-4*x+3=0')
b=p(1)
a=exp(p(2))
```

【例 1-9】 多项式函数拟合。

```
x=[34 36 37 38 39 39 39 40 40 41 42 43 43 45 47 48];
y=[1.30 1.00 0.73 0.90 0.81 0.70 0.60 0.50 0.44 0.56 0.30 0.42 0.35 0.40 0.41 0.60];
close; plot(x,y)
p=polyfit(x,y,2)
xi=linspace(34,48,1000);        %绘图的 X 轴数据
z=polyval(p,xi);                %得到多项式在数据点处的值
close;   plot(x,y,'ko',xi,z,'r-')
```

第 2 章　MATLAB 程序设计

MATLAB 命令的执行有两种方式：一种是在命令窗口中采用交互方式的命令来执行，它操作简单、直观，但是速度慢，窗口关闭后，运算过程及结果无法保存，对于简单的运算，我们可通过交互方式的命令窗口来完成操作；另一种是把程序或代码集合放在 M 文件中，通过 M 文件来执行相应操作。

本章主要讲解 M 文件的建立及调试方法、顺序结构与循环结构的程序流程控制语句、应用程序设计。通过本章的学习，使大家掌握 MATLAB 程序设计的方法，在实际的运用过程中，解决规律性重复操作问题。

2.1　M 文件

在 MATLAB 中，用户的操作可以通过以下两种方式进行：

（1）交互方式。在命令窗口中直接输入命令，查看运行结果。

（2）M 文件。对于常用的程序或者尺寸较大的矩阵，如果每次都直接在命令窗口中从头输入就显得不方便，容易出现错误且不便于修改。为了解决这个问题，可以先将程序或代码写入一个 M 文件，然后在命令窗口中输入文件名称运行，或者在 M 文件所在的界面中选择执行命令，就可以直接调用，M 文件可以使编码效率得到很大提升。

MATLAB 的 M 文件分为两种类型：

（1）脚本文件。脚本文件由一连串命令构成，因此也称为命令文件。这类文件的第一行不以 function 开头。例如，当文件名为 name.m 时，在命令窗口中输入文件名 name 并按回车键即可运行。

（2）函数文件。函数文件的第一行为 function。例如，function y = name(x)，一般来说，函数名与函数文件名是一致的，在命令窗口中输入 name(x)，x 是运行参数，按回车键即可运行。

以 function 引导的一行为函数声明行，表示该 M 文件是一个函数文件。函数名的命名规则与变量名相同。输入参数（如上面的 x）是在调用函数时传递给函数的值。输出参数（如上面的 y）是函数计算后返回的结果。当函数有多个输出参数时，应该使用方括号将它们括起来，如 function [y1, y2] = name(x)。在 MATLAB 命令窗口中，可以通过输入函数名（如 name(x)）并按回车键来调用这个函数。

函数文件内定义的变量为局部变量，只在函数文件内部起作用，当函数文件执行结束后，这些变量将被清除。

2.1.1 脚本文件

1. 脚本文件

M 文件是一个文本文件，它可以用任何编辑程序来建立和编辑，而一般常用且最为方便的方法是使用 MATLAB 提供的编辑器。新建 M 文件的方式有以下三种：

（1）单击“主页”菜单下的“新建脚本”按钮；

（2）单击“编辑器”菜单下“新建”按钮下的脚本按钮 脚本；

（3）通过组合快捷键 Ctrl+N，新建脚本文件，打开编辑器。

【例 2-1】 编写脚本文件，计算 1+2+3+…+100。

```
clear %清除工作空间中的所有变量
clc    %清除命令窗口中的内容
sum=0;
for i=1:100
    sum=sum+i;
end
sum
```

以上程序中，以“%”开始的第一行文字是注释，便于直观地理解，接下来是程序主体部分，首先用 clear 命令清除工作空间中的所有变量，用 clc 命令清除命令窗口中的内容，接下来是代码段的集合。用户想查看脚本文件的运行结果，可以通过以下三种方法，如图 2-1 所示：

（1）单击“编辑器”菜单下的“运行”按钮；

（2）通过快捷键 F5 来执行上述脚本文件；

（3）在命令窗口中输入脚本文件名。

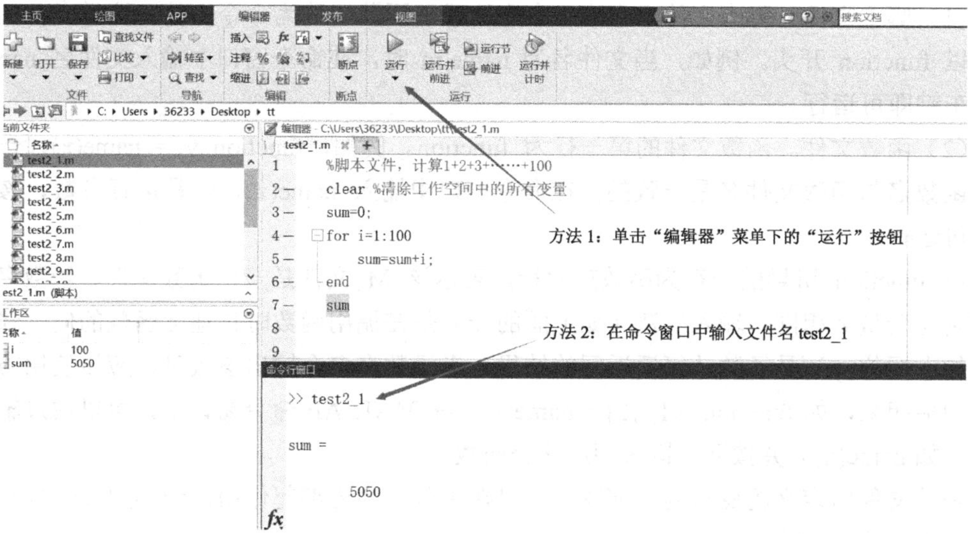

图 2-1 查看脚本文件运行结果的方法

2. 有效使用脚本文件

脚本文件中每一条命令的输入以及其所在的前后位置，与在命令窗口中输入是一样的。可以这样认为，当 MATLAB 执行脚本文件时，相当于从 M 文件中按顺序读取每一条命令，然后在命令窗口中执行。脚本文件运行产生的变量也保留在工作空间（workspace）中，可以很方便地查看变量，除非用 clear 命令清除；脚本文件的命令也可以访问工作空间中的所有数据，因此，要注意避免变量的覆盖而造成程序出错。

创建脚本文件的目的是避免重复性地输入常用的程序。例如，如果求 20 的阶乘变成求 30 的阶乘，只需要把输入的数据由 20 变为 30 即可，运算代码无须更改。

脚本文件命名错误会导致程序不能运行或出错，而没有任何警告。脚本文件命名时需要注意以下几点。

（1）文件名首字符必须以英文字母开头，不能是数字或下画线。以一个简单的绘图程序为例。其 M 文件被存于 F 盘中，并以“111”作为文件名。运行后，并没有生成图形，MATLAB 找不到该文件，而在命令窗口中返回了数字文件名，ans=111。若改用“_111”作为文件名，在命令窗口中会出现错误信息。而使用“M111”作为文件名，程序就能正常运行。

（2）文件名与 MATLAB 的内部函数名不同。M 文件名的命名尽量避免使用简单的英文单词，建议使用大小写英文字母、数字、下画线等的组合。原因是简单的单词命名容易与 MATLAB 内部函数同名。例如，若以“plot”作为上面示例程序的 M 文件名，运行后会在命令窗口中报错。

（3）M 文件名中不能有空格，不可以包含中文。若需要用两个或以上单词组合作为文件名，各单词必须直接连接组合（可把每个单词首字母大写以作区分或使用下画线）。例如，three phase 可写成 three_phase 或 ThreePhase，推荐后者，因为 C++等编程语言中也采用这种命名方式。若需要用两个或以上单词组合作为文件名，则各单词必须直接连接组合（可以把每个单词首字母大写以作区分，或者使用下画线），如 random walk，应该写成 RandomWalk 或者 Random_Walk。

存储 M 文件时，为了运行正常，需要注意：保存路径一定要设置为英文路径。如果使用带有中文的路径，在一些情况下会出现错误。

在不使用编辑器打开 M 文件的情况下，可以通过 type test1 查看 M 文件内容。

2.1.2　调试脚本文件

1. 脚本文件常见错误

在编辑器中输入代码内容后，通过“编辑器”菜单下的“运行”按钮运行。调试脚本文件是为了找出程序中的错误，让程序顺利运行。在程序运行过程中，经常会出现的错误如下。

（1）语法上的错误，如程序中出现一个圆括号等符号的缺失、写错函数名等，当单击“编辑器”菜单下的“运行”按钮时，会提示错误所在的行。

（2）运行过程中出现错误，如除数为 0 导致无法运算，或者要求输入数字字符却输入了非数字字符。

（3）调用的函数和需要载入的数据不在代码所写的路径上。

2．脚本文件排除错误

在程序调试过程中，可以采用以下方法来排除错误。

（1）可以删除语句末尾的分号，根据结果分析和判断代码错误。

（2）如果怀疑某一行代码有问题，可以在该行前面加%，将其变成注释，逐行检测代码。

（3）查看工作区中的变量变化来排除错误。

（4）通过设置断点的方法来排除错误。

3．设置断点排除错误

程序调试中最经典的方法是利用断点设置，然后结合 MATLAB 的错误提示查找和排除错误。下面将介绍，在 M 文件窗口中采用断点调试方法调试代码，通过“编辑器”菜单下的“断点”按钮设置条件断点，如图 2-2 所示，观察运行是否符合预期结果。

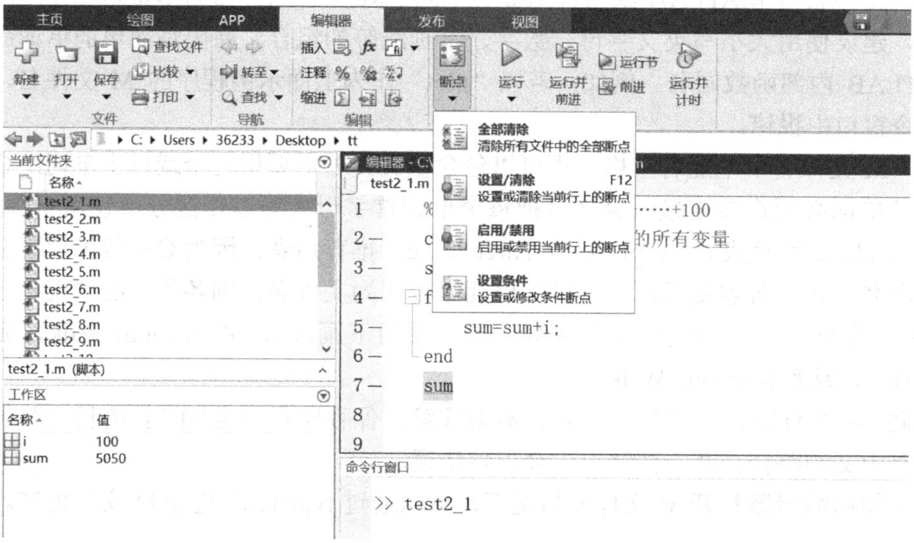

图 2-2　设置断点

在需要查看运行程序的具体设置，可以通过快捷键 F12 设置断点，此时编辑器窗口左侧会出现一个圆圈。通过快捷键 F10 进行单步执行，待程序运行到该断点位置时，可以在工作区中观察变量值的变化。此外，还可以设置条件断点，例如，在图 2-3 中，设置条件断点 i==7。

注意：快捷键 F10 和 F11 都是用于单步执行的，但二者有区别：F11 如果碰到 function 会跳入函数内执行，F10 则不会跳入。

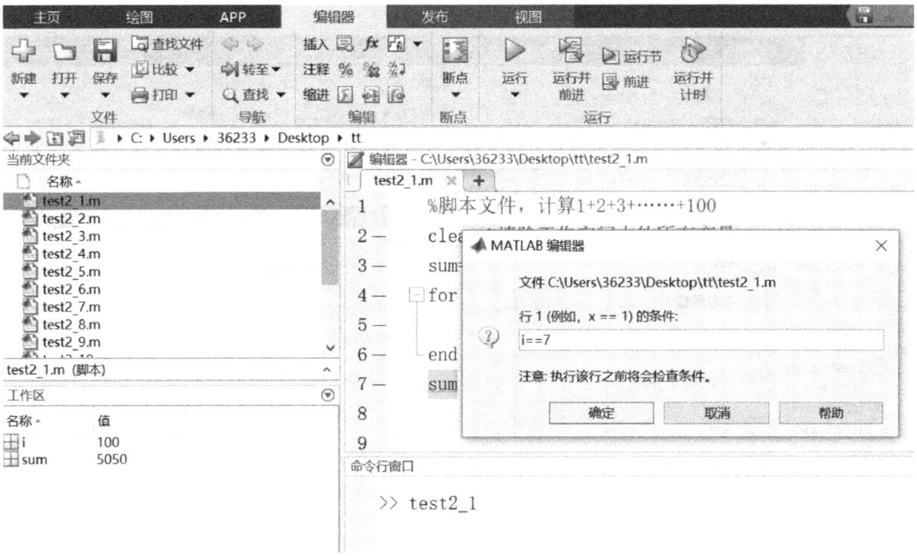

图 2-3 设置条件断点

在程序跳入函数内后，使用组合快捷键 Shift + F11，可以退出函数。

快捷键 F5 用于执行相邻两次断点间的所有命令，如断点在 for 循环中，按快捷键 F5 一次，即循环执行一次。

组合快捷键 Shift + F5 用于退出断点调试。

2.1.3 函数文件

函数文件的特点如下。

（1）第一行是以 function 引导的函数声明行，表明这是一个函数文件。

函数声明行的格式：

function [输出变量列表（输出形参表）] = 函数名(输入变量列表)

当输出形参的个数大于一个时，输出形参表要用方括号括起来，即输出为向量形式。

（2）函数文件在运行过程中产生的变量都存放在函数本身的工作空间中。

（3）当文件执行完最后一条命令或遇到“return”命令时，就结束函数文件的运行，同时函数工作空间中的变量就会被清除。

（4）函数的工作空间随具体的 M 函数文件调用而产生，随调用结束而删除，是独立的、临时的，在 MATLAB 运行过程中可以产生任意多个临时的函数空间。

下面介绍如何创建 M 函数文件，通过“主页”菜单下的“新建”按钮，选择“函数”，即可打开一个编辑器窗口，在编辑器窗口中编辑 M 函数文件，如图 2-4 所示。

1）函数文件名

M 函数文件名通常由函数名加上后缀.m 组成，但函数文件名和函数名也可能不一样，若二者不同，在调用时应该使用函数文件名，忽略函数名，因此，最好做到函数文件名和函数名统一。

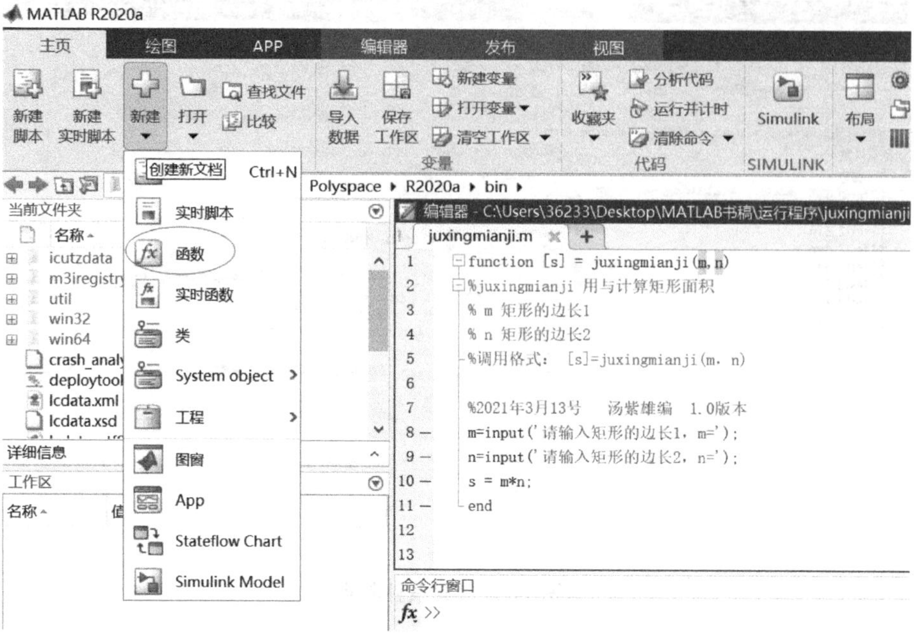

图 2-4 创建函数文件

2）注释说明部分

注释是为了更好地对函数文件的内容进行管理和更新，注释中主要包括三个部分：函数名称和功能（显示有关函数的名称和摘要）、函数参数信息和调用信息、函数文件编写人员和日期。

（1）紧随函数声明行之后以%开头的第一注释行。这一行一般包括大写形式的函数文件名和函数功能简要描述，供 lookfor 关键词查询和 help 在线帮助时使用。

（2）第一注释行及之后连续的注释行，通常包括函数输入/输出参数的含义及调用格式说明等信息，构成全部在线帮助文本。

（3）与在线帮助文本相隔一空行的注释行，通常包括关于函数文件编写和修改的信息，如作者、修改日期、版本等内容，用于软件档案管理。

下面举个例子，需要创建一个函数文件 juxingmianji，功能是计算矩形面积。

在如图 2-4 所示的创建函数文件的编辑器窗口中输入如图 2-5 所示的代码，保存函数文件名和函数名一致，即 juxingmianji.m。其中，第一行定义函数输入输出；第二行是函数功能及名称说明；第三、四、五行为函数参数及函数调用格式的说明，注意这里一定要写，方便以后查看该函数；第六行标注函数的日期、编者、版本。

在 MATLAB 命令窗口中输入以下命令，则会出现矩形面积的计算：

```
[c]=juxingmianji(5,6)
```

注意：在本例中，函数调用时，先将实参值 5 传递给相应的形参 m，把实参值 6 传递给相应的形参 n，从而实现参数传递。然后执行函数的功能，计算面积，并将计算结果 s 返回，送到变量 c。各实参出现的顺序、个数，应与函数定义时形参的顺序、个数一致，否则会出错。

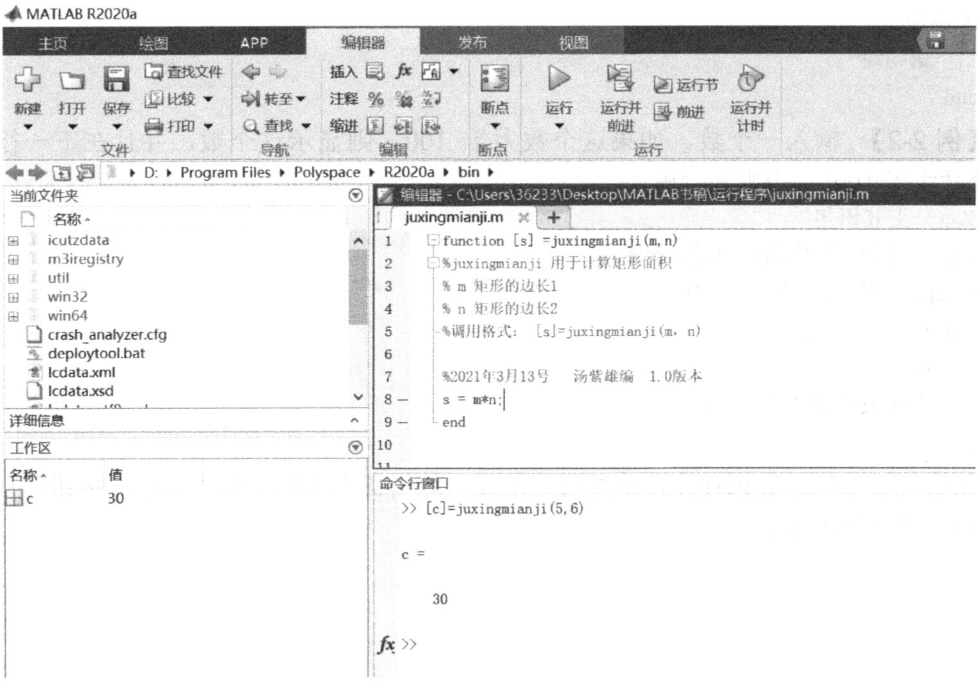

图 2-5　计算矩形面积的函数文件

脚本文件和函数文件的文件名及函数名的命名规则与 MATLAB 变量的命名规则相同。

2.2　流程控制语句

MATLAB 语言和其他语言类似，它提供了丰富的流程控制语句，以满足程序具体的功能要求，在命令窗口中的操作能实现人机交互，但是由于命令窗口的交互执行特点，其功能相对简单。虽然可以在命令窗口中使用流程控制语句，但代码可读性较差。因此，建议用 M 文件进行操作。

2.2.1　顺序结构

顺序结构可以认为是由程序模块串接构成的。一个程序模块是完成一项独立功能的逻辑单元，它可以是一段程序、一个函数，或者是一条语句。下面介绍顺序结构中的 if 语句和 switch 语句。

if 语句在 MATLAB 中的使用和其他语言类似，根据条件的成立与否，选择执行其后的语句。下面介绍 if 语句的三种情况。

1. 单分支 if 语句

单分支 if 语句的基本格式如下：

```
if 条件
    语句块
end
```

【例 2-2】 输入一个数，如果这个数大于 100，则显示这个数，并且在下一行输出“这个数大于 100”；否则无输出。

```
%单分支 if 语句
clear %清除工作空间中的所有变量
n=input('请输入一个数，n=');
if n>100
    n
    disp('这个数大于 100');
end
```

按快捷键 F5 运行该程序，或者直接单击“编辑器”菜单下的“运行”按钮运行该程序，运行结果如图 2-6 所示。

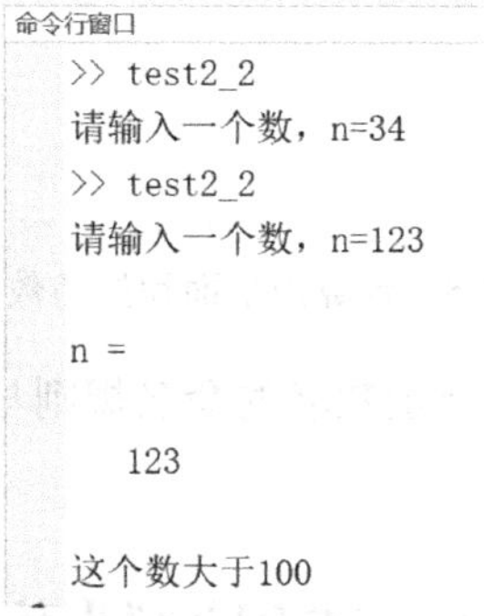

图 2-6 例 2-2 运行结果

上述例子就是 if 单分支语句的应用，它可以处理比较简单的条件。

2. 双分支 if 语句

双分支 if 语句的基本格式如下：

```
if  条件
      语句块 1
else
      语句块 2
end
```

【例 2-3】 输入一个年份，判断是否是闰年，如果该年为闰年则输出“闰年”，否则输出“平年”。

```
%双分支 if 语句
clear   %清除工作空间中的所有变量
clc     %清除命令窗口中的内容
n=input('请输入年份，n=');
if(( rem(n,100)~= 0 && rem(n,4) == 0 )|| (rem(n,100) == 0 && rem(n,400) == 0))
```

```
        disp('闰年')
    else
        disp('平年')
    end
```

按快捷键 F5 运行该程序，或者直接单击“编辑器”菜单下的“运行”按钮运行该程序，运行结果如图 2-7 所示。

```
命令行窗口
  请输入年份，n=2020
  闰年
  >> test2_3
  请输入年份，n=1996
  闰年
  >> test2_3
  请输入年份，n=2021
  平年
```

图 2-7　例 2-3 运行结果

在例 2-3 中，函数 rem(x,y)是求整除 x/y 的余数。其中，闰年的判断条件：①非整数的百年数除以 4，如果无余数为闰年，有余数为平年；②整百年数除以 400，无余数为闰年，有余数为平年。

3．多分支 if 语句

当有三个或者三个以上的选择时，可以采用 if 的嵌套，也可以采用多分支 if 语句，其基本格式如下：

```
if   条件 1
     语句块 1
elseif   条件 2
     语句块 2
……
elseif   条件 n
     语句块 n
else
     语句块 n+1
end
```

【例 2-4】 输入一个年份，判断是否是闰年，如果该年为闰年则输出“闰年”，否则输出“平年”，用多分支语句实现。

```
%多分支 if 语句
clear %清除工作空间中的所有变量
n=input('请输入年份，n=');
if(rem(n,100)~= 0 && rem(n,4) == 0 )
    disp('闰年')
```

```
elseif (rem(n,100) == 0 && rem(n,400) == 0)
    disp('闰年')
else
    disp('平年')
end
```

按快捷键 F5 运行该程序，或者直接单击“编辑器”菜单下的“运行”按钮运行该程序，运行结果与图 2-7 一致，这里不再展示。

4．多分支 switch 语句

多分支 switch-case 语句的基本格式如下：

```
switch  (表达式)
    case 数组值 1
        语句组 1
    case 数组值 2
        语句组 2
    ……
    case 数组值 n
        语句组 n
    otherwise
        语句组 n+1
end
```

【例 2-5】 输入[1,10)范围的数，系统判定与 5 的关系。

```
%多分支 switch 语句
clear; %清除变量或命令
disp ('输入[1,10)范围的数，系统判定与 5 的关系');
n= input ('输入一个数: ');
%根据输入的数，分情况处理
switch fix(n)   %fix(n) 函数将 n 中元素向 0 方向取整
    case num2cell(1:4) %num2cell 是整数数组，转换为单元数组函数，相当于{1,2,3,4}
        disp('你输入的数小于 5');
    case {5,6,7,8,9}
        disp('你输入的数大于或等于 5');
    otherwise
        disp('你输入的数超出范围了');
end
```

例 2-5 是用 switch 语句判定输入[1,10)范围的数与 5 的关系。首先计算表达式的值，该表达式的值取决于 fix(n)函数，对输入数 n 向 0 方向取整，得到表达式值后，再按顺序与 case 语句后面的数组值进行比较，如果与数组值 n 相等，则执行语句 n，然后执行 end 语句，不再继续比较。如果表达式的值与所有数组值都不相等，则执行 otherwise 后的语句组，再执行 end 后的语句。运行结果如图 2-8 所示。

```
命令行窗口
>> test2_5
输入[1,10)范围的数，系统判定与5的关系
输入一个数：10
你输入的数超出范围了
>> test2_5
输入[1,10)范围的数，系统判定与5的关系
输入一个数：4
你输入的数小于5
>> test2_5
输入[1,10)范围的数，系统判定与5的关系
输入一个数：7
你输入的数大于或等于5
```

图 2-8 例 2-5 运行结果

与其他程序设计语言的 switch-case 语句不同的是，在 MATLAB 语言中，当其中一个 case 语句后的条件为真时，switch-case 语句不再对其后的 case 语句进行判断，也就是说，在 MATLAB 语言中，即使有多条 case 语句为真，也只执行所遇到的第一条为真的 case 语句。这样就不必像 C 语言那样，在每条 case 语句后加上 break 语句以防止继续执行后面为真的 case 语句。

2.2.2 循环结构

在实际应用中，我们会遇到大量的需要按照一定规律重复处理的问题，比如计算等差数列之和、等比数列之和、斐波那契（Fibonacci）数列等。这时我们可以借助循环结构来处理重复问题。熟练掌握循环结构是程序设计的基本要求。下面介绍 for 循环语句、while 循环语句以及循环的嵌套。

1. for 循环语句

for 语句为计步循环，在已知循环次数或者循环条件结束的前提下，我们可以用到 for 循环语句。for 循环语句的一般形式如下：

```
for 循环变量=初值:增量变化:终值
    循环体
end
```

【例 2-6】 计算[1,10]范围内的奇数和。

```
%for 循环语句
clear; %清除变量或命令
disp ('计算[1,10]范围内的奇数和');
s=0;
for i=1:2:10
    s=s+i;  %循环体语句
end
s
```

例 2-6 用 for 循环语句计算[1,10]范围内的奇数和，用 s 来存放和，首先初始化 s 为 0，接下来是 for 循环语句，循环变量 i 的初值为 1，终值为 10，增量为 2。在 for 循环时，每次判断终止条件，如果 i 小于或等于终值，执行循环体中的语句，把 i 的值累加到 s 中，直到 i 的值比终值 10 大，执行 end 语句，跳出循环。运行结果如图 2-9 所示。

在例 2-6 中，i = 1:2:10 表示 i 的初值是 1，i 的终值为 10，i 的增量为 2，表示从 1 到 10，每次增加 2，即 1、3、5、7、9 这五个数之和；增量也可以为负数。

2．while 循环语句

MATLAB 循环除了 for 循环以外，还提供了 while 循环语句，它根据给定的条件进行判断，如果符合条件，则进入循环；否则跳出循环。while 循环语句的一般形式如下：

```
while    循环判断条件
         循环体
end
```

【例 2-7】 计算 1+3+5+7+…+99 的值。

```
%while 循环语句
clear; %清除变量或命令
i=1;
s=0;
while i<=99
      s=s+i;
      i=i+2;
end
s
```

例 2-7 是用 while 语句计算 1 到 99 范围内的奇数和，用 s 来存放和，i 用来表示循环变量，运行结果如图 2-10 所示。

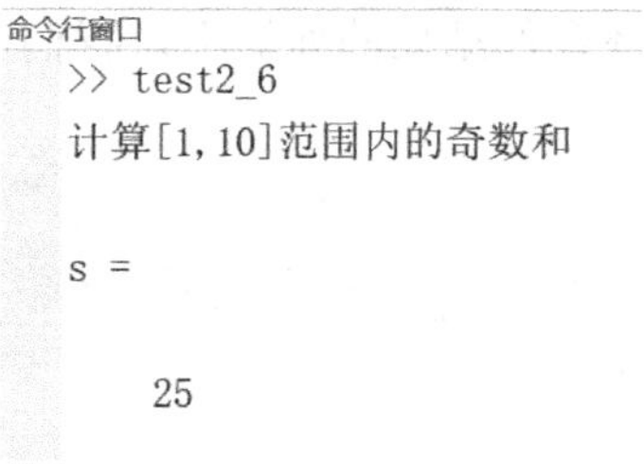

图 2-9　例 2-6 运行结果

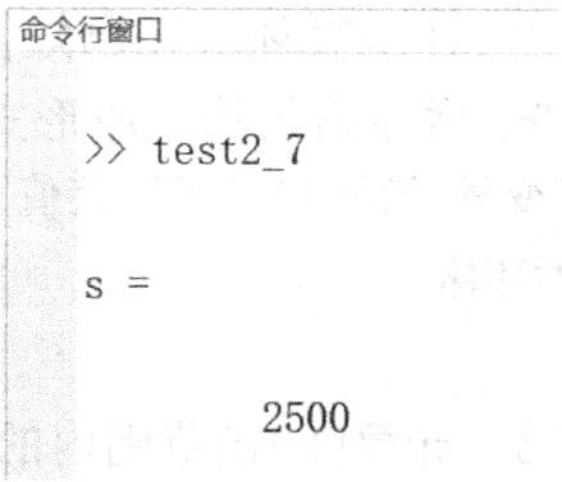

图 2-10　例 2-7 运行结果

例 2-7 中，循环判断条件为 i 小于或等于 99，循环体中的两条语句表示：用 s 来存放和；i 用来表示循环变量，每次加 2。

3．循环的嵌套

在 MATLAB 语言中，还提供了循环的嵌套，可以利用嵌套功能来实现复杂的功能，例 2-8 和例 2-9 就是嵌套的具体应用。

【例 2-8】 用 for 循环计算 1!+3!+5!+7!的值。

```
%用 for 循环求 1!+3!+5!+7!的值。
clear; %清除变量或命令
s=0;   %s 用来存放和
for i=1:2:7   %外循环变量
    t=1;   %中间变量用来存放每一项的阶乘
    for j=1:i     %内循环
        t=t*j;     %计算阶乘
    end
    s=s+t;
end
s
```

例 2-8 用 for 语句二重循环，累加每一项 i 的阶乘，用 s 来存放累加和，i 是外循环变量，定义中间变量 t，用来存放每一项 i 的阶乘，其运行结果如图 2-11 所示。

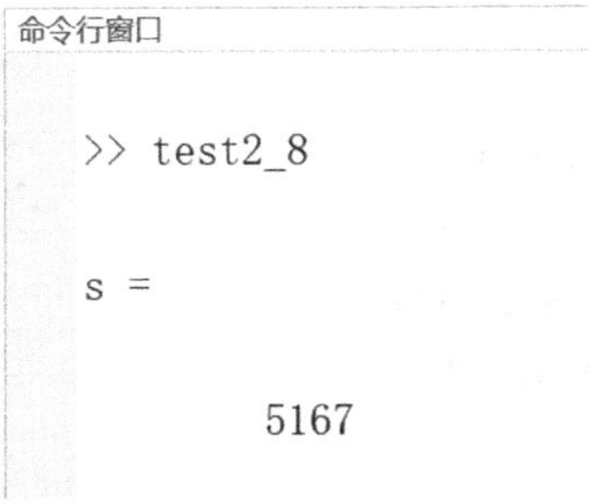

图 2-11　例 2-8 运行结果

【例 2-9】 用 for 循环设计一个九九乘法口诀表，左下三角显示。

```
%用 for 循环设计一个九九乘法口诀表
clear; %清除变量或命令
disp('乘法口诀表')
for i=1:9   %外循环，范围是 1 到 9
    for j=1:i     %内循环，范围是 1 到 i
        fprintf('%d*%d = %-2d ', i, j, i*j);
    end
    fprintf('\n');
end
```

例 2-9 用 for 循环设计一个九九乘法口诀表。其中，“%-2d”表示输出结果如果超过两位，则按照实际输出，如果不足两位，则输出占两位，左对齐。运行结果如图 2-12 所示。

```
命令行窗口
>> test2_9
乘法口诀表
1*1 = 1
2*1 = 2  2*2 = 4
3*1 = 3  3*2 = 6  3*3 = 9
4*1 = 4  4*2 = 8  4*3 = 12 4*4 = 16
5*1 = 5  5*2 = 10 5*3 = 15 5*4 = 20 5*5 = 25
6*1 = 6  6*2 = 12 6*3 = 18 6*4 = 24 6*5 = 30 6*6 = 36
7*1 = 7  7*2 = 14 7*3 = 21 7*4 = 28 7*5 = 35 7*6 = 42 7*7 = 49
8*1 = 8  8*2 = 16 8*3 = 24 8*4 = 32 8*5 = 40 8*6 = 48 8*7 = 56 8*8 = 64
9*1 = 9  9*2 = 18 9*3 = 27 9*4 = 36 9*5 = 45 9*6 = 54 9*7 = 63 9*8 = 72 9*9 = 81
```

图 2-12　例 2-9 和例 2-10 运行结果

【例 2-10】 用 while 循环设计一个九九乘法口诀表，左下三角显示。

```
%用 while 循环设计一个九九乘法口诀表
clear; %清除变量或命令
disp('乘法口诀表')
i=1;
while i<=9   %外循环，范围是 1 到 9
    j=1;
    while j<=i     %内循环，范围是 1 到 i
        fprintf('%d*%d = %-2d ', i, j, i*j);
        j=j+1;
    end
    fprintf('\n');
    i=i+1;
end
```

例 2-10 用 while 循环设计一个九九乘法口诀表，运行结果如图 2-12 所示。

一个循环体内又包含另一个完整的循环结构，称为循环的嵌套。内嵌的循环中还可以嵌套循环，这就是多层循环。while 循环和 for 循环可以互相嵌套。例如，把例 2-10 中的代码改为例 2-11 中所用代码，运行结果与图 2-12 一致。

【例 2-11】 用 while 循环和 for 循环设计一个九九乘法口诀表，左下三角显示。

```
%用 while 循环和 for 循环设计一个九九乘法口诀表
clear; %清除变量或命令
disp('乘法口诀表')
i=1;
while i<=9   %外循环,范围是 1 到 9
    for j=1:i    %内循环，范围是 1 到 i
        fprintf('%d*%d = %-2d ', i, j, i*j);
    end
```

```
        fprintf('\n');
        i=i+1;
    end
```

2.2.3　break 语句

break 语句用于终止循环，当遇到 break 语句时，可以立即退出循环。下面以例 2-12 和例 2-13 说明 break 语句的应用。

【例 2-12】 break 简单示例，输出数字 1 到 10，如果碰到数字 4，则跳出循环，后续不输出。

```
clear; %清除变量或命令
disp('输出数字 1 到 10，如果碰到数字 4，则跳出循环，后续不输出。')
for i=1:10   %数字 1 到 10
    if i==4    %判断条件
        break   %跳出循环
    end
    fprintf('%d\n', i);
end
```

例 2-12 是 break 语句的简单示例，输出数字 1 到 10，如果 if 语句判断当 i 等于 4 时，则跳出循环，后续数字 i 不再输出。运行结果如图 2-13 所示。

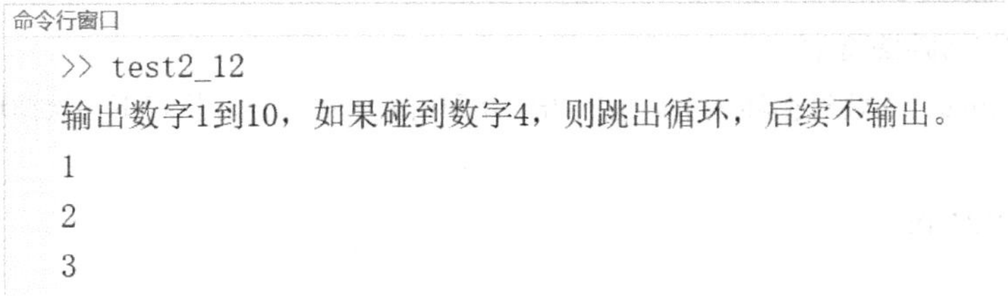

图 2-13　例 2-12 运行结果

【例 2-13】 输出[80,100]中间第一个能被 23 整除的整数。

```
clear; %清除变量或命令
disp('输出[80,100]中间第一个能被 23 整除的整数')
i=80;
while i<=100   %范围是 80 到 100
    if rem(i,23)==0    %判断条件
        break   %跳出循环
    end
    i=i+1;
end
i
```

例 2-13 用 break 语句输出[80,100]中第一个能够被 23 整除的整数，rem 是求余数函

数，用 rem(i,23)==0 来判断这个数能否被 23 整除，运行结果如图 2-14 所示。break 语句将会结束整个循环过程，不再判断执行循环的条件是否成立。

```
命令行窗口
>> test2_13
输出[80,100]中间第一个能被23整除的整数

i =

    92
```

图 2-14　例 2-13 运行结果

2.2.4　continue 语句

continue 语句只是退出当前循环，根据控制表达式还允许继续进行下一次循环。下面以例 2-14 说明 continue 语句的应用。

【例 2-14】 输出整数 1 到 10，如果碰到数字 5 则跳过。

```
clear; %清除变量或命令
disp('输出数字 1 到 10，如果碰到数字 5，则跳过循环，继续下一个循环。')
for i=1:10   %数据 1 到 10
    if i==5    %判断条件
        continue   %跳过循环体中剩余的语句并到循环末尾而强行执行下一次循环
    end
    fprintf('%d ', i);
end
```

例 2-14 是用 continue 语句输出整数 1 到 10，当碰到数字 5 时，则跳过本次循环，执行下一个循环，运行结果如图 2-15 所示。

注意：continue 语句只结束本次循环，而不终止整个循环的执行。

```
命令行窗口
>> test2_14
输出数字1到10，如果碰到数字5，则跳过循环，继续下一个循环。
fx 1 2 3 4 6 7 8 9 10 >>
```

图 2-15　例 2-14 运行结果

【例 2-15】 将 while 语句和 continue 语句结合，计算 1 到 100 内的所有素数和。（判断 m 是否为素数：m 不能被 2～sqrt(m)范围内的所有整数整除，m 是素数；否则，m 为非素数。）

```
clear; %清除变量或命令
disp('计算 1 到 100 内的所有素数和')
% 用 continue 中止当前 while 循环，继续判断下一个循环
s=2;flag=0;m=3;
while m<=100
    for t=2:fix(sqrt(m))
        if rem(m,t)==0
            flag=1;          %能被整除，flag=1，非素数
            break;           %跳出内循环
        else
            flag=0;          %flag=0，表示不能被整除
        end
    end
    if flag==0               %不能被整除，素数
        s=s+m;               %把素数累加到和 s 中
        m=m+1;               %判断下个数是否为素数
    end
    if flag==1               %能被整除，非素数
        m=m+1;               %判断下个数是否为素数
        continue;            %略过本次循环，继续下一个循环
    end
 end
s
```

在例 2-15 中，用 s 来存放素数和，for 循环语句用来判断 m 是否为素数，如果是素数，则 flag 等于 0；否则，flag 等于 1。

本程序为双重循环，while 循环嵌套了一个 for 循环语句和两个 if 条件判断语句；for 循环语句用来判断是否为素数，当 rem(m,t)==0 时，m 为非素数，就用 break 语句跳出判断是否为素数的内循环，并继续用 continue 语句跳出求素数和的外循环而继续下一个循环。运行结果如图 2-16 所示。

```
命令行窗口
>> test2_15
计算1到100内的所有素数和

s =

        1060
```

图 2-16　例 2-15 运行结果

2.3 交互程序控制命令

2.3.1 input 和 disp 命令

1．input 命令

input 命令用来提示用户应该从键盘输入数值、字符串和表达式，并接收该输入。

```
>> a=input('请输入数字 a=')
请输入数字 a=25
a =
     25
>> b=input('请输入数字 b=')
请输入数字 b=56
b =
     56
```

2．disp 命令

disp 命令用来显示变量的值，disp 可以直接将要显示的字符放入括号中进行表达。代码如下：

```
>> A=[1 2];
>> S = 'Hello World.';
>> name='杜甫'
>> age="58";
>> disp(A)
     1     2
>> disp(S)
Hello World.
>> disp(name)
杜甫
>> disp(age)
58
```

2.3.2 pause 命令

pause 命令用来使程序运行暂停，等待用户按任意键继续。其语法格式如下：

```
pause          %暂停
pause(n)       %暂停 n 秒
```

2.3.3　echo 命令

echo：控制 M 文件在执行过程中是否显示。

echo on：打开所有命令文件的显示方式。

echo off：关闭所有命令文件的显示方式。

第 3 章 MATLAB 图形绘制

MATLAB 作为一个功能强大的科技应用软件，其具有很强的图形处理能力。

3.1 二维图形

MATLAB 中最常用的绘图函数为 plot，根据不同的坐标参数，它可以在二维平面上绘制出不同的曲线。plot 函数的参数说明如下：

（1）plot(x)：x 可以是向量或矩阵。

（2）plot(x, y)：x、y 可以是向量或矩阵。

（3）plot(x, y，'参数')：以向量 x 作为 *X* 轴，以向量 y 作为 *Y* 轴，绘制 *X-Y* 二维曲线。x、y 可以是向量或矩阵，参数选项为一个字符串，决定二维图形的颜色、线型及数据点的图标。

二维绘图函数小结如表 3-1 所示。

表 3-1 二维绘图函数小结

函　数	说　明	函　数	说　明
plot	二维图形基本函数	close	关闭图形窗口
fplot	绘制 f(x)函数曲线	figure	创建图形窗口
fill	填充二维多边图形	grid	放置坐标网格线
polar	极坐标图形	gtext	用鼠标放置文本
bar	条形图	hold	保持当前图形的内容
loglog	双对数坐标图	subplot	创建子图
semilogx	*X* 轴为对数的坐标图	text	放置文本
semilogy	*Y* 轴为对数的坐标图	title	放置图形标题
stairs	阶梯图形	xlabel	放置 *X* 轴坐标标记
axis	设置坐标轴	ylabel	放置 *Y* 轴坐标标记
clf	清除图形窗口中的内容		

3.2 图形修饰

（1）坐标轴调整的函数如下：

```
axis([xmin xmax ymin ymax])
```

说明：将图形的 *X* 轴范围限定在[xmin, xmax]之间，*Y* 轴范围限定在[ymin, ymax]之间。使用 MATLAB 绘制图形时，按照给定的数据值确定坐标轴参数范围。

（2）有关图形的标题、坐标轴标注等图形文字标识类函数如下：

title('字符串')：添加图形标题。

xlabel('字符串')：*X* 轴标注。

ylabel('字符串')：*Y* 轴标注。

text(x,y,'字符串')：在坐标（x, y）处标注说明文字。

（3）有关图标注解的函数如下：

```
legend(字符串 1,字符串 2,…,参数)
```

说明：此函数在图形中开启一个注解视窗，依据绘图的先后顺序，依次输出字符串对各个图形进行注解说明。例如，字符串 1 表示第一个出现的线条，字符串 2 表示第二个出现的线条，参数确定注解视窗在图形中的位置，其含义如表 3-2 所示。

表 3-2 参数及其含义

参 数	含 义	参 数	含 义
0	尽量不与数据冲突，自动放置在最佳位置	3	放置在图形的左下角
1	放置在图形的右上角（默认）	4	放置在图形的右下角
2	放置在图形的左上角	−1	放置在图形外右边

（4）使用 subplot 函数建立子图，subplot 函数的调用格式如下：

```
subplot(m,n,i)
```

说明：以上函数表示将图形窗口分成 m×n 幅子图，第 i 幅为当前图。subplot 中的逗号（,）可以省略；子图的编排序号原则是：左上方为第 1 幅，先从左向右，再从上向下依次排列，子图彼此之间独立。

（5）在 plot 函数中增加一些参数，可以绘制出不同颜色与不同线型的图形。每条曲线的线型和颜色由字符串'cs'指定。其中，c 表示颜色；s 表示线型。

表 3-3 颜色与线型

颜色符号 c	颜 色	线型符号 s	线 型
y	黄色	.	点
m	紫色	°	圆圈
c	青色	×	叉号
r	红色	+	加号
g	绿色	*	星号
b	蓝色	−	实线
w	白色	:	点线
k	黑色	−.	点画线
		−−	虚线

（6）在绘制图形时，系统会自动给出图形的坐标轴。用户也可以利用 axis 函数对其进行重新设定。

表 3-4　axis 函数功能

函　　数	说　　明
axis([xmin xmax ymin max])	设定坐标轴的最大值和最小值
axis('auto')	将坐标系统返回自动默认状态
axis('square')	将当前图形设置为方形（系统默认为矩形）
axis('equal')	两个坐标因子设定成相等
axis('off')	关闭坐标系统
axis('on')	显示坐标系统

3.3　图形控制

图形控制的函数如下：

hold on：保持当前图形及轴系的所有特性。

hold off：解除图形保持。

若在已存在的图形窗口中用 plot 函数继续添加新的图形内容，可使用图形保持命令 hold。发出 hold on 命令后，再执行 plot 函数，会在保持原有图形的基础上添加新的绘制图形。使用 hold off 命令可关闭此功能。

3.4　三维绘图

为了绘制三维图形，系统提供了各种三维图形函数，如三维曲线、三维曲面以及设置图形属性的有关参数。

（1）MATLAB 提供了 plot3 函数绘制三维曲线图形。该函数将绘制二维图形的函数 plot 的特性扩展到了三维空间，其功能和使用方法类似于绘制二维图形的函数。其调用格式如下：

```
plot3(x1,y1,z1,'参数 1',x2,y2,z2,'参数 2',…)
```

（2）产生矩形网格矩阵的函数如下：

```
[X,Y]=meshgrid(a,b)
```

说明：将等长度向量 a、b 转换为二维网格数据，再以一组 *Z* 轴的数据对应到这个二维网格，即可得到三维数据。

矢量曲线图：如果 x、y 和 z 是同样长度的矢量，则绘制出一条在三维空间贯穿的曲线。

矩阵曲线图：如果 x、y 和 z 是 $m\times n$ 矩阵，则绘制出 m 条三维空间曲线。

三维曲面图包括三维网线图和三维表面图，三维曲面图与三维曲线图的不同在于：三维曲线图是以线来定义，而三维曲面图是以面来定义，因此面上的点都要连接起来。常见的三维网格曲面函数及说明如表 3-5 所示。

表 3-5 三维网格曲面函数

函数名称	命令格式	说明
三维网格曲面	mesh(x,y,z,c) mesh(x,y,z) mesh(z,c) mesh(z)	当 x、y 为 $n \times m$ 矩阵时，且 x 矩阵的所有行向量相同、y 矩阵的所有列向量相同时，mesh 函数将自动执行 meshgrid(x,y)，将 x、y 转换为三维网格数据矩阵。z 和 c 分别为 $m \times n$ 矩阵，c 表示网格曲面的颜色分布，若省略，则网格曲面的颜色亮度与 z 方向上的高度值成正比。x、y 若均省略，则三维网格数据矩阵取值 x=1:*n*，y=1:*m*
带等高线的三维网格曲面	meshc(x,y,z,c) meshc(x,y,z) meshc(z,c) meshc(z)	绘制有等高线（*XY* 平面）的三维网格曲面。这些函数类似于 mesh 函数，不同的是该函数还在 *XY* 平面上绘制曲面在 *Z* 轴方向上的等高线
带底座的三维网格曲面	meshz(x,y,z,c) meshz(x,y,z) meshz(z,c) meshz(z)	绘制带有底座的三维网格曲面。这些函数类似于 mesh 函数，不同的是该函数还在 *XY* 平面上绘制曲面的底座
填充颜色的三维网格曲面	surf(x,y,z,c) surf (x, y, z) surf (z,c) surf (z)	函数 mesh 绘制连接三维空间的一些四边形所构成的曲面，该曲面只有四边形的边用某种颜色绘出，四边形的内部是透明的。surf 函数绘制的曲面也由一些四边形所构成，不同的是四边形的边是黑色的，其内部用不同的颜色填充

3.5 应用举例

【例 3-1】 单矢量绘图（x 元素与排列序号之间的线性坐标图），如图 3-1 所示。

```
>> x=[0 0.2 0.5 0.6 0.7 1.2 1.5 1.6 1.9 2.3];
>> plot(x)
```

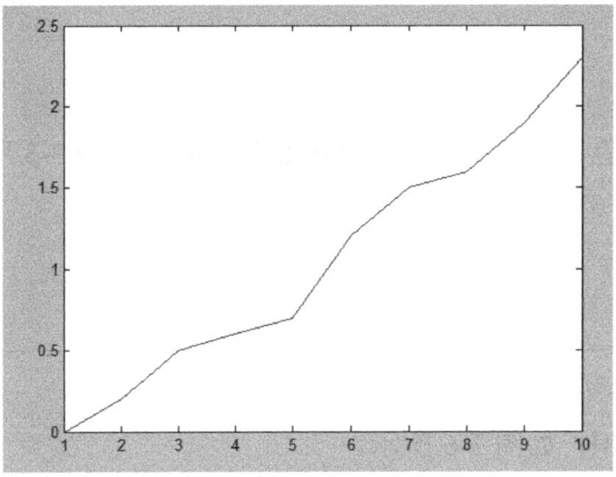

图 3-1 例 3-1 图

【例 3-2】 单矩阵绘图（绘制 x 的列矢量相对于行号的一组二维图形），如图 3-2 所示。

```
>> y=[1 2 3;4 5 6];
>> plot(y)
```

y 是 2×3 矩阵，每列画一条线，共 3 条，第一条线起点和终点的纵坐标是 1 和 4。

【例 3-3】 绘制方波信号，如图 3-3 所示。

```
>> x=[0 1 1 2 2 3 3 4 4];
>> y=[1 1 0 0 1 1 0 1 1];
>> plot(x,y)
```

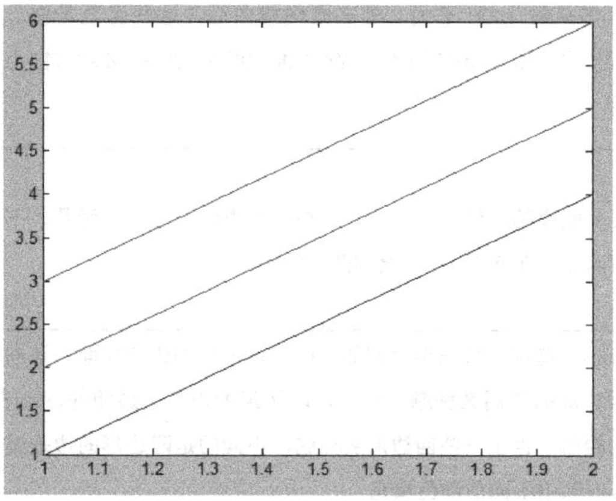

图 3-2　例 3-2 图

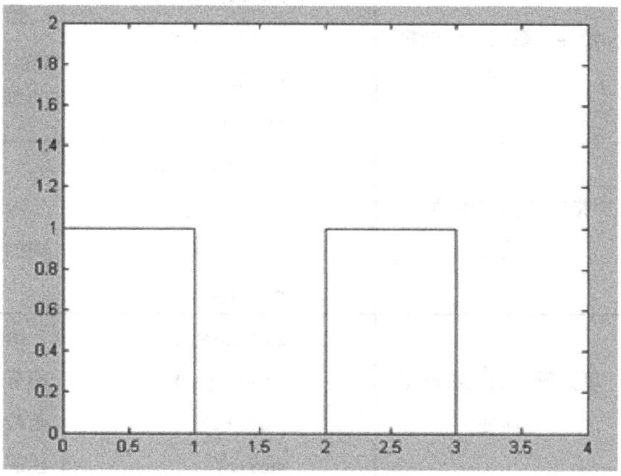

图 3-3　例 3-3 图

【例 3-4】 x 为矢量，y 是列长与 x 相同矩阵，绘制 y 对应于 x 的曲线图，如图 3-4 所示。

```
clear
clc
x=0:pi/50:2*pi
y(1,:)=sin(x);
y(2,:)=0.3*sin(x);
y(3,:)=0.6*sin(x);
plot(x,y)
```

【例 3-5】 用红颜色、点画线、叉号画出正弦曲线，如图 3-5 所示。

```
clear
clc
x=0:0.2:8;
y=sin(x);
plot(x,y,'r:x')
```

【例 3-6】 文字标识，如图 3-6 所示。

```
clear
clc
```

```
t=0:0.05:2*pi;
plot(t,sin(t))
set(gca,'xtick',[0 1.4 3.14])
xlabel('t(deg)')
ylabel('magnitude(v)')
title('this is a example 0\rightarrow 2\pi')
text(3.14,sin(3.14),'\leftarrow this zero for \pi')
```

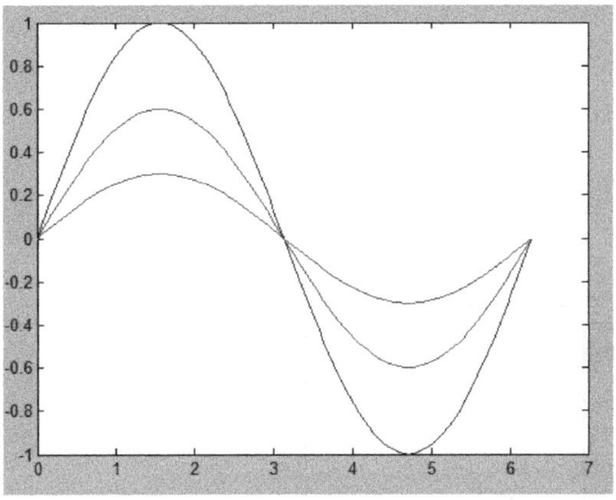

图 3-4 例 3-4 图

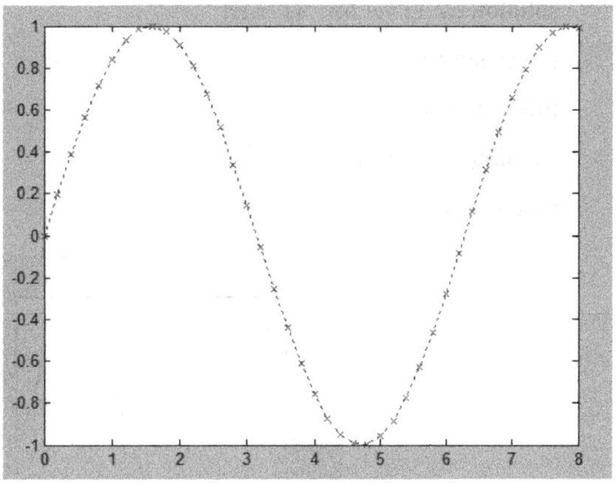

图 3-5 例 3-5 图

【例 3-7】 图标注解，如图 3-7 所示。

```
clear
clc
x=0:pi/50:2*pi
y(1,:)=sin(x);
y(2,:)=0.3*sin(x);
y(3,:)=0.6*sin(x);
```

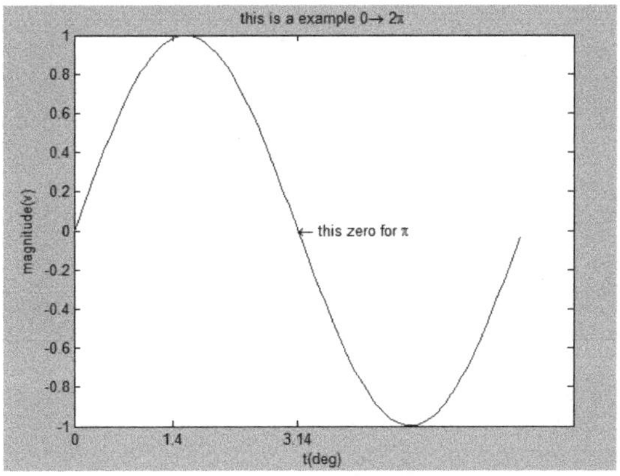

图 3-6 例 3-6 图

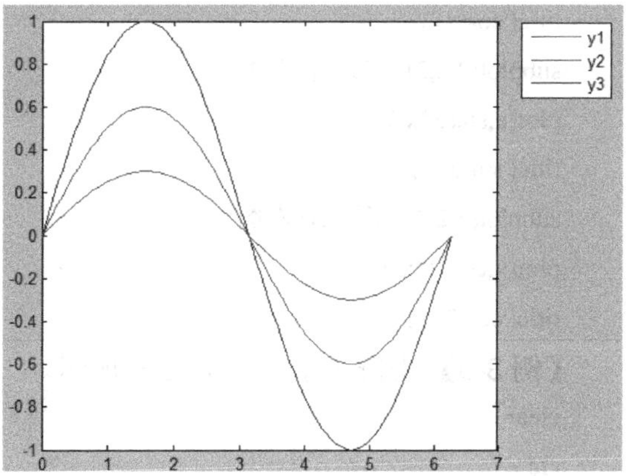

图 3-7 例 3-7 图

```
plot(x,y)
legend('y1','y2','y3',-1)
```

【例 3-8】 在同一个窗口中建立四个子图，在子图中分别绘制 sin(x)、cos(x)、sin(2x)和 cos(2x)曲线，如图 3-8 所示。

```
clear
clc
x=0:0.1:10;
subplot(2,2,1) % 第一行左图
plot(x,sin(x))
title('sin(x)')
subplot(2,2,2) %第一行右图
plot(x,cos(x))
```

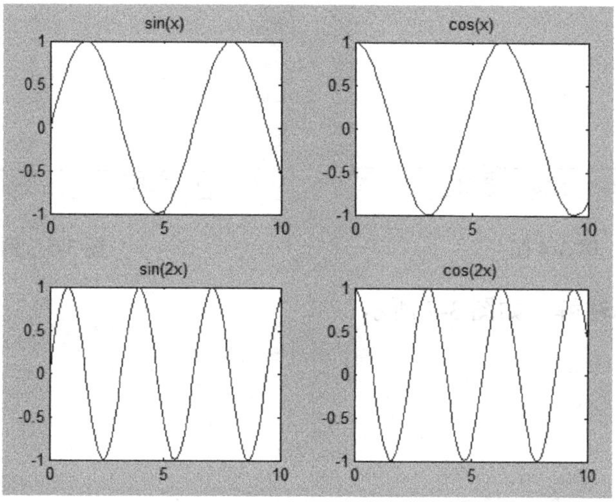

图 3-8　例 3-8 图

```
title('cos(x)')
subplot(2,2,3) %第二行左图
plot(x,sin(2*x))
title('sin(2x)')
subplot(2,2,4) %第二行右图
plot(x,cos(2*x))
title('cos(2x)')
```

【例 3-9】 图形保持，如图 3-9 所示。

```
clear
clc
x=0:0.2:8;
```

```
plot(x,sin(x),'r:x')
hold on
plot(x,cos(x),'--')
```

【例 3-10】 绘制 $f(x)=\cos[\tan(\pi x)]$的曲线，自适应函数图形，如图 3-10 所示。

```
clear
clc
fplot('cos(tan(pi*x))',[-0.4,1.4])
```

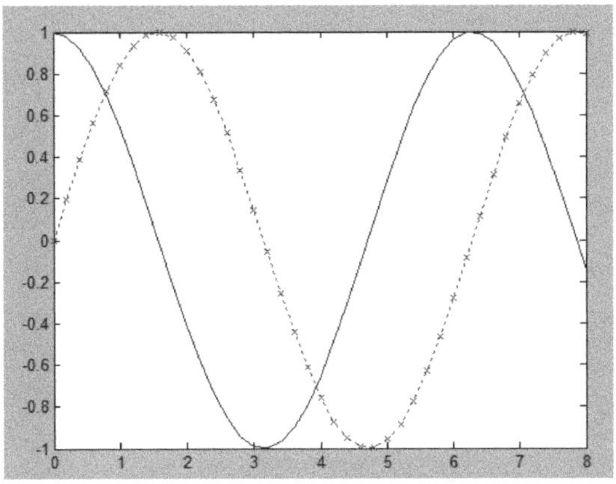

图 3-9 例 3-9 图

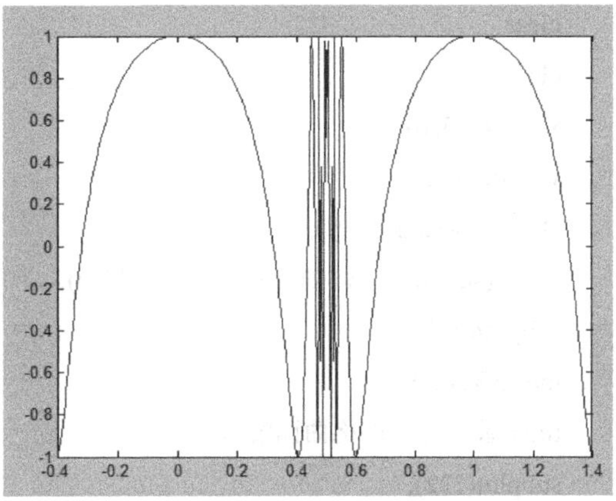

图 3-10 例 3-10 图

【例 3-11】 某次考试学生成绩优秀的占 8%，良好的占 20%，中等的占 36%，及格的占 24%，不及格的占 12%，分别用饼图、条形图表示，如图 3-11 所示。

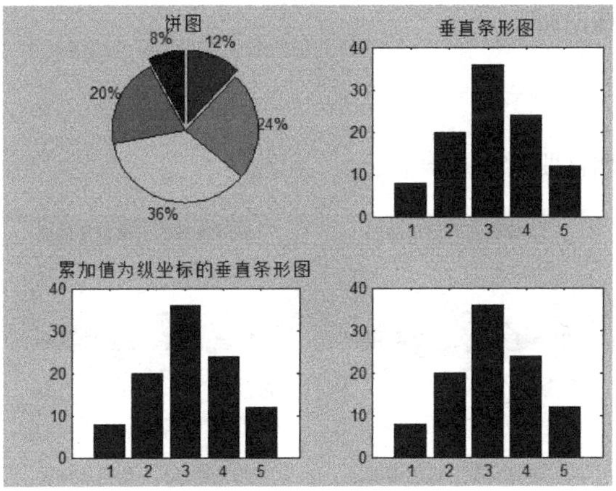

图 3-11 例 3-11 图

```
clear
clc
x=[8 20 36 24 12];
subplot(221);pie(x,[1 0 0 0 1]);
```

```
title('饼图');
subplot(222);bar(x,'group');
title('垂直条形图');
subplot(223);bar(x,'stack');
title('累加值为纵坐标的垂直条形图');
subplot(224);bar(x,'group');
```

【例 3-12】 绘制函数 $Z=\sin(\sqrt{x^2+y^2})/\sqrt{x^2+y^2}$ 的四种三维网格曲面，如图 3-12 所示。

```
clear
clc
x=-10:0.5:10;
y=-8:0.5:8;
[X,Y]=meshgrid(x,y);
Z=sin(sqrt(X.^2+Y.^2))./sqrt((X.^2+Y.^2));
subplot(221);
mesh(X,Y,Z);
title('普通三维网格曲面');
subplot(222);
meshc(X,Y,Z);
title('带等高线的三维网格曲面');
subplot(223);
meshz(X,Y,Z);
title('带底座的三维网格曲面');
subplot(224);
surf(X,Y,Z);
title('填充颜色的三维网格曲面')
```

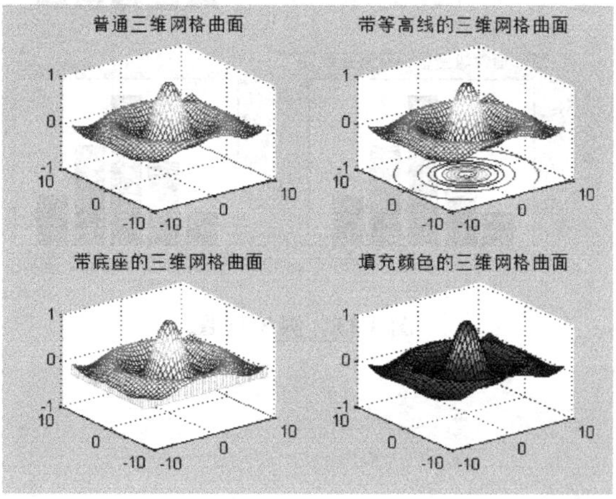

图 3-12　例 3-12 图

第 4 章 MATLAB 数学运算

计算机思维综合应用数学思维和计算机编程能力，任何领域的研发都离不开数学。高等数学是高等教育的核心基础课，MATLAB 是科学计算常用软件，本章的目的是让学生在学习高等数学和线性代数阶段掌握 MATLAB 编程。

本章主要讲解函数与极限、导数与微分、微分中值定理、不定积分、定积分、微分方程、线性方程组求解。通过本章的内容，结合具体的实践，培养学生的数学思维和计算思维能力，将理论知识转化为实际应用。

4.1 函数

函数表达的是变量与变量之间的关系，在高等数学中，可以使用一个解析式表达变量之间的函数，在 MATLAB 中，函数的表达式和解析式表达略有差异。本节讲解如何用 MATLAB 表达函数，并在此基础上探索函数数值、函数变换等操作。

函数的表达式主要由数字、数学运算符、常量、变量、数学函数等组成。特殊常量的 MATLAB 写法和函数的 MATLAB 写法分别如表 4-1 和表 4-2 所示。

表 4-1 特殊常量的 MATLAB 写法

MATLAB 写法	含 义
pi	圆周率 π
Inf	无穷大∞

表 4-2 函数的 MATLAB 写法

MATLAB 写法	含 义
exp(x)	以 e 为底的指数 e^x
x^m	幂函数 x^m
sqrt(x)	平方根 $\sqrt{x}$
a^x	指数函数 a^x
sin(x)、cos(x)、tan(x)	三角函数：正弦、余弦、正切
log10(x)	以 10 为底的对数 $\lg x$
abs(x)	绝对值函数 $\|x\|$
sign(x)	符号函数 sgn(x)
fix(x)	取整函数：朝 0 方向取整
floor(x)	取整函数：朝负无穷方向取整
ceil(x)	取整函数：朝正无穷方向取整
round(x)	取整函数：四舍五入到最近的整数

在 MATLAB 中，求解函数表达式可以用以下三种方法。

1）将函数变量定义为符号变量

定义符号变量用 sym 或 syms 命令，其使用格式如下：

```
syms 符号变量名 1 符号变量名 2 …符号变量名 n
```

```
符号变量名 =sym('符号字符串')
```

2）使用 function 命令

使用 function 命令定义函数，其使用格式如下：

```
function [y1,...,yN] = myfun(x1,...,xM)
```

其中，[y1,...,yN]为函数输出量；myfun 为函数名；(x1,...,xM)为函数输入量。

注意：有效的函数名称以英文字母开头，并且可以包含英文字母、数字或下画线。

3）使用匿名函数

匿名函数的基本用法如下：

```
handle = @(arglist)anonymous_function
```

其中，handle 为调用匿名函数时使用的名字；arglist 为匿名函数的输入参数，可以是一个，也可以是多个，用逗号分隔；anonymous_function 为匿名函数的表达式。举例如下：

```
>> f=@(x,y)x^2+y^2;
>> f(1,2)
ans =  5
```

当然，输入为数组也是可以的：

```
>> f=@(x,y)x.^2+y.^2;
%注意需要点(.)运算
>> a=1:1:10;
>> b=10:-1:1;
>> f(a,b)
ans =   101    85    73    65    61    61    65    73    85    101
```

匿名函数的表达式中也可以有参数的传递，例如：

```
>> a=1:5;
>> b=5:-1:1;
>> c=0.1:0.1:0.5;
>> f=@(x,y)x.^2+y.^2+c;
>> f(a,b)
ans =   26.1000    20.2000    18.3000    20.4000    26.5000
```

其中，c 作为表达式中的参数，进行了数据传递。以上为单重匿名函数，也可以构造多重匿名函数，例如：

```
>> f=@(x,y)@(a) x^2+y^a;
>> f1=f(2,3)
f1 = @(a)x^2+y^a
>> f2=f1(4)
f2 =   85
```

每个@后的参数从其后开始起作用，一直到表达式结束。

【例 4-1】 使用 MATLAB 代码书写 $m=\frac{3}{\sqrt{6-x^2}}-\arcsin(x-3)$。

实现代码如下：

```
clear  %清除工作空间中的所有变量
clc
syms x
m=3/sqrt(6-x^2)-asin(x-3)
```

运行结果如下：

```
m =
3/(6 - x^2)^(1/2) - asin(x - 3)
```

【例 4-2】 使用 MATLAB 代码书写 $f(x)=\sqrt{6-x^2}$ 。

实现代码如下：

```
syms x
fx=sqrt(6-x^2)
```

上面两例中，函数自变量 x 是符号变量，定义符号变量后，不需要提前赋值，就可以让 x 合法地出现在表达式中。

注意：如果 x 是数值变量，必须提前赋值。

4.2 极限、导数和极值

以下是 MATLAB 中与极限、导数和极值相关的函数：

limit：求极限（符号运算）。

diff：求导数（符号运算）。

taylor：函数展开成幂级数（符号运算）。

symsum：级数求和（符号运算）。

fmin：求一元函数的极小值。

fmins：求多元函数的极小值。

【例 4-3】 分别计算 $\lim\limits_{n\to\infty}\left(1+\dfrac{x}{n}\right)^n$, $\sum\limits_{n=1}^{\infty}(-1)^n\dfrac{x^n}{n}$, $\dfrac{\partial^2}{\partial x^2}[\sin(xy)]$ 。

```
syms n x y;  limit((1+x/n)^n,n,inf)
symsum((-1)^n*x^n/n,n,1,inf)
diff(sin(x*y),x,2)
```

【例 4-4】 求 sin$x$ 在 x=0 点的幂级数展开式，到 6 次幂为止。

```
syms x;  taylor(sin(x),6,0)
```

【例 4-5】 求函数 $f(x)=x^3-5x^2+3x+2$ 在[−6,18]中的极小值。

```
fun='x^3-5*x^2+3*x+2';
x=fmin(fun,-6,18)
f=eval(fun)
```

【例 4-6】 求函数 $f(x,y)=5-x^4-y^4+4xy$ 在原点附近的极小值。

```
fun='x(1)^4+x(2)^4-4*x(1)*x(2)-5';
x=fmins(fun,[0,0])
f=-eval(fun)
```

4.3 积分

在 MATLAB 中，可以使用 int 进行符号积分计算。

【例 4-7】 计算 $\int e^{-x}\sin x dx$, $\int_0^1 e^{-x}\sin x dx$, $\int_1^{\infty} e^{-x}\sin x dx$ 。

```
syms x;   t1=int(exp(-x)*sin(x))
t2=int(exp(-x)*sin(x),0,1)
t2=vpa(t2)
t3=int(exp(-x)*sin(x),1,inf)
t3=vpa(t3,5)
```

【例 4-8】 计算 $\iint_{x^2+y^2\leqslant 1}\sqrt{1-x^2}dxdy$ 。

```
syms   x y; iy=int(sqrt(1-x^2),y,-sqrt(1-x^2),sqrt(1-x^2));
int(iy,x,-1,1)
```

4.4 求微分方程（组）的解析解

在 MATLAB 中，可以使用 dsolve 函数求微分方程或微分方程组的解析解。以下是具体示例。

【例 4-9】 求 $y'=ay+b$ 的通解。

```
s=dsolve('Dy=a*y+b')       %自变量默认值为 t
```

【例 4-10】 求解 $y'=y-2t/y$, $y(0)=1$ 。

```
s=dsolve('Dy=y-2*t/y','y(0)=1')
```

【例 4-11】 求解方程 $y''=\cos(2x)-y$, $y(0)=1$, $y'(0)=0$ 。

```
s=dsolve('D2y=cos(2*x)-y','y(0)=1','Dy(0)=0','x');
simplify(s)
```

【例 4-12】 求解方程组 $x'=x+y, y'=-x+y, x(0)=1, y(0)=2$ 。

```
s=dsolve('Dx=x+y','Dy=-x+y','x(0)=1','y(0)=2');
s.x,   s.y
```

4.5　数值微积分

常用的数值微积分方法及其函数说明如下：

diff (S,n)：计算向量 S 的 n 阶向前差分（n 的默认值为 1）。

quad (@fname,a,b)：自适应 Simpson 法求数值积分。

quadl (@fname,a,b)：自适应 Lobatto 法求数值积分。

trapz (X,Y)：梯形法求数值积分。其中，X 和 Y 是等长度的向量。

【例 4-13】 已知函数关系 $y = f(x)$ 由下列向量 $\boldsymbol{X}$、$\boldsymbol{Y}$ 给出，近似计算数值导数。

```
X=[0,0.1,0.3,0.4,0.5,0.7,0.9,1.0,1.2,1.3,1.6,1.8,2];
Y=[3,5,8,5,2,9,5,2,7,8,5,9,7];
Z= diff (Y)./ diff (X)
```

【例 4-14】 求定积分 $\int_0^{\pi} \frac{x\sin x}{1+|\cos x|}\mathrm{d}x$ 。

首先建立被积函数文件 fe.m：

```
function f=fe (x)
f=x.*sin(x)./(1+abs(cos(x)));
```

然后调用数值积分函数求定积分：

```
quad (@fe,0,pi)
```

说明：也可以不建立被积函数文件，而使用内联函数求解。

【例 4-15】 求定积分 $\int_0^1 \frac{1}{\sqrt{1+x^4}}\mathrm{d}x$ 。

```
format long;
fx=inline('1./sqrt(1+x.^4)')
quad (fx,0,1)
quadl (fx,0,1)
```

【例 4-16】 计算 $\int_{-1}^{1} \mathrm{e}^{-x^2}\mathrm{d}x$ 。

```
clear; x=−1:0.1:1; y=exp(−x.^2); trapz(x,y)
```

【例 4-17】 已知函数关系 $y = f(x)$ 由下列向量 $\boldsymbol{X}$、$\boldsymbol{Y}$ 给出，求定积分 $\int_0^2 f(x)\mathrm{d}x$ 。

```
X=[0,0.1,0.3,0.4,0.5,0.7,0.9,1.0,1.2,1.3,1.6,1.8,2];
Y=[3,5,8,5,2,9,5,2,7,8,5,9,7];
trapz (X,Y)
```

4.6 求微分方程（组）的数值解

在 MATLAB 中，针对微分方程（组）的数值求解，常用如下两种函数：

[x,y]=ode23 (fname ,[x0,x1],y0)：采用 2 阶龙格–库塔算法，具有低等的精度。

[x,y]=ode45 (fname ,[x0,x1],y0)：采用 4 阶龙格–库塔算法，具有中等的精度。

在以上两种函数中，fname 是方程 $y'=f(x,y)$ 中定义 $f(x,y)$ 的函数文件名；[x0,x1]表示求解的区间；y0 表示初始状态列向量。

【例 4-18】 求解初值问题：

$$y'=y\tan x+\sec x,\quad 0\leqslant x\leqslant 1,\quad y\big|_{x=0}=\frac{\pi}{2}$$

建立函数文件 fst.m：

```
function f=fst (x,y)
f= y*tan (x) +sec (x);
```

求解微分方程：

```
x0=0; x1=1;
y0=pi/2;
[x,y]=ode23 (@fst ,[x0,x1],y0)     %求数值解
```

注意：以上命令均是针对一阶常微分方程（组）设计的，因此，对于高阶常微分方程，需要先通过变量转换，将它转化成一阶常微分方程组。

【例 4-19】 求解描述振荡器的范德波尔方程（van der Pol's equation）：

$$y'-2(1-y^2)y'+y=0$$
$$y(0)=1,\ y'(0)=0$$

令 $x_1=y, x_2=y'$，则可转化成一阶常微分方程组：

$$\begin{cases}x_1'=x_2\\ x_2'=2(1-x_1^2)x_2-x_1\end{cases}$$

建立函数文件 Vanderpol.m：

```
function f= Vanderpol (t,x)
f= [x (2); 2*(1-x(1)^2)*x(2)-x(1)];
```

求解微分方程：

```
y0=[1;0];
[t,x]=ode45 (@Vanderpol ,[0,20],y0)
```

得出方程的数值解后，还可以绘制解的曲线：

```
subplot (1,2,1); plot (t,x);                  %系统时间响应曲线
subplot (1,2,2); plot (x(:,1), x(:,2))        %系统相平面曲线
```

【例 4-20】 某物体的运动方程为

$$\begin{cases} x' = -\dfrac{8}{3}x + yz \\ y' = -10(y-z) \\ z' = -xy + 28y - z \end{cases}$$

其初始条件为 $x(0)=0, y(0)=0$，$z(0)=\varepsilon$，试绘制系统相平面图。

将运动方程写成矩阵形式，得

$$\begin{bmatrix} x' \\ y' \\ z' \end{bmatrix} = \begin{bmatrix} -8/3 & 0 & y \\ 0 & -10 & 10 \\ -y & 28 & -1 \end{bmatrix} \begin{bmatrix} x \\ y \\ z \end{bmatrix}$$

建立函数文件 Lorenz.m：

```
function f= Lorenz (t,x)
f= [−8/3,0,x (2); 0,−10,10;− x(2),28,−1]*x;
```

求解微分方程：

```
[t,x]=ode23 (@Lorenz ,[0,80],[0;0;eps])
```

绘制系统相平面图：

```
plot3 (x(:,1), x(:,2),x(:,3));
axis ([10,45,−15,20,−30,25]);
```

第 5 章　线性代数常用算法

5.1　矩阵的创建

1. 直接输入法

采用赋值命令来完成，整个矩阵必须以方括号[ ]为其首尾，行与行之间用“;”或回车分隔，元素间用“,”或空格分隔。

矩阵元素可以是包含已定义变量的任何表达式。

【例 5-1】 创建矩阵 ***C***。

```
a=2.7358; b=33/79;
C=[1,2*a,b*sqrt(a); sin(pi/6),a+5*b,3.5]
```

【例 5-2】 分行输入矩阵 ***D***。

```
D=[1，2，3
   4  5  6
   7  8  9]
```

注意：利用下标可以获得矩阵元素或修改矩阵元素，如例 5-3 所示。

【例 5-3】 获得矩阵元素或修改矩阵元素。

```
D(3,2)      %获得矩阵元素
D(3,2)=2    %修改矩阵元素
```

2. 几种常用的矩阵创建命令

eye(n)：　产生 n 阶单位矩阵。

eye(size(A))：　产生与矩阵 A 同维的单位矩阵。

ones(n)：　产生 n 阶全 1 矩阵。

ones(size(A))：　产生与矩阵 A 同维的全 1 矩阵。

zeros(n)：　产生 n 阶零矩阵。

zeros (size(A))：　产生与矩阵 A 同维的零矩阵。

zeros(m,n)：　产生 m 行 n 列的零矩阵。

compan(A)：　产生多项式系数向量 A 的伴随矩阵。

5.2　矩阵运算命令

常用的矩阵运算命令如下：

A'：　矩阵转置。

A+B：　矩阵相加。
A−B：　矩阵相减。
A*B：　矩阵相乘。
k*A：　数乘矩阵。
inv(A)：矩阵求逆。
A^n：　矩阵求幂。
det(A)：矩阵的行列式。
rank(A)：矩阵的秩。
eig(A)：矩阵的特征值与特征向量。

【例 5-4】 计算 $\boldsymbol{AB'}$。

```
A=[11 12 13 14 15; 16 17 18 19 20];    B=ones(size(A));
A*B'
```

【例 5-5】 计算 $\boldsymbol{A}^3$、$\boldsymbol{A}^{-1}$。

```
A=[1 2 3;4 5 6;7 8 9]; A^3
inv(A)
```

5.3　矩阵分解

LU 分解的命令如下：

[L,U]=lu(X)：对矩阵 X 进行分解，产生上、下三角矩阵，使得 X = LU。

[L,U,P]=lu(X)：产生一个上三角矩阵 U、一个下三角矩阵 L 以及一个置换矩阵 P，使得 PX=LU。

注意：X 必须是方阵。LU 分解对于求解线性方程组、计算矩阵的逆或行列式等任务非常有用。在某些情况下，矩阵可能需要进行行交换来避免数值不稳定，这时使用带置换矩阵的 LU 分解是更好的选择。

【例 5-6】 用 LU 分解的两种命令格式对矩阵 $\boldsymbol{A}$ 进行 LU 分解。

```
>>  A=[1,−1,1;5,−4,3;2,1,1];
>> [L,U]=lu(A)
     L =
          0.2000    −0.0769    1.0000
          1.0000          0         0
          0.4000     1.0000         0
     U =
          5.0000    −4.0000    3.0000
               0     2.6000   −0.2000
               0          0    0.3846
>> [L,U,P]=lu(A)
```

```
L =
     1.0000         0         0
     0.4000    1.0000         0
     0.2000   -0.0769    1.0000
U =
     5.0000   -4.0000    3.0000
          0    2.6000   -0.2000
          0         0    0.3846
P =
      0     1     0
      0     0     1
      1     0     0
```

5.4 多项式

多项式 $p(x) = a_0x^n + a_1x^{n-1} + \cdots + a_{n-1}x + a_n$ 用以下系数行向量表示：$\boldsymbol{p} = [a_0, a_1, \cdots, a_{n-1}, a_n]$。

多项式系数向量的创建方法如下：

（1）多项式系数向量的直接输入法。

（2）利用 p=poly(AR)命令产生多项式系数向量。若 ***AR*** 是方阵，则多项式为特征多项式；若 ***AR*** 是向量，即 $\boldsymbol{AR} = [ar_1, ar_2, \cdots, ar_n]$，则所得的多项式满足：$(x - ar_1)(x - ar_2) \cdots (x - ar_n) = a_0x^n + a_1x^{n-1} + \cdots + a_{n-1}x + a_n$。

【例 5-7】 求 3 阶方阵 ***A*** 的特征多项式。

```
a=[11 12 13;14 15 16;17 18 19];
pa=poly(a)
ppa=poly2str(pa,'s')
pa =
    1.0000   -45.0000   -18.0000   -0.0000


ppa =
    '    s^3 - 45 s^2 - 18 s - 9.8142e-15'
```

注意：*n* 阶方阵的特征多项式系数向量一定是 *n*+1 维的。特征多项式系数向量的第一个元素必是 1。

常用的多项式运算命令如下：

R=roots(p)：求用多项式系数向量 p 表示的多项式的根。

PA=polyval(p,S)：按数组运算规则计算多项式值，p 为多项式系数向量，S 可为标量、向量或矩阵。

PM=polyvalm(p,S)：按矩阵运算规则计算多项式值，p 为多项式系数向量，S 为方阵。

[r,p,k]=residue(b,a)：部分分式展开，b、a 分别为分子多项式系数向量、分母多项式系

数向量；r、p、k 分别为留数向量、极点向量、直接项向量。

P=polyfit(x,y,n)：用 n 阶多项式拟合 x、y 向量给定的数据。

【例 5-8】 求多项式 x^2-1 的根。

```
>> r=roots([1,0,-1])
r =
   -1
    1
```

5.5　解线性方程组

常用的解线性方程组的命令如下：

左除法 A\B：求解矩阵方程 AX=B。

右除法 B/A：求解矩阵方程 XA=B。

rref(A)：求矩阵的行最简形。

null(A)：求以 A 为系数矩阵的齐次线性方程组的基础解系。

【例 5-9】 解方程组 $\begin{cases} x+2y=1 \\ 3x-2y=4 \end{cases}$。

```
A=[1 2;3 -2]; B=[1;4]; x=A\B
```

【例 5-10】 解方程组 $\begin{cases} x+2y+z=1 \\ 3x-2y+z=4 \end{cases}$。

```
A=[1 2 1;3 -2 1]; B=[1;4]; x=A\B
```

【例 5-11】 解方程组 $\begin{cases} x+2y=1 \\ -2x-4y=-2 \end{cases}$。

```
A=[1 2;-2 -4]; B=[1;-2]; x=A\B
A=[1 2;-2 -4;0 0]; B=[1;-2;0]; x=A\B
```

【例 5-12】 求以下线性方程组的通解。

$$\begin{cases} x_1-x_2+x_3-x_4=1 \\ -x_1+x_2+x_3-x_4=1 \\ 2x_1-2x_2-x_3+x_4=-1 \end{cases}$$

方法一：

```
A=[1 -1 1 -1； -1 1 1 -1； 2 -2 -1 1];
b=[1;1;-1];
[rank(A),rank([A,b])]
rref([A,b])
```

方法二：

```
x0=A\b;
x=null(A)
```

5.6 特征值与特征向量

在 MATLAB 中，可使用[V,D]=eig(A)命令得到方阵 A 的特征值与特征向量。其中，D 为特征值构成的对角阵；V 的每一列为相应的已单位化、正交化的特征向量。

【例 5-13】 求 *A* 的特征值与特征向量。

```
A=[1 2 2 ; 2 4 4 ; 2 4 4];   [V,D]=eig(A)
```

第 6 章　概率统计常用算法

6.1　常用的概率分布计算

1. 概率密度函数

通过以下两种调用格式可得到相应的概率密度函数值：

```
pdf ('name' , x , 参数表列)
namepdf (x , 参数表列)
```

其中，name 可以取不同值，表示不同的概率分布：bino 表示二项分布，poiss 表示泊松分布，exp 表示指数分布，norm 表示正态分布，unif 表示均匀分布，beta 表示贝塔分布，gam 表示伽马分布，chi2 表示卡方分布，t 表示 t 分布，f 表示 F 分布。

【例 6-1】 绘制正态分布 $N(3,2^2)$ 概率密度函数的图像。

```
x=-2:0.1:8;
y=normpdf(x,3,2);
plot(x,y,'+')
```

2. 概率值计算

利用 p=namecdf (x,参数表列)，可得到相应的分布函数值 $F(x)=P(X\leqslant x)$ 。其中，name 的含义同前。

【例 6-2】 设 $X\sim N(3,2^2)$，求 $P(2<X<5), P(|X|>2)$ 。

```
P1= normcdf(5,3,2)- normcdf(2,3,2)
P2=1- normcdf(2,3,2)+ normcdf(-2,3,2)
```

3. 期望和方差

利用[M,V]=namestat (参数表列)，可得到相应分布的期望和方差。其中，name 的含义同前。

【例 6-3】 求二项分布 $B(20,0.2)$ 和泊松分布 $P(6)$ 的期望和方差。

```
[M,V]=binostat (20,0.2)
[M,V]=poissstat (6)
```

6.2　数理统计常用算法

1. 统计图

常用的绘制统计图的函数如下：

hist (x)：绘制样本直方图。

rose (x)：绘制样本的角度扇形图。

【例 6-4】 绘制样本的统计图。

```
x=[12,12,12,13,13,13,13,13,13,14,14,14,14,14,14,14,14,14,14,14,15,15,15,15,15,15,15,15,15,15,15,
15,15,15,15,15,15,15,15,15,15,15,15,15,15,15,15,15,15,16,16,16,16,16,16,16,16,16,16,16,16,17,17,17,17,
17,17,17,18,18,18,18,18,19,19,19,19,20];
hist (x)
rose (x)
```

2．统计量的数字特征

常用的计算统计量的函数如下：

mean(x)：计算样本均值。

var(x)：计算样本方差。

std(x)：计算样本标准差。

cov(x,y)：计算样本的协方差矩阵。

corrcoef (x,y)：计算样本的相关系数矩阵。

【例 6-5】 随机取 8 只活塞环，测得它们的直径（单位：毫米）分别为

74.001　74.005　74.003　74.001　74.000　73.998　74.006　74.002

试求样本均值、样本方差和样本标准差的值。

```
x=[74.001   74.005   74.003   74.001   74.000   73.998   74.006   74.002];
mean(x)
var(x)
std(x)
```

3．常用统计分布的分位点

利用 nameinv (x, 参数表列)，可得到常用统计分布的分位点。其中，name 的含义同前。

【例 6-6】 求分位点 $Z(0.025)$，$t_{0.025}(10)$，$\chi^2{}_{0.025}(10)$，$F_{0.05}(6,10)$。

```
norminv(0.025, 0,1)
tinv(0.025, 10)
chi2inv(0.025 ,10)
finv(0.05 ,6,10)
```

4.参数估计

利用 namefit (x, α)，可计算分布参数的极大似然估计和 α 水平的置信区间。其中，name 的含义同前。

【例 6-7】 某种清漆的 9 个样品，其干燥时间（单位：小时）分别为

6.0　5.7　5.8　6.5　7.0　6.3　5.6　6.1　5.0

设干燥时间服从正态分布 $N(\mu,\sigma^2)$，求 μ、σ 的估计值和置信度为 0.95 的置信区间。

```
x=[6.0   5.7   5.8   6.5   7.0   6.3   5.6   6.1   5.0];
[mu,sigma,muci,sigmaci]=normfit (x,0.05)
```

5．假设检验

[H,SIG]=ztest(x, mu, sigma, α,tail)：用于执行单样本的 Z 检验，以判断一个样本的均值是否与某个已知总体的均值存在显著差异。

[H,SIG,CI]=ttest2(x, y, α,tail)：用于执行两个独立样本的 t 检验，以判断它们的均值是否存在显著差异。

【例 6-8】 自动包装机包装出的产品服从正态分布 $N(0.5, 0.015^2)$，从中抽取出 9 个样品，它们的质量（单位：kg）是

0.497　0.506　0.518　0.524　0.498　0.511　0.520　0.515　0.512

问包装机的工作是否正常？（α=0.05）

```
x=[0.497   0.506   0.518   0.524   0.498   0.511   0.520   0.515   0.512];
[H,SIG]=ztest(x, 0.5, 0.015, 0.05,0)
```

【例 6-9】 在平炉上用标准方法和新方法各炼 10 炉钢，其得率分别为

标准方法：78.1　72.4　76.2　74.3　77.4　78.4　76.0　75.5　76.7　77.3

新方法：　79.1　81.0　77.3　79.1　80.0　79.1　79.1　77.3　80.2　82.1

问新方法能否提高钢的得率？（α=0.05）

```
x=[78.1   72.4   76.2   74.3   77.4   78.4   76.0   75.5   76.7   77.3];
y=[79.1   81.0   77.3   79.1   80.0   79.1   79.1   77.3   80.2   82.1];
[H,SIG,CI]=ttest2 (x, y, 0.05,−1)
```

第 7 章　插值与拟合

7.1　数据插值

1. 一维插值

最常用的一维插值函数如下：

```
Y1=interp1(X,Y,X1,'method')
```

其中，X 和 Y 表示原始数据点；X1 表示加细的数据点或我们希望得到插值数据的数据点；method 是指定插值方法：linear 表示线性插值（默认），nearest 表示最近项插值，cubic 表示三次多项式插值，spline 表示三次样条插值。

其他一维插值函数还有：

pp=spline(x,y)：得到三次样条插值的分段多项式。

[b,c]=unmkpp(pp)：b 显示样条函数的节点，c 显示样条函数的各个分段三次多项式的系数。

【例 7-1】 线性插值。

```
clear all
x=[7.0 10.5 13.0 17.5 34.0 40.5 44.5 48.0 56.0 61.0 68.5 76.5 80.5 91.0 96.0 101.0 104.0 106.5 111.5 118.0 123.5 136.5 142.0 146.0 150.0 157.0 158.0];
y1=[44 45 47 50 50 38 30 30 34 36 34 41 45 46 43 37 33 28 32 65 55 54 52 50 66 66 68];
y2=[44 59 70 72 93 100 110 110 110 117 118 116 118 118 121 124 121 121 121 122 116 83 81 82 86 85 68];
newx=7:0.1:158;
newy1=interp1(x,y1,newx,'linear');
newy2=interp1(x,y2,newx,'linear');
Area=sum(newy2- newy1)*0.1/18^2*1600
```

【例 7-2】 三次多项式插值。

```
clear;close;
x=linspace (0,2*pi*300,19);
y=[502.8 ,525.0,514.3,451.0,326.5,188.6,92.2,59.6,62.2,102.7,147.1,191.6,236.0,280.5,324.9,369.4,413.8,458.3,502.8];
plot (x,y,'o'); axis ([0,2000,0,550]);
```

可见，可以用三次多项式插值，通过如下代码画出柱高插值曲线图：

```
xi=0:2*pi*300;
yi=interp1(x,y,xi,'cubic');
plot (xi,yi);
```

【例 7-3】 三次样条插值。

```
x=1:12;
y=[5 6 9 15 25 29 31 30 22 25 27 24];
close; plot(x,y,x,y,'+')
pp=spline(x,y);
[b,c]=unmkpp(pp)
```

【例 7-4】 三次样条插值。

```
t=[0 0.921 1.843 2.949 3.871 4.978 5.9 7.006 7.982 8.967 10.954 12.032 12.954 13.875 14.982 15.903 16.826 17.931 19.037 19.959 20.839 22.958 23.88 24.986 25.908];
r=[54.516 42.320 38.085 41.679 33.297 37.814 30.748 38.455 32.122 41.718 73.686 76.434 71.686 60.19 68.333 59.217 52.011 56.626 63.023 54.859 55.439 57.602 57.766 51.891 36.464];
plot(t,r,'b+');     % (t,r)表示时间和流速
title('流速散点图');  xlabel('时间(小时)');   ylabel('流速(立方米/小时)')
```

使用 MATLAB 中的三次样条插值命令得到水流速如下：

```
x0=t;y0=r;
[l,n]=size (x0); dl=x0(n)-x0(1);
x=x0(1):1/3600:x0(n);             %被插值点
ys=interp1 (x0,y0,x,'spline');    %样条插值输出
plot (x,ys);
title('样条插值下的流速图');  xlabel('时间(小时)');   ylabel('流速(立方米/小时)')
```

2．二维插值

最常用的二维插值函数如下：

```
Z1=interp2 (X,Y,Z,X1,Y1,'method')
```

其中，X 和 Y 为两个向量，分别描述原始数据点的自变量取值；Z 是对应于 X 和 Y 的函数值；X1 和 Y1 是两个向量，描述欲插值的点；method 的含义同 interp1 函数；Z1 是根据相应的插值方法得到的插值结果。

【例 7-5】 表 7-1 给出了某企业 1968—2008 年间，工龄为 10 年、20 年、30 年的职工的月均工资数据。试用线性插值求出 1973—2003 年每隔 10 年，工龄为 15 年、25 年职工的月均工资。

表 7-1　某企业不同工龄职工月均工资

年　　份	10 年工龄职工月均工资/元	20 年工龄职工月均工资/元	30 年工龄职工月均工资/元
1968	507	696	877
1978	793	951	1503
1988	1032	1391	2228
1998	1265	1737	3267
2008	2496	2703	4982

```
X=1968:10:2008;
Y=[10:10:30]';
```

```
Z=[507,793,1032,1265,2496;
    696,951,1391,1737,2703;
    877,1503,2228,3267,4982];
X1=1973:10:2003;
Y1=[15;25];
Z1=interp2 (X, Y,Z,X1,Y1)
```

注意：若数据是不规则的，即 Z 的数据不完全，不能构成一个矩阵，这时可使用下列命令。

```
Z1=griddata (X,Y,Z,X1,Y1)              %采用三角形线性插值
Z1=griddata (X,Y,Z,X1,Y1,'cubic')      %采用三角形三次插值
```

其中，X、Y、Z 均为向量，用来表示数据；X1 和 Y1 是两个网格向量，用于描述欲插值的点；Z1 是根据相应的插值方法得到的插值结果。

【例 7-6】 表 7-2 给出了水面直角坐标（x, y）处水深 h，如果船的吃水深度为 5m，试问在矩形 $75 < x < 200$，$-50 < y < 150$ 中行船应避免进入哪些区域？

表 7-2　例 7-6 表

x	129	140	108	88	185	195	105	157	107	77	145	162	162	117
y	7	141	28	147	22	137	85	−6	−81	3	45	−66	84	−38
***h*/m**	4	8	6	8	6	8	8	9	9	8	8	9	4	9

```
clear; close;
X=[ 129 140 108 88 185 195 105 157 107 77 145 162 162 117];
Y=[ 7 141 28 147 22 137 85 -6 -81 3 45 -66 84 -38 ];
plot (X,Y,'o');
H=[ 4 8 6 8 6 8 8 9 9 8 8 9 4 9 ];
Z=-H;
X1=75:5:200;Y1=[-50:10:150]';
Z1=griddata (X,Y,Z,X1,Y1,'cubic');
mesh (X1,Y1,Z1);
view (-60,30);   %调整视角，角度为 60°，高度为 30m
contour (X1,Y1,Z1,[-5,-5],'k')      %画等高线图
```

7.2　数据拟合

曲线拟合的函数如下：

```
p=polyfit(x,y,n)    %按 n 次多项式拟合
```

【例 7-7】 线性函数拟合。

```
x=[100  110  120  130  140  150  160  170  180  190];
y=[45  51  54  61  66  70  74  78  85  89];
```

```
close; plot(x,y)
p=polyfit(x,y,1)
```

【例 7-8】 非线性函数化为线性函数拟合。

```
t=[0 1 2 3 4 5 6 7 8 9 10];
u=[100 75 55 40 30 20 15 10 10 5 5];
close; plot(t,u)
T=t; U=log(u);
p=polyfit(T, U,1)
```

【例 7-9】 多项式函数拟合。

```
x=[34 36 37 38 39 39 39 40 40 41 42 43 43 45 47 48];
y=[1.30 1.00 0.73 0.90 0.81 0.70 0.60 0.50 0.44 0.56 0.30 0.42 0.35 0.40 0.41 0.60];
close; plot(x,y)
p=polyfit(x,y,2)
xi=linspace(34,48,1000);     %绘图的 X 轴数据
z=polyval(p,xi);             %得到多项式在数据点处的值
close;    plot(x,y,'ko',xi,z,'r–')
```

第 8 章 MATLAB 优化算法

8.1 线性规划算法

线性规划算法的调用格式如下：

```
[x, fval, exitflag]= linprog(f,A,b, Aeq,beq,lb,ub, x0)
```

说明：x 为最优解向量；fval 为最优值；exitflag 描述函数计算的退出条件，正值表示目标函数收敛于解 x 处，负值表示目标函数不收敛，零值表示已经达到函数评价或迭代的最大次数；f 为最小化目标函数系数向量；A、b 分别为不等式约束的矩阵和向量，若没有不等式约束，则令 A=[ ]，b=[ ]；Aeq、beq 分别为等式约束的矩阵和向量，若没有等式约束，则令 Aeq=[ ]，beq=[ ]；lb、ub 分别表示变量 x 的下界和上界；x0 表示初始点。

【例 8-1】 求解线性规划问题。

$\max f=70x_1+120x_2$

s.t. $9x_1+4x_2\leqslant 3600$

$4x_1+5x_2\leqslant 2000$

$3x_1+10x_2\leqslant 3000$

$x_1,x_2\geqslant 0$

将其转换为标准形式：

$\min f=-70x_1-120x_2$

s.t. $9x_1+4x_2\leqslant 3600$

$4x_1+5x_2\leqslant 2000$

$3x_1+10x_2\leqslant 3000$

$x_1,x_2\geqslant 0$

算法如下：

```
f=[-70 -120];
A=[9 4 ;4 5;3 10 ];
b=[3600;2000;3000];
lb=[0 0];
ub=[];
[x,fval,exitflag]=linprog(f,A,b,[],[],lb,ub)
maxf=-fval
```

【例 8-2】 求解线性规划问题。

$\max f=0.15x_1+0.1x_2+0.08x_3+0.12x_4$

s.t. $x_1-x_2-x_3-x_4\leqslant 0$

$x_2+x_3-x_4\geqslant 0$

$x_1+x_2+x_3+x_4=1$

$x_j \geqslant 0, \quad j=1,2,3,4$

将其转换为标准形式：

$\min f=-0.15x_1-0.1x_2-0.08x_3-0.12x_4$

s.t.　$x_1-x_2-x_3-x_4 \leqslant 0$

$-x_2-x_3+x_4 \leqslant 0$

$x_1+x_2+x_3+x_4=1$

$x_j \geqslant 0, \quad j=1,2,3,4$

算法如下：

```
f = [-0.15;-0.1;-0.08;-0.12];
A = [1 -1 -1 -1;  0 -1 -1 1]; b = [0; 0];
Aeq=[1 1 1 1]; beq=[1]; lb = zeros(4,1);
[x,fval,exitflag] = linprog(f,A,b,Aeq,beq,lb)
f=-fval
```

8.2　二次规划算法

二次规划算法的调用格式如下：

```
[x,fval,exitflag]= quadprog(H,f,A,b,Aeq,beq,lb,ub,x0)
```

说明：H、f 分别为二次项系数对称矩阵和一次项系数向量，其他输入参数与输出参数的含义同 linprog 函数。

【例 8-3】 求解二次规划问题。

$\min f(x)=x_1-3x_2+3x_1^2+4x_2^2-2x_1x_2$

s.t.　$2x_1+x_2 \leqslant 2$

$-x_1+4x_2 \leqslant 3$

算法如下：

```
f=[1;-3];
H=[6 -2;-2 8];
A=[2 1;-1 4];
b=[2;3];
[X,fval,exitflag]=quadprog(H,f,A,b)
```

【例 8-4】 求解二次规划问题。

$\min f(x)=x_1^2+2x_2^2-2x_1x_2-4x_1-12x_2$

s.t.　$x_1+x_2 \leqslant 2$

$-x_1+2x_2 \leqslant 2$

$2x_1+x_2 \leqslant 3$

$x_1 \geqslant 0, \quad x_2 \geqslant 0$

算法如下：

```
H=[2 -2;-2 4];
f=[-4;-12];
A=[1 1;-1 2;2 1];
b=[2;2;3];
lb=zeros(2,1);
[x,fval,exitflag]=quadprog(H,f,A,b,[],[],lb)
```

8.3 非线性规划算法

非线性规划算法的调用格式如下：

```
[x, fval, exitflag]=fmincon(f,x0,A,b,Aeq,beq,lb,ub,nonlcon)
```

说明：f 为目标函数句柄，nonlcon 用于指定非线性约束条件（不等式或等式），其他输入参数与输出参数的含义同 linprog 函数。例如，若 nonlcon=@fun，则由 M 文件 fun.m 给定非线性不等式约束 c (x)≤0 或非线性等式约束 g(x)=0。

【例 8-5】 求解非线性规划问题。

$\min f=100(x_2-x_1^2)^2+(1-x_1)^2$

s.t. $x_1\leqslant 2$

$x_2\leqslant 2$

首先建立 ff6.m 文件：

```
function f=ff6(x)
f=100*(x(2)-x(1)^2)^2+(1-x(1))^2;
```

然后在命令窗口中输入命令：

```
x0=[1.1,1.1];
A=[1 0;0 1];
b=[2;2];
[x,fval,exitflag]=fmincon(@ff6,x0,A,b)
```

【例 8-6】 求解非线性规划问题。

$\min \quad f=e^{x1}(6x_1^2+3x_2^2+2x_1x_2+4x_2+1)$

s.t. $x_1x_2-x_1-x_2+1\leqslant 0$

$-2x_1x_2-5\leqslant 0$

首先建立目标函数文件 ff8.m 文件：

```
function f=ff8(x)
f=exp(x(1))*(6*x(1)^2+3*x(2)^2+2*x(1)*x(2)+4*x(2)+1);
```

再建立非线性约束条件文件 ff8g.m：

```
function [c,g]=ff8g(x)
c(1)=x(1)*x(2)-x(1)-x(2)+1;
```

```
c(2)=-2*x(1)*x(2)-5;
g=[];
```

然后在命令窗口中输入命令：

```
x0=[1,1];
nonlcon=@ff8g
[x,fval,exitflag] =fmincon(@ff8,x0,[],[],[],[],[],[], nonlcon)
```

8.4　整数线性规划算法

说明：下面给出用分枝定界法求解整数线性规划问题的 M 函数文件 ILp.m。其中，x 为最优解向量；f 为最优值；x0 表示初始点，可以用[ ]代替；neqcstr 表示约束条件 Ax≤b 中的前 neqcstr 个是等式，neqcstr=0 时可以省略，此时也可以省略 x0；vlb、vub 分别表示变量 x 的下界和上界；pre 为精度。

M 函数文件 ILp.m 如下：

```
function    [x, f ]= ILp(c,A,b,vlb,vub,x0, neqcstr,pre)
if nargin<8, pre=0;
   if nargin<7, neqcstr=0;
       if nargin<6, x0=[ ];
          if nargin<5, vub=[ ];
              if nargin<4, vlb=[ ];
              end, end, end, end, end
x0=x0(: ); c=c( :); b=b(: ); vlb=vlb(: ); vub=vub(: );
mm=1; j=1; nvars=length(c');
fvub=inf; xall=[ ]; fall=[ ]; x_f_b=[ ];
[xtemp ztemp,how]=lp(c,A,b,vlb,vub,x0, neqcstr,-1);
ftemp=c'*xtemp;
if strcmp (how, 'ok'),
    temp0=round (xtemp); temp1=floor(xtemp);
    temp2=find(abs(xtemp-temp0)>pre);
    mtemp=length(temp2);
    if ~isempty(temp2)
        x_f_b=[xtemp; ftemp; vlb; vub];
        while j<=mm
          i=1;
          while i<=mtemp
              if    x_f_b(nvars+1,j)<=fvub
              vlb1=x_f_b(nvars+2:2*nvars+1,j);
              vub1=x_f_b(2*nvars+2:3*nvars+1,j);
```

```
            vub1(temp2(i))=temp1(temp2(i));
            [xtemp z, how]=lp(c,[A;c'],[b;fvub], vlb1,vub1,x0, neqcstr,−1);
            ftemp=c'*xtemp;
            if strcmp (how, 'ok'),
            temp10=round (xtemp); temp11=floor(xtemp);
            temp12=find(abs(xtemp−temp10)>pre);
            if   isempty(temp12),
               xall=[xall,xtemp]; fall=[fall,ftemp];
               fvub=min([fvub,fall]);
            elseif ftemp<=fvub
               x_f_b=[x_f_b, [xtemp; ftemp; vlb1; vub1]];
            end, end, end
          if   x_f_b (nvars+1,j)<=fvub
            vlbr=x_f_b(nvars+2:2*nvars+1,j);
            vlbr(temp2(i))=temp1(temp2(i))+1;
          vubr=x_f_b(2*nvars+2:3*nvars+1,j);
          [xtemp z, how]=lp(c,[A;c'],[b;fvub], vlbr,vubr,x0, neqcstr,−1);
          ftemp=c'*xtemp;
          if strcmp (how, 'ok'),
            tempr0=round (xtemp); tempr1=floor(xtemp);
            tempr2=find(abs(xtemp−tempr0)>pre);
            if   isempty(tempr2),
               xall=[xall,xtemp]; fall=[fall,ftemp];
               fvub=min([fvub,fall]);
            elseif ftemp<=fvub
               x_f_b=[x_f_b, [xtemp; ftemp; vlbr; vubr]];
            end, end, end
          i=i+1; end
       xint=x_f_b(1:nvars,:); [m,mm]=size(xint); j=j+1;
       if j>mm,break,end
       temp0=round (xint(:,j)); temp1=floor(xint(:,j));
       temp2=find(abs(xint(:,j)−temp0)>pre);
       mtemp=length(temp2); end,
else, x=xtemp; f=ftemp; end,
if ~isempty(fall)
    fmin=min(fall); nmin=find(fall==fmin);
    x=xall(:,nmin); f=fmin; end,
else, x=nan*ones(1,nvars); end
```

【例 8-7】 求解整数线性规划问题。

$\max f=20x_1+10x_2$

s.t. $5x_1+4x_2\leqslant 24$

$2x_1+5x_2\leqslant 13$

$x_j\geqslant 0,\quad j=1,2$

x_1,x_2 为整数

先建立 M 函数文件 ILp.m，然后在命令窗口中输入命令：

```
clear;
c=[-20,-10];   %求 max 转换为求 min
a=[5,4;2,5]; b=[24;13];
[x,f]=ILp(c,a,b,[0;0],[inf; inf], [ ],0,0.0001)
f=-f
```

8.5 0-1 整数线性规划算法

说明：用隐枚举法求解 0-1 整数线性规划问题的 M 函数文件 L01p_ie.m 中用到命令 B=de2bi(D)，其作用是将十进制数向量 D 转换为相应的二进制数按位构成的以 0、1 为元素的矩阵 B。

M 函数文件 de2bi.m 如下：

```
function b= de2bi(d,n,p)
d=d(: ); len_d=length(d);
if min(d)<0, error('Cannot convert a negative number');
elseif  ~isempty(find(d==inf)),
    error('Input must be an Inf.');
elseif find(d~=floor(d)),
    error('Input must be an integer.');
end;
if  nargin<2,
    tmp=max(d); b1=[];
    while tmp>0
        b1=[b1 rem(tmp,2)]; tmp=floor(tmp/2);
    end;
    n=length(b1);
end;
if nargin<3, p=2; end;
    b=zeros(len_d,n);
    for i=1:len_d
        j=1; tmp=d(i);
    while (j<=n)&(tmp>0)
        b(i,j)=rem(tmp,p); tmp=floor(tmp/p);
```

```
        j=j+1;
    end;
end;
```

说明：下面给出用隐枚举法求解 0-1 整数线性规划问题的 M 函数文件 L01p_ie.m。其中，x 为最优解向量；f 为最优值；N 表示约束条件 Ax≤b 中的前 N 个是等式，N=0 时可以省略。

M 函数文件 L01p_ie.m 如下：

```
function    [x, f ]= L01p_ie(c,A,b,N)
if   nargin<4, N=0; end
c=c(:); b=b(:);
A=[−A(1:N,:);A]; b=[−b(1:N);b];
[m,n]=size(A); x=[]; f=abs(c')*ones(n,1);
A=[c';A]; b=[f;b]; i=1;
while    i<=2^n
    B=de2bi(i−1,n)';
    j=1; t1=A(j,:)*B−b(j);
    while (t1<=0&j<m+1)
        j=j+1; t1=A(j,:)*B−b(j);
        if t1>0, j=1; end;
    end
    if   j==m+1
        x=B; f=c'*B;
        b(1)=min([b(1),f]);
    end
    i=i+1;
end
```

【例 8-8】 求解 0-1 整数线性规划问题。

$\max f=-3x_1+2x_2-5x_3$

s.t. $x_1+x_2-x_3\leqslant 2$

$x_1+4x_2+x_3\leqslant 4$

$x_1+x_2\leqslant 3$

$4x_2+x_3\leqslant 6$

$x_j\ (j=1,2,3)$ 为 0 或 1

先建立 M 函数文件 de2bi.m 和 L01p_ie.m，然后在命令窗口中输入命令：

```
clear;
c=[3,−2,5];   %求 max 转换为求 min
a=[1,2,−1;1,4,1;1,1,0;0,4,1]; b=[2;4;3;6];
[x, f ]= L01p_ie(c,a,b)
f=−f
```

8.6　方差分析

常用的方差分析函数如下：

anova1(X)：单因素方差分析。

anova2(X,REPS)：双因素方差分析。其中，用 REPS 指出每一单元观察点的数目。

【例 8-9】 有三台机器，用来生产规格相同的铝合金薄板，抽样测量薄板的厚度（单位：mm），结果如下：

机器 1：0.236　0.238　0.248　0.245　0.243
机器 2：0.257　0.253　0.255　0.254　0.261
机器 3：0.258　0.264　0.259　0.267　0.262

检验各台机器生产的薄板厚度是否有显著差异。

```
X=[0.236   0.238   0.248   0.245   0.243;
   0.257   0.253   0.255   0.254   0.261;
   0.258   0.264   0.259   0.267   0.262] ;
anova1(X')
```

【例 8-10】 对某火箭使用四种燃料、三种推进器做射程试验，每种燃料（A1～A4）与每种推进器（B1～B3）的组合各发射火箭两次，结果如下：

	B1	B2	B3
A1	58.2	56.2	65.3
	52.6	41.2	60.8
A2	49.1	54.1	51.6
	42.8	50.5	48.4
A3	60.1	70.9	39.2
	58.3	73.2	40.7
A4	75.8	58.2	48.7
	71.5	51.0	41.4

考察 A 和 B 这两个因素对射程是否有显著影响。

```
X=[58.2        56.2        65.3
   52.6        41.2        60.8
   49.1        54.1        51.6
   42.8        50.5        48.4
   60.1        70.9        39.2
   58.3        73.2        40.7
   75.8        58.2        48.7
   71.5        51.0        41.4] ;
anova2(X,2)
```

8.7 回归分析

利用[b,bint,r,rint,stats]=regress(y,x)进行多元线性回归分析。回归方程为

$$y = b_0 + b_1 x_1 + \cdots + b_p x_p + \varepsilon, \quad \varepsilon \sim N(0, \sigma^2)$$

其中，y 表示 y 的数据，是一个$n \times 1$向量；x 表示 x 的数据，是一个$n \times p$矩阵；b 表示 $b_0, b_1, \cdots, b_p$ 的估计值；bint 表示 b 的置信区间；r 表示残差；rint 表示 r 的置信区间；stats 包含四个值，第一个值是回归方程的置信度，第二个值是 F 统计量的值，第三个值显示所建的回归方程是否有意义，第四个值是估计误差方差。

【例 8-11】 某种水泥在凝固时放出的热量 y（cal/g）与其中四种化学成分的质量百分比 x_1, x_2, x_3, x_4 有关，样本数据如表 8-1 所示。

表 8-1　例 8-11 表

序　号	x_1/%	x_2/%	x_3/%	x_4/%	y/（cal/g）
1	7	26	6	60	78.5
2	1	29	15	52	74.3
3	11	56	8	20	104.3
4	11	31	8	47	87.6
5	7	52	6	33	95.9
6	11	55	9	22	109.2
7	3	71	17	6	102.7
8	1	31	22	44	72.5
9	2	54	18	22	93.1
10	21	47	4	26	115.9
11	1	40	23	34	83.8
12	11	66	9	12	113.3
13	10	68	8	12	109.4

建立 y 关于 x_1, x_2, x_3, x_4 的线性回归方程。

```
x=[ 7     26     6     60
    1     29    15     52
   11     56     8     20
   11     31     8     47
    7     52     6     33
   11     55     9     22
    3     71    17      6
    1     31    22     44
    2     54    18     22
```

```
    21      47      4      26
     1      40     23      34
    11      66      9      12
    10      68      8      12  ];
x=[ones(13,1),x];
y=[78.5  74.3  104.3  87.6  95.9  109.2  102.7  72.5  93.1  115.9  83.8  113.3  109.4]';
[b,bint,r,rint,stats]=regress(y,x)
```

利用[beta,R,J]=nlinfit(x,y,'model',beta0)进行多元非线性回归分析。其中，y 表示 y 的数据，是一个 $n\times1$ 向量；x 表示 x 的数据，是一个 $n\times p$ 矩阵；model 表示模型的 M 函数名，此 M 函数的形式见例 8-12；beta0 表示参数迭代新值；beta 表示最佳拟合参数的估计值；R 表示残差；J 表示返回用于估计预测误差的雅可比（Jacobi）矩阵。

【例 8-12】 机器的可靠度随时间的延续而降低，测得数据如表 8-2 所示。

表 8-2　例 8-12 表

时间 t	1	2	3	4	5	6	7	8	9	10	11	12	13
可靠度 z	87	78.7	71.2	64.4	58.2	52.6	47.5	42.9	38.8	35.1	31.7	28.6	25.8

求 z 关于 t 的回归方程。

```
t=1:13;
z=[87  78.7  71.2  64.4  58.2  52.6  47.5  42.9  38.8  35.1  31.7  28.6  25.8];
close; plot(t,z)
```

作图显示应该用曲线 $z = ce^{bt}$ 来拟合。

M 函数文件 model.m 如下：

```
function    z=model (beta, t)
c=beta(1);
b=beta(2);
t=t (:,1);
z=c*exp(b*t);
```

求解如下：

```
t=1:13;
t=t';
z=[87  78.7  71.2  64.4  58.2  52.6  47.5  42.9  38.8  35.1  31.7  28.6  25.8];
beta0=[1,1]';
[beta,R,J]=nlinfit(t,z,'model',beta0)
```

第 9 章　图与网络常用算法

9.1　最短路径算法

1．Dijkstra 算法的 MATLAB 程序 dijkstra.m

```
% Dijkstra's  Algorithm
function  [S, D]= dijkstra (i,m,W)
% i 表示最短路径的起点，m 为图的顶点数，W 为图的带权邻接矩阵
% 不构成边的两顶点之间用 inf 表示
% S 的每一列从上到下记录了从起点到终点的最短路径所经顶点的序号
% D 是一个行向量，记录了 S 中所示路径的距离
dd=[ ];tt=[ ];ss=[ ];ss(1,1)=i; v=1:m; v(i)=[ ];dd=[0;i];
% dd 的第二行是每次求出的最短路径的终点，第一行是最短路径的值
kk=2; [mdd,ndd]=size(dd);
while ~isempty(v)
    [tmpd,j]=min(W(i,v));tmpj=v(j);
    for  k=2:ndd
        [tmp1,jj]=min(dd(1,k)+W(dd(2,k),v));
        tmp2=v(jj);tt(k-1,:)=[tmp1,tmp2,jj];
    end
    tmp=[tmpd,tmpj,j;tt]; [tmp3,tmp4]=min(tmp(:,1));
    if tmp3==tmpd,ss(1:2,kk)=[i;tmp(tmp4,2)];
    else, tmp5=find(ss(:,tmp4)~=0); tmp6=length(tmp5);
        if  dd(2,tmp4)==ss(tmp6,tmp4)
            ss(1:tmp6+1,kk)=[ss(tmp5,tmp4); tmp(tmp4,2)];
        else, ss(1:3,kk)=[i; dd(2,tmp4); tmp(tmp4,2)];
        end
    end
    dd=[dd,[tmp3;tmp(tmp4,2)]];v(tmp(tmp4,3))=[ ];
    [mdd,ndd]=size(dd);kk=kk+1;
end
S=ss;D=dd(1,: );
```

例如，用 Dijkstra 算法求设备更新与中心选址的例子中从点 s 到其他各点间的最短路径。首先建立 M 文件 dijkstra.m，然后在命令窗口中输入命令：

```
W=inf*ones(6);
W(1,[2,3,4,5])=[4,3,7,8];
```

```
W(2,[1,4,5])=[4,3,2];
W(3,[1,5])=[3,3];
W(4,[1,2,5,6])=[7,3,3,2];
W(5,[1,2,3,4,6])=[8,2,3,3,2];
W(6,[4,5])=[2,2];
i=1; m=6;
[S, D]= dijkstra (i,m,W)
```

2. Floyd 算法的 MATLAB 程序 floyd.m

```
% Floyd's Algorithm
function [D,path]=floyd (a)
% D 为最短距离矩阵，path 为最短路径矩阵
% path(i,j)=k，表示 i 的后继点是 k，再找 path(k,j)=t,…直到后继点是 j 为止，得 i 到 j 的最短路径
n=size(a,1);
%设置 D 和 path 的初值
D=a; path=zeros(n,n);
for i=1:n
    for j=1:n
        if D(i,j)~=inf
            path(i,j)=j;  %j 是 i 的后继点
        end
    end
end
%作 n 次迭代，每次迭代均更新 D(i,j)和 path(i,j)
for k=1:n
    for i=1:n
        for j=1:n
            if D(i,k)+D(k,j)<D(i,j)
                D(i,j)=D(i,k)+D(k,j);     %修改距离
                path(i,j)=path(i,k);      %修改路径
            end
        end
    end
end
```

例如，用 Floyd 算法求设备更新与中心选址的例子中任意两点间的最短路径及距离。首先建立 M 文件 floyd.m，然后在命令窗口中输入命令：

```
a=[0 1 2 3; 2 0 7 inf ; 5 6 0 2; 1 inf 4 0];
[D, path]= floyd (a)
```

9.2 最小生成树算法

1．Kruskal 算法的 MATLAB 程序 kruskal.m

```
% Kruskal's Algorithm
function [T, c]= kruskal (b,n)
% b 为边权矩阵，第一、二行分别存放各条边的起点和终点，第三行存放各条边上的权
% n 为图的顶点数
% T 为所求最小生成树的边集合，即给出各边所在的顶点
% c 为所求最小生成树的总权大小
[B, i ]=sortrows(b',3); B=B';
m=size(b,2);
t=1:n; k=0; T=[ ]; c=0;
for i=1:m
    if t (B(1,i))~=t (B(2,i))
        k=k+1; T(k,1)=B(1,i); T(k,2)=B(2,i);c=c+B(3,i);
        tmin=min(t(B(1,i)), t(B(2,i)));
        tmax=max(t(B(1,i)), t(B(2,i)));
        for j=1:n
            if t(j)==tmax
                t(j)=tmin;
            end
        end
    end
    if k==n-1
       break;
    end
end
```

例如，用 Kruskal 算法求如图 9-1 所示的天然气管道铺设方案中的最小生成树及相应的总权大小。首先建立 M 文件 kruskal.m，然后在命令窗口中输入命令：

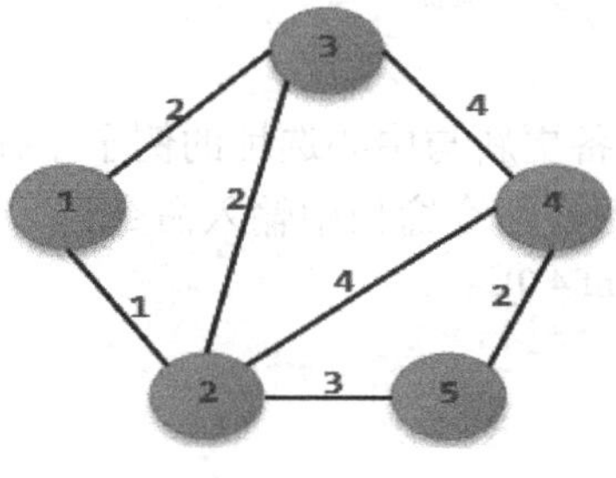

图 9-1 天然气管道铺设方案

```
n=5;
b=[1 1 2 2 2 2 2 3 3 3 3 3 4 4 4 5 5 5;2 3 1 3 4 5 1 2 4 5 2 3 5 2 3 4;1 2 1 2 4 3 2 2 4 4 4 4 2 3 4 2];
[T, c]= kruskal (b,n)
```

2．Prim 算法的 MATLAB 程序 prim.m

```
%  Prim's  Algorithm
function  [T, c]= prim (a,n)
%  a 为带权邻接矩阵
%  n 为图的顶点数
%  T 为所求最小生成树的边集合，即给出各边所在的顶点
%  c 为所求最小生成树的总权大小
T=[ ]; c=0; v=1; sb=2:n;
for j=2:n
    b(1,j-1)=1; b(2,j-1)=j; b(3,j-1)=a(1,j);
end
while size(T,2)<n-1
    [minss,i]=min(b(3,: )); T(:,size(T,2)+1)=b(:,i); c=c+b(3,i); v=b(2,i);
    temp=find(sb==b(2,i)); sb(temp)=[ ]; b(:,i)=[ ];
    for j=1:length(sb)
        d=a(v,b(2,j));   if d<b(3,j) b(1,j)=v; b(3,j)=d; end
    end
end
```

例如，用 Prim 算法求如图 9-1 所示的天然气管道铺设方案中的最小生成树及相应的总权大小。首先建立 M 文件 prim.m，然后在命令窗口中输入命令：

```
n=5;
a=[0 1 2 inf inf;1 0 2 4 3 ;2 2 0 4 4 ;inf 4 4 0 2 ;inf 3 4 2 0];
[T, c]= prim (a,n)
```

应 用 篇

第 10 章　MATLAB 在信号与系统中的应用

实验 1　信号的时域描述与运算

一、实验目的

（1）掌握信号的 MATLAB 表示及其可视化方法。
（2）掌握信号基本时域运算的 MATLAB 实现方法。
（3）利用 MATLAB 分析常用信号，加深对信号时域特性的理解。

二、实验原理

1. 连续时间信号的 MATLAB 表示

连续时间信号指的是在连续时间范围内有定义的信号，即除若干个不连续点外，在任何时刻信号都有定义。在 MATLAB 中，连续时间信号可以用两种方法来表示，即向量表示法和符号表达式表示法。

从严格意义上来说，MATLAB 并不能处理连续时间信号，在 MATLAB 中连续时间信号是用等时间间隔采样后的采样值来近似表示的，当采样间隔足够小时，这些采样值就可以很好地近似表示出连续时间信号，这种表示方法称为向量表示法。表示一个连续时间信号需要使用两个向量，其中一个向量表示信号的时间范围，另一个向量表示连续时间信号在该时间范围内的采样值。例如，一个正弦信号可以表示如下：

```
>> t=0:0.01:10;
>> x=sin(t);
```

利用 plot(t,x)命令可以绘制上述信号的时域波形，如图 10-1 所示。常用的信号产生函数如表 10-1 所示。

如果连续时间信号可以用表达式来描述，则还可以采用符号表达式来表示连续时间信号，如图 10-2 所示。例如，对于上述正弦信号，可以用符号表达式表示如下：

```
>> ezplot('sin');
```

利用 ezplot( )命令可以绘制上述信号的时域波形，括号中应填入函数名称或函数表达式。该命令无须数据准备，可直接画出函数图形。其基本调用格式为

```
ezplot(f )
```

其中，f 是字符串或代表数学函数的符号表达式，只有一个符号变量。例如，ezplot('e^t')这种无法绘制图形。

2. 连续时间信号的时域运算

对连续时间信号的运算包括两个信号相加、相乘、微分、积分，以及位移、反转、尺

度变换（尺度伸缩）等。

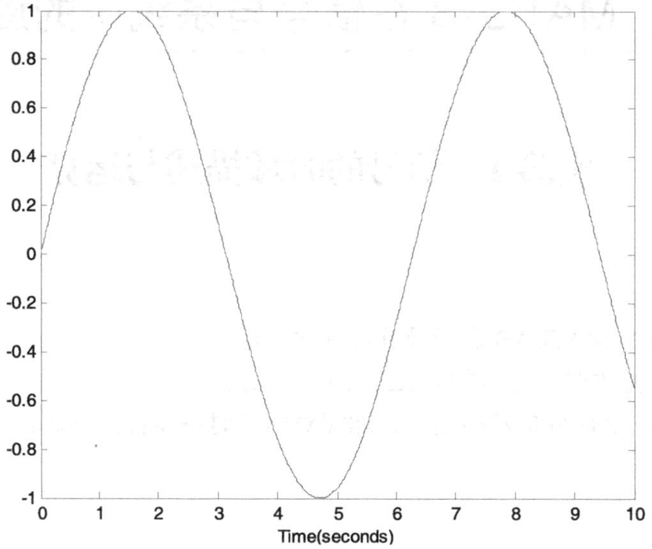

图 10-1　利用向量表示连续时间信号

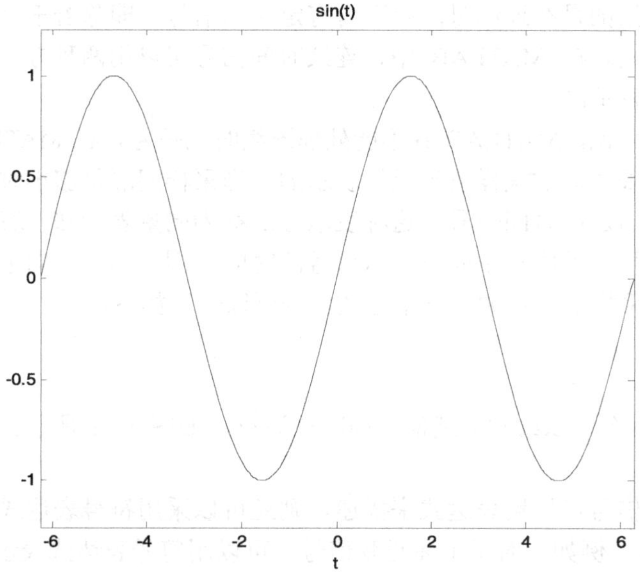

图 10-2　利用符号表达式表示连续时间信号

表 10-1　常用的信号产生函数

函 数 名	功 能	函 数 名	功 能
heaviside	单位阶跃函数	rectpuls	门函数
sin	正弦函数	tripuls	三角脉冲函数
cos	余弦函数	square	周期方波
sinc	sinc 函数	sawtooth	周期锯齿波或三角波
exp	指数函数		

1）相加和相乘

信号相加和相乘指两信号对应时刻的值相加和相乘，对于两个采用向量表示的信号，可以直接使用算术运算的运算符“+”和“*”来计算，此时要求表示两信号的向量时间范围和采样间隔相同。采用符号表达式表示的两个信号，可以直接根据符号表达式的运算规则运算。

2）微分和积分

对于向量表示法表示的连续时间信号，可以通过数值计算的方法计算信号的微分和积分。这里的微分使用差分来近似求取，由时间向量$[t_1,t_2,\cdots,t_N]$和采样值向量$[x_1,x_2,\cdots,x_N]$表示的连续时间信号，其微分可以通过下式求得：

$$x'(t)|_{t=t_k} \approx \frac{x_{k+1}-x_k}{\Delta t}, \quad k=1,2,\cdots,N-1$$

其中，Δt 表示采样间隔。MATLAB 中用 diff 函数来计算差分 $x_{k+1}-x_k$。

连续时间信号的定积分可以由 MATLAB 的 quad 函数实现，调用格式为：quad('function_name',a,b)。其中，function_name 为被积函数名；a、b 为积分区间。

对于符号表达式表示的连续时间信号，MATLAB 提供了 diff 函数和 quad 函数分别用于求微分和积分。

3．离散时间信号的 MATLAB 表示

离散时间信号仅在一些离散时刻有定义。在 MATLAB 中离散时间信号需要使用两个向量来表示，其中一个向量用于表示离散的时间点，另一个向量表示在这些时间点上的值。例如，对于如下时间信号：

$$x(n)=\{-3,2,-1,2,1,-1,2,3\}$$

利用 MATLAB 可以表示如下：

```
n=-3:4;
x=[-3 2 -1 2 1 -1 2 3];
stem(n,x,'filled');
xlabel('n');
title('x(n)');
```

stem 函数用于绘制离散时间信号波形，为了与我们表示离散时间信号的习惯相同，在绘图时一般需要添加'filled'选项，以绘制实心的杆状图形。上述命令绘制的信号时域波形如图 10-3 所示。

4．离散时间信号的时域运算

离散时间信号的相加和相乘是将两个信号对应的时间点上的值进行相加和相乘，可以直接使用算术运算的运算符“+”和“*”来计算。

离散时间信号的位移，可看作是将表示时间的向量进行平移，而表示对应时间点上的值的向量不变。

离散时间信号的反转，可以看作是将表示时间的向量和表示对应时间点上的值的向

量以零点为基准点，以纵轴为对称轴反折，向量的反折可以利用 MATLAB 的 fliplr 函数实现。

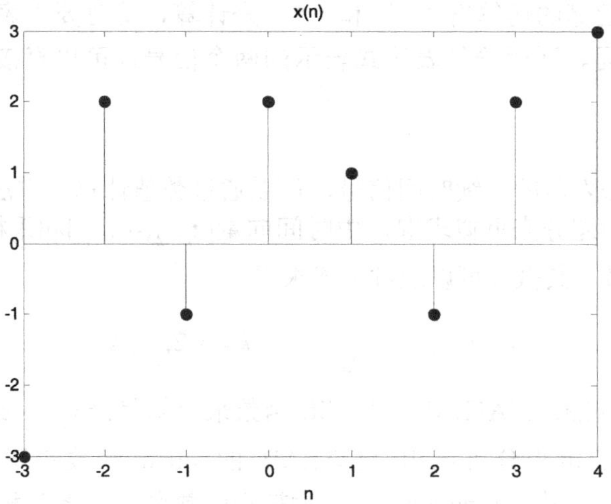

图 10-3　离散时间信号示例

三、实验内容

（1）利用 MATLAB 绘制下列连续时间信号波形。

① $x(t)=(1-\mathrm{e}^{-0.5t})u(t)$

MATLAB 参考程序如下：

```
syms t     t=0:0.01:10
x=(1-exp(-0.5*t))*heaviside(t);
ezplot(x,[0,5])     plot(t,x)
```

程序运行结果如图 10-4 所示。

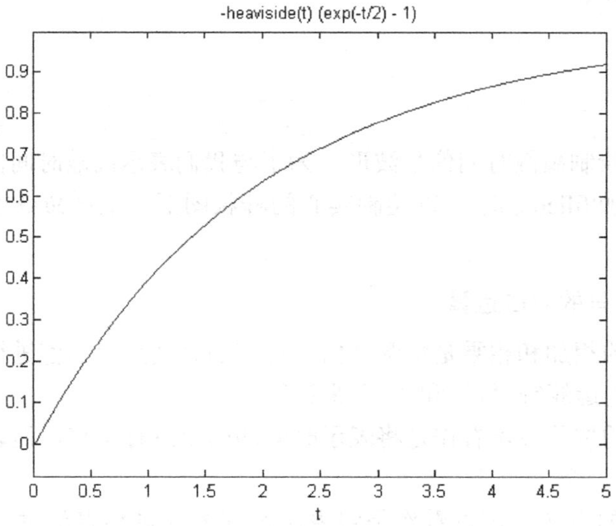

图 10-4　实验 1 程序运行结果 1

② $x(t)=\cos(\pi t)[u(t)-u(t-2)]$

MATLAB 参考程序如下：

```
syms t
x=cos(pi*t)*[heaviside(t)-heaviside(t-2)];
ezplot(x,[0,5])
```

程序运行结果如图 10-5 所示。

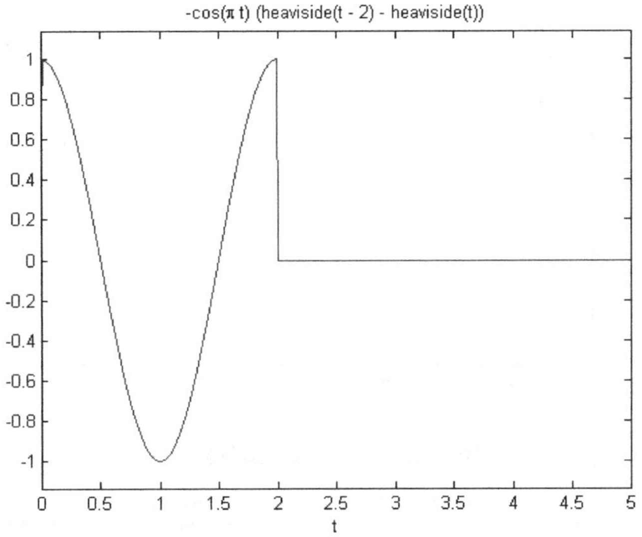

图 10-5 实验 1 程序运行结果 2

③ $x(t)=\frac{|t|}{2}\cos(\pi t)[u(t+2)-u(t-2)]$

MATLAB 参考程序如下：

```
syms t
x=abs(t)*0.5*cos(pi*t)*[(heaviside(t+2)-heaviside(t-2))];
ezplot(x,[-2,2])
```

程序运行结果如图 10-6 所示。

④ $x(t)=\mathrm{e}^{-t}\sin(2\pi t)[u(t)-u(t-3)]$

MATLAB 参考程序如下：

```
syms t
x=exp(-t)*sin(2*pi*t)*[heaviside(t)-heaviside(t-3)];
ezplot(x,[-1,4,-1,3])
```

程序运行结果如图 10-7 所示。

（2）利用 MATLAB 绘制下列离散时间信号波形。

① $x(n)=u(n-3)$

MATLAB 参考程序如下：

```
n=0:8;
```

```
x=(n>=3);
stem(n,x,'filled')
```

程序运行结果如图 10-8 所示。

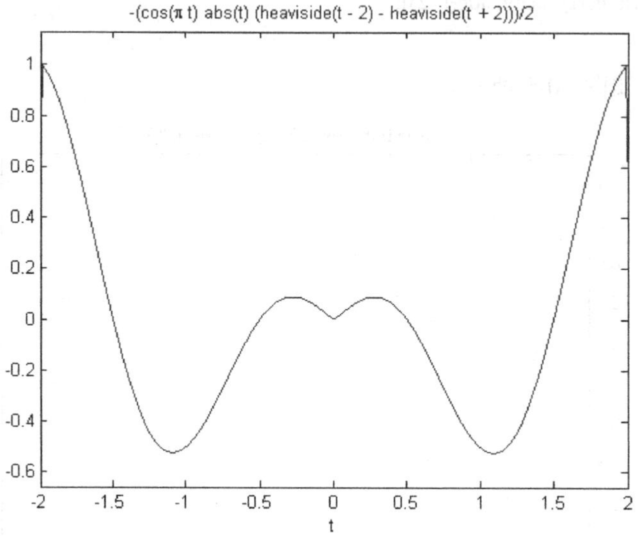

图 10-6　实验 1 程序运行结果 3

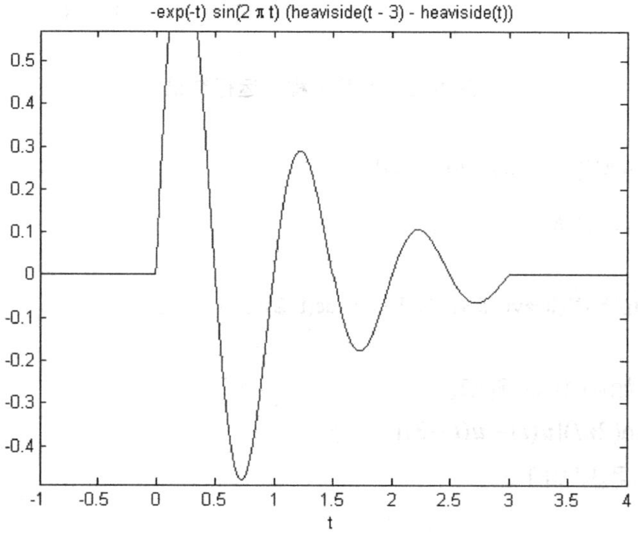

图 10-7　实验 1 程序运行结果 4

② $x(n)=(-1/2)^n u(n)$

MATLAB 参考程序如下：

```
n=-3:6;
y=(n>=0);
x=(-0.5).^n.*y;    %注意下标“.”
```

```
stem(n,x,'filled')
```

程序运行结果如图 10-9 所示。

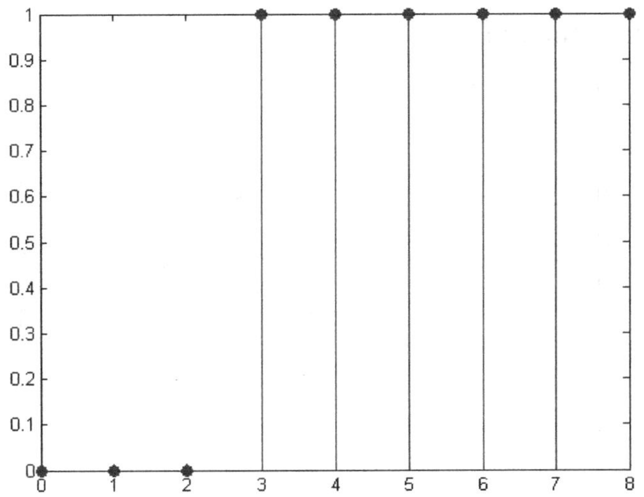

图 10-8　实验 1 程序运行结果 5

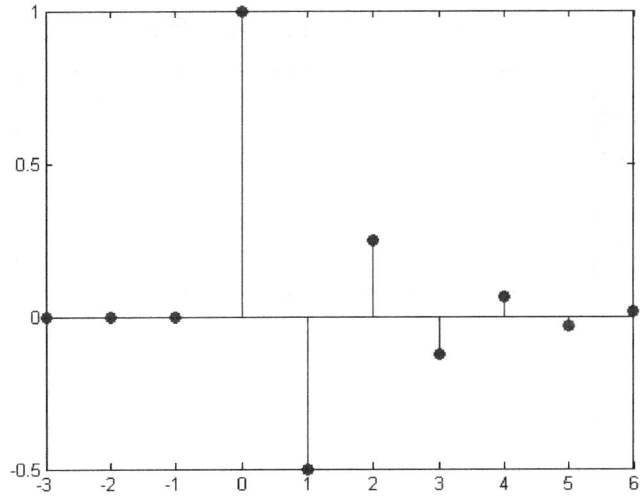

图 10-9　实验 1 程序运行结果 6

③　$x(n)=n[u(n)-u(n-5)]$

MATLAB 参考程序如下：

```
n=-2:6;
x=n.*((n>=0)-(n>=5));
stem(n,x,'filled')
```

程序运行结果如图 10-10 所示。

④　$x(n)=\sin(n\pi/2)u(n)$

MATLAB 参考程序如下：

```
n=-1:6;
x=sin(n.*pi.*0.5).*(n>=0);
stem(n,x,'filled')
```

程序运行结果如图 10-11 所示。

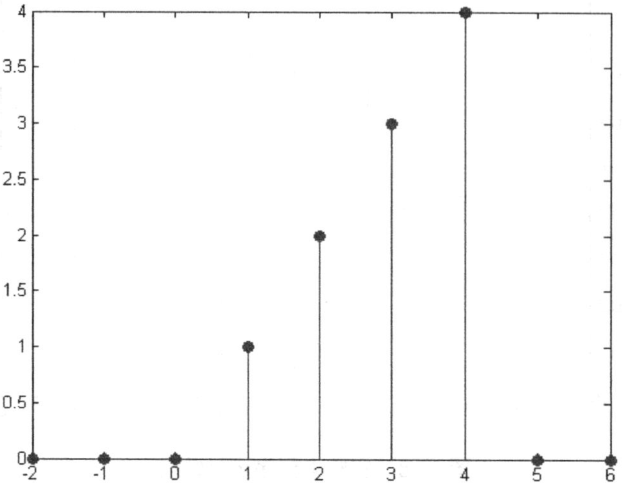

图 10-10　实验 1 程序运行结果 7

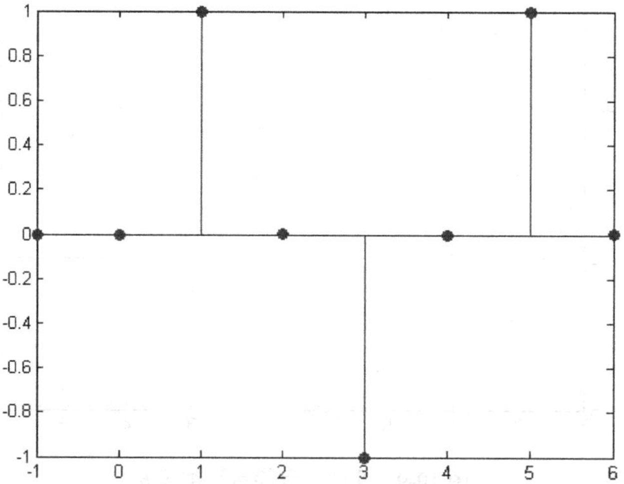

图 10-11　实验 1 程序运行结果 8

（3）利用 MATLAB 生成并绘制连续周期矩形波信号，要求周期为 2，峰值为 3，显示三个周期的波形。

利用 MATLAB 提供的 square 函数来生成方波信号，程序如下：

```
t=0:0.00001:6;
x=3*square(pi*t);
plot(t,x)
```

程序运行结果如图 10-12 所示。

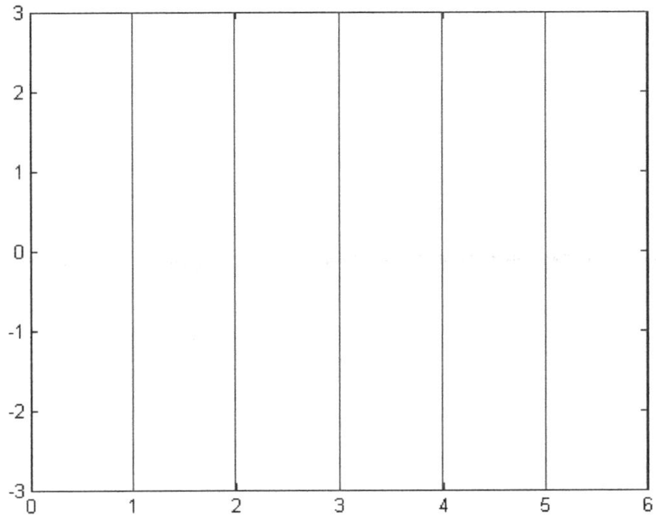

图 10-12　实验 1 程序运行结果 9

（4）已知信号 $x_1(t)=(4-t)[u(t)-u(t-4)]$，以及信号 $x_2(t)=\sin(2\pi t)$，用 MATLAB 绘出下列信号的波形。

① $x_3(t)=x_1(t)+x_2(t)$

② $x_4(t)=x_1(t)\times x_2(t)$

③ $x_5=x_1(-t)+x_1(t)$

④ $x_6(t)=x_2(t)\times x_3(t-1)$

MATLAB 参考程序如下：

```
syms t
x1=(4-t)*(heaviside(t)-heaviside(t-4));
x2=sin(2*pi*t);
x3=x1+x2;
x4=x1*x2;
xa=(4-(-t))*(heaviside(-t)-heaviside(-t-4));
x5=xa+x1;
x6=x2*subs(x3,t,t-1);
subplot(2,2,1);ezplot(x3,[-5,5]);
subplot(2,2,2);ezplot(x4,[-5,5]);
subplot(2,2,3);ezplot(x5,[-5,5]);
subplot(2,2,4);ezplot(x6,[-5,5])
```

subs()是符号计算函数，表示将符号表达式中的某些符号变量替换为指定的新的变量，常用调用方式为 subs(S,OLD,NEW)，表示将符号表达式 S 中的符号变量 OLD 替换为新的值 NEW。

程序运行结果如图 10-13 所示。

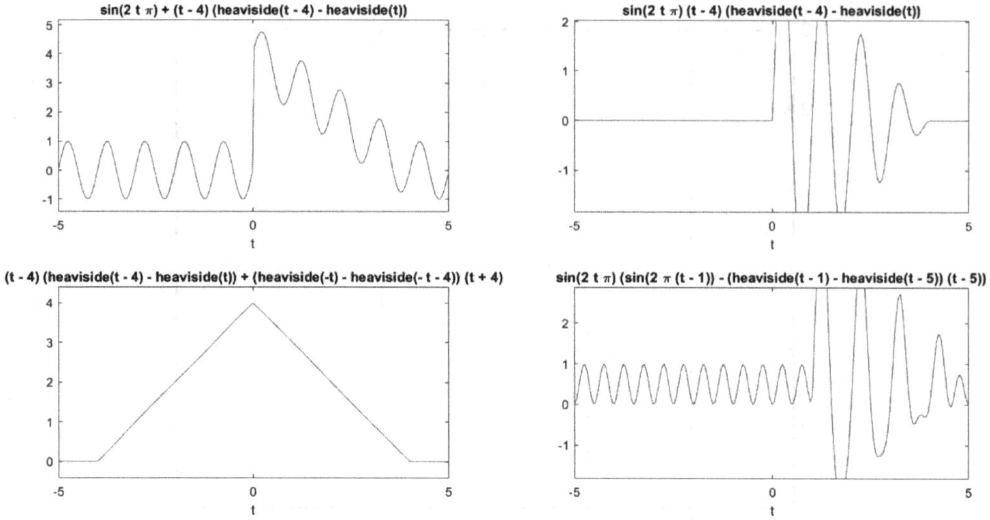

图 10-13　实验 1 程序运行结果 10

（5）用 MATLAB 编程绘制下列信号的时域波形，观察信号是否为周期信号。若是周期信号，周期是多少？若不是周期信号，请说明原因。

① $x(t)=1+\cos\left(\frac{\pi}{4}t-\frac{\pi}{3}\right)+2\cos\left(\frac{\pi}{2}t-\frac{\pi}{4}\right)+\cos(2\pi t)$

MATLAB 参考程序如下：

```
syms t;
x=1+cos(pi*t/4-pi/3)+2*cos(pi*t/2-pi/4)+cos(2*pi*t);
ezplot(x,[-15,15]);
```

程序运行结果如图 10-14 所示。

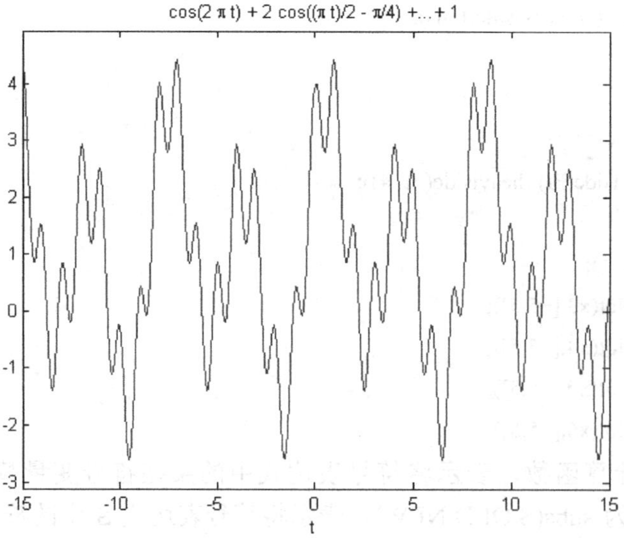

图 10-14　实验 1 程序运行结果 11

该信号是周期信号，周期 $T=8$。

② $x(t)=\sin(t)+2\sin(\pi t)$

MATLAB 参考程序如下：

```
syms t;
x=sin(t)+2*sin(t*pi);
ezplot(x,[-15,15]);
```

程序运行结果如图 10-15 所示。

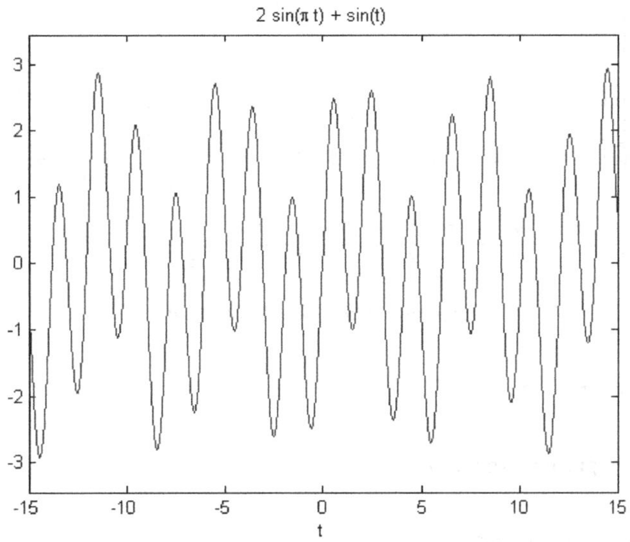

图 10-15　实验 1 程序运行结果 12

该信号不是周期信号。$\sin(t)$ 为周期信号，周期 $T_1=\dfrac{2\pi}{1}=2\pi$， $2\sin(\pi t)$ 是周期信号，周期 $T_2=\dfrac{2\pi}{\pi}=2$，但 $\dfrac{T_1}{T_2}=\pi$ 为无理数，T_1 和 T_2 之间不存在最小公倍数，故 $x(t)$ 为非周期信号。

③ $x(n)=2+3\sin\left(\dfrac{2n\pi}{3}-\dfrac{\pi}{8}\right)$

MATLAB 参考程序如下：

```
n=-15:15;
x=2+3*sin(2*n*pi/3-pi/8);
stem(n,x,'filled');
```

程序运行结果如图 10-16 所示。

该信号是周期信号，周期 $T=3$。

④ $x(n)=\cos\left(\dfrac{n\pi}{6}\right)+\sin\left(\dfrac{n\pi}{3}\right)+\cos\left(\dfrac{n\pi}{2}\right)$

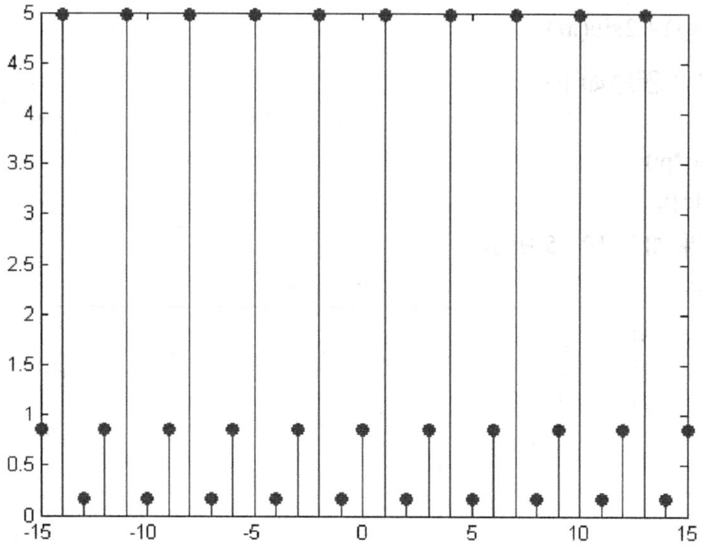

图 10-16　实验 1 程序运行结果 13

MATLAB 参考程序如下：

```
n=-15:15;
x=cos(n*pi/6)+sin(n*pi/3)+cos(n*pi/2);
stem(n,x,'filled');
```

程序运行结果如图 10-17 所示。

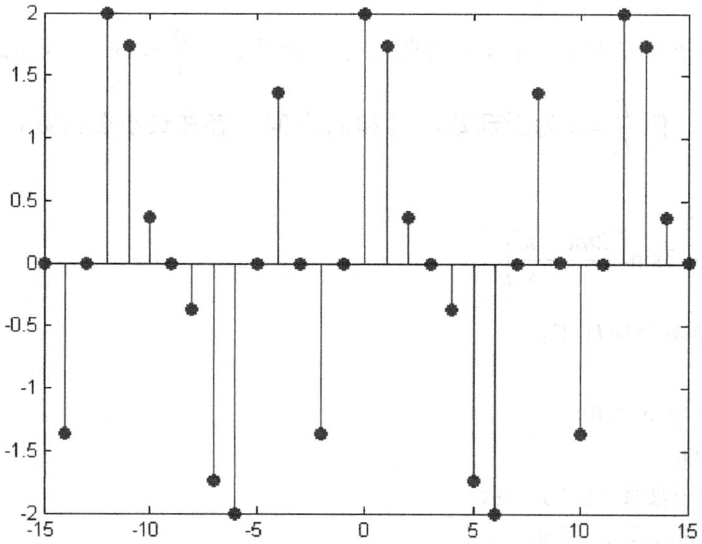

图 10-17　实验 1 程序运行结果 14

该信号是周期信号，周期 $T = 12$。

实验 2　连续时间系统的时域分析

一、实验目的

（1）掌握利用 MATLAB 对系统进行时域分析的方法。
（2）掌握连续时间系统零状态响应、单位冲激响应和单位阶跃响应的求解方法。
（3）掌握求解离散时间系统响应、单位抽样响应的方法。
（4）加深对卷积积分、卷积和的理解。
（5）掌握利用计算机进行卷积积分、卷积和计算的方法。

二、实验原理

1．连续时间系统时域分析的 MATLAB 实现

1）连续时间系统的 MATLAB 表示

设线性时不变（linear time-invariant，LTI）系统的微分方程一般式为

$$a_n y^{(n)}(t)+a_{n-1}y^{(n-1)}(t)+\cdots+a_1 y'(t)+a_0 y(t)=b_m x^{(m)}(t)+b_{m-1}x^{(m-1)}(t)+\cdots+b_1 x'(t)+b_0 x(t)$$

则在 MATLAB 中，可以建立系统模型如下：

```
b=[];
a=[];
sys=tf(b,a);
```

2）连续时间系统的零状态响应

在 MATLAB 中可以使用 lsim(sys,x,t)函数求解零状态响应。

3）连续时间系统的单位冲激响应与单位阶跃响应

单位冲激响应和单位阶跃响应可以分别使用 impulse 函数和 step 函数来调用。

2．离散时间系统时域分析的 MATLAB 实现

1）离散时间系统的 MATLAB 表示

LTI 离散系统通常可以由系统差分方程描述。在 MATLAB 中，可以建立系统模型如下：

```
b=[];
a=[];
```

2）离散时间系统对任意输入的响应

对于离散时间系统，可以使用 ilter（b,a,x）函数来计算系统对任意输入信号的响应。

3）离散时间系统的单位抽样响应

离散时间系统的单位抽样响应可以使用 impz 函数来调用和计算。

3．卷积和与卷积积分

1）离散时间序列的卷积和

离散时间序列的卷积和计算格式为：x=conv(x1,x2)。

2）连续时间信号的卷积积分

连续时间信号 $x_1(t)$和 $x_2(t)$的卷积积分 $x(t)$定义如下：

$$x(t) = x_1(t) * x_2(t) = \int_{-\infty}^{+\infty} x_1(\tau) \cdot x_2(t-\tau) \mathrm{d}\tau$$

三、实验内容

（1）利用 MATLAB 绘出各系统的单位冲激响应和单位阶跃响应波形。

① $y''(t) + \sqrt{2} y'(t) + y(t) = x(t)$

MATLAB 参考程序如下：

```
b=[1];
a=[1 sqrt(2) 1];
sys=tf(b,a);
subplot(121);
impulse(sys);
subplot(122);
step(sys);
```

程序运行结果如图 10-18 所示。

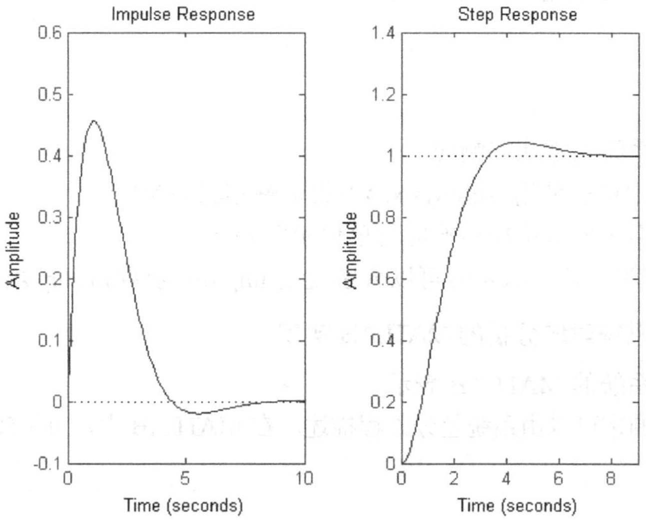

图 10-18　实验 2 程序运行结果 1

② $y''(t) + \sqrt{2} y'(t) + y(t) = x''(t)$

MATLAB 参考程序如下：

```
b=[1 0 0];
a=[1 sqrt(2) 1];
sys=tf(b,a);
subplot(121);
```

```
impulse(sys);
subplot(122);
step(sys);
```

程序运行结果如图 10-19 所示。

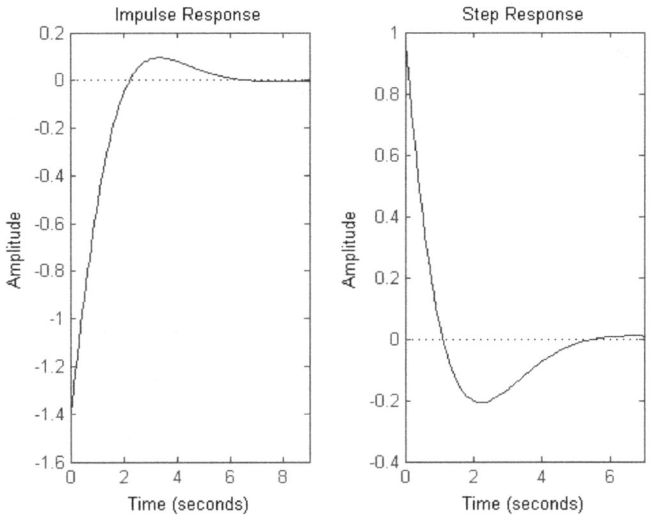

图 10-19　实验 2 程序运行结果 2

③ $y''(t)+y'(t)+y(t)=x'(t)$

MATLAB 参考程序如下：

```
b=[1 0];
a=[1 1 1];
sys=tf(b,a);
subplot(121);
impulse(sys);
subplot(122);
step(sys);
```

程序运行结果如图 10-20 所示。

④ $y''(t)+y'(t)+y(t)=x''(t)+x(t)$

MATLAB 参考程序如下：

```
b=[1 0 1];
a=[1 1 1];
sys=tf(b,a);
subplot(121);
impulse(sys);
subplot(122);
step(sys);
```

程序运行结果如图 10-21 所示。

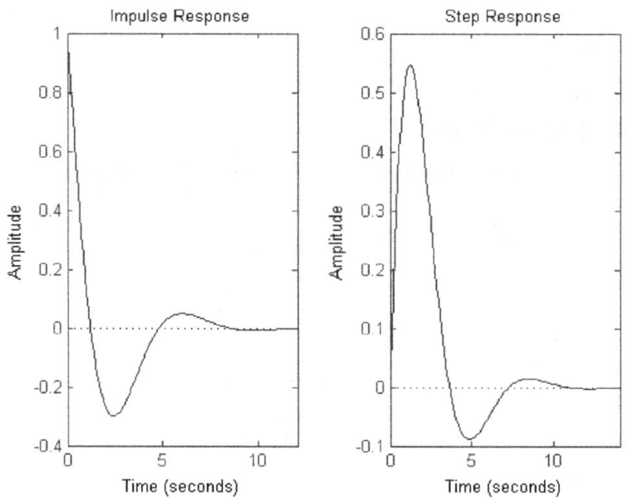

图 10-20　实验 2 程序运行结果 3

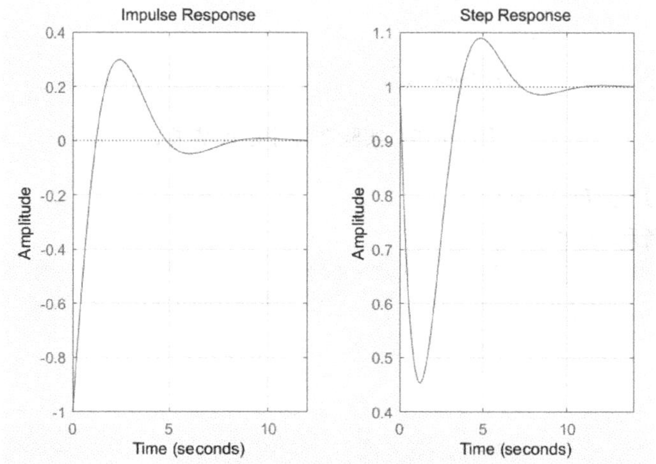

图 10-21　实验 2 程序运行结果 4

（2）已知某系统可以由如下微分方程描述：

$$y''(t) + y'(t) + 6y(t) = x(t)$$

利用 MATLAB 绘出该系统单位冲激响应和单位阶跃响应的时域波形。

MATLAB 参考程序如下：

```
b=[1];
a=[1 1 6];
sys=tf(b,a);
subplot(1,3,1);
impulse(sys);
subplot(132);
step(sys);
```

```
t=0:0.1:10;
x=exp(-t);
subplot(133);
lsim(sys,x,t);
```

程序运行结果如图 10-22 所示。

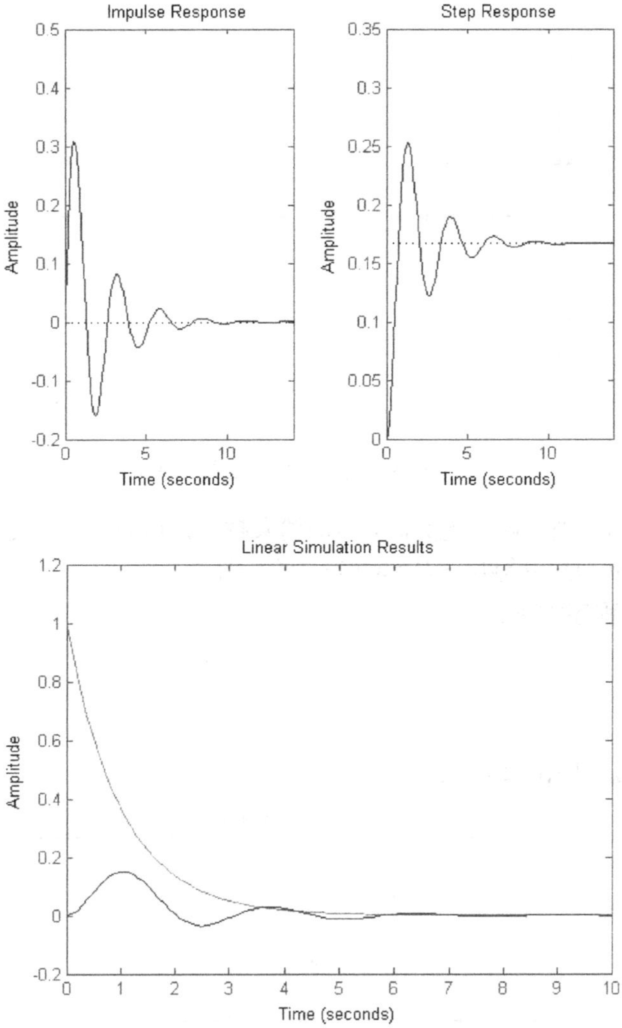

图 10-22　实验 2 程序运行结果 5

可以根据单位冲激响应的时域波形分析系统的稳定性。观察如图 10-22 所示的波形，当 t 趋于无穷时，$y(t)$均趋于 0，所以该系统是稳定的。

（3）已知描述离散系统的差分方程，利用 MATLAB 绘出各系统的单位抽样响应，根据单位抽样响应的时域波形分析系统的稳定性。

① $y(n)+3y(n-1)+2y(n-2)=x(n)$

MATLAB 参考程序如下：

```
b=[1];
```

```
a=[1 3 2];
impz(b,a,0:20);
```

程序运行结果如图 10-23 所示。

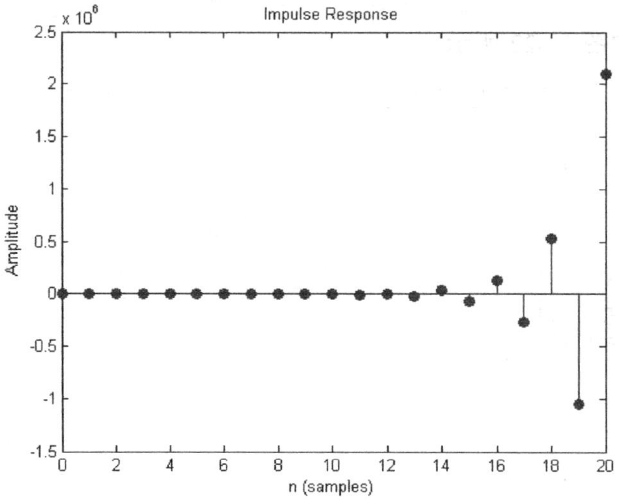

图 10-23 实验 2 程序运行结果 6

由图 10-23 可知，当 n 趋于无穷时，$y(n)$越来越大，所以该系统是不稳定的。

② $y(n)-0.5y(n-1)+0.8y(n-2)=x(n)-3x(n-1)$

MATLAB 参考程序如下：

```
b=[1 -3];
a=[1 0.5 0.8];
impz(b,a,0:20);
```

程序运行结果如图 10-24 所示。

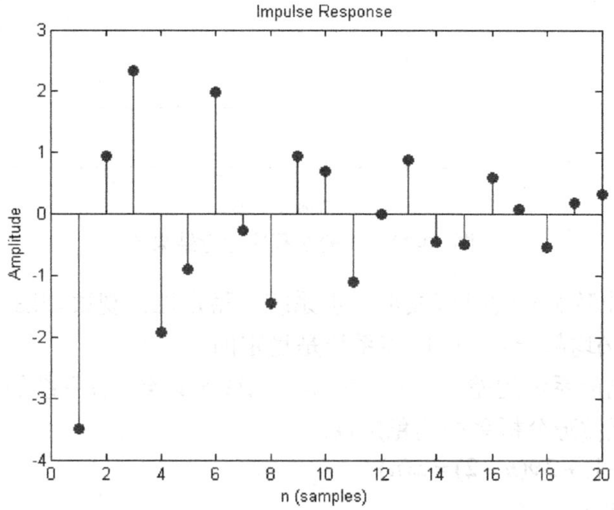

图 10-24 实验 2 程序运行结果 7

由图 10-24 可知，当 n 趋于无穷时，$y(n)$越来越小且是有界的，所以该系统是稳定的。

（4）已知系统可以由如下差分方程描述：

$$y(n)+y(n-1)+0.25y(n-2)=x(n)$$

利用 MATLAB 绘出该系统的单位抽样响应。

MATLAB 参考程序如下：

```
b=[1];
a=[1 1 0.25];
x=ones(1,31);
y=filter(b,a,x);
subplot(211);
impz(b,a,0:30);
subplot(212);
stem(n,y,'filled');
```

程序运行结果如图 10-25 所示。

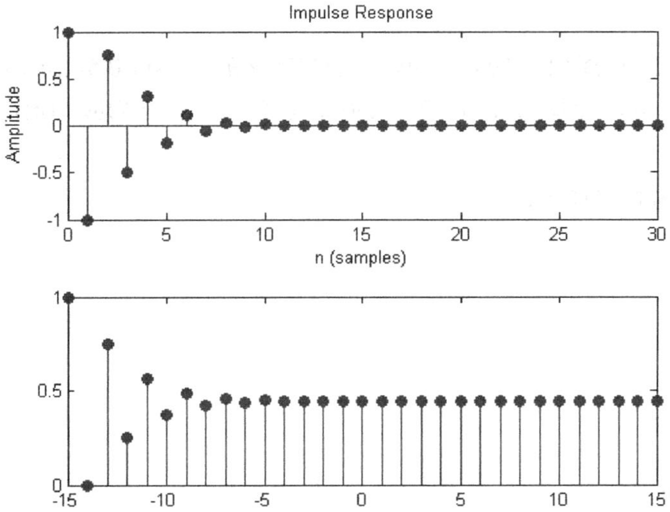

图 10-25　实验 2 程序运行结果 8

（5）利用 MATLAB 计算如下两个序列的卷积，并绘出图形。

$$x_1(n)=\{1,2,1,1\}$$

$$x_2(n)=\begin{cases}1, & -2\leqslant n\leqslant 2\\ 0, & 其他\end{cases}$$

MATLAB 参考程序如下：

```
x1=[1 2 1 1];
x2=ones(1,5);
x3=conv(x1,x2);
n3=-3:4;
stem(n3,x3,'filled');
```

程序运行结果如图 10-26 所示。

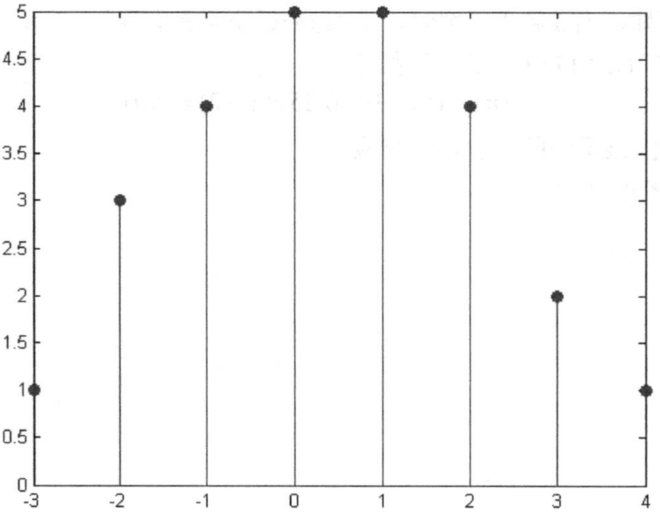

图 10-26　实验 2 程序运行结果 9

（6）已知某 LTI 离散系统，其单位抽样响应 $h(n)=\sin(0.5n), n\geqslant 0$，系统的输入为 $x(n)=\sin(0.2n), n\geqslant 0$，计算当 n=0,1,2,$\cdots$,40 时系统的零状态响应 $y(n)$，绘出 $x(n)$、$h(n)$和 $y(n)$的时域波形。

MATLAB 参考程序如下：

```
n=0:40;
h=sin(0.5.*n);
x=sin(0.2.*n);
y1=conv(x,h);
y=y1(:,1:41);
subplot(311);
stem(n,x,'filled');
subplot(312);
stem(n,h,'filled');
subplot(313);
stem(n,y,'filled');
```

程序运行结果如图 10-27 所示。

（7）已知两个连续时间信号，求两个信号的卷积。

MATLAB 参考程序如下：

```
function [x,t]=sconv( x1,x2,t1,t2,dt )
x=conv(x1,x2);
x=x*dt;
t0=t1(1)+t2(1);
l=length(x1)+length(x2)−2;
```

```
t=t0:dt:(t0+l*dt);
end
dt=0.001;
t1=-1:dt:1;
x1=2*((t1+1>=0)-(t1-1>=0));
t2=-2:dt:2;
x2=(t2+2>=0)-(t2-2>=0);
[x,t]=sconv(x1,x2,t1,t2,dt);
plot(t,x);
```

程序运行结果如图 10-28 所示。

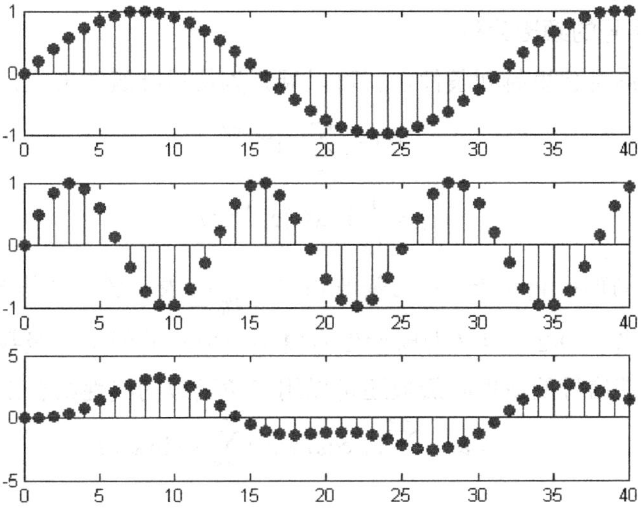

图 10-27　实验 2 程序运行结果 10

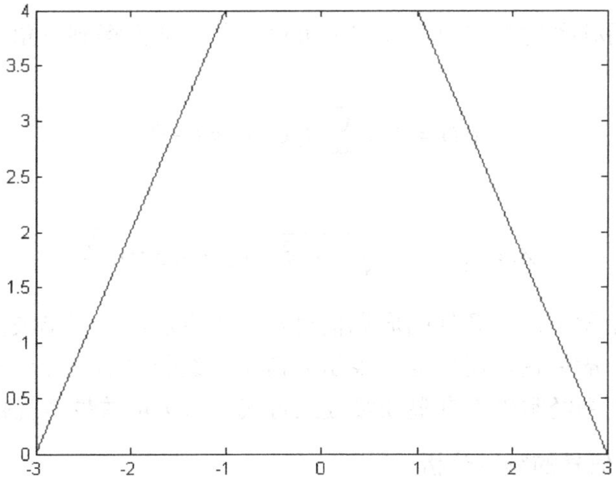

图 10-28　实验 2 程序运行结果 11

实验 3　信号频域分析

一、实验目的

（1）深入理解信号频谱的概念，掌握信号的频域分析方法。
（2）观察典型周期信号和非周期信号的频谱，掌握其频谱特性。

二、实验原理

1．连续周期信号的频谱分析

如果周期信号满足狄里赫利条件，就可以展开为傅里叶级数形式，即

$$x(t)=\sum_{k=-\infty}^{+\infty}c_k \mathrm{e}^{\mathrm{j}kw_0t} \tag{10-1}$$

$$c_k=\frac{1}{T_0}\int_{T_0}x(t)\mathrm{e}^{-\mathrm{j}kw_0t}\mathrm{d}t \tag{10-2}$$

式中，T_0 表示基波周期；$w_0=2\pi/T_0$ 为基波频率；$\int_{T_0}(\cdot)$ 表示任一个基波周期内的积分。

式（10-1）和式（10-2）定义为周期信号复指数形式的傅里叶级数，系数 c_k 称为 $x(t)$ 的傅里叶系数。周期信号的傅里叶级数还可以用三角函数的线性组合来表示，即

$$x(t)=a_0+\sum_{k=1}^{+\infty}a_k\cos kw_0t+\sum_{k=1}^{+\infty}b_k\sin kw_0t \tag{10-3}$$

其中：

$$a_0=\frac{1}{T_0}\int_{T_0}x(t)\mathrm{d}t,\ a_k=\frac{2}{T_0}\int_{T_0}x(t)\cos kw_0t\mathrm{d}t,\ b_k=\frac{2}{T_0}\int_{T_0}x(t)\sin kw_0t\mathrm{d}t \tag{10-4}$$

式（10-3）中同频率的正弦项和余弦项可以合并，从而得到三角函数形式的傅里叶级数，即

$$x(t)=A_0+\sum_{k=1}^{+\infty}A_k\cos(kw_0t+\theta_k) \tag{10-5}$$

其中：

$$A_0=a_0,\ A_k=\sqrt{a_k^2+b_k^2},\ \theta_k=-\arctan\frac{b_k}{a_k} \tag{10-6}$$

可见，任何满足狄里赫利条件的周期信号都可以表示成一组谐波关系的复指数函数或三角函数的叠加。一般来说，周期信号表示为傅里叶级数时需要无限多项才能完全逼近原信号，但在实际应用中经常采用有限项级数来替代，所选项数越多就越逼近原信号。

2．连续非周期信号的频谱分析

对于非周期连续时间信号，其傅里叶变换和傅里叶逆变换定义为

$$X(w)=\int_{-\infty}^{+\infty}x(t)\mathrm{e}^{-\mathrm{j}wt}\mathrm{d}t \tag{10-7}$$

$$x(t)=\frac{1}{2\pi}\int_{-\infty}^{+\infty}X(w)\mathrm{e}^{\mathrm{j}wt}\mathrm{d}w \tag{10-8}$$

式（10-7）和式（10-8）将信号的时域特性和频域特性联系起来，确立了非周期信号 $x(t)$ 和频谱 $X(w)$ 之间的关系。

利用 MATLAB 可以方便地求取非周期连续时间信号的傅里叶变换，这里我们介绍常用的几种方法。

1）符号运算法

MATLAB 的符号数学工具箱提供了直接求解傅里叶变换和傅里叶逆变换的函数，即 fourier 函数和 ifourier 函数，其基本调用格式为：X=fourier(x)和 x=ifourier(X)。其中，默认的时域变量为 t，频域变量为 w。

2）数值积分法

除了采用符号运算的方法外，我们还可以利用 MATLAB 的 quad 函数，采用数值积分的方法来进行连续信号的频谱分析，quad 函数是一个用来计算数值积分的函数。利用 quad 函数可以计算非周期连续时间信号的频谱。quad 函数的一般调用格式为：y=quad(fun,a,b)和 y=quad(fun,a,b,TOL,TRACE,p1,p2,...)。其中，fun 指定被积函数，可以采用 inline 命令来创建，也可以通过传递函数句柄的形式来指定；a、b 表示定积分的下限和上限；TOL 表示允许的相对积分误差或绝对积分误差；TRACE 表示以被积函数的点绘图形式来跟踪该函数的返回值，如果 TOL 和 TRACE 为空矩阵，则使用默认值；p1,p2,...表示被积函数除时间 t 之外所需的其他额外输入参数。

3）数值近似法

我们还可以利用 MATLAB 的数值计算方法近似计算连续时间傅里叶变换。傅里叶变换 $X(w)$ 可以由式（10-9）近似计算：

$$X(w)=\int_{-\infty}^{+\infty}x(t)\mathrm{e}^{-\mathrm{j}wt}\mathrm{d}t=\lim_{\Delta\to 0}\sum_{-\infty}^{+\infty}x(k\Delta)\mathrm{e}^{-\mathrm{j}wk\Delta}\Delta \tag{10-9}$$

当 $x(t)$ 为时限信号，且 Δ 足够小时，式（10-9）可以演变为

$$X(w)=\Delta\sum_{k=a}^{b}x(k\Delta)\mathrm{e}^{-\mathrm{j}kw\Delta} \tag{10-10}$$

而式（10-10）中求和部分又可以表示成一个行向量和一个列向量的乘积：

$$\sum_{k=a}^{b}x(k\Delta)\mathrm{e}^{-\mathrm{j}kw\Delta}=[x(a\Delta),x((a+1)\Delta),\cdots,x(b\Delta)]\cdot\begin{bmatrix}\mathrm{e}^{-\mathrm{j}\cdot a\Delta\cdot w}\\ \mathrm{e}^{-\mathrm{j}\cdot(a+1)\Delta\cdot w}\\ \vdots\\ \mathrm{e}^{-\mathrm{j}\cdot b\Delta\cdot w}\end{bmatrix} \tag{10-11}$$

式（10-11）可以很方便地利用 MATLAB 实现。

3．离散周期时间信号的频域分析

基波周期为 N 的周期序列 $x(n)$ 可以用 N 个成谐波关系的复指数序列的加权和表示，即

$$x(n)=\sum_{k=<N>} c_k \mathrm{e}^{\mathrm{j}k(2\pi/N)n} \quad (10\text{-}12)$$

这里 $k=<N>$表示求和仅需包括一个周期内的 N 项，周期序列在一个周期内的求和与起点无关。将周期序列表示成式（10-12）的形式，称为离散傅里叶级数，而系数 c_k 则称为离散傅里叶系数，它可以由式（10-13）确定：

$$c_k=\frac{1}{N}\sum_{k=<N>} x(n)\mathrm{e}^{-\mathrm{j}k(2\pi/N)n} \quad (10\text{-}13)$$

离散傅里叶系数 c_k 也称为 $x(n)$ 的频谱系数，而且可以证明 c_k 是以 N 为周期的离散频率序列。这说明了周期的离散时间函数对应于频域为周期的离散频率。

这里，我们用周期 N 与离散傅里叶系数 c_k 的乘积来表示周期离散时间信号的频谱，即

$$X(k)=N\cdot c_k=\sum_{k=<N>} x(n)\mathrm{e}^{-\mathrm{j}k(2\pi/N)n} \quad (10\text{-}14)$$

$X(k)$ 可以利用 MATLAB 提供的函数 fft 来计算，调用格式为：X = fft(x)。该函数返回 $X(k)$ 一个周期内的值。其中，x 表示 $x(n)$ 一个周期内的样本值。

4. 离散非周期时间信号的频域分析

非周期序列 $x(n)$ 可以表示成一组复指数序列的连续和：

$$x(n)=\frac{1}{2\pi}\int_{2\pi} X(\mathrm{e}^{\mathrm{j}\Omega})\mathrm{e}^{\mathrm{j}\Omega n}\mathrm{d}\Omega \quad (10\text{-}15)$$

其中：

$$X(\mathrm{e}^{\mathrm{j}\Omega})=\sum_{n=-\infty}^{+\infty} x(n)\mathrm{e}^{-\mathrm{j}\Omega n} \quad (10\text{-}16)$$

式（10-16）称为 $x(n)$ 的离散时间傅里叶变换，式（10-15）和式（10-16）确立了非周期离散时间信号 $x(n)$ 及其离散时间傅里叶变换之间的关系。$X(\mathrm{e}^{\mathrm{j}\Omega})$ 是连续频率 Ω 的函数，称为频谱函数，且 $X(\mathrm{e}^{\mathrm{j}\Omega})$ 是周期的连续频率函数，其周期为 2π。可见，非周期离散时间函数对应于频域中是一个连续且周期性的频率函数。

对于有限长的时间序列，式（10-16）可以表示为

$$X(\mathrm{e}^{\mathrm{j}\Omega})=\sum_{n=n_1}^{n_N} x(n)\mathrm{e}^{-\mathrm{j}\Omega n}=[x(n_1),x(n_2),\cdots,x(n_N)]\cdot\begin{bmatrix}\mathrm{e}^{-\mathrm{j}n_1\Omega}\\ \mathrm{e}^{-\mathrm{j}n_2\Omega}\\ \vdots \\ \mathrm{e}^{-\mathrm{j}n_N\Omega}\end{bmatrix} \quad (10\text{-}17)$$

式（10-17）可以方便地利用 MATLAB 实现。

三、实验内容

（1）已知周期矩形脉冲信号 $x(t)$。

① 信号 $x(t)=\sum_{k=-\infty}^{+\infty} A[u(t-(kT-\tau/2))-u(t-(kT+\tau/2))]$。

由式（10-3）和式（10-4）计算得

$$a_k = \begin{cases} A\tau, & k=0 \\ \dfrac{2A}{k\pi}\sin\dfrac{k\pi\tau}{T}, & k=1,2,\cdots \end{cases},\quad b_k = 0$$

② 利用 MATLAB 绘出由前 N 次谐波合成的信号波形，观察随着 N 的变化合成信号波形的变化规律。

MATLAB 参考程序如下：

```
s=-10:0.01:10;
N=10;A=1;t=1;T=2;
x=A*t/T;
w=2*pi/T;
for n=1:1:N
x=x+(2*A/(pi*n))*sin(n*w*t/2)*cos(n*w*s);
end
subplot(311);
plot(s,x);
N=5;A=1;t=1;T=2;
x=A*t/T;
w=2*pi/T;
for n=1:1:N
x=x+(2*A/(pi*n))*sin(n*w*t/2)*cos(n*w*s);
end
subplot(312);
plot(s,x);
N=20;A=1;t=1;T=2;
x=A*t/T;
w=2*pi/T;
for n=1:1:N
x=x+(2*A/(pi*n))*sin(n*w*t/2)*cos(n*w*s);
end
subplot(313);
plot(s,x);
```

程序运行结果如图 10-29 所示。

由图 10-29 可知，随着 N 增大，即选取的傅里叶级数项数增多，合成波形越来越接近原来的矩形脉冲信号。

③ 利用 MATLAB 绘出周期矩形脉冲信号的频谱，观察参数 T 和 τ 变化时对频谱波形的影响。

由式（10-1）和式（10-2）计算得

$$c_0 = \frac{A\tau}{T},\quad c_k = \frac{A}{\pi k}\sin\frac{\pi k\tau}{T},\quad k=1,2,\cdots$$

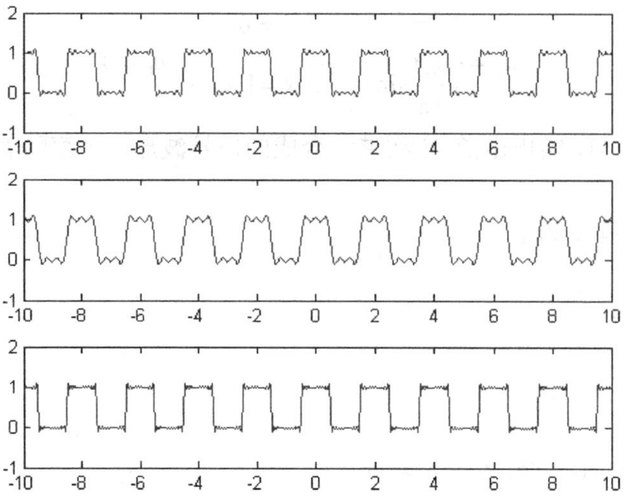

图 10-29 实验 3 程序运行结果 1

MATLAB 参考程序如下：

```
A=1,T=1，τ=0.5
N=20;
n1=-N:-1;
c1=-sin(n1*pi*0.5)/pi./n1;
c0=0.5;
n2=1:N;
c2=-sin(n2*pi*0.5)/pi./n2;
cn=[c1 c0 c2];
n=-N:N;
subplot(211);
stem(n,abs(cn),'filled');
xlabel('\omega/\omega_0');
title('Magnitude of ck');
subplot(212);
stem(n,angle(cn),'filled');
xlabel('\omega/\omega_0');
title('Phase of ck')
```

程序运行结果如图 10-30 所示。

当 $A=1$，$T=2$，$\tau=0.5$ 时，程序运行结果如图 10-31 所示。

当 $A=1$，$T=1$，$\tau=0.8$ 时，程序运行结果如图 10-32 所示。

由以上三个频谱波形图可知，频谱波形与 $\frac{\tau}{T}$ 的值有关。对于不同的 T 和 τ，当比值相同时频谱波形图相同；当比值不同时，比值越小，频谱包络形状趋于收敛，过零点越少，谱线越密。

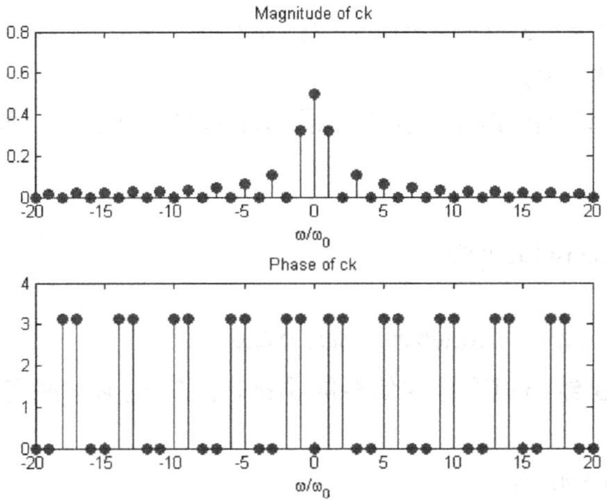

图 10-30　实验 3 程序运行结果 2

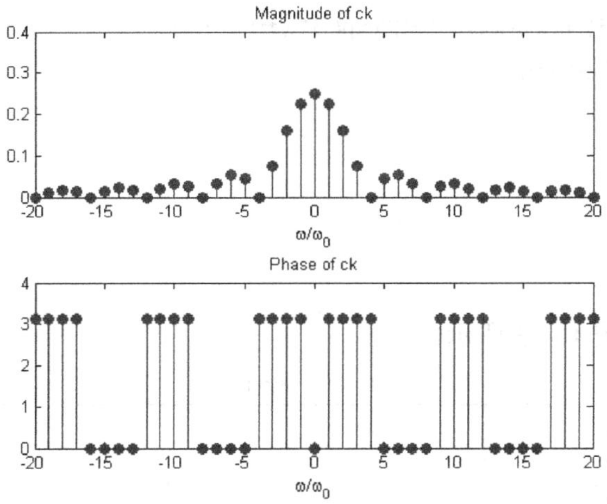

图 10-31　实验 3 程序运行结果 3

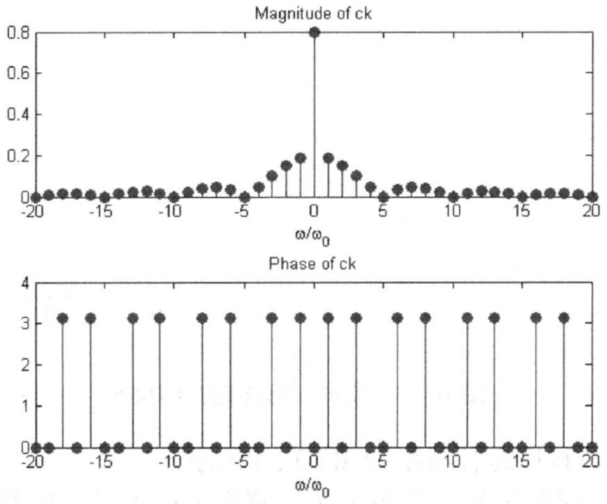

图 10-32　实验 3 程序运行结果 4

（2）已知矩形脉冲信号 $x(t) = A[u(t+\tau/2) - u(t-\tau/2)]$。

① 求该信号的傅里叶变换。

用 MATLAB 函数库里的 fourier 函数来求 $x(t)$ 的傅里叶变换，程序如下：

```
t=1; A=1
syms t
x=heaviside(t+0.5)−heaviside(t−0.5);
x=fourier(x)
x =(cos(w/2)*i + sin(w/2))/w − (cos(w/2)*i − sin(w/2))/w
```

② 利用 MATLAB 绘出矩形脉冲信号的频谱，观察矩形脉冲宽度 τ 变化时对频谱波形的影响。

MATLAB 参考程序如下：

```
t=1;A=1
syms t w
X=int((heaviside(t+0.5)−heaviside(t−0.5))*exp(−j*w*t),t,−1,1);
ezplot(abs(X),[−10*pi,10*pi]);
grid on ;
xlabel('\omega');
ylabel('Magnitude');
title('|X(\omega)|');
ylim([0,1.2]);
```

程序运行结果如图 10-33 所示。

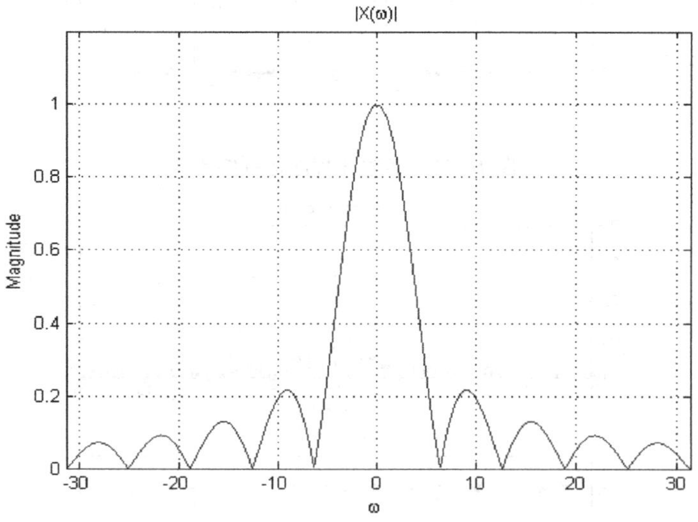

图 10-33　实验 3 程序运行结果 5

当 $t=2$，$A=1$ 时，程序运行结果如图 10-34 所示。

由以上两组频谱波形图可知，当矩形脉冲宽度 τ 增大时，信号占有频带 B_ω 减小，即信号的占有频带 B_ω 与脉冲宽度 τ 成反比。

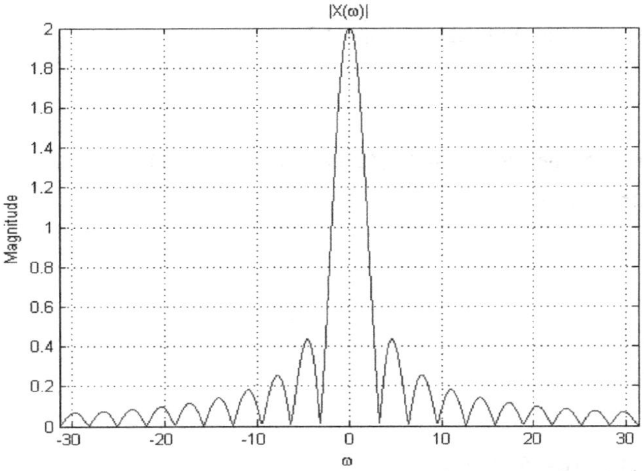

图 10-34 实验 3 程序运行结果 6

③ 让矩形脉冲的面积始终等于 1，改变矩形脉冲宽度，观察矩形脉冲信号时域波形和频谱随矩形脉冲宽度的变化趋势。

当 $t=1$，$A=1$ 时，MATLAB 参考程序如下：

```
t=1; A=1
syms t w
X=int((heaviside(t+0.5)-heaviside(t-0.5))*exp(-j*w*t),t,-1,1);
ezplot(abs(X),[-10*pi,10*pi]);
grid on ;
xlabel('\omega');
ylabel('Magnitude');
title('|X(\omega)|');
ylim([0,1.2]);
```

程序运行结果如图 10-35 所示。

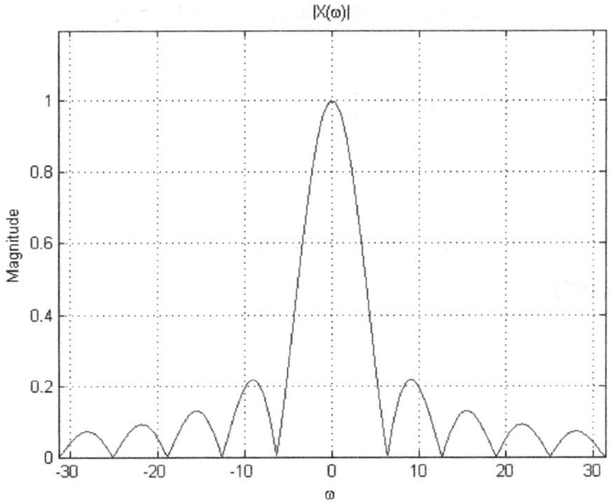

图 10-35 实验 3 程序运行结果 7

当 $t = 0.5$，$A = 2$ 时，MATLAB 参考程序如下：

```
t=0.5; A=2
syms t w
X=int((heaviside(t+0.25)-heaviside(t-0.25))*2*exp(-j*w*t),t,-1,1);
ezplot(abs(X),[-10*pi,10*pi]);
grid on ;
xlabel('\omega');
ylabel('Magnitude');
title('|X(\omega)|');
ylim([0,2]);
```

程序运行结果如图 10-36 所示。

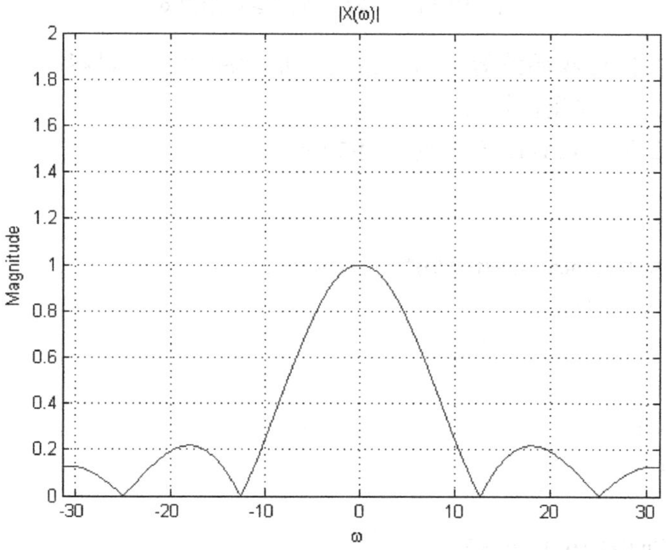

图 10-36　实验 3 程序运行结果 8

当 $t = 0.25$，$A = 4$ 时，MATLAB 参考程序如下：

```
t=0.25; A=4
syms t w
X=int((heaviside(t+0.125)-heaviside(t-0.125))*4*exp(-j*w*t),t,-1,1);
ezplot(abs(X),[-10*pi,10*pi]);
grid on ;
xlabel('\omega');
ylabel('Magnitude');
title('|X(\omega)|');
ylim([0,2]);
```

程序运行结果如图 10-37 所示。

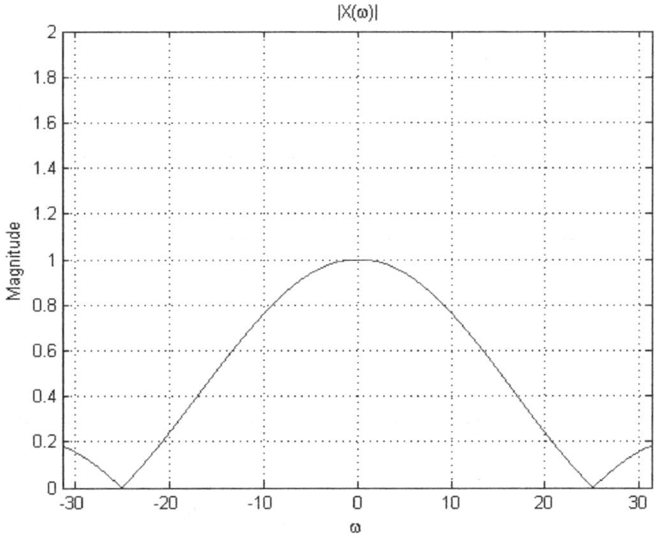

图 10-37　实验 3 程序运行结果 9

由以上四个频谱波形图可知，当矩形脉冲宽度 τ 增大时，信号占有频带 B_ω 减小，即信号占有频带 B_ω 与脉冲宽度 τ 成反比。随着脉冲宽度减小，时域波形的幅值增加，信号占有的频带宽度增加。它们的有效频带宽度都与脉冲宽度成反比。周期矩形脉冲信号的频谱是离散的，而矩形脉冲信号的频谱是连续的；矩形脉冲信号的有效频带宽度与时域宽度成反比，当 $\tau \to 0$，脉冲面积始终等于 1 时，其频谱会无限趋近于高度为 1 的一条直线。

（3）已知周期方波序列 $x(n)$。

由教材上 $x(n)$ 的波形可知，$x(n)=\sum_{k=-\infty}^{+\infty}[u(kN+n+N_1)-u(kN+n-N_1)]$。

当 $N=10$，$N_1=2$ 时，MATLAB 参考程序如下：

```
N=10 N1=2
x=[1 1 1 1 1 0 0 0 0 0];
n=-2:7;
X=fft(x);
subplot(211);
stem(n,x,'filled');
xlabel('n');
title('x(n)');
subplot(212);
stem(n,X,'filled');
xlabel('k');
title('X(k)');
```

程序运行结果如图 10-38 所示。

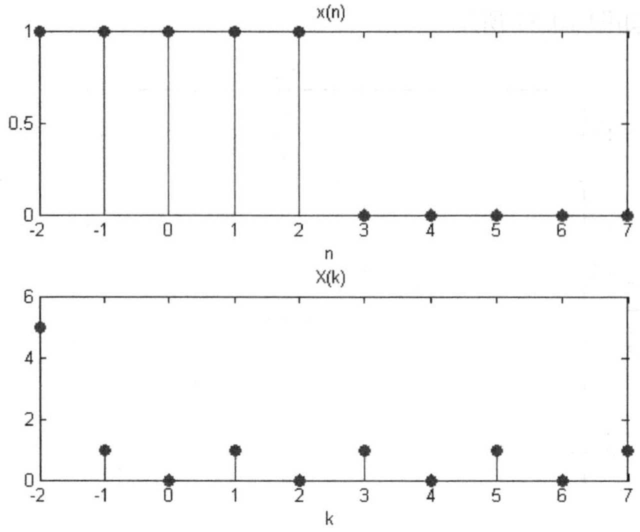

图 10-38　实验 3 程序运行结果 10

当 $N=10$，$N_1=1$ 时，MATLAB 参考程序如下：

```
N=10; N1=1;
x=[1 1 1 0 0 0 0 0 0 0];
n=-2:7;
X=fft(x);
subplot(211);
stem(n,x,'filled');
xlabel('n');
title('x(n)');
subplot(212);
stem(n,X,'filled');
xlabel('k');
title('X(k)');
```

程序运行结果如图 10-39 所示。

当 $N=20$，$N_1=1$ 时，MATLAB 参考程序如下：

```
N=20; N1=1;
x=[1 1 1 0 0 0 0 0 0 0 0 0 0 0 0 0 0 0 0 0];
n=0:19;
X=fft(x);
subplot(211);
stem(n,x,'filled');
xlabel('n');
title('x(n)');
subplot(212);
```

```
stem(n,X,'filled');
xlabel('k');
title('X(k)');
```

程序运行结果如图 10-40 所示。

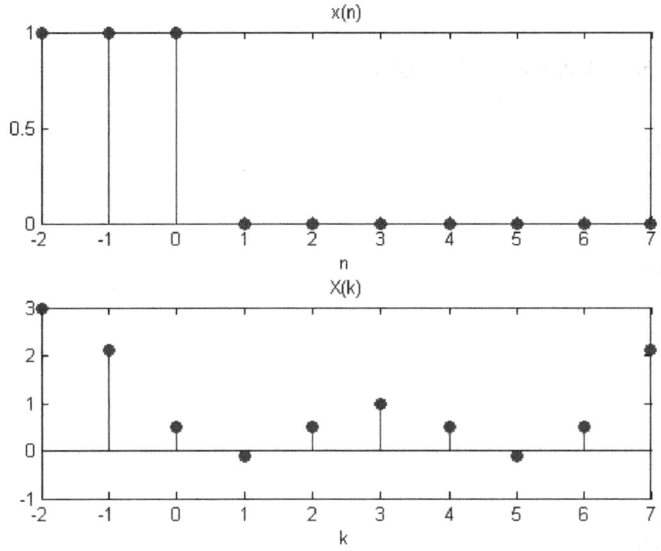

图 10-39　实验 3 程序运行结果 11

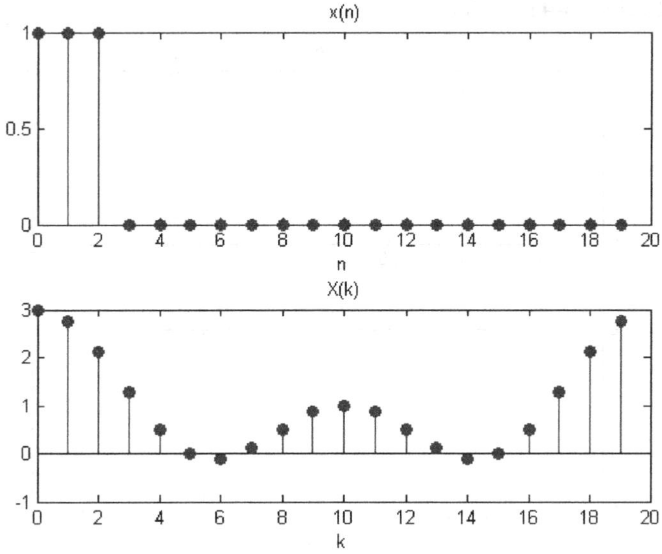

图 10-40　实验 3 程序运行结果 12

由此可见，周期序列与连续周期信号的频谱有如下异同点。周期序列与连续周期信号的频谱都是离散的，且都有收敛性和谐波性。连续周期信号在一个周期内要用无限多项级数来表示，而周期序列用有限项级数就可以表示。随着方波序列占空比的减小，其频谱的谱线越来越密集，谱线高度会增加。

（4）已知一矩形脉冲序列：

$$x(n)=\begin{cases}1, & |n|\leqslant N_1\\ 0, & |n|>N_1\end{cases}$$

利用 MATLAB 绘制该矩形脉冲序列的频谱波形，改变矩形脉冲序列的宽度，观察频谱波形的变化趋势。

当 $N_1=2$ 时，MATLAB 参考程序如下：

```
N1=2
w=-pi:0.01*pi:pi;
n=-2:2;
x=ones(size(n));
X=x*exp(-j*n'*w);
subplot(211);
stem(n,x,'filled');
xlabel('n');
title('x(n)');
subplot(212);
plot(w/pi,abs(X));
xlabel('\omega/\pi');
title('|X(e^j^\omega)|');
```

程序运行结果如图 10-41 所示。

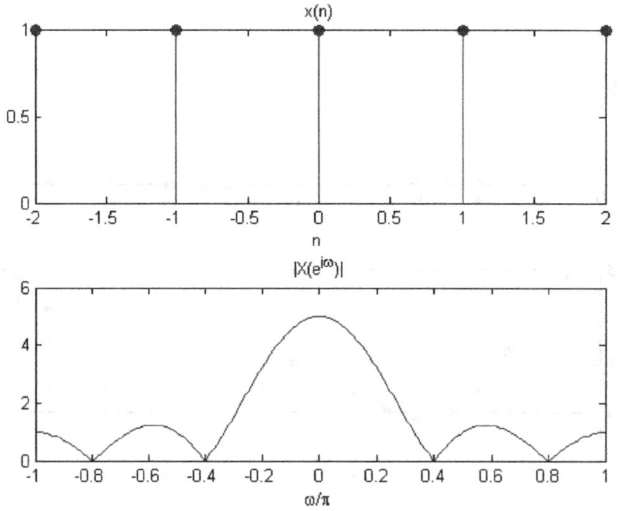

图 10-41　实验 3 程序运行结果 13

当 $N_1=4$ 时，程序运行结果如图 10-42 所示。

当 $N_1=6$ 时，程序运行结果如图 10-43 所示。

随着矩形脉冲序列宽度的增加，其频谱的有效频带宽度减小。其宽度与频谱的有效频带宽度成反比。

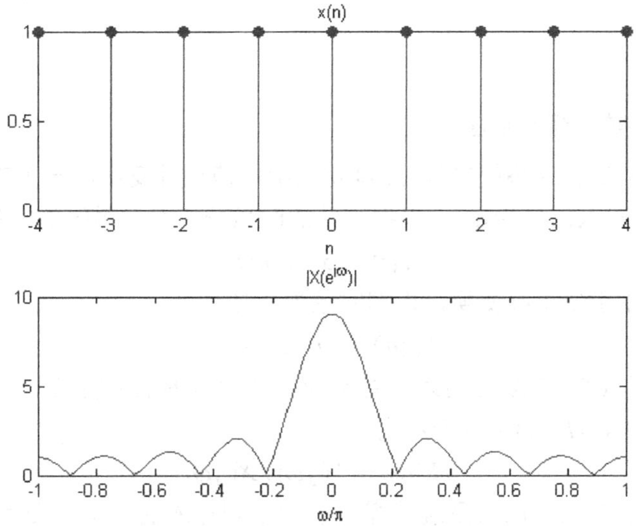

图 10-42　实验 3 程序运行结果 14

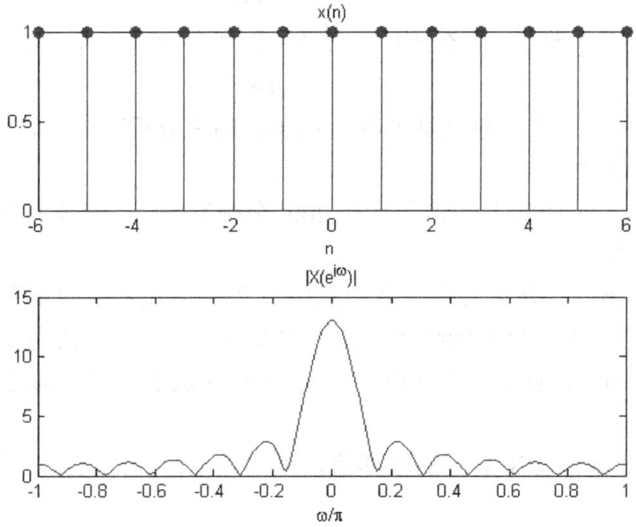

图 10-43　实验 3 程序运行结果 15

实验 4　连续时间系统的频域分析

一、实验目的

（1）加深对 LTI 系统频率响应基本概念的理解和掌握。

（2）学习和掌握 LTI 系统频率特性的分析方法。

二、实验原理

1．连续时间系统的频率响应

系统的频率响应定义为系统单位冲激响应$h(t)$的傅里叶变换，若 LTI 连续时间系统的单位冲激响应为$h(t)$，输入信号为$x(t)$，根据系统的时域分析可知系统的零状态响应为

$$y(t) = x(t)*h(t) \tag{10-18}$$

对上式两边分别求傅里叶变换，根据时域卷积定理有

$$Y(\mathrm{j}\omega) = X(\mathrm{j}\omega)H(\mathrm{j}\omega) \tag{10-19}$$

其中，$H(\mathrm{j}\omega)$反映了 LTI 连续时间系统对不同频率信号的响应特性，是系统内在固有的特性，与外部激励无关，$H(\mathrm{j}\omega)$又可表示为

$$H(\mathrm{j}\omega) = Y(\mathrm{j}\omega) / X(\mathrm{j}\omega) \tag{10-20}$$

因此，系统的频率响应还可以由系统的零状态响应和输入的傅里叶变换之比得到，即

$$H(\mathrm{j}\omega) = |H(\mathrm{j}\omega)|\mathrm{e}^{\mathrm{j}\varphi(\omega)} = \frac{|Y(\mathrm{j}\omega)|}{|F(\mathrm{j}\omega)|}\mathrm{e}^{\mathrm{j}[\varphi_y(\omega)-\varphi_f(\omega)]} \tag{10-21}$$

当虚指数信号 $\mathrm{e}^{\mathrm{j}\omega t}$作用于LTI 系统时，系统的零状态响应仍为同频率的虚指数信号，即

$$y(t) = H(\mathrm{j}\omega)\,\mathrm{e}^{\mathrm{j}\omega t} \tag{10-22}$$

MATLAB 的信号处理工具箱提供了函数 freqs，用来分析连续时间系统的频率响应，该函数有下列几种调用格式：

[h,w]=freqs(b,a)：计算默认频率范围内 200 个频率点上的频率有限的取样值，这 200 个频率点记录在 w 中。

h=freqs(b,a,w)：b、a 分别为有理多项式中分子多项式系数向量和分母多项式系数向量，w 为频率取样点，返回值 h 为频率响应在频率取样点上的数值向量。

[h,w]=freqs(b,a,n)：计算默认频率范围内 n 个频率点上的频率响应的取样值，这 n 个频率点记录在 w 中。

freqs(b,a,⋯)：不返回频率响应的取样值，以对数坐标的方式绘出系统的幅频响应和相频响应。

2．离散时间系统的频率响应

MATLAB 的信号处理工具箱提供了函数 freqz，用来分析离散时间系统的频率响应，该函数有下列几种调用格式：

[H,w]=freqz(b,a,n)：b、a 分别为有理多项式中分子多项式系数向量和分母多项式系数向量，返回值 H 就是频率响应在 0 到 π 范围内 n 个频率等分点上的数值向量，w 包含了这 n 个频率点。

H=freqz(b,a,w)：w 为频率取样点，计算这些频率点上的频率响应的取样值。

[H,w]=freqz(b,a,n, 'whole')：计算 0～2πn 个频率点上的频率响应的取样值，这 n 个频率点记录在 w 中。

freqz(b,a,⋯)：不返回频率响应的取样值，而是直接绘出系统的幅频响应和相频响应。

三、实验内容

（1）已知一个由 RLC 电路构造的二阶高通滤波器如图 10-44 所示。其中，$R=\sqrt{\dfrac{L}{2C}}$，$L=0.4\text{H}$，$C=0.05\text{F}$。

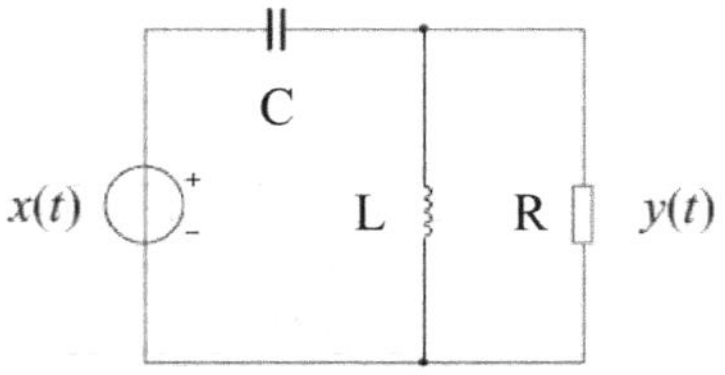

图 10-44　由 RLC 电路构造的二阶高通滤波器

① 计算该电路系统的频率响应及高通截止频率，由电路分析知识可计算出：

$$y(t)+10\,y'(t)+50\,y(t)=x(t)$$

故其频率响应为

$$H(\omega)=\frac{(\mathrm{j}\omega)^2}{(\mathrm{j}\omega)^2+10(\mathrm{j}\omega)+50}$$

令 $H(\omega)=\dfrac{\sqrt{2}}{2}$，解得高通截止频率为

$$\omega=7.0711$$

② 绘制幅度响应和相位响应曲线，比较系统的频率响应特性与理论计算的结果是否一致。

MATLAB 参考程序如下：

```
b=[1 0 0];
a=[1 10 50];
[H,w]=freqs(b,a);
subplot(211);
plot(w,abs(H));
set(gca,'xtick',[0:10:100]);
set(gca,'ytick',[0 0.4 0.707 1]);
xlabel('\omega(rad/s)');
ylabel('Magnitude');
title('|H(j\omega)|');
grid on;
subplot(212);
plot(w,angle(H));
xlabel('\omega(rad/s)');
ylabel('Phase');
```

```
title('|\phi(\omega)|')
grid on;
```

程序运行结果如图 10-45 所示。

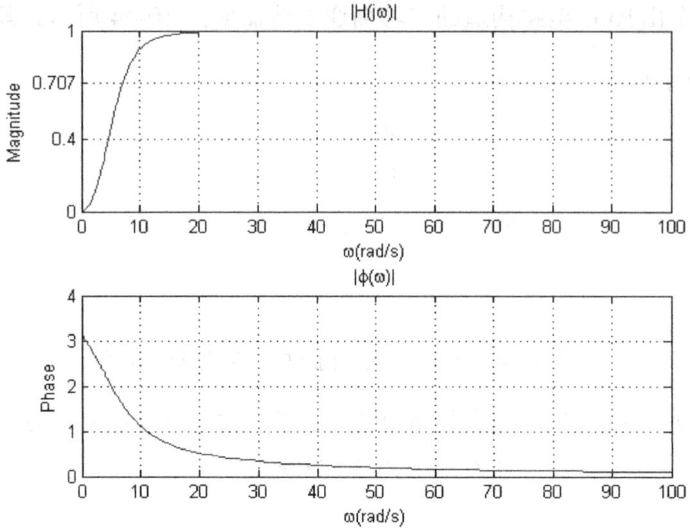

图 10-45　实验 4 程序运行结果 1

通过观察可以看出，当幅度为 0.707 时，频率约为 7.07rad/s，与理论计算相符。

（2）已知一个 RC 电路如图 10-46 所示。

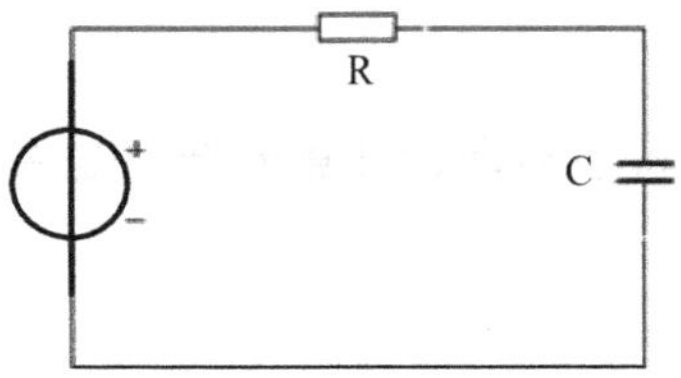

图 10-46　RC 电路

① 对于不同的 *RC* 值，用 MATLAB 画出系统的幅度响应曲线观察结果，分析如图 10-46 所示的 RC 电路具有何种频率特性（高通、低通、带通或带阻）。系统的频率特性随着 *RC* 值的改变，有何变化规律？

系统的微分方程为

$$RCy'(t) + y(t) = x(t)$$

MATLAB 参考程序如下：

```
A=input('R*C=');
b=[1];
a=[A 1];
[H,w]=freqs(b,a);
subplot(211);
plot(w,abs(H));
set(gca,'ytick',[0 0.4 0.707 1]);
xlabel('\omega(rad/s)');
ylabel('Magnitude');
title('|H(j\omega)|');
grid on;
subplot(212);
```

```
plot(w,angle(H));
xlabel('\omega(rad/s)');
ylabel('Phase');
title('|\phi(\omega)|')
grid on;
```

当 RC=1 时，程序运行结果如图 10-47 所示。

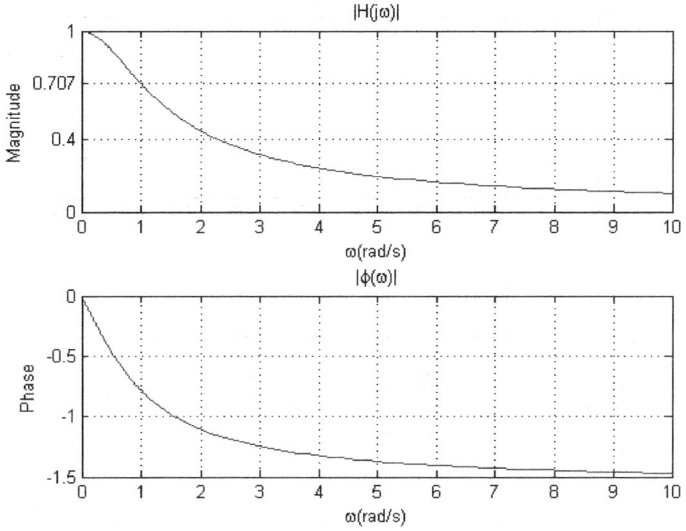

图 10-47　实验 4 程序运行结果 2

当 RC=100 时，程序运行结果如图 10-48 所示。

通过以上图像不难看出，上述 RC 电路为低通滤波电路，其截止频率与 RC 值成反比。

② 系统输入信号 $x(t)=\cos(100t)+\cos(3000t)$，该信号包含了一个低频分量和一个高频分量。试确定适当的 RC 值，滤除信号中的高频分量。绘出滤波前后的时域信号波形及系统的频率响应曲线。

MATLAB 参考程序如下：

```
b=[1];
a=[0.005 1];
sys=tf(b,a);
t=0:0.001:0.2;
x=cos(100*t)+cos(3000*t);
subplot(211);
plot(t,x);
subplot(212);
lsim(sys,x,t);
```

程序运行结果如图 10-49 所示。

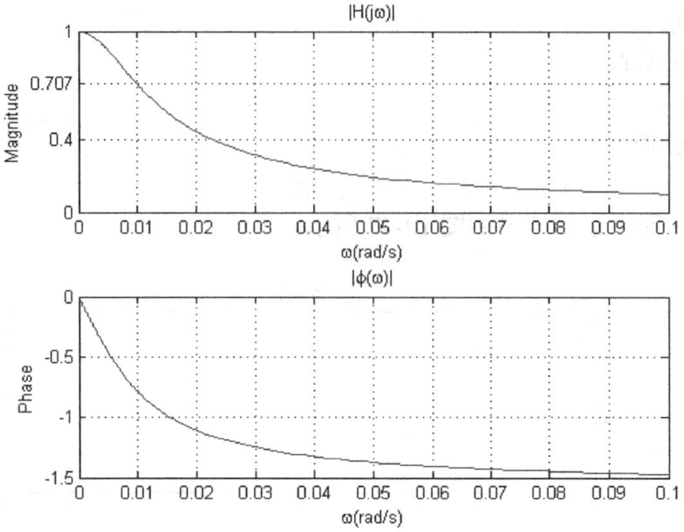

图 10-48　实验 4 程序运行结果 3

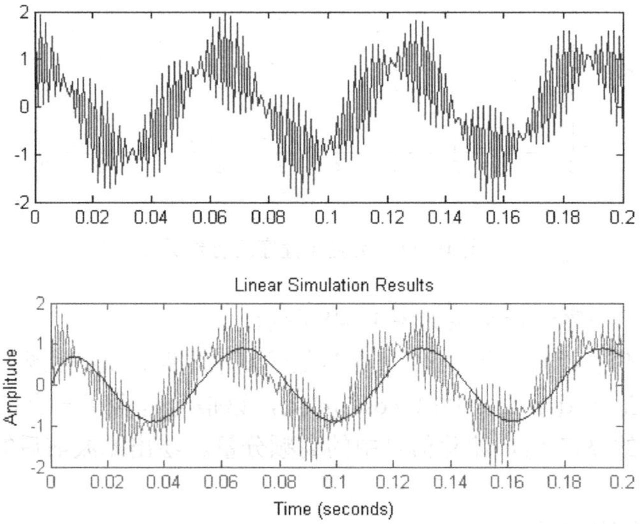

图 10-49　实验 4 程序运行结果 4

由于此 RC 电路为一阶滤波器，所以性能不是十分优异，从滤波后的时域、频域波形可以看出滤波效果一般，有失真。

实验 5　连续时间系统的复频域分析

一、实验目的

（1）掌握拉普拉斯变换及其逆变换的定义，并掌握 MATLAB 实现方法。

（2）学习和掌握连续时间系统的系统函数定义及复频域分析方法。

（3）掌握系统零极点的定义，加深理解系统零极点分布与系统特性的关系。

二、实验原理

1．拉普拉斯变换

连续时间信号 $x(t)$ 的拉普拉斯变换定义为

$$X(s)=\int_{-\infty}^{+\infty}x(t)\mathrm{e}^{-st}\mathrm{d}t \tag{10-23}$$

拉普拉斯逆变换定义为

$$x(t)=\frac{1}{2\pi\mathrm{j}}\int_{\sigma-\mathrm{j}\infty}^{\sigma+\mathrm{j}\infty}X(s)\mathrm{e}^{st}\mathrm{d}s \tag{10-24}$$

在 MATLAB 中，可以采用符号数学工具箱的 laplace 函数和 ilaplace 函数进行拉普拉斯变换和拉普拉斯逆变换。

L=laplace(F)：符号表达式 F 的拉普拉斯变换，F 中时间变量为 t，返回变量为 s 的结果表达式。

L=laplace(F,t)：用 t 替换结果中的变量 s。

F=ilaplace(L)：以 s 为变量的符号表达式 L 的拉普拉斯逆变换，返回时间变量为 t 的结果表达式。

F=ilaplace(L,x)：用 x 替换结果中的变量 t。

除了上述 ilaplace 函数，还可以采用部分分式法，求解拉普拉斯逆变换，具体原理如下。

当 $X(s)$为有理分式时，它可以表示为两个多项式之比：

$$X(s)=\frac{N(s)}{D(s)}=\frac{b_M s^M+b_{M-1}s^{M-1}+\cdots+b_0}{a_N s^N+a_{N-1}s^{N-1}+\cdots+a_0} \tag{10-25}$$

式（10-25）可以用部分分式法展成以下形式：

$$X(s)=\frac{r_1}{s-p_1}+\frac{r_2}{s-p_2}+\cdots+\frac{r_N}{s-p_N} \tag{10-26}$$

通过查常用拉普拉斯变换对，可以由式（10-26）求得拉普拉斯逆变换。

利用 MATLAB 的 residue 函数可以将 $X(s)$展成式（10-26）所示的部分分式展开式，该函数的调用格式为：[r,p,k]=residue(b,a)。其中，b、a 分别为分子多项式系数向量、分母多项式系数向量；r、p、k 分别为留数向量、极点向量、直接项向量。

2．连续时间系统的系统函数

连续时间系统的系统函数是系统单位冲激响应的拉普拉斯变换：

$$H(s)=\int_{-\infty}^{+\infty}h(t)\mathrm{e}^{-st}\mathrm{d}t \tag{10-27}$$

此外，连续时间系统的系统函数还可以由系统输入和系统输出信号的拉普拉斯变换之比得到：

$$H(s)=Y(s)/X(s) \tag{10-28}$$

单位冲激响应 $h(t)$ 反映了系统的固有性质，而 $H(s)$ 从复频域反映了系统的固有性质。由式（10-28）描述的连续时间系统，其系统函数为 s 的有理函数：

$$H(s)=\frac{b_M s^M + b_{M-1}s^{M-1}+\cdots+b_0}{a_N s^N + a_{N-1}s^{N-1}+\cdots+a_0} \tag{10-29}$$

3．连续时间系统的零极点分析

系统的零点是指式（10-29）的分子多项式为零的点，极点指使分母多项式为零的点，零点使系统的值为零，极点使系统函数的值无穷大。通常将系统函数的零极点绘制在 s 平面上，零点用 O 表示，极点用×表示，这样得到的图形称为零极点的分布图。

由零极点的定义可知，零点和极点分别指式（10-29）的分子多项式和分母多项式的根。利用 MATLAB 求多项式的根可以通过函数 roots 来实现，该函数的调用格式为：r = roots(c)。其中，c 为多项式的系数向量；返回值 r 为多项式的根向量。

分别对式（10-29）的分子多项式和分母多项式求根即可得到零极点。

此外，在 MATLAB 中还提供了更简便的方法来求取零极点和绘制系统函数的零极点分布图，即利用 pzmap 函数，该函数的调用格式如下：

pzmap(sys)：这用于绘出由系统模型 sys 描述的系统的零极点分布图。

[p,z]=pzmap(sys)：这种调用方法返回极点和零点，而不绘出零极点分布图。

其中，sys 为系统传递函数模型，由 sys=tf(b,a)命令实现，b、a 分别为传递函数的分子多项式系数向量和分母多项式系数向量。

MATLAB 还为用户提供了两个专用函数 tf2zp 和 zp2tf 来实现系统传递函数模型和零极点增益模型的转换，其调用格式为：[z,p,k]=tf2zp(b,a)和[b,a]=zp2tf(z,p,k)。其中，b、a 分别为传递函数的分子多项式系数向量和分母多项式系数向量；返回值 z 为零点列向量；p 为极点列向量；k 为系统函数零极点形式的增益。

三、实验内容

（1）已知系统的单位冲激响应 $h(t)=u(t)-u(t-2)$，输入信号 $x(t)=u(t)$，是采用复频域的方法求解系统的响应，编写 MATLAB 程序实现。

使用卷积定理求解，先分别求 $h(t)$和$x(t)$ 的拉普拉斯变换 $H(s)$和$X(s)$，然后根据式（10-28）得到 $Y(s)=H(s)X(s)$，最后对 $Y(s)$ 进行拉普拉斯逆变换即可得到系统的响应。

MATLAB 参考程序如下：

```
syms t;
h=heaviside(t)-heaviside(t-2);
x=heaviside(t);
H=laplace(h);
X=laplace(x);
F=X.*H;
y=ilaplace(F)
y =
```

```
t - heaviside(t - 2)*(t - 2)
```

故系统响应为

$$y(t)=t-(t-2)u(t-2)$$

（2）已知因果连续时间系统的系统函数，试利用 MATLAB 画出其零极点分布图，求解系统的单位冲激响应 $h(t)$ 和频率响应 $H(\omega)$，并判断系统是否稳定。

① $H(s)=\dfrac{1}{s^3+2s^2+2s+1}$

MATLAB 参考程序如下：

```
b=[1];
a=[1 2 2 1];
sys=tf(b,a)
[p,z]=pzmap(sys)
sys =
1
--------------------
s^3 + 2 s^2 + 2 s + 1
Continuous-time transfer function.
p =
-1.0000 + 0.0000i
-0.5000 + 0.8660i
-0.5000 - 0.8660i
z =
Empty matrix: 0-by-1
pzmap(sys);
[r,p,k]=residue(b,a)
r =
1.0000 + 0.0000i
-0.5000 - 0.2887i
-0.5000 + 0.2887i
p =
-1.0000 + 0.0000i
-0.5000 + 0.8660i
-0.5000 - 0.8660i
k =
[]
[H w]=freqs(b,a);
subplot(211);
plot(w,abs(H));
xlabel('\omega(rad/s)');
ylabel('Magnitude');
title('|X(j\omega)|');
```

```
grid on;
subplot(212);
plot(w,angle(H));
xlabel('\omega(rad/s)');
ylabel('Phase');
title('\phi(\omega)');
```

程序运行结果如图 10-50 和图 10-51 所示。

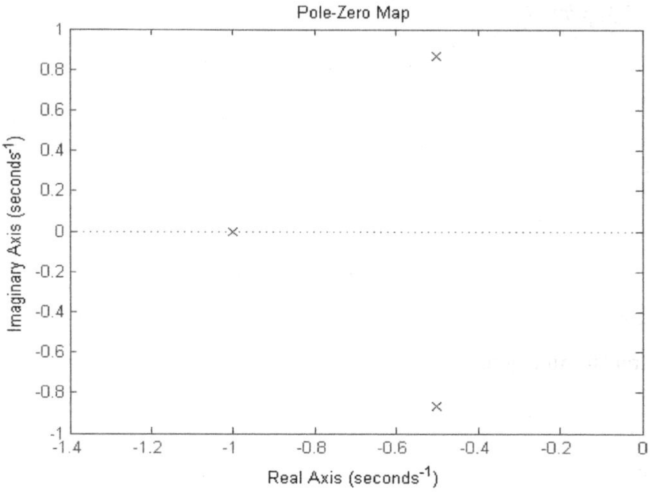

图 10-50 实验 5 程序运行结果 1

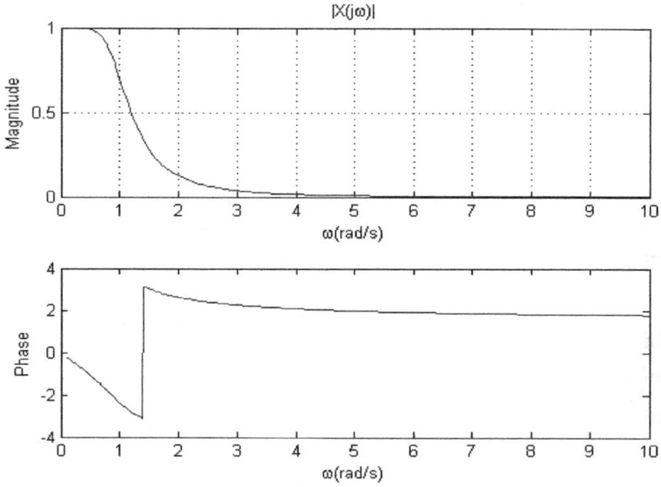

图 10-51 实验 5 程序运行结果 2

由于系统没有零点，极点为 $p=-1$，$-0.5\pm0.866i$，故求系统单位冲激响应的 MATLAB 参考程序如下：

```
h=(exp(-1)+(-0.5-0.2887*i).*exp(-0.5+0.866*i)+(-0.5+0.2887*i).*exp(-0.5-0.866*i)).*heaviside(t)
```

由于该因果系统所有极点都位于 s 平面的左半平面，所以系统是稳定的。

② $H(s)=\dfrac{s^2+1}{s^5+2s^4-3s^3+3s^2+3s+2}$

MATLAB 参考程序如下：

```
b=[1 0 1];
a=[1 2 -3 3 3 2];
sys=tf(b,a)
[p,z]=pzmap(sys)
sys =
s^2 + 1
------------------------------------
s^5 + 2 s^4 - 3 s^3 + 3 s^2 + 3 s + 2
Continuous-time transfer function.
p =
-3.1704 + 0.0000i
0.9669 + 0.9540i
0.9669 - 0.9540i
-0.3817 + 0.4430i
-0.3817 - 0.4430i
z =
0.0000 + 1.0000i
0.0000 - 1.0000i
pzmap(sys);
[r,p,k]=residue(b,a)
r =
0.0769 + 0.0000i
-0.0300 - 0.0881i
-0.0300 + 0.0881i
-0.0085 - 0.1436i
-0.0085 + 0.1436i
p =
-3.1704 + 0.0000i
0.9669 + 0.9540i
0.9669 - 0.9540i
-0.3817 + 0.4430i
-0.3817 - 0.4430i
k =
[]
[H w]=freqs(b,a);
subplot(211);
plot(w,abs(H));
xlabel('\omega(rad/s)');
```

```
ylabel('Magnitude');
title('|X(j\omega)|');
grid on;
subplot(212);
plot(w,angle(H));
xlabel('\omega(rad/s)');
ylabel('Phase');
title('\phi(\omega)');
```

程序运行结果如图 10-52 和图 10-53 所示。

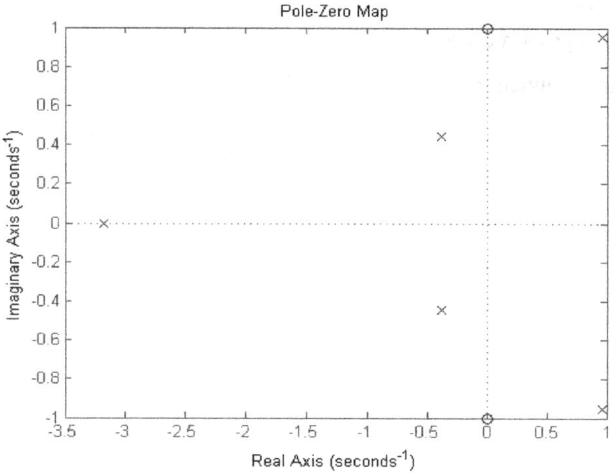

图 10-52　实验 5 程序运行结果 3

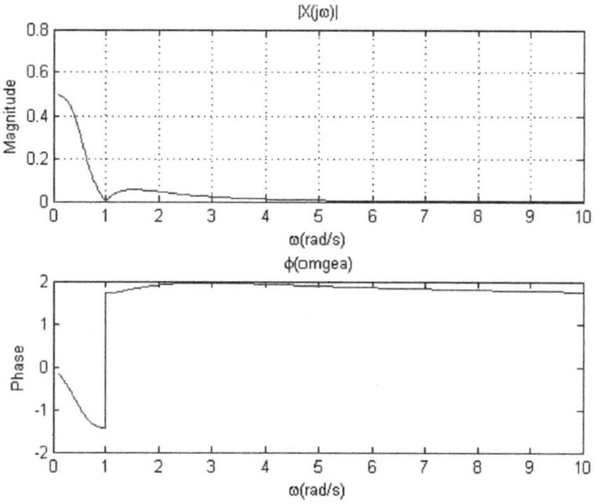

图 10-53　实验 5 程序运行结果 4

由于系统的零点为 $z=\pm i$，极点为 $p=-3.1704$, $0.9669\pm0.9540i$, $-0.3817\pm0.4430i$，求系统单位冲激响应的 MATLAB 参考程序如下：

```
h=(0.0769.*exp(−3.1704.*t)+(−0.03−0.0881.*i).*exp((0.9669+0.954.*i).t)+(−0.03+0.0881.*i).*exp
((0.9669 − 0.9540.*i).*t)+(−0.0085 − 0.1436.*i).*exp((−0.3817 +0.4430.*i).*t)+(−0.0085+0.1436i).*exp
```

```
((-0.3817-0.4430.*i).t)).*heaviside(t);
```

由于该因果系统的所有极点不全位于 s 平面的左半平面，所以系统是不稳定的。

（3）已知连续时间系统函数的极点位置分别如下所示（设系统无零点），试用 MATLAB 绘制六种不同情况下，系统函数的零极点分布图，并绘制相应单位冲激响应的时域波形，观察并分析系统函数极点位置对单位冲激响应时域特性的影响。

① $p=0$

MATLAB 参考程序如下：

```
b=[1];
a=[1 0];
sys=tf(b,a);
pzmap(sys);
[r,p,k]=residue(b,a)
r =1
p =0
k =1
h=1.*heaviside(t);
ezplot(h);
```

程序运行结果如图 10-54 所示。

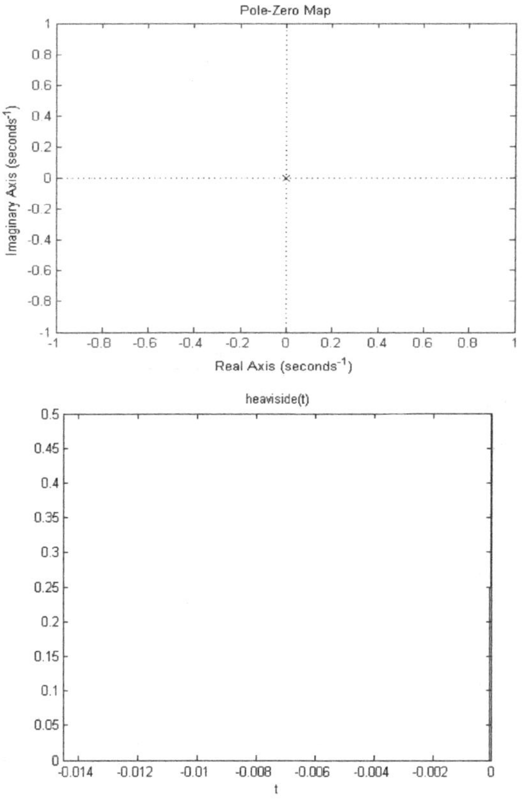

图 10-54　实验 5 程序运行结果 5

② $p=-2$

MATLAB 参考程序如下：

```
b=[1];
a=[1 2];
sys=tf(b,a);
pzmap(sys);
[r,p,k]=residue(b,a)
r =
1
p =
-2
k =
[]
h=exp(-2*t).*heaviside(t);
ezplot(h);
```

程序运行结果如图 10-55 所示。

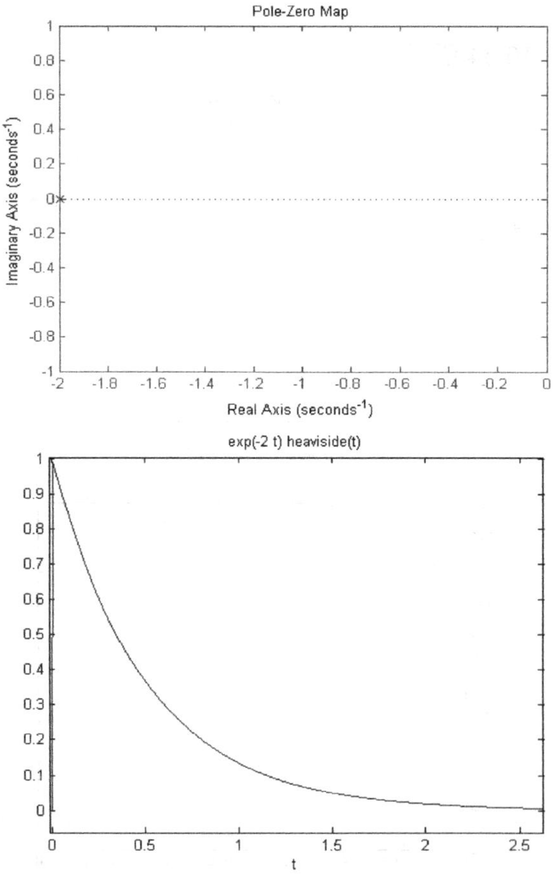

图 10-55 实验 5 程序运行结果 6

③ $p=2$

MATLAB 参考程序如下：

```
b=[1];
a=[1 -2];
sys=tf(b,a);
pzmap(sys);
[r,p,k]=residue(b,a)
r =
1
p =
2
k =
[]
h=exp(2*t).*heaviside(t);
ezplot(h);
```

程序运行结果如图 10-56 所示。

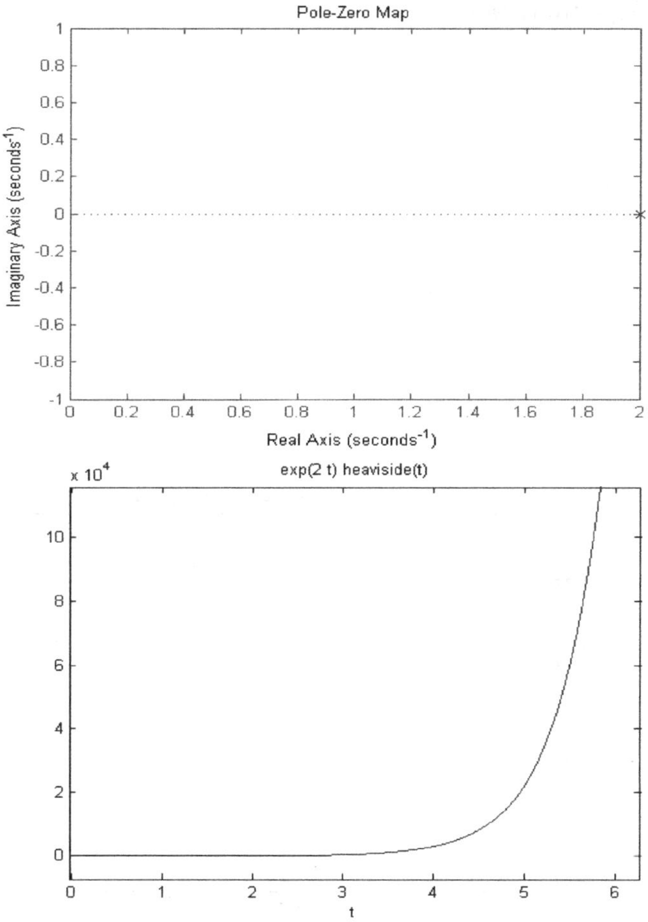

图 10-56　实验 5 程序运行结果 7

④ $p_1 = 2i, p_2 = -2i$

MATLAB 参考程序如下：

```
b=[1];
a=[1 0 4];
sys=tf(b,a);
pzmap(sys);
[r,p,k]=residue(b,a)
r =
0.0000 - 0.2500i
0.0000 + 0.2500i
p =
0.0000 + 2.0000i
0.0000 - 2.0000i
k =
[]
h=((-0.25.*i).*exp(2.*i.*t)+(0.25.*i).*exp(-2.*i.*t)).*heaviside(t);
ezplot(h);
```

程序运行结果如图 10-57 所示。

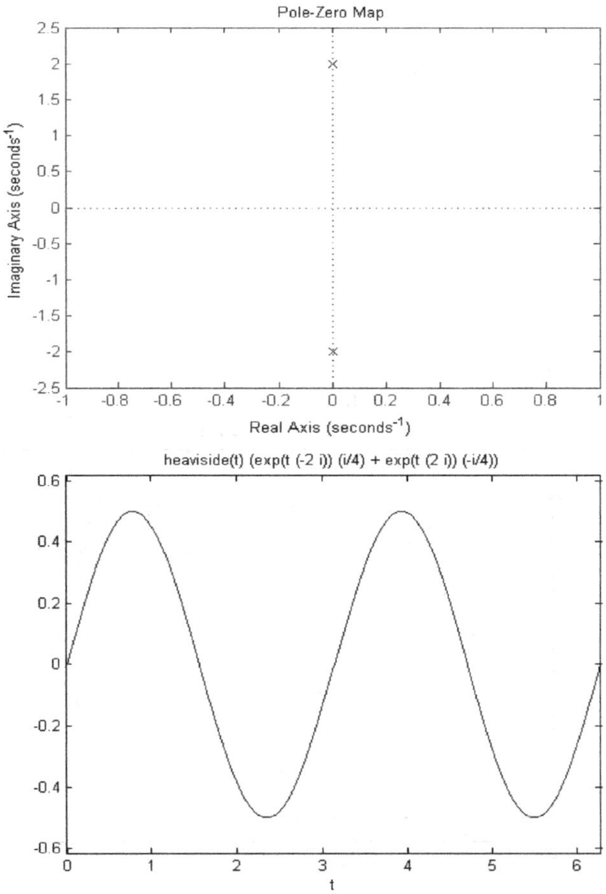

图 10-57　实验 5 程序运行结果 8

⑤ $p_1 = -1 + 4\mathrm{i}, p_2 = -1 - 4\mathrm{i}$

MATLAB 参考程序如下：

```
b=[1];
a=[1 2 17];
sys=tf(b,a);
pzmap(sys);
[r,p,k]=residue(b,a)
r =
0.0000 − 0.1250i
0.0000 + 0.1250i
p =
−1.0000 + 4.0000i
−1.0000 − 4.0000i
k =
[]
h=(−0.125.*i.*exp((−1+4.*i).*t)+0.125.*i.*exp((−1−4.*i).*t)).*heaviside(t);
ezplot(h);
```

程序运行结果如图 10-58 所示。

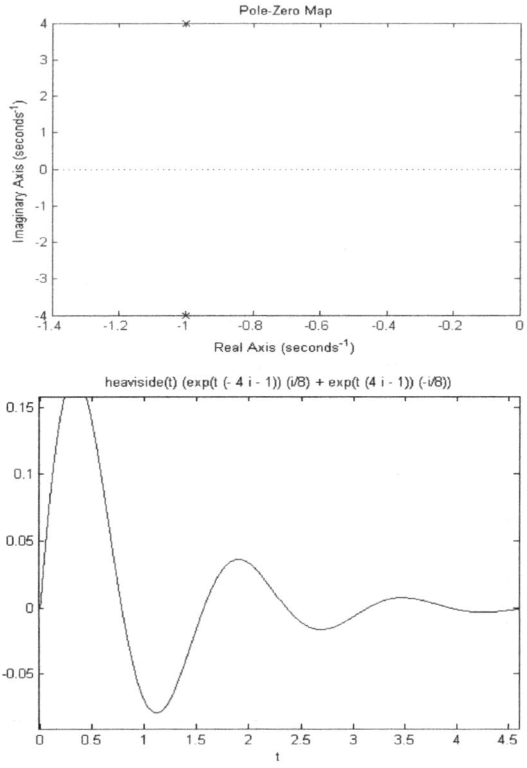

图 10-58　实验 5 程序运行结果 9

⑥ $p_1 = 1 + 4\text{i}, p_2 = 1 - 4\text{i}$

MATLAB 参考程序如下：

```
b=[1];
a=[1 -2 17];
sys=tf(b,a);
pzmap(sys);
[r,p,k]=residue(b,a)
r =
0.0000 - 0.1250i
0.0000 + 0.1250i
p =
1.0000 + 4.0000i
1.0000 - 4.0000i
k =
[]
h=(-0.125.*i.*exp((1+4.*i).*t)+0.125.*i.*exp((1-4.*i).*t)).*heaviside(t);
ezplot(h);
```

程序运行结果如图 10-59 所示。

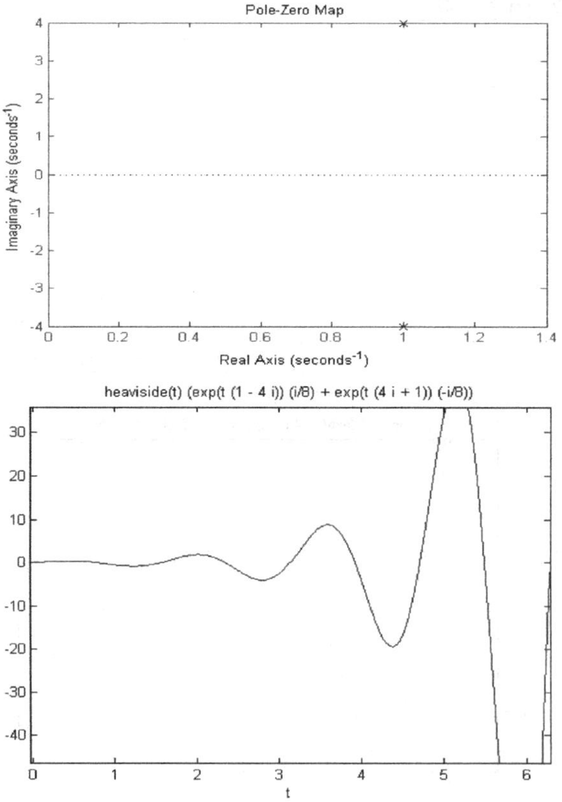

图 10-59 实验 5 程序运行结果 10

由以上六个示例可以总结出，在无零点的情况下：
当极点唯一且在原点时，$h(t)$为常数；
当极点唯一且是负实数时，$h(t)$为递减的指数函数；
当极点唯一且是正实数时，$h(t)$为递增的指数函数；
当 $H(s)$有两个互为共轭的极点时，$h(t)$有一个 $\sin t$ 因子；
当 $H(s)$有两个互为共轭的极点且它们位于右半平面时，$h(t)$还有一个 e^t 因子；
当 $H(s)$有两个互为共轭的极点且它们位于左半平面时，$h(t)$还有一个 e^{-t} 因子。

（4）已知三个连续时间系统函数：

$$H(s)=\frac{1}{s^2+s+17}$$

$$H(s)=\frac{s+8}{s^2+s+17}$$

$$H(s)=\frac{s-8}{s^2+s+17}$$

上述三个系统具有相同的极点，只是零点不同，试用 MATLAB 分别绘制系统的零极点分布图及相应单位冲激响应的时域波形，观察并分析系统函数零点位置对单位冲激响应时域特性的影响。

① $H(s)=\dfrac{1}{s^2+s+17}$

MATLAB 参考程序如下：

```
b=[1];
a=[1 2 17];
sys=tf(b,a);
pzmap(sys);
[r,p,k]=residue(b,a)
r =
0.0000 - 0.1250i
0.0000 + 0.1250i
p =
-1.0000 + 4.0000i
-1.0000 - 4.0000i
k =
[]
h=(-0.125.*i.*exp((-1+4.*i).*t)+0.125.*i.*exp((-1-4.*i).*t)).*heaviside(t);
ezplot(h);
```

程序运行结果如图 10-60 所示。

② $H(s)=\dfrac{s+8}{s^2+s+17}$

MATLAB 参考程序如下：

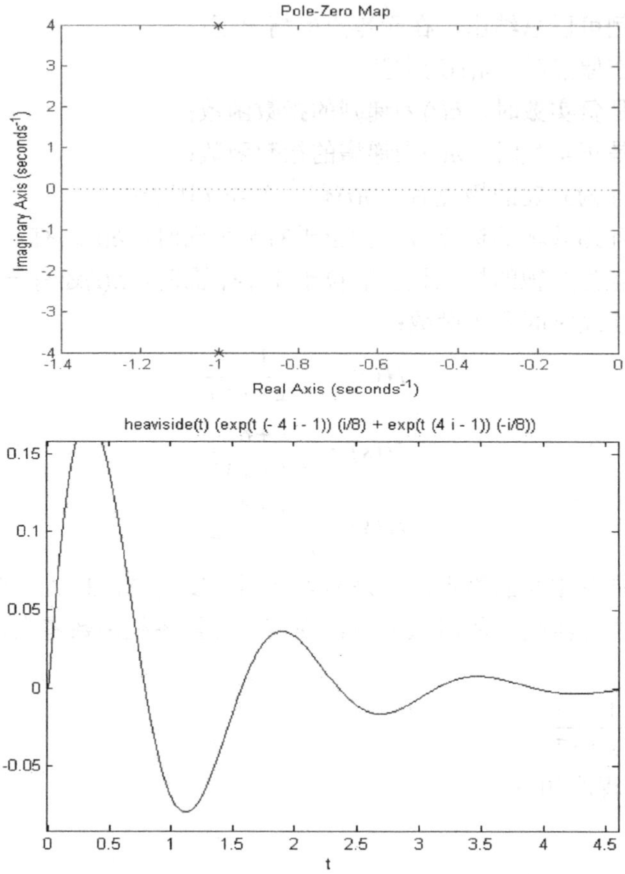

图 10-60　实验 5 程序运行结果 11

```
b=[1 8];
a=[1 2 17];
sys=tf(b,a);
pzmap(sys);
[r,p,k]=residue(b,a)
r =
0.5000 − 0.8750i
0.5000 + 0.8750i
p =
−1.0000 + 4.0000i
−1.0000 − 4.0000i
k =
[]
h=((0.5−0.875.*i).*exp((−1+4.*i).*t)+(0.5+0.875.*i).*exp((−1−4.*i).*t)).*heaviside(t);
ezplot(h);
```

程序运行结果如图 10-61 所示。

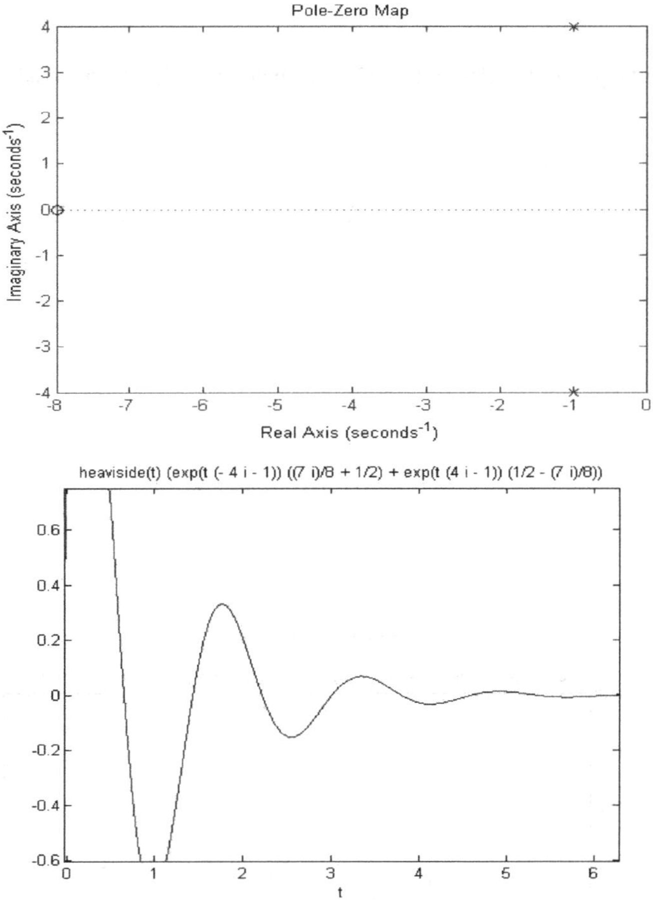

图 10-61　实验 5 程序运行结果 12

③ $H(s)=\dfrac{s-8}{s^2+s+17}$

MATLAB 参考程序如下：

```
b=[1 -8];
a=[1 2 17];
sys=tf(b,a);
pzmap(sys);
[r,p,k]=residue(b,a)
r =
0.5000 + 1.1250i
0.5000 − 1.1250i
p =
−1.0000 + 4.0000i
```

```
-1.0000 - 4.0000i
k =
[]
h=((0.5+1.125.*i).*exp((-1+4.*i).*t)+(0.5-1.125.*i).*exp((-1-4.*i).*t)).*heaviside(t);
ezplot(h);
```

程序运行结果如图 10-62 所示。

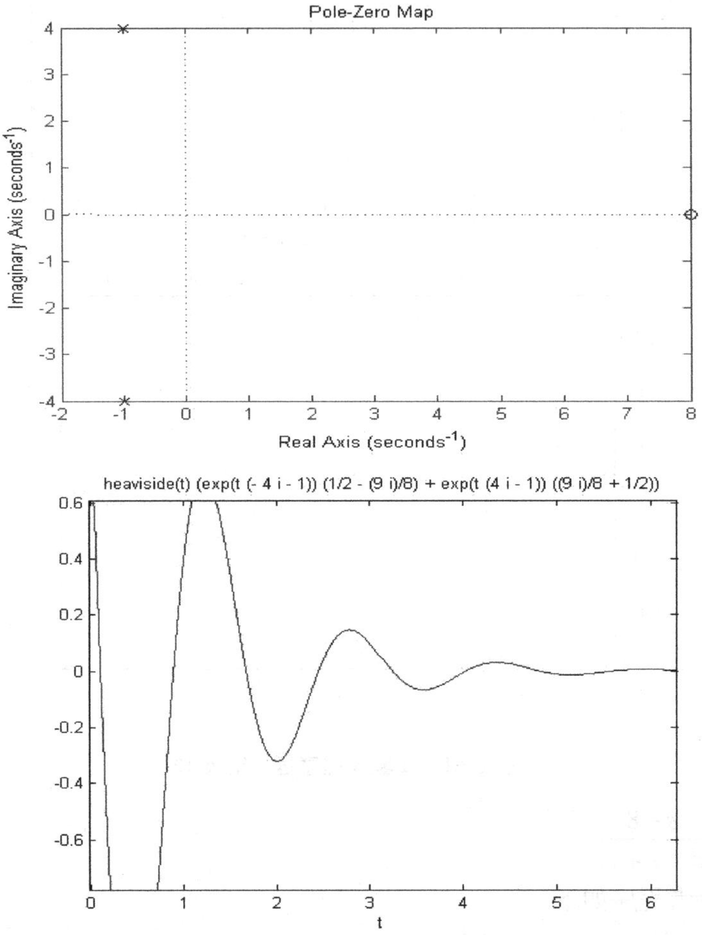

图 10-62　实验 5 程序运行结果 13

由以上三个示例可以看出，当极点不变时，零点分布只影响系统时域响应的幅度和相位，对时域响应模式没有影响，即不会改变是衰减振荡还是增长振荡。

第 11 章 MATLAB 在信息论编码中的应用

实验 1 离散信源及其信息测度

一、实验目的

（1）掌握离散信源熵的原理和计算方法。

（2）熟悉 MATLAB 软件的基本操作，练习应用 MATLAB 软件进行信源熵函数曲线的绘制。

（3）理解信源熵的物理意义，并能从信源熵函数曲线图上解释其物理意义。

二、实验原理

1．离散信源相关的基本概念、原理和计算公式

（1）产生离散信息的信源称为离散信源。离散信源只能产生有限种符号。随机事件的自信息量 $I(x_i)$ 为其对应的随机变量 x_i 出现概率对数的负值，即

$$I(x_i) = -\log_2 p(x_i)$$

（2）信源输出的各消息的自信息量的数学期望为信源的信息熵（简称信源熵）。信源熵是信源的统计平均不确定性的描述，是概率函数 $p(x)$ 的函数。信源熵的表达式［在信息论中，当对数的底数为 2 时，熵的单位为比特（bit）；当对数的底数为 e 时，熵的单位为奈特（nat）。这里底数为 2，通常省略掉不写］如下：

$$H(X) = E[I(x_i)] = -\sum_{i=1}^{n} p(x_i)\log p(x_i)$$

2．二元信源的信源熵

设信源符号集 $X=\{0,1\}$，每个符号发生的概率分别为 $p(0)=p$，$p(1)=q$，$p+q=1$，即信源的概率空间为 $\begin{bmatrix} X \\ P \end{bmatrix} = \begin{bmatrix} 0 & 1 \\ p & q \end{bmatrix}$，则该二元信源的信源熵为

$$H(X) = -p\log p - q\log q = -p\log p - (1-p)\log(1-p)$$

即

$$H(p) = -p\log p - (1-p)\log(1-p),\quad 0 \leqslant p \leqslant 1$$

3．求解联合熵、条件熵、平均符号熵

$$H(X_2 \mid X_1) = \sum_{i=1}^{n} p(a_i) H(X_2 \mid X_1 = a_i)$$

$$H(X_1X_2)=-\sum_{i=1}^{n}\sum_{j=1}^{m}p(a_ia_j)\log p(a_ia_j)=H(X_1)+H(X_2|X_1)$$

$$=-\sum_{i=1}^{n}\sum_{j=1}^{m}p(a_i)p(a_j|a_i)\log p(a_j|a_i)=-\sum_{i=1}^{n}\sum_{j=1}^{m}p(a_ia_j)\log p(a_j|a_i)$$

$$H_2(X)=\frac{1}{2}H(X_1X_2)$$

4．求解马尔可夫信源的稳态概率分布及 *n* 步转移概率矩阵

$\boldsymbol{P}(n)=\boldsymbol{P}^n$。稳态分布要满足 $\boldsymbol{WP}=\boldsymbol{W}$ 及 $\sum\boldsymbol{W}=1$。

三、实验内容

（1）用 MATLAB 编程实现离散无记忆信源熵值的计算。编写一个 M 函数文件：function H= entropy(p)。（参考函数：L=length(p)。）

（2）绘制二元符号信源熵函数与概率分布曲线，图形如图 11-1 所示。（参考函数：plot(x , y)。）

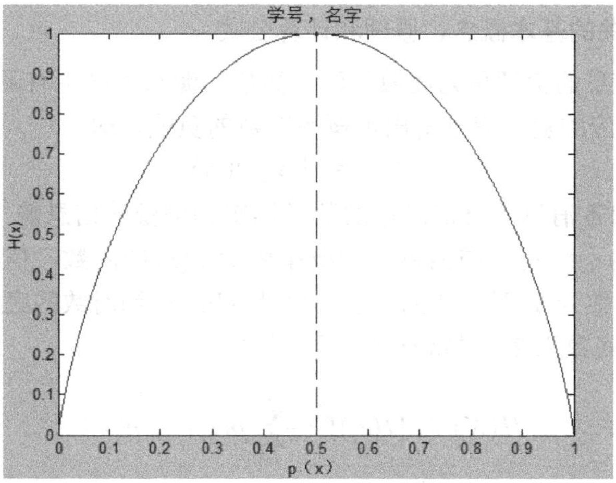

图 11-1　二元符号信源熵函数与概率分布曲线

（3）设 X 是一个离散平稳有记忆信源，记忆长度 $N=2$，已知联合概率如表 11-1 所示。

表 11-1　联合概率

	$a_i=0$	$a_i=1$	$a_i=2$
$a_j=0$	1/4	1/18	0
$a_j=1$	1/18	1/3	1/18
$a_j=2$	0	1/18	7/36

求 $H(X_2|X_1)$ 及 $H_2(X)$。

（4）一个马尔可夫信源有 3 个符号 $\{u_1,u_2,u_3\}$，转移概率为 $p(u_1|u_1)=1/2$， $p(u_2|u_1)=$

$1/2$， $p(u_3|u_1)=0$， $p(u_1|u_2)=1/3$， $p(u_2|u_2)=0$， $p(u_3|u_2)=2/3$， $p(u_1|u_3)=1/3$， $p(u_2|u_3)=2/3$， $p(u_3|u_3)=0$，求出各符号稳态概率分布及二步转移概率矩阵。

四、实验过程

（1）求解信源熵过程：去除信源中符号分布概率为零的元素，根据平均信息量公式，求出离散信源熵。

```
function H =entropy(p)
L=length(p)
H=0;
for i=1:L
if p(i)==0
continue
end
H=H-p(i)*log2(p(i));
end
```

另解：

```
H=-p*log2（p'）
```

（2）绘制 $H(p)=-p\log p-(1-p)\log(1-p)$图形，其中 $0\leqslant p\leqslant 1$。用 MATLAB 中的 plot(x,y)命令就可以自动绘制出二维图形来。

```
p=0.0000001:0.0001:1;
h=-p.*log2(p)-(1-p).*log2(1-p);
plot(p,h)
hold on;
stem(0.5,1,'--.');
xlabel('p(x)');
ylabel('H(x)');
title('学号，名字')
```

（3）根据公式进行求解。

```
clc
clear
pxy=[1/4,1/18,1/18,1/3,1/18,1/18,7/36];
hxy =entropy(pxy)
px=[1/4+1/18,2/18+1/3,1/18+7/36];
hx =entropy(px)
hx1y=hxy-hx
h2x=hxy/2
```

```
hxy =
    2.41435946044126
hx =
    1.54261742316478
hx1y =
    0.87174203727648
h2x =
    1.20717973022063
```

（4）可列出状态转移概率矩阵 $\boldsymbol{P}=\begin{bmatrix}1/2 & 1/2 & 0\\ 1/3 & 0 & 2/3\\ 1/3 & 2/3 & 0\end{bmatrix}$，设状态 u_1、u_2、u_3 稳定后的概率分别为 W_1、W_2、W_3。

$$由\begin{cases}\boldsymbol{WP}=\boldsymbol{W}\\ W_1+W_2+W_3=1\end{cases}得\begin{cases}\frac{1}{2}W_1+\frac{1}{3}W_2+\frac{1}{3}W_3=W_1\\ \frac{1}{2}W_1+\frac{2}{3}W_3=W_2\\ \frac{2}{3}W_2=W_3\\ W_1+W_2+W_3=1\end{cases}。$$

```
clc
clear
syms w1 w2 w3
P=[1/2 1/2 0 ;1/3 0 2/3 ;1/3 2/3 0];
w=[w1 w2 w3];
s=w-w*P
s1 =s[1];
s2= s[2];
s3= s[3];
s4=w1+w2+w3-1;
[w1,w2,w3]=solve(s1,s2,s3,s4)
w1 =
2/5
w2 =
9/25
w3 =
6/25
```

实验 2　离散信道及其容量

一、实验目的

（1）理解离散信道容量的内涵。

（2）掌握求二元对称信道（binary symmetric channel，BSC）互信息量和容量的设计方法。

二、实验原理

若某信道输入的是 N 维序列 X，其概率函数为 $p(x)$，输出的是 N 维序列 Y，则平均互信息量记为 $I(X;Y)$，该信道的信道容量 C 定义为 $C=\max\limits_{p(x)} I(X;Y)$。

（1）对于离散无噪无损信道：

$$C=\max_{p(x)} H(X)=\max_{p(y)} H(Y)=\log r=\log s(\text{bit/symbol})$$

（2）对于无噪有损信道（噪声熵 $H(Y/X)=0$）：

$$C=\max_{p(x)} H(Y)=\log s(\text{bit/symbol})$$

（3）对于有噪无损信道：

$$C=\max_{p(x)} H(X)=\log r(\text{bit/symbol})$$

（4）对于对称信道：

$$C=\log s-H(p_1,p_2,\cdots,p_s)$$

（5）对于一般信道，当 $r=s$ 时，已知转移概率，可求 C：

$$\sum_{j=1}^{s} P(b_j|a_i)\log P(b_j|a_i)=\sum_{j=1}^{s} P(b_j|a_i)\beta_j(i=1,\cdots,r)$$

$$C=\log\sum_{j=1}^{s} 2^{\beta_j}$$

三、实验内容

（1）编制程序，设 $\boldsymbol{P}(x)=(q,1-q)$，$\boldsymbol{P}(Y|X)=\begin{bmatrix} p & 1-p \\ 1-p & p \end{bmatrix}$，绘制二元对称信道所传输的平均互信息量与信道转移概率和输入分布的曲面关系（图 11-2）。

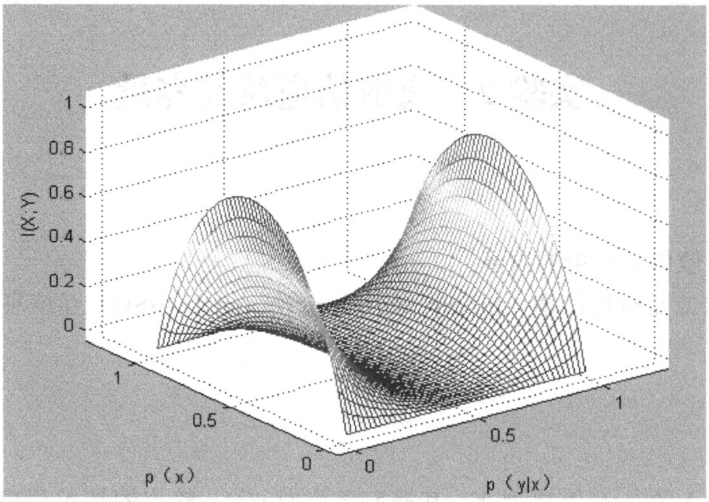

图 11-2　二元对称信道所传输的平均互信息量与信道转移概率和输入分布的曲面关系

（2）设二元对称信道的转移概率矩阵为$\begin{bmatrix} \frac{2}{3} & \frac{1}{3} \\ \frac{1}{3} & \frac{2}{3} \end{bmatrix}$，求该信道的信道容量。

（3）设 $\boldsymbol{P}=\begin{bmatrix} 1/2 & 1/4 & 0 & 1/4 \\ 0 & 1 & 0 & 0 \\ 0 & 0 & 1 & 0 \\ 1/4 & 0 & 1/4 & 1/2 \end{bmatrix}$，求该信道的信道容量。

四、实验过程

1）设计思路

（1）设计思路 1：$I(X;Y)=H(Y)-H(Y|X)$。

```
clear
clc
syms p q
py1x=[p,1-p;1-p,p];
px=[q,1-q];
py=px*py1x
hy=entropy(py)
py1x1=py1x(1,:)
hy1x=entropy(py1x1)
ixy=hy-hy1x
ezmesh(p,q,ixy,[0,1])
```

```
xlabel(' p（y|x）');
ylabel(' p（x）');
zlabel('I(X;Y)');
```

（2）设计思路 2：$C=\log s-H(p_1,p_2,\cdots,p_s)$。

```
p=[2/3,1/3];
C=log2(2)-entropy(p)
L =
     2
C =
   0.08170416594551
```

（3）设计思路 3。

```
clear
clc
s=[0;0;0;0];
s1=0
p=[1/2,1/4,0,1/4;0,1,0,0;0,0,1,0;1/4,0,1/4,1/2];
for j=1:1:4;
  for i=1:1:4;
    if p(j,i)==0
        continue;
    end
        s(j)=s(j)+p(j,i)*log2(p(j,i))
  end
end
    B=p\s
    for i=1:4;
        s1=s1+2^B(i);
    end
     C=log2(s1)
B =
    -2
     0
     0
    -2
C =
         1.32192809488736
```

2）实验中出现的问题及解决方法

（1）信道容量与互信息量有关，而互信息量又与信源熵相关，所以要求得信道容量就必须知道信道的转移概率，然后根据公式一步一步计算。

（2）对于判断离散对称信道，不需要深入理解它的概念，根据定义来判断即可。

实验3　无失真信源编码

一、实验目的

掌握香农（Shannon）编码的原理、方法和步骤。

二、实验原理

香农编码步骤如下：

（1）将各信源符号按概率递减的方式进行排列：$p_1 \geqslant p_2 \geqslant \cdots \geqslant p_q$。

（2）按香农不等式计算出每个信源符号的码长l_i。

（3）为了编成唯一可译码，计算第i个信源符号的累加概率：$G_i = \sum_{k=1}^{i-1} p_k$。

（4）将累加概率G_i用二进制数表示。

（5）取G_i对应二进制数的小数点后l_i位构成该信源符号的二进制码字。

平均码长$\bar{K} = \sum_{i=1}^{n} p(a_i) l_i$，信息率$R = \frac{\bar{K}}{L}\log m$，编码效率$\eta = \frac{H(X)}{L}$。

三、实验内容

根据实验原理，设计香农编码方法，在给定

$$\begin{bmatrix} \boldsymbol{S} \\ \boldsymbol{P} \end{bmatrix} = \begin{bmatrix} s_1 & s_2 & s_3 & s_4 & s_5 & s_6 \\ 0.25 & 0.25 & 0.20 & 0.15 & 0.10 & 0.05 \end{bmatrix}$$

条件下，实现香农编码并算出编码效率。

四、实验过程

1）设计思路

平均码长：$L = \sum_{i=1}^{6} p(a_j) l_i = 2.7(\text{bit/sign})$。

信源熵：$H(X) = -\sum_{i=1}^{6} p(a_i)\log p(a_i) = 2.42(\text{bit/sign})$。

信息率：$R = \frac{\overline{K}}{L}\log m = \overline{K} = 2.7(\text{bit/sign})$。

编码效率：$\eta = \frac{H(X)}{R} = \frac{H(X)}{\overline{K}} = \frac{2.42}{2.7} = 89.75\%$。

香农编码过程如表 11-2 所示。

表 11-2　香农编码过程

a_j	$p(a_j)$	j	$g(j)$	l_i	码　字
a_0	0				
a_1	0.25	1	0.000	2	00 $(0.000)_2$
a_2	0.25	2	0.250	2	01 $(0.010)_2$
a_3	0.20	3	0.500	3	100 $(0.1000)_2$
a_4	0.15	4	0.700	3	101 $(0.1011)_2$
a_5	0.10	5	0.850	4	1101 $(0.11011)_2$
a_6	0.05	6	0.950	5	11110 $(0.111100)_2$

2）香农编码参考代码

```
clear
clc
h=0;
p=[0.25   0.25   0.20   0.15   0.10   0.05]
n = length(p);                     %计算信源符号个数
%------------------------------
l=zeros(1,n);
for i = 1:n
        h = −p(i)*log2(p(i))+h     ; %计算信源熵
        l(i)=ceil(−log2(p(i)));    %计算信源符号长度，向上取整
end
h
l
L=sum(p.*l)                        %计算平均码长
R=h/L                              %计算效率
lmax=max(l)
%------------------------------
p = sort(p, 'descend');            %降序排列
g=zeros(1,n);
for j=2:n
    g(j)=g(j−1)+p(j−1) ;           %计算累加概率
end
g
%------------------------------
m=zeros(n,lmax);
for j=1:n
    for i=1:lmax                   %计算累加概率的二进制
        if i>l(j)
```

```
                m(j,i)='*'   ;
                break;
            else
            m(j,i)=fix(g(j)*2);
            g(j)=g(j)*2-fix(g(j)*2);
            end
        end
end
m
%-------------------------------
c=zeros(n,lmax);
for j=1:n
    for i=1:lmax
        if i>l(j)
            c(j,i)=blanks(1) ;
        elseif m(j,i)==1
            c(j,i)='1';
                elseif m(j,i)==0
            c(j,i)='0';
        end
    end
end
    c=char(c)
```

五、实验结果

```
h =2.42321967233551
l =      2     2     3     3     4     5
L =      2.7
R =    0.89748876753167
lmax =      5
g =   0   0.25   0.5   0.7   0.85   0.95
m =
      0     0    42     0     0
      0     1    42     0     0
      1     0     0    42     0
      1     0     1    42     0
      1     1     0     1    42
      1     1     1     1     0
c =
```

```
00
01
100
101
1101
11110
```

实验 4　信道编码技术的仿真

一、实验目的

（1）了解并掌握汉明码的编码与译码原理。

（2）使用仿真软件对（7,4）汉明码进行编码、译码仿真。

（3）绘制出编码后、译码后的信号波形图。

（4）熟悉 Simulink 仿真系统，利用 Simulink 常用模块进行汉明码仿真。

二、实验原理

汉明码的纠错能力 $t=1$，既有二进制的，也有非二进制的。在二进制情况下，汉明码码长 n 和信息位 k 服从以下规律：$(n,k)=(2^m-1,\ 2^m-1-m)$。其中，$m=n-k$，是正整数。当 $m=3,4,5,6,7,8,\cdots$ 时，有汉明码 (7,4), (15,11), (31,26), (63,57), (127,120), (255,247), …，汉明码是完备码。

汉明码的校验矩阵 $\boldsymbol{H}$ 具有特殊的性质，能使构造方法简化。一个(n,k)码的校验矩阵有 $n-k$ 行和 n 列。在二进制情况下，$n-k$ 个码元所能组成的列矢量总数是 $2^{n-k}-1$，恰好和校验矩阵的列数 $n=2^m-1$ 相等。只要排列所有列，通过列置换将矩阵 $\boldsymbol{H}$ 转换成系统形式，就可以进一步得到相应的生成矩阵 $\boldsymbol{G}$。

三、实验内容

请参照实验步骤中的范例，修改程序及 Simulink 仿真参数，得到输入序列为 1000、1100、1110、0111 时的汉明码编码的输入序列，汉明码编码序列，输出汉明码译码序列，仿真输出波形图。

四、实验过程

1）程序编码——（7,4）汉明码

```
clear
clc
```

```
m=3;                          % 校验位为 3
[h,g,n,k]=hammgen(3);         %汉明码生成矩阵和校验矩阵产生函数
g
h
msg=randint(1,4,2)            %产生 1 行 4 列的二进制随机数作为信息序列
code=encode(msg,n,k,'hamming')
codenoise=rem(code+rand(1,7)>0.95,2)      %经过信道后产生噪声+信源的叠加
rcv=decode(codenoise,n,k)                 %将信道传输的接收码进行译码
```

2）Simulink 仿真——（7,4）汉明码

汉明码的最小码距为 3，能纠正一位错误，是特殊的线性分组码，利用 Simulink 对（7,4）汉明码进行编解码的仿真示意图如图 11-3 所示。其中，脉冲发生器用于产生输入序列；缓冲器用于完成数据的串并转换；汉明码编码器和汉明码译码器用于进行汉明码的编码和译码；BSC 用于模拟信号的传输；示波器用来显示输入序列、编码序列及译码序列的波形。

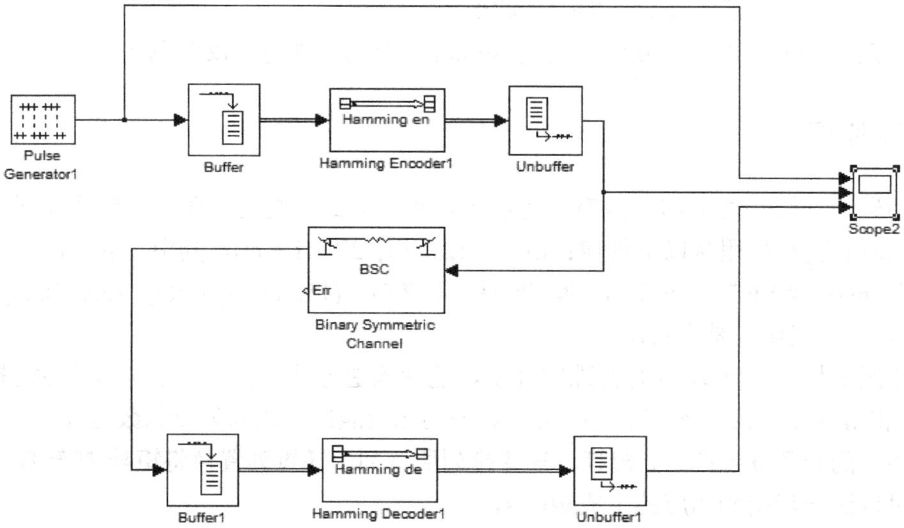

图 11-3　利用 Simulink 对（7,4）汉明码进行编解码的仿真示意图

从 MATLAB 启动到进入 Simmulink 仿真模型窗口进行仿真设计的实验操作如下。

（1）选择模块。

① 脉冲发生器位置：simmulink——sources——pulse generator。

② BSC 信道位置：communication blockset——channels——binary symmetric channel。

③ 模块缓冲器位置：signal processing blockset——signal management——buffers。

④ 汉明码编解码器位置：error detection and correction——block——hamming encoder/hamming decoder。

⑤ 模块示波器位置：simmulink——sinks。

（2）BSC 参数设定：可修改错误概率。

（3）缓冲器参数设定：可修改并行输出的位数。

（4）汉明编码器参数设定：可修改编码器输出的位数。

（5）示波器参数设定：可修改显示幅度，输入端个数。

五、实验结果

```
h =
     1     0     0     1     0     1     1
     0     1     0     1     1     1     0
     0     0     1     0     1     1     1
g =
     1     1     0     1     0     0     0
     0     1     1     0     1     0     0
     1     1     1     0     0     1     0
     1     0     1     0     0     0     1
msg =
     0     0     0     0
code =
     0     0     0     0     0     0     0
codenoise =
     0     0     0     0     0     1     0
rcv =
     0     0     0     0
```

仿真波形图如图 11-4 所示。

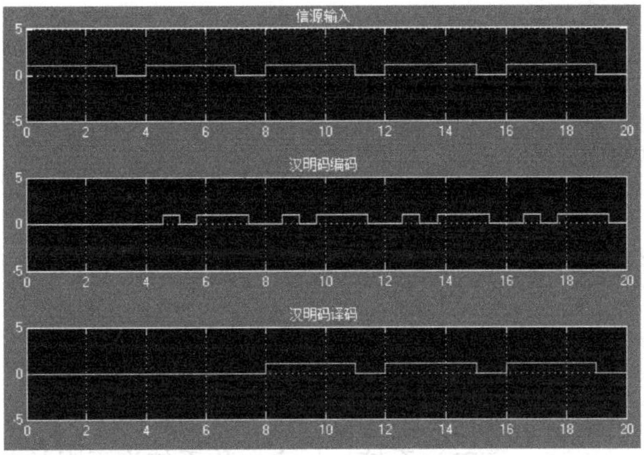

图 11-4　仿真波形图

第 12 章 MATLAB 在数字信号处理中的应用

实验 1 基于 MATLAB 离散系统时域分析

一、实验目的

（1）熟悉并掌握离散系统的差分方程表示法。
（2）加深对单位冲激响应和卷积分析方法的理解。

二、实验原理

离散时间系统的输入、输出关系可用以下差分方程描述：

$$\sum_{k=0}^{N} d_k y[n-k] = \sum_{k=0}^{M} p_k x[n-k]$$

将输入信号分解为冲激信号：

$$x[n] = \sum_{m=-\infty}^{\infty} x[m]\delta[n-m]$$

记系统单位冲激响应：

$$\delta[n] \to h[n]$$

则系统响应为如下的卷积计算式：

$$y[n] = x[n] * h[n] = \sum_{m=-\infty}^{\infty} x[m]h[n-m]$$

当 $d_k = 0, k = 1, 2, \cdots, N$ 时，$h[n]$是有限长度的（n：[0, M]），称系统为有限长单位冲激响应（finite impulse response，FIR）系统；反之，称系统为无限长单位冲激响应（infinite impulse response，IIR）系统。

三、实验内容

编制程序求解下列两个系统的单位冲激响应和单位阶跃响应，并绘出其图形。要求分别用 filter、conv、impz 三种函数完成。

$$y[n] + 0.75y[n-1] + 0.125y[n-2] = x[n] - x[n-1]$$

$$y[n] = 0.25\{x[n-1] + x[n-2] + x[n-3] + x[n-4]\}$$

给出理论计算结果和程序计算结果并讨论。

四、实验报告要求

（1）简述实验原理，画出程序框图，列出实验程序清单，并附上必要的程序说明。

（2）记录调试运行情况及所遇问题的解决方法。

（3）记录实验结果，并在实验后对结果进行分析。

五、相关 MATLAB 语言工具函数简介

（1）在 MATLAB 中，可以用函数 y=filter(p,d,x)实现差分方程的仿真，也可以用函数 y=conv(x,h)计算卷积，用 y=impz(p,d,N)求系统的单位冲激响应。

（2）以下程序中分别使用 conv 和 filter 函数计算 h 和 x 的卷积 y 和 y_1，运行程序，并分析 y 和 y_1 是否有差别，为什么要使用 $x[n]$补零后的 x_1 来产生 y_1；具体分析当 $h[n]$有 i 个值，$x[n]$有 j 个值，使用 filter 函数完成卷积功能，需要如何补零。

```
clf;
h = [3 2 1 -2 1 0 -4 0 3];       % impulse response
x = [1 -2 3 -4 3 2 1];           % input sequence
y = conv(h,x);
n = 0:14;
subplot(2,1,1);
stem(n,y);
xlabel('Time index n'); ylabel('Amplitude');
title('Output Obtained by Convolution'); grid;
x1 = [x zeros(1,8)];
y1 = filter(h,1,x1);
subplot(2,1,2);
stem(n,y1);
xlabel('Time index n'); ylabel('Amplitude');
title('Output Generated by Filtering'); grid;
```

程序运行结果如图 12-1 所示。

由图 12-1 可看出，y 与 y_1 并无差别。

使用 $x[n]$补零后的 x_1 来产生 y_1，是因为存在边界效应，只要冲激响应采样点部分位于输入信号采样值之外，输出就无法确定，例如：

```
x        1  −2  3  −4  3  2  1  2
h                                 3  0 −4  0  1  −2  1  2  3  2  4  1
```

需变换成如下形式才能确定输出：

```
x        1  −2  3  −4  3  2  1  2  0  0  0  0  0  0  0  0  0  0  0
h                                 3  0 −4  0  1  −2  1  2  3  2  4  1
```

此时 n = 18。

使用 conv 函数计算能实现输入序列后自动补零，而 filter 函数则无法实现。

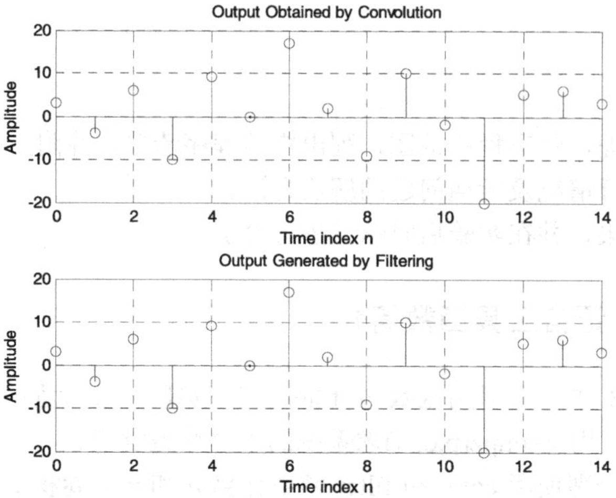

图 12-1 实验 1 程序运行结果 1

分析：

① 序列补零的个数为 10。

```
h = [1 4 2 3 2 1 −2 1 0 −4 0 3];      % impulse response       i=12
x = [1 −2 3 −4 3 2 1 2];              % input sequence         j=8
n = 0:17;
x1 = [x zeros(1,10)];                 %补 10 个零值
y1 = filter(h,1,x1);
stem(n,y1);
xlabel('Time index n'); ylabel('Amplitude');
title('Output Generated by Filtering');
grid
```

程序运行结果如图 12-2 所示。

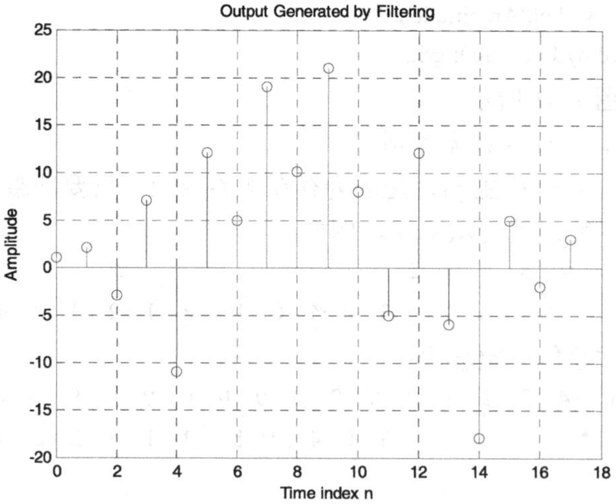

图 12-2 实验 1 程序运行结果 2

② 序列补零的个数为 11。

```
h = [1 4 2 3 2 1 −2 1 0 −4 0 3];      % impulse response      i=12
x = [1 −2 3 −4 3 2 1 2];              % input sequence        j=8
n = 0:18;
x1 = [x zeros(1,11)];                 %补 11 个零值
y1 = filter(h,1,x1);
stem(n,y1);
xlabel('Time index n'); ylabel('Amplitude');
title('Output Generated by Filtering'); grid
```

程序运行结果如图 12-3 所示。

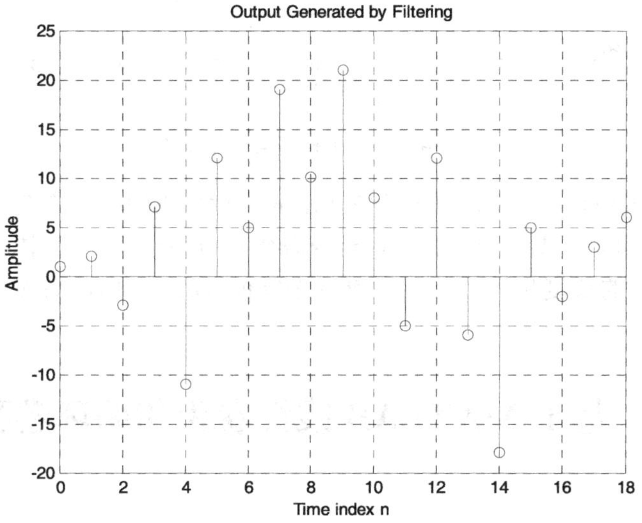

图 12-3　实验 1 程序运行结果 3

③ 序列补零的个数为 23。

```
h = [1 4 2 3 2 1 −2 1 0 −4 0 3];      % impulse response      i=12
x = [1 −2 3 −4 3 2 1 2];              % input sequence        j=8
n = 0:30;
x1 = [x zeros(1,23)];                 %补 23 个零值
y1 = filter(h,1,x1);
stem(n,y1);
xlabel('Time index n'); ylabel('Amplitude');
title('Output Generated by Filtering'); grid;
```

程序运行结果如图 12-4 所示。

对照图 12-2、图 12-3，当 $n = 18$ 时两图有区别，图 12-3 能完全卷积，当补零数小于 $j - 1$ 时，就不能完全卷积。

对照图 12-3、图 12-4 可知，补零数可大于 $j - 1$，须满足 n 的长度与补零后 x_1 的长度相等。

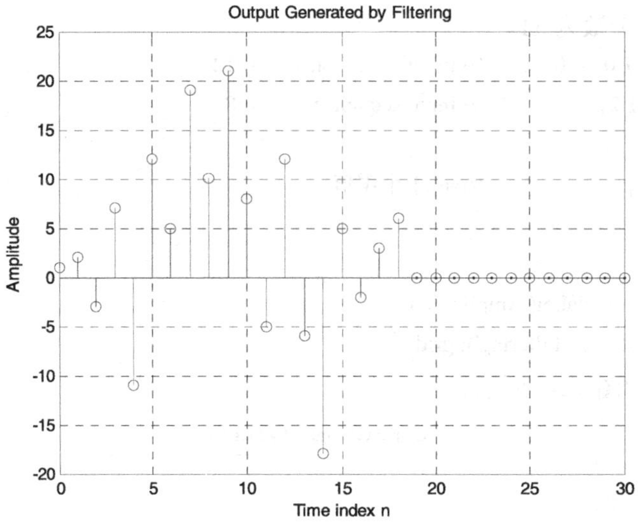

图 12-4　实验 1 程序运行结果 4

$h[n]$有 i 个值，$x[n]$有 j 个值，以 n 为 X 轴，$n=0{:}N$，使用 $x[n]$补零后的 x_1 来产生 y_1，由图 12-2～图 12-4 可知，要完全卷积，x_1 至少需补 $j-1$ 个零值。其中，$N \geqslant (i+j-1)-1$，n 的长度与补零后 x_1 的长度相等，若 x_1 中补 a 个零值（$a \geqslant j-1$），则 $N=i+a-1$。

实验 2　基于 MATLAB 线性卷积和循环卷积计算

一、实验目的

（1）进一步加深对线性卷积的理解和分析能力。

（2）通过编程，上机调试程序，进一步增强使用计算机解决问题的能力。

（3）掌握线性卷积与循环卷积软件实现的方法，并验证二者之间的关系。

二、实验原理

1）线性卷积

线性时不变（LTI）系统输入、输出间的关系为：若系统输入序列为 $x(n)$，系统的单位冲激响应为 $h(n)$，输出序列为 $y(n)$，则系统输出为

$$y(n)=\sum_{m=-\infty}^{\infty} x(m)h(n-m)=x(n)*h(n)$$

或

$$y(n)=\sum_{m=-\infty}^{+\infty} h(m)x(n-m)=h(n)*x(n)$$

上式称为离散卷积或线性卷积。

图 12-5 显示了线性时不变系统的输入、输出关系。

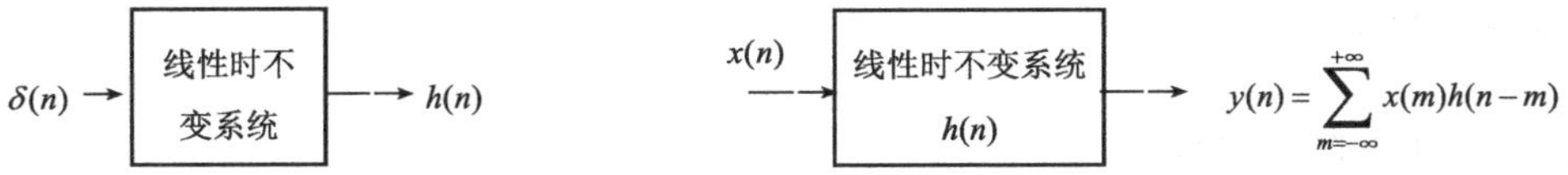

图 12-5　线性时不变系统的输入、输出关系

2）循环卷积

设两个有限长序列 $x_1(n)$ 和 $x_2(n)$，均为 N 点长：

$$x_1(n) \xleftrightarrow{\text{离散傅里叶变换}} X_1(k)$$

$$x_2(n) \xleftrightarrow{\text{离散傅里叶变换}} X_2(k)$$

如果 $X_3(k) = X_1(k) \cdot X_2(k)$，则

$$\begin{aligned} x_3(n) &= \left[\sum_{m=0}^{N-1} \tilde{x}_1(m)\tilde{x}_2(n-m)\right] R_N(n) \\ &= \sum_{m=0}^{N-1} x_1(m) x_2[(n-m)_N] \\ &= x_1(n) Ⓝ x_2(n),\ \ 0 \leqslant n \leqslant N-1 \end{aligned}$$

上式称为循环卷积或圆周卷积。

注意： $\tilde{x}_1(n)$ 为 $x_1(n)$ 序列的周期化序列；$\tilde{x}_1(n)R_N(n)$ 为 $\tilde{x}_1(n)$ 的主值序列。

上机编程计算时，$x_3(n)$ 可表示如下：

$$x_3(n) = \sum_{m=0}^{n} x_1(m)x_2(n-m) + \sum_{m=n+1}^{N-1} x_1(m)x_2(N+n-m)$$

3）两个有限长序列的线性卷积

序列 $x_1(n)$ 为 L 点长，序列 $x_2(n)$ 为 P 点长，$x_3(n)$ 为这两个序列的线性卷积，则 $x_3(n)$ 为

$$x_3(n) = \sum_{m=-\infty}^{\infty} x_1(m)x_2(n-m)$$

且线性卷积 $x_3(n)$ 的最大长度 $L+P-1$，也就是说当 $n \leqslant -1$ 和 $n \geqslant L+P-1$ 时 $x_3(n) = 0$。

4）循环卷积与线性卷积的关系

序列 $x_1(n)$ 为 L 点长，序列 $x_2(n)$ 为 P 点长，若序列 $x_1(n)$ 和 $x_2(n)$ 进行 N 点的循环卷积，其结果是否等于该两序列的线性卷积，完全取决于循环卷积的长度：

当 $N \geqslant L+P-1$ 时，循环（圆周）卷积等于线性卷积，即

$$x_1(n) Ⓝ x_2(n) = x_1(n) * x_2(n)$$

当 $N < L+P-1$ 时，循环卷积等于两个序列的线性卷积加上相当于下式的时间混叠，即

$$x_{3N}(n) = \begin{cases} \sum\limits_{r=-\infty}^{+\infty} x_3(n+rN), & 0 \leqslant n \leqslant N-1 \\ 0, & \text{其他} \end{cases}$$

三、实验内容

已知两个有限长序列：

$$x(n)=\delta(n)+2\delta(n-1)+3\delta(n-2)+4\delta(n-3)+5\delta(n-4)$$

$$H(n)=\delta(n)+2\delta(n-1)+\delta(n-2)+2\delta(n-3)$$

（1）实验前，预先计算好这两个序列的线性卷积及下列几种情况的循环卷积：

① $x(n)\circledast h(n)$　② $x(n)\circledast h(n)$　③ $x(n)\circledast h(n)$　④ $x(n)\circledast h(n)$

（2）编制一个计算两个序列线性卷积的通用程序，计算 $x(n)*h(n)$。

（3）编制一个计算循环卷积的通用程序，计算上述四种情况下两个序列 $x(n)$ 与 $h(n)$ 的循环卷积。

（4）上机调试并打印或记录实验结果。

注意：可在一个程序中用菜单形式实现上述两种卷积的计算。

（5）将实验结果与预先笔算的结果进行比较，验证其正确性。

四、思考题

若系统单位冲激响应 $h(n)$ 长为 L，系统输入 $x(n)$ 长为 P，且 $P\gg L$，应使用什么方法进行编程上机计算？

五、实验报告要求

（1）列出计算两种卷积的公式，画出程序框图，并列出实验程序清单（可略）（包括必要的程序说明）。

（2）记录调试运行情况及所遇问题的解决方法。

（3）给出实验结果，并对结果作出分析。验证循环卷积两者之间的关系。

（4）简要回答思考题。

六、相关 MATLAB 语言工具函数简介

对于无限长序列不能用 MATLAB 直接计算线性卷积，在 MATLAB 内部只提供了一个 conv 函数计算两个有限长序列的线性卷积。对于循环卷积 MATLAB 内部没有提供现成的函数，我们可以按照定义式直接编程计算。

【例 12-1】 已知两个序列：

$$x(n)=\begin{cases}0.8^n, & 0\leqslant n\leqslant 11\\ 0, & 其他\end{cases}$$

$$h(n)=\begin{cases}1, & 0\leqslant n\leqslant 5\\ 0, & 其他\end{cases}$$

求它们的线性卷积 $y_l(n)=h(n)*x(n)$和 N 点的循环卷积 $y_c=[h(n)*x(n)]n$，并研究两者之间的

关系。

MATLAB 参考程序如下。

（1）循环卷积的函数如下：

```
function yc=circonv(x1,x2,N)
%realize circular convolution use direct method
%y=circonv(x1,x2,N)
%y:output sequences
%x1,x2:input sequences
%N:circulation length
if length(x1)>N
    error('N must not be less than length of x1');
end
if length(x2)>N
    error('N must not be less than length of x2');
end
%以上语句判断两个序列的长度是否小于 N
x1=[x1,zeros(1,N-length(x1))];    %填充序列 x1(n)使其长度为 N1+N2-1(序列%h(n)的长度为 N1，序列 x(n)的长度为 N2)
x2=[x2,zeros(1,N-length(x2))];    %填充序列 x2(n)使其长度为 N1+N2-1
n=[0:1:N-1];
x2=x2(mod(-n,N)+1);               %生成序列 x2((-n))N
H=zeros(N,N);
for n=1:1:N
    H(n,:)=cirshiftd(x2,n-1,N);   %该矩阵的 k 行为 x2((k-1-n))N
end
yc=x1*H';                         %计算循环卷积
function y=cirshiftd(x,m,N)
%directly realize circular shift for sequence x
%y=cirshiftd(x,m,N);
%x:input sequence whose length is less than N
%m:how much to shift
%N:circular length
%y:output shifted sequence
if length(x)>N
    error('length of x must be less than N');
end
x=[x,zeros(1,N-length(x))];
n=[0:1:N-1];
y=x(mod(n-m,N)+1);
```

（2）研究两者之间的关系如下：

```
clear all;
n=[0:1:11];
m=[0:1:5];
N1=length(n);
N2=length(m);
xn=0.8.^n;                          %生成 x(n)
hn=ones(1,N2);                      %生成 h(n)
yln=conv(xn,hn);                    %直接用函数 conv 计算线性卷积
ycn=circonv(xn,hn,N1);              %用函数 circonv 计算 N1 点循环卷积
ny1=[0:1:length(yln)-1];
ny2=[0:1:length(ycn)-1];
subplot(2,1,1);                     %画图
stem(ny1,yln);
subplot(2,1,2);
stem(ny2,ycn);
axis([0,16,0,4]);
```

程序运行结果如图 12-6 所示。

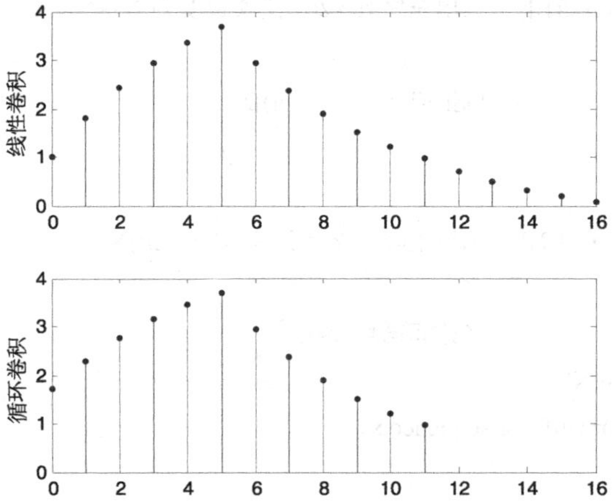

图 12-6　实验 2 程序运行结果

实验 3　基于 FFT 信号频谱分析

一、实验目的

（1）通过这一实验，能够熟练掌握快速傅里叶变换（fast Fourier transformation，FFT）的原理及用 FFT 进行频谱分析的基本方法。

（2）在计算机上用软件实现 FFT 及信号的频谱分析。

（3）通过实验对离散傅里叶变换的主要性质及 FFT 在数字信号处理中的重要作用有进一步的了解。

二、实验原理

1）离散傅里叶变换（DFT）及其主要性质

DFT 表示离散信号的离散频谱，DFT 的主要性质包括奇偶对称特性、虚实特性等。通过实验可以加深理解。

例如，实序列的 DFT 具有偶对称的实部和奇对称的虚部，这可以证明如下。

由定义：

$$
\begin{aligned}
X(k) &= \sum_{n=0}^{N-1} x(n) W_N^{kn} \\
&= \sum_{n=0}^{N-1} x(n)\cos\left(\frac{2\pi}{N}kn\right) - \mathrm{j}\sum_{n=0}^{N-1} x(n)\sin\left(\frac{2\pi}{N}kn\right)
\end{aligned}
$$

$$
\begin{aligned}
X(N-k) &= \sum_{n=0}^{N-1} x(n) W_N^{(N-k)n} \\
&= \sum_{n=0}^{N-1} x(n) W_N^{Nn} W_N^{-kn} \\
&= \sum_{n=0}^{N-1} x(n) W_N^{-kn} \\
&= \sum_{n=0}^{N-1} x(n)\cos\left(\frac{2\pi}{N}kn\right) + \mathrm{j}\sum_{n=0}^{N-1} x(n)\sin\left(\frac{2\pi}{N}kn\right)
\end{aligned}
$$

故

$$X(k) = X^*(N-k)$$

实序列 DFT 的偶对称实部和奇对称虚部的特性，在本实验中可以通过实指数序列及三角序列看出来。

对单一频率的三角序列来说，它的 DFT 谱线也是单一的，这个物理意义可以通过实验验证，在理论上可以推导如下。

设 $x(n) = \sin\left(\frac{2\pi}{N}n\right)R_N(n)$，其 DFT 为

$$
\begin{aligned}
X(k) &= \sum_{n=0}^{N-1} x(n)\mathrm{e}^{-\mathrm{j}\frac{2\pi}{N}kn} \\
&= \sum_{n=0}^{N-1} \sin\left(\frac{2\pi}{N}n\right)\mathrm{e}^{-\mathrm{j}\frac{2\pi}{N}kn} \\
&= \frac{1}{2\mathrm{j}}\sum_{n=0}^{N-1}\left(\mathrm{e}^{\mathrm{j}\frac{2\pi}{N}n} - \mathrm{e}^{-\mathrm{j}\frac{2\pi}{N}n}\right)\mathrm{e}^{-\mathrm{j}\frac{2\pi}{N}kn}
\end{aligned}
$$

$$=\frac{1}{2\mathrm{j}}\sum_{n=0}^{N-1}(\mathrm{e}^{\mathrm{j}\frac{2\pi}{N}n(k-1)}-\mathrm{e}^{-\mathrm{j}\frac{2\pi}{N}n(k+1)})$$

从而

$$X(0)=\frac{1}{2\mathrm{j}}\sum_{n=0}^{N-1}(\mathrm{e}^{-\mathrm{j}\frac{2\pi}{N}n}-\mathrm{e}^{-\mathrm{j}\frac{2\pi}{N}n})=0$$

$$X(1)=\frac{1}{2\mathrm{j}}\sum_{n=0}^{N-1}(1-\mathrm{e}^{-\mathrm{j}\frac{2\pi}{N}n})=\frac{N}{2\mathrm{j}}=-\mathrm{j}\frac{N}{2}$$

$$X(2)=0$$

$$\vdots$$

$$X(N-2)=0$$

$$X(N-1)=\frac{1}{2\mathrm{j}}\sum_{n=0}^{N-1}(\mathrm{e}^{\mathrm{j}\frac{2\pi}{N}n(N-2)}-\mathrm{e}^{\mathrm{j}2\pi n})=-\frac{N}{2\mathrm{j}}=\mathrm{j}\frac{N}{2}$$

以上公式中，$X(0)$ 反映了 $x(n)$ 的直流分量，$x(1)$ 是 $x(n)$ 的一次谐波，又根据虚实特性 $X^*(N-1)=X(1)$，而其他分量均为零。

当周期减小时，显然 $\sin\left(\frac{2\pi}{N/3}n\right)R_N(n)$ 谱的分量只会出现在 $k=3$ 及 $k=N-3$ 处，实验者可以通过与上述相同的步骤加以理论证明。

由于 $\cos\frac{2\pi}{N}nR_N(n)$ 与 $\sin\frac{2\pi}{N}nR_N(n)$ 相位差 $\frac{\pi}{2}$，所以它的 DFT 只包括实部而没有虚部，以上这些性质可在本实验中得到验证。

2）利用 DFT 对信号进行频谱分析

DFT 的重要应用之一是对时域连续信号的频谱进行分析，称为傅里叶分析，时域连续信号离散傅里叶分析的基本步骤如图 12-7 所示。

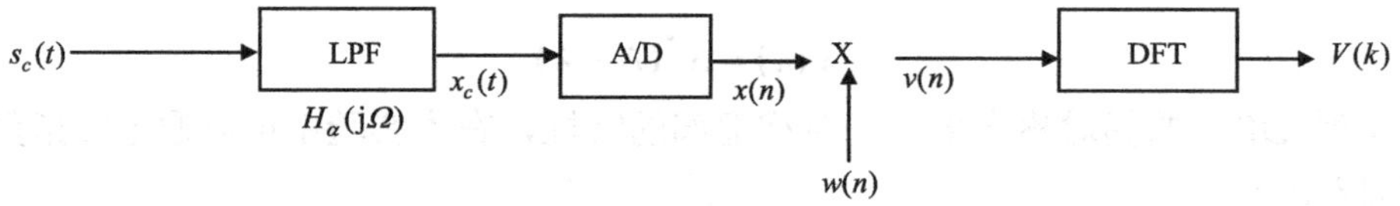

图 12-7　时域连续信号离散傅里叶分析的处理步骤

消混叠低通滤波器 LPF（预滤波器）的引入，是为了消除或减少时域连续信号转换成序列时可能出现的频谱混叠的影响。在实际工作中，时域离散信号 $x(n)$ 的时宽很长甚至是无限长的（如语音或音乐信号）。由于 DFT 的需要，必须把 $x(n)$ 限制在一定的时间间隔之内，即进行数据截断，而数据截断相当于加窗处理。因此，在计算 $x(n)$ 的 DFT 前，必须用一个时域有限的窗函数 $w(n)$ 对 $x(n)$ 进行加窗。

$x_c(t)$ 通过 A/D 变换器转换成时域离散序列 $x(n)$。其频谱用 $X(\mathrm{e}^{\mathrm{j}\omega})$ 表示，它是频率 ω 的周期函数，即

$$X(\mathrm{e}^{\mathrm{j}\omega})=\frac{1}{T}\sum_{m=-\infty}^{+\infty}X_c\left(\mathrm{j}\frac{\omega}{T}+\mathrm{j}\frac{2\pi m}{T}\right)$$

其中，$X_c(\mathrm{j}\Omega)$ 或 $X_c\left(\mathrm{j}\frac{\omega}{T}\right)$ 为 $x_c(t)$ 的频谱。

在实际应用中，消混叠低通滤波器的阻带不可能是无限衰减的，故由 $X_c(\mathrm{j}\Omega)$ 周期延拓得到的 $X(\mathrm{e}^{\mathrm{j}\omega})$ 有非零重叠，即出现混叠现象。

由于进行 DFT 的需要，必须对序列 $x(n)$ 进行加窗处理，即 $v(n)=x(n)\cdot w(n)$，加窗对频域的影响用周期卷积表示如下：

$$V(\mathrm{e}^{\mathrm{j}\omega})=\frac{1}{2\pi}\int_{-\pi}^{\pi}X(\mathrm{e}^{\mathrm{j}\theta})\,\mathrm{W}(\mathrm{e}^{\mathrm{j}(\omega-\theta)})\mathrm{d}\theta$$

对加窗后的 $v(n)$进行 DFT 运算，结果为

$$V(k)=\sum_{n=0}^{N-1}v(n)\mathrm{e}^{-\mathrm{j}\frac{2\pi}{N}kn},\quad 0\leqslant k\leqslant N-1$$

其中，假设窗函数长 L 小于或等于 DFT 长度 N。

有限长序列 $v(n)=x(n)\cdot w(n)$ 的 DFT 相当于 $v(n)$ 傅里叶变换的等间隔采样：

$$V(k)=V(\mathrm{e}^{\mathrm{j}\omega})\Big|_{\omega=\frac{2\pi}{N}k}$$

其中，$V(k)$ 便是 $s_c(t)$ 的离散频率函数。

因为 DFT 的频率间隔为 $\frac{2\pi}{N}$，且模拟频率 Ω 和数字频率 ω 间的关系为 $\omega=\Omega T$，所以离散的频率函数各频率点对应的模拟频率为

$$\Omega=\frac{2\pi k}{NT}$$

显然，频率分辨率 Δf 为

$$\Delta f=\frac{1}{NT}$$

利用 DFT 计算频谱，只给出频谱 $\omega_k=\frac{2\pi}{N}k$ 或 $\Omega_k=\frac{2\pi}{NT}k$ 的频率分量，即频率的采样值，而不可能得到连续的频谱函数。

如果在两个离散的谱线之间有一个特别大的频谱分量，就无法检测出来了。

为了在保持原来频谱形状不变的情况下加密谱线，即使频域采样点数增加，从而使原来看不到的频谱分量变得可以分辨，可以通过在信号数据的末端补加一些零值点，使 DFT 计算周期内点数增加，但又不改变原有的记录数据的方法来实现。

3）快速傅里叶变换（FFT）

FFT 是计算傅里叶变换的一种快速算法，为了提高运算速度，FFT 将 DFT 的计算逐次分解成较小点数的 DFT。按时间抽取（decimation-in-time，DIT）FFT 算法把输入序列 $x(n)$按其 n 值是偶数或是奇数分解成越来越短的序列。按频域抽取（decimation-in-frequency，DIF）FFT 算法是把输出序列 $X(k)$ 按其 k 值是偶数或是奇数分解成越来越短的序列。本实验重点是针对 $N=2^M$ 的 DIT FFT 或 DIF FFT。

三、实验内容

（1）实验前学生应认真学习数字信号处理中的有关内容，掌握 FFT 的基本原理以及如何用 FFT 等计算信号频谱。

（2）预习实验指导书，用一种语言编写 FFT 的通用程序块。

（3）上机独立调试，通过程序，可选择下面列出的序列中的 3～4 种，并取 N 为不同的 2 的幂次方的情况进行实验，并打印出 $V(k)$ 或 $V(\mathrm{e})^{\mathrm{j}\omega_k}$ 的值，绘制出 $|V(k)|$ 或 $|V(\mathrm{e}^{\mathrm{j}\omega_k})|$ 的曲线。

本实验中有六种输入序列，即

① 实指数序列 $(1.08)^n$；

② 复指数序列 $3(0.9+\mathrm{j}0.3)^n$；

③ 周期为 N 的正弦序列 $\sin\left(\frac{2\pi}{N}n\right)$，且 $0 \leqslant n \leqslant N-1$；

④ 周期为 N 的余弦序列 $\cos\left(\frac{2\pi}{N}n\right)$，且 $0 \leqslant n \leqslant N-1$；

⑤ 复合函数序列 $0.9\sin\left(\frac{2\pi}{N}n\right)+0.6\sin\left(\frac{2\pi}{N/3}n\right)$；

⑥ 矩形序列 $R_N(n)$。

在实验中，可以随意选择这六种输入序列，建议选③、④、⑤、⑥序列。

四、思考题

利用 DFT 对连续信号进行傅里叶分析可能造成哪些误差？

五、实验报告要求

（1）简述实验原理，画出程序框图，列出实验程序清单，并附上必要的程序说明。

（2）记录调试运行情况及所遇问题的解决方法。

（3）记录实验结果，并在实验后对结果进行分析。

（4）简要回答思考题。

六、相关 MATLAB 语言工具函数简介

MATLAB 中计算序列的离散傅里叶变换和逆变换是采用快速算法，利用 fft 和 ifft 函数实现。

函数 fft 用来求序列的 DFT，调用格式为：$[X_k]=\mathrm{fft}(x_n,N)$。其中，$x_n$ 为有限长序列；N 为序列 x_n 的长度；X_k 为序列 x_n 的 DFT。

函数 ifft 用来求 IDFT，调用格式为：$[x_n]$=ifft(X_k,N)。其中，X_k 为有限长序列；N 为序列 X_k 的长度；x_n 为序列 X_k 的 IDFT。

【例 12-2】 已知序列 $x(n)=2\sin(0.48\pi n)+\cos(0.52\pi n)$，$0 \leqslant n \leqslant 100$，试绘制 $x(n)$ 及它的离散傅里叶变换 $|X(k)|$ 图。

MATLAB 参考程序如下：

```
clear all
N=100;
n=0:N-1;
xn=2*sin(0.48*pi*n)+cos(0.52*pi*n);
XK=fft(xn,N);
magXK=abs(XK);
phaXK=angle(XK);
subplot(1,2,1)
plot(n,xn)
xlabel('n');ylabel('x(n)');
title('x(n) N=100');

subplot(1,2,2)
k=0:length(magXK)−1;
stem(k,magXK,'.');
xlabel('k');ylabel('|X(k)|');
title('X(k) N=100');
```

程序运行结果如图 12-8 所示。

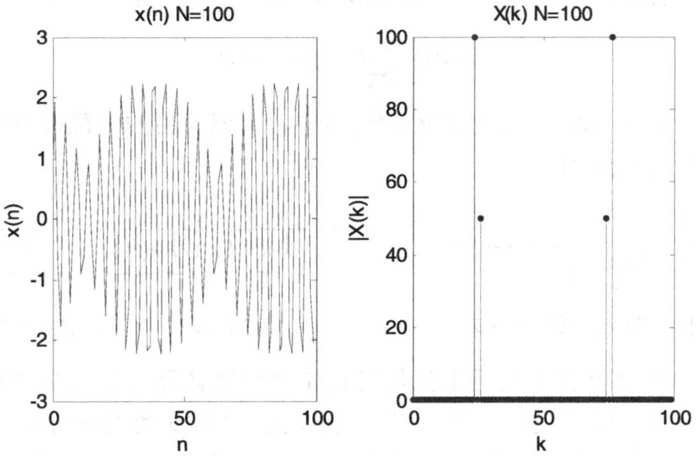

图 12-8　实验 3 程序运行结果

实验 4　基于 FFT 快速卷积计算

一、实验目的

（1）通过这一实验，加深理解 FFT 在实现数字滤波（或快速卷积）中的重要作用，以更好地利用 FFT 进行数字信号处理。

（2）进一步掌握循环卷积和线性卷积两者之间的关系。

二、实验原理

数字滤波器根据系统的单位冲激响应 $h(n)$是有限长还是无限长可分为有限长单位冲激响应（finite impulse response，FIR）系统和无限长单位冲激响应（infinite impulse response，IIR）系统。

对 FIR 滤波器来说，除了可以通过数字网络来实现外，也可以通过 FFT 的变换来实现。

一个信号序列 $x(n)$通过 FIR 滤波器时，其输出应该是 $x(n)$与 $h(n)$的卷积：

$$y(n)=x(n)*h(n)=\sum_{m=-\infty}^{+\infty}x(m)h(n-m)$$

或

$$y(n)=h(n)*x(n)=\sum_{m=-\infty}^{+\infty}h(m)x(n-m)$$

当 $h(n)$是一个有限长序列，即 $h(n)$是 FIR 滤波器，且 $0\leqslant n\leqslant N-1$时，有

$$y(n)=\sum_{m=0}^{N-1}h(m)x(n-m)$$

在数字网络（见图 12-9）类的 FIR 滤波器中，普遍使用的横截型结构（见图 12-10）就是按这个卷积公式构成的。

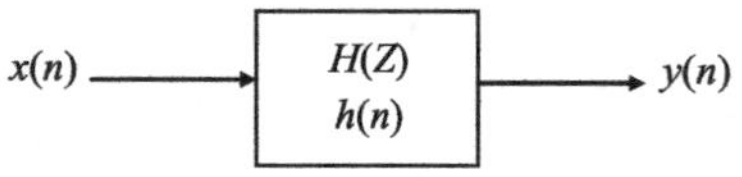

图 12-9　滤波器的数字网络实现方法

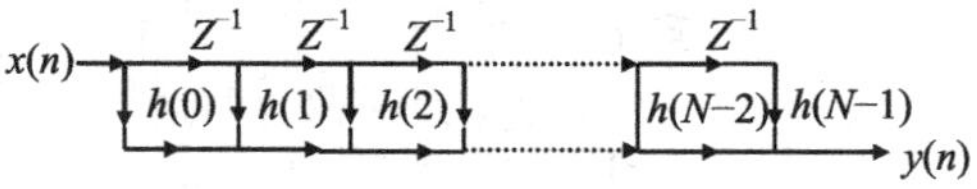

图 12-10　FIR 滤波器横截型结构

应用 FFT 实现数字滤波器实际上就是用 FFT 来快速计算有限长序列间的线性卷积。

粗略地说，这种方法就是先将输入信号 $x(n)$通过 FFT 变换为它的频谱采样值 $X(k)$，然后再与 FIR 滤波器的频响采样值 $H(k)$相乘，$H(k)$可事先存放在存储器中，最后再将乘积 $H(k)X(k)$通过快速傅里叶逆变换（inverse fast Fourier transform，IFFT）还原为时域序列，即输出 $y(n)$，如图 12-11 所示。

现以 FFT 求有限长序列间的卷积及求有限长序列与较长序列间的卷积为例，讨论 FFT 的快速卷积方法。

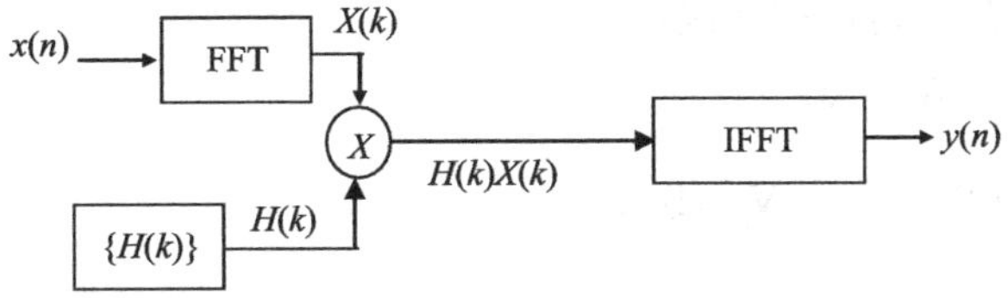

图 12-11　数字滤波器的快速傅里叶变换实现方法

（1）序列 $x(n)$ 与 $h(n)$ 的列长差不多。设 $x(n)$ 的列长为 N_1，$h(n)$ 的列长为 N_2，要求

$$y(n)=x(n)\circledN h(n)=x(n)*h(n)=\sum_{r=0}^{N-1}x(r)h(n-r)$$

用 FFT 完成这一卷积的具体步骤如下：

① 为使两有限长序列的线性卷积可用其循环卷积代替而不发生混叠，必须选择循环卷积长度 $N \geqslant N_1+N_2-1$，若采用基 2-FFT 完成卷积运算，要求 $N=2^m$（m 为整数）。

② 用补零方法使 $x(n)$、$h(n)$ 变成列长为 N 的序列。

$$x(n)=\begin{cases}x(n), & 0\leqslant n\leqslant N_1-1\\ 0, & N_1\leqslant n\leqslant N-1\end{cases}$$

$$h(n)=\begin{cases}h(n), & 0\leqslant n\leqslant N_2-1\\ 0, & N_2\leqslant n\leqslant N-1\end{cases}$$

③ 用 FFT 计算 $x(n)$、$h(n)$ 的 N 点离散傅里叶变换：

$$x(n)\xrightarrow{\text{FFT}}X(k)$$

$$h(n)\xrightarrow{\text{FFT}}H(k)$$

④ 计算频域乘积 $Y(k)$，$Y(k)=X(k)\cdot H(k)$。

⑤ 用 FFT 计算 $Y(k)$ 的离散傅里叶逆变换得

$$y(n)=\sum_{k=0}^{N-1}\left[\frac{1}{N}Y(k)\right]W_N^{-kn}=\left(\sum_{k=0}^{N-1}\left[\frac{1}{N}Y^*(k)\right]W_N^{kn}\right)^*$$

（2）当 $x(n)$长度很长时，即 $N_1 \gg N_2$，通常不允许等到 $x(n)$全部采集齐后再进行卷积，否则这会导致输出相对于输入有较长的延时。另外，若 N_1+N_2-1 太大，$h(n)$要补上太多的零点，很不经济，且 FFT 的计算时间也要很长。为此，采用分段卷积的方法，即把 $x(n)$分成长度与 $h(n)$相仿的一段段，分别求出每段卷积的结果，然后用相应的方式把它们结合起来，得到总的输出。分段卷积方法主要有两种，即重叠相加法和重叠保留法。具体内容请参考教材中“快速离散傅里叶变换”一章中的线性卷积的 FFT 算法部分，本实验这部分不作重点要求。

三、实验内容

（1）数字滤波器的单位冲激响应为 $h(n)=\left(\frac{1}{2}\right)^n R_{N_2}(n)$，$N_2$ 可自定，本实验取 $N_2=17$。

输入序列 $x(n)$ 可选下列几种情况：

① $x(n)=R_{N_1}(n)$， $N_1=16$；

② $x(n)=\cos\frac{2\pi}{N_1}nR_{N_1}(n)$， $N_1=16$；

③ $x(n)=\left(\frac{1}{3}\right)^n R_{N_1}(n)$， $N_1=16$。

（2）实验前，预先计算好 $x(n)*h(n)$ 的值。

（3）实验前，预先编制一个应用 FFT 实现数字滤波器的通用程序。

（4）上机独立调试，并打印或记录实验结果。

（5）将实验结果与预先笔算的结果进行比较，验证其正确性。

四、思考题

对一个有限长序列进行 DFT 等价于将该序列周期延拓后进行 DFS 展开，因为 DFS 也只是取其中一个周期来计算，所以 FFT 在一定条件下也可以用以分析周期信号序列。如果实正弦信号 $\sin(2\pi fn)$，$f=0.1$，用 16 点 FFT 进行 DFS 运算，得到的频谱是信号本身的真实谱吗？

五、实验报告要求

（1）简述实验原理，画出程序框图，并列出实验程序清单，包括必要的程序说明。

（2）记录调试运行情况及所遇问题的解决方法。

（3）给出实验结果，并对结果作出分析。

六、相关 MATLAB 语言工具函数简介

若序列 $x_1(n)$、$x_2(n)$ 是长度分别为 N_1、N_2 的有限长序列， $y_c(n)=x_1(n)\circledN x_2(n)$，$y_l(n)=x_1(n)*x_2(n)$。由 DFT 的性质可知：当 $N\geqslant N_1+N_2-1$ 时有 $y_c(n)=y_l(n)=\mathrm{IDFT}(\mathrm{DFT}(x_1(n))\mathrm{DFT}(x_2(n)))$。序列较长时 DFT 运算通常用快速算法 FFT 实现。在 MATLAB 的信号处理工具箱中，函数 FFT 和 IFFT 分别用于快速傅里叶变换和逆变换。函数 FFT 的调用格式同实验 3。

【例 12-3】 用 FFT 实现两序列的线性卷积。

MATLAB 参考程序如下：

```
n=[0:1:11];
m=[0:1:5];
N1=length(n);
N2=length(m);
xn=0.8.^n;                                    %生成 x(n)
hn=ones(1,N2);                                %生成 h(n)
```

```
N=N1+N2-1;
XK=fft(xn,N);
HK=fft(hn,N);
YK=XK.*HK;
yn=ifft(YK,N);
if all(imag(xn)==0)&(all(imag(hn)==0))  %实序列的循环卷积仍然为实序列
    yn=real(yn);
end
x=0:N-1;
stem(x,yn,'.')
```

程序运行结果如图 12-12 所示。

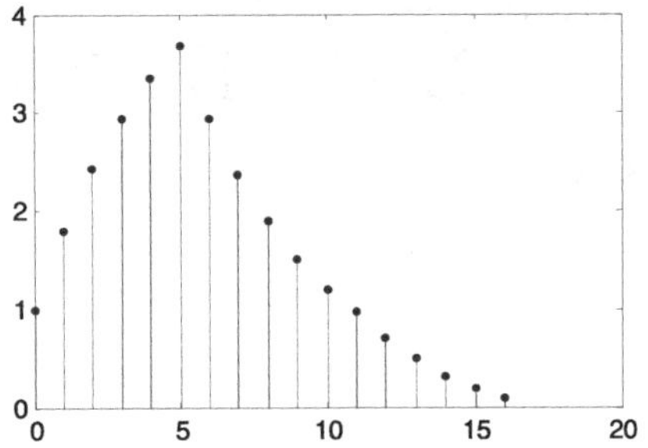

图 12-12　实验 4 程序运行结果

实验 5　基于 MATLAB 离散系统的变换域分析

一、实验目的

（1）熟悉对离散系统的频率响应分析方法。

（2）加深对零极点分布的概念理解。

二、实验原理

离散系统的时域方程为

$$\sum_{k=0}^{N} d_k y(n-k) = \sum_{k=0}^{M} p_k x(n-k)$$

其变换域分析方法如下。

频域：

$$y[n] = x[n] * h[n] = \sum_{m=-\infty}^{\infty} x[m]h[n-m] \Leftrightarrow Y(\Omega) = X(\Omega)H(\Omega)$$

系统的频率响应为

$$H(\Omega)=\frac{p(\Omega)}{D(\Omega)}=\frac{p_0+p_1\mathrm{e}^{-\mathrm{j}\Omega}+\cdots+p_M\mathrm{e}^{-\mathrm{j}M\Omega}}{d_0+d_1\mathrm{e}^{-\mathrm{j}\Omega}+\cdots+d_N\mathrm{e}^{-\mathrm{j}N\Omega}}$$

Z 域：

$$y[n]=x[n]*h[n]=\sum_{m=-\infty}^{\infty}x[m]h[n-m]\Leftrightarrow Y(z)=X(z)H(z)$$

系统的转移函数为

$$H(z)=\frac{p(z)}{D(z)}=\frac{p_0+p_1z^{-1}+\cdots+p_Mz^{-M}}{d_0+d_1z^{-1}+\cdots+d_Nz^{-N}}$$

分解因式：

$$H(z)=\frac{\sum_{i=0}^{M}p_kz^{-i}}{\sum_{i=0}^{N}d_kz^{-i}}=K\frac{\prod_{i=1}^{M}(1-\xi_iz^{-1})}{\prod_{i=1}^{N}(1-\lambda_iz^{-1})}$$

式中，ξ_i、λ_i 分别为零点、极点。

三、实验内容

（1）求系统

$$H(z)=\frac{0.0528+0.0797z^{-1}+0.1295z^{-2}+0.1295z^{-3}+0.797z^{-4}+0.0528z^{-5}}{1-1.8107z^{-1}+2.4947z^{-2}-1.8801z^{-3}+0.9537z^{-4}-0.2336z^{-5}}$$

的零极点、幅度响应和相位响应。

编程实现系统参数输入，绘出幅度响应和相位响应曲线和零极点分布图。

（2）在 MATLAB 中，熟悉函数 tf2zp、zplane、freqz、residuez、zp2sos 的使用。其中，[z,p,K]=tf2zp(num,den)用于求得有理分式形式的系统转移函数的零极点；zplane(z,p)用于绘制零极点分布图；h=freqz(num,den,w)用于求系统的单位频率响应；[r,p,k]= residuez (num,den)用于完成部分分式展开计算；sos=zp2sos(z,p,K)用于完成将高阶系统分解为二阶系统的串联形式。

四、实验报告要求

（1）简述实验原理，画出程序框图，并列出实验程序清单，包括必要的程序说明。

（2）记录调试运行情况及所遇问题的解决方法。

（3）给出实验结果，并对结果作出分析。

五、相关 MATLAB 语言工具函数使用举例

【例 12-4】 求下列直接型系统函数的零极点，并将它转换成二阶节形式

$$H(z)=\frac{1-0.1z^{-1}-0.3z^{-2}-0.3z^{-3}-0.2z^{-4}}{1+0.1z^{-1}+0.2z^{-2}+0.2z^{-3}+0.5z^{-4}}$$

MATLAB 参考程序如下：

```
num=[1 -0.1 -0.3 -0.3 -0.2];
den=[1 0.1 0.2 0.2 0.5];
[z,p,k]=tf2zp(num,den);
m=abs(p);
disp('零点');disp(z);
disp('极点');disp(p);
disp('增益系数');disp(k);
sos=zp2sos(z,p,k);
disp('二阶节');disp(real(sos));
zplane(num,den)
```

其中，num、den 分别为分子多项式系数向量、分母多项式系数向量。计算求得零极点增益系数和二阶节的系数：

```
零点：
   0.9615
  -0.5730
  -0.1443 + 0.5850i
  -0.1443 - 0.5850i
极点：
   0.5276 + 0.6997i
   0.5276 - 0.6997i
  -0.5776 + 0.5635i
  -0.5776 - 0.5635i
增益系数：
     1
二阶节：
    1.0000   -0.3885   -0.5509    1.0000    1.1552    0.6511
    1.0000    0.2885    0.3630    1.0000   -1.0552    0.7679
```

系统函数的二阶节形式为

$$H(z)=\frac{1-0.3885z^{-1}-0.5509z^{-2}}{1+0.2885z^{-1}+0.3630z^{-2}}\cdot\frac{1+1.1552z^{-1}+0.6511z^{-2}}{1-1.0552z^{-1}+0.7679z^{-2}}$$

程序运行结果如图 12-13 所示。

【例 12-5】 求解差分方程

$$\begin{aligned}&y(n)+0.7y(n-1)-0.45y(n-2)-0.6y(n-3)\\&=0.8x(n)-0.44x(n-1)+0.36x(n-2)+0.02x(n-3)\end{aligned}$$

所对应的系统的频率响应。

差分方程所对应的系统函数为

$$H(z)=\frac{0.8-0.44z^{-1}+0.36z^{-2}+0.02z^{-3}}{1+0.7z^{-1}-0.45z^{-2}-0.6z^{-3}}$$

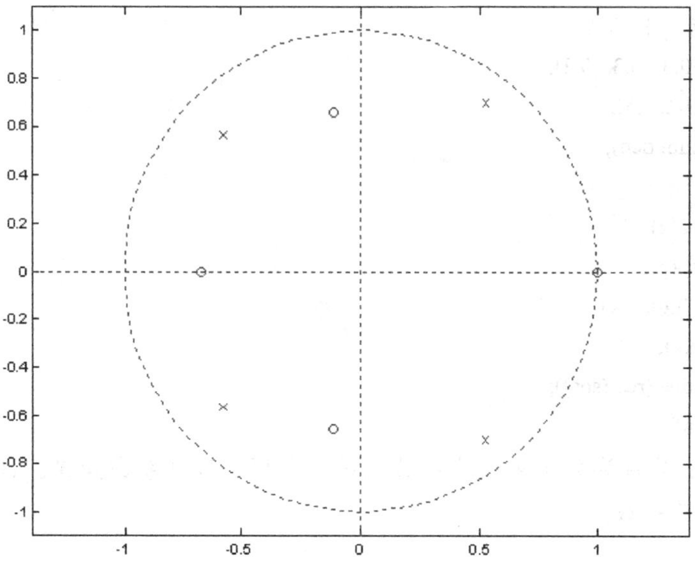

图 12-13　实验 5 程序运行结果 1

MATLAB 参考程序如下：

```
k=256;
num=[0.8 −0.44 0.36 0.02];
den=[1 0.7 −0.45 −0.6];
w=0:pi/k:pi;
h=freqz(num,den,w);
subplot(2,2,1);
plot(w/pi,real(h));grid
title('实部')
xlabel('\omega/\pi');ylabel('幅度')
subplot(2,2,2);
plot(w/pi,imag(h));grid
title('虚部')
xlabel('\omega/\pi');ylabel('Amplitude')
subplot(2,2,3);
plot(w/pi,abs(h));grid
title('幅度谱')
xlabel('\omega/\pi');ylabel('幅值')
subplot(2,2,4);
plot(w/pi,angle(h));grid
title('相位谱')
xlabel('\omega/\pi');ylabel('弧度')
```

程序运行结果如图 12-14 所示。

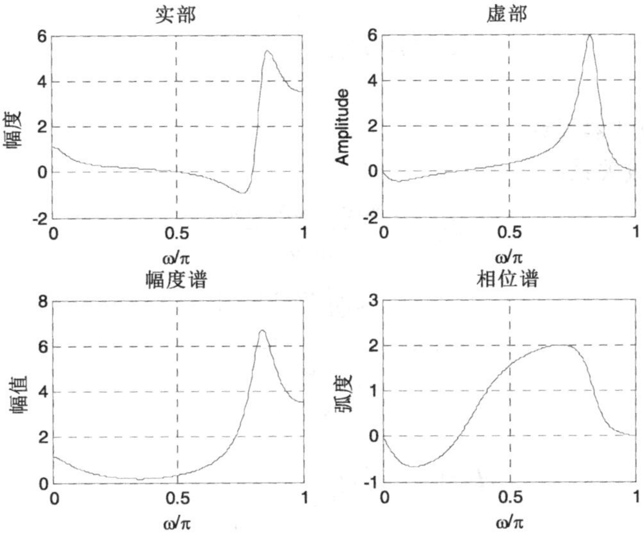

图 12-14　实验 5 程序运行结果 2

实验 6　基于双线性变换法 IIR 滤波器设计

一、实验目的

熟悉模拟 Batterworth 滤波器设计和用双线性变换法设计数字 IIR 滤波器的方法。

二、实验原理

利用双线性变换设计 IIR 滤波器，首先要设计出满足指标要求的模拟滤波器的传递函数 $H_a(s)$，然后由 $H_a(s)$ 通过双线性变换可得所要设计的 IIR 滤波器的系统函数 $H(z)$。如果给定的指标为数字滤波器的指标，则首先要转换成模拟域指标。

1）低通数字滤波器设计

数字域与模拟域关系：

$$\Omega = \mathrm{tg}\frac{\omega}{2} \tag{12-1}$$

$$H(z) = H_a(s)\Big|_{s=\frac{1-z^{-1}}{1+z^{-1}}} \tag{12-2}$$

2）高通数字滤波器设计

数字域与模拟域关系：

$$\Omega = -\cot\frac{\omega}{2} \tag{12-3}$$

$$H(z)=H_{\mathrm{a}}(s)\Big|_{s=\frac{1+z^{-1}}{1-z^{-1}}} \tag{12-4}$$

3）带通数字滤波器设计

数字域与模拟域关系：

$$\Omega_{\mathrm{c}}=\frac{\cos\omega_0-\cos s\omega_1}{\sin\omega_1} \tag{12-5}$$

$$\cos\omega_0=\frac{\cos\left(\dfrac{\omega_1+\omega_2}{2}\right)}{\cos\left(\dfrac{\omega_1-\omega_2}{2}\right)} \tag{12-6}$$

$$H(z)=H_{\mathrm{a}}(s)\Big|_{s=\frac{z^2-2z\cos\omega_0+1}{z^2-1}} \tag{12-7}$$

4）带阻数字滤波器设计

$$\Omega_{\mathrm{c}}=\frac{\sin\omega_1}{\cos\omega_1-\cos\omega_0} \tag{12-8}$$

$$\cos\omega_0=\frac{\cos\left(\dfrac{\omega_1+\omega_2}{2}\right)}{\cos\left(\dfrac{\omega_1-\omega_2}{2}\right)} \tag{12-9}$$

$$H(z)=H_{\mathrm{a}}(s)\Big|_{s=\frac{z^2-1}{z^2-2z\cos\omega_0+1}} \tag{12-10}$$

5）模拟滤波器 $H_{\mathrm{a}}(s)$ 设计

巴特沃思滤波器的振幅平方函数 $A^2(\Omega)$ 为

$$A^2(\Omega)=\left|H_{\mathrm{a}}(\mathrm{j}\Omega)\right|^2=\frac{1}{1+\left(\dfrac{\Omega}{\Omega_c}\right)^{2N}} \tag{12-11}$$

其传输函数为

$$H_{\mathrm{a}}(s)=\frac{\Omega_{\mathrm{c}}^N}{\prod\limits_{p=0}^{N-1}(s-s_p)} \tag{12-12}$$

$$s_p=\Omega_{\mathrm{c}}\mathrm{e}^{\mathrm{j}\pi\left(\frac{1}{2}+\frac{2p+1}{2N}\right)},\ p=0,1,\cdots,2N-1 \tag{12-13}$$

首先确定技术指标：

① 通带中允许的最大衰减 a_{p} 和通带截止频率 Ω_{p}；

② 阻带允许的最小衰减 a_{s} 和阻带起始频率 Ω_{s}。

由式（12-11）可得

$$a_{\mathrm{p}} = 10\lg\frac{1}{\left|H_{\mathrm{a}}(\mathrm{j}\Omega_{\mathrm{p}})\right|^2} = 10\lg\left[1+\left(\frac{\Omega_{\mathrm{p}}}{\Omega_{\mathrm{c}}}\right)^{2N}\right] \tag{12-14}$$

$$a_{\mathrm{s}} = 10\lg\frac{1}{\left|H_{\mathrm{a}}(\mathrm{j}\Omega_{\mathrm{s}})\right|^2} = 10\lg\left[1+\left(\frac{\Omega_{\mathrm{s}}}{\Omega_{\mathrm{c}}}\right)^{2N}\right] \tag{12-15}$$

得到

$$1+\left(\frac{\Omega_{\mathrm{p}}}{\Omega_{\mathrm{c}}}\right)^{2N} = 10^{a_{\mathrm{p}}/10} \tag{12-16}$$

$$1+\left(\frac{\Omega_{\mathrm{s}}}{\Omega_{\mathrm{c}}}\right)^{2N} = 10^{a_{\mathrm{s}}/10} \tag{12-17}$$

再利用上面两式得到

$$\left(\frac{\Omega_{\mathrm{p}}}{\Omega_{\mathrm{s}}}\right)^{N} = \sqrt{\frac{10^{a_{\mathrm{p}}/10}-1}{10^{a_{\mathrm{s}}/10}-1}}$$

令

$$\lambda = \frac{\Omega_{\mathrm{s}}}{\Omega_{\mathrm{p}}},\quad k = \sqrt{\frac{10^{a_{\mathrm{p}}/10}-1}{10^{a_{\mathrm{s}}/10}-1}}$$

则

$$N = -\frac{\lg k}{\lg \lambda} \tag{12-18}$$

已知 Ω_{p}、a_{p}、Ω_{s}、a_{s}，可由式（12-18）求出滤波器的阶数 N。若求出的 N 有小数部分，则一般取大于或等于 N 的最小整数。关于 3dB 截止频率 Ω_{c}，有时在技术指标中给出，如果没有给出，可以按照式（12-16）或式（12-17）求出。

根据以上所述，巴特沃思滤波器的设计步骤如下：

（1）根据要求 Ω_{p}、a_{p}、Ω_{s}、a_{s}，由式（12-18）求出阶数 N。

（2）由式（12-16）或式（12-17）求出 3dB 截止频率 Ω_{c}。

（3）由式（12-13）求出 N 个极点。

（4）由式（12-12）写出传递函数 $H_{\mathrm{a}}(s)$。

在实际设计中，第（3）、（4）两步可由以下两步代替：

（5）根据 N，查阅表 12-1 可得到归一化低通巴特沃思滤波器 $H_{\mathrm{a}}(s) = \dfrac{1}{B(s)}$。

（6）去归一化，即将 s 用 s/Ω_{c} 代替，得到实际 $H_{\mathrm{a}}(s)$。

表 12-1　阶数及分母多项式的因式

阶数 N	分母多项式的因式 $B(s)=B_1(s)B_2(s)B_3(s)B_4(s)B_5(s)$
1	$(s+1)$
2	$(s^2+1.41421356s+1)$
3	$(s^2+s+1)(s+1)$

（续表）

阶数 N	分母多项式的因式 $B(s)=B_1(s)B_2(s)B_3(s)B_4(s)B_5(s)$
4	$(s^2+0.76536686s+1)(s^2+1.84775907s+1)$
5	$(s^2+0.61803399s+1)(s^2+1.61803399s+1)(s+1)$
6	$(s^2+0.51763809s+1)(s^2+1.41421356s+1)(s^2+1.93185165s+1)$

三、实验内容

（1）编写用双线性变换法设计巴特沃思（Butterworth）低通 IIR 数字滤波器的程序，要求通带内频率低于 0.2π rad 时，容许幅度误差在 1dB 之内，频率在 0.3π rad 到 π rad 之间的阻带衰减大于 10dB。要求参数 ω_p、ω_s、a_p 和 a_s 可由键盘输入。

（2）以 $\frac{\pi}{64}$ 为采样间隔，在屏幕上打印出数字滤波器的频率区间 $[0,\pi]$ 上的幅频响应特性曲线 $\left|H(e^{j\omega})\right|$。

（3）在屏幕上打印出 $H(z)$ 的分子、分母多项式系数。

四、思考题

（1）双线性变换法中 Ω 和 ω 之间的关系是非线性的，在实验中你注意到这种非线性关系了吗？从那几种数字滤波器的幅频特性曲线中可以观察到这种非线性关系吗？

（2）能否利用公式 $H(z)=H(s)\Big|_{s=\frac{1}{T}\ln z}$ 完成冲激响应不变法的数字滤波器设计？为什么？

五、实验报告要求

（1）简述实验原理，画出程序框图，并列出实验程序清单，包括必要的程序说明。

（2）记录调试运行情况及所遇问题的解决方法。

（3）给出实验结果，并对结果作出分析。

（4）简要回答思考题。

六、相关 MATLAB 语言工具函数简介

用双线性变换法设计 IIR 滤波器是 IIR 滤波器设计的经典方法，首先根据模拟滤波器的指标设计出相应的模拟滤波器，然后将设计好的模拟滤波器转换成满足给定技术指标的数字滤波器。在 MATLAB 的数字信号处理工具箱中提供了相应的设计函数，常用的有：

1）Butterworth 滤波器阶数选择函数

```
[N,Wn]=buttord(Wp,Ws,Rp,Rs)
```

输入参数：Wp 为通带截止频率；Ws 为阻带截止频率；Rp 为通带最大衰减；Rs 为阻带最小衰减。

输出参数：N 为符合要求的滤波器最小阶数；Wn 为 Butterworth 滤波器固有频率（3dB）。

2）零极点增益模型到传递函数模型的转换

```
[num,den]=zp2tf(Z,P,K);
```

输入参数：Z、P、K 分别表示零极点增益模型的零点、极点和增益。

输出参数：num、den 分别为传递函数的分子多项式系数向量和分母多项式系数向量。

3）从低通向低通的转换

```
[b,a]=lp2lp(Bap,Aap,Wn);
```

功能：把模拟滤波器原型转换成截止频率为 Wn 的低通滤波器。

4）双线性变换函数

```
[bz,az]=bilinear(b,a,Fs);
```

功能：把模拟滤波器的零极点模型转换为数字滤波器的零极点模型。其中，Fs 是采样频率。

【例 12-6】 用双线性变换法设计一个 Butterworth 低通滤波器，要求其通带截止频率为 100Hz，阻带截止频率为 200Hz，通带衰减 R_p 小于 2dB，阻带衰减 R_s 大于 15dB，采样频率 F_s=500Hz。

MATLAB 参考程序如下：

```
%把数字滤波器参数转换成模拟滤波器参数
wp=100*2*pi; %利用
ws=200*2*pi;
Rp=2;
Rs=15;
Fs=500;
Ts=1/Fs;
%选择滤波器的最小阶数
[N,Wn]=buttord(wp,ws,Rp,Rs,'s');
%创建 butterworth 模拟滤波器
[Z,P,K]=buttap(N);
%把滤波器零极点模型转换成传递函数模型
[Bap,Aap]=zp2tf(Z,P,K);
%把模拟滤波器原型转换成截止频率为 Wn 的低通滤波器
[b,a]=lp2lp(Bap,Aap,Wn);
%用双线性变换法实现模拟滤波器到数字滤波器的转换
[bz,az]=bilinear(b,a,Fs);
%绘制频率响应曲线
[H,W]=freqz(bz,az);
plot(W*Fs/(2*pi),abs(H));
grid
xlabel('频率/Hz')
```

```
ylabel('幅度')
```

程序运行结果如图 12-15 所示。

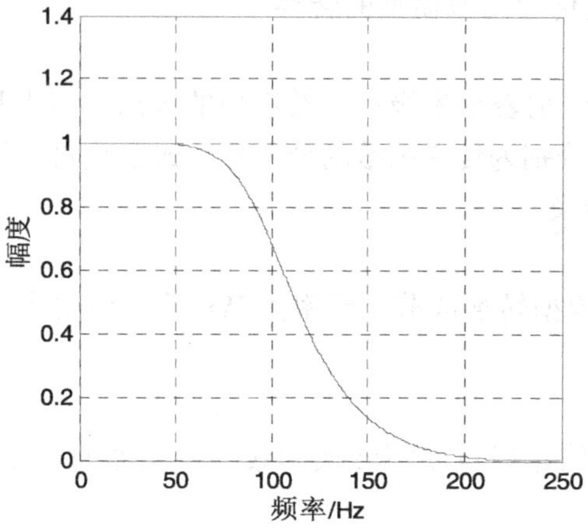

图 12-15　实验 6 程序运行结果

实验 7　基于窗口法 FIR 滤波器设计

一、实验目的

了解一个实际滤波器设计过程，加深掌握用窗口法设计 FIR 滤波器的原理和窗函数对滤波器性能的影响。

二、实验原理

设所希望得到的滤波器的理想频率响应为 $H_d(e^{j\omega})$，那么 FIR 滤波器的设计就在于寻找一个传递函数 $H(e^{j\omega})=\sum_{n=0}^{\infty}h(n)e^{-j\omega n}$ 去逼近 $H_d(e^{j\omega})$。在这种逼近中最直接的一种方法是从单位冲激响应序列 $h(n)$ 着手，使 $h(n)$ 逼近理想的单位冲激响应 $h_d(n)$。我们知道 $h_d(n)$ 可以从理想频率响应 $H_d(e^{j\omega})$ 通过傅里叶逆变换得到，即

$$
\begin{aligned}
H_d(e^{j\omega}) &= \sum_{n=-\infty}^{+\infty} h_d(n)e^{-j\omega n} \\
h_d(n) &= \frac{1}{2\pi}\int_0^{2\pi} H_d(e^{j\omega})e^{j\omega n}d\omega
\end{aligned}
\tag{12-19}
$$

但是通常情况下，这样得到的 $h_d(n)$ 往往都是无限长序列，而且是非因果的。我们以一个截止频率为 ω_c 的线性相应位理想低通为例来说明，设低通滤波器的时延为 ∂，即

$$
H_d(e^{j\omega}) = \begin{cases} e^{-j\omega\partial}, & |\omega| \leqslant \omega_c \\ 0, & \omega_c < |\omega| \leqslant \pi \end{cases} \tag{12-20}
$$

则

$$h_d(n)=\frac{1}{2\pi}\int_{-\omega_c}^{\omega_c} e^{j\omega\partial}e^{j\omega n}d\omega=\frac{\sin[\omega_c(n-\partial)]}{\pi(n-\partial)}$$

这是一个以∂为中心的偶对称的无限长非因果序列。这样一个无限长的序列怎样用一个有限长序列去近似呢？最简单的办法就是直接截取它的一段来代替它。例如，截取 $n=0$ 到 $n=N-1$ 的一段来作为$h(n)$，但是为了保证所得到的是线性相位滤波器，必须满足$h(n)$的对称性，所以时延∂应该取$h(n)$长度的一半，即$\partial=(N-1)/2$：

$$h(n)=\begin{cases}h_d(n), & 0\leqslant n\leqslant N-1\\ 0, & 其他\end{cases}$$

这种直接截取的办法可以形象地想象为，$h(n)$好比是通过一个“窗口”所看到的一段$h_d(n)$。$h(n)$表达为$h_d(n)$和一个“窗口函数”的乘积。在这里，窗口函数就是矩形脉冲函数$R_N(n)$，即

$$h(n)=h_d(n)\cdot R_N(n)$$

但是一般来说，窗口函数并不一定是矩形函数，可以在矩形以内对$h_d(n)$作一定的加权处理，因此，一般可以表示为

$$h(n)=h_d(n)\cdot w(n)$$

式中，$w(n)$是窗口函数。这种对理想单位冲激响应加窗的处理对频率响应会产生以下三点影响：

（1）使理想特性不连续的边沿加宽，形成一过渡带，过渡带的宽度取决于窗口频谱的主瓣宽度。

（2）在过渡带两旁产生肩峰和余振，它们取决于窗口频谱的旁瓣。旁瓣越多，余振也越多；旁瓣相对值越大，肩峰则越强。

（3）增加截取长度 N，只能缩小窗口频谱的主瓣宽度而不能改变旁瓣的相对值；旁瓣与主瓣的相对关系只取决于窗口函数灵敏的形状。因此增加 N，只能相应减小过渡带宽，而不能改变肩峰值。肩峰值的大小直接决定通带内的平稳和阻带的衰减，对滤波器性能有很大关系。例如，在矩形窗的情况下，肩峰达 8.95%，致使阻带最小衰减只有 21dB，这在工程上往往是不够的。怎样才能改善阻带的衰减特性呢？只能从改善窗口函数的形状上找出路，所以在窗口频谱中应该减少旁瓣，使能量集中在主瓣，这样可以减少肩峰和余振，提高阻带的衰减。同时，要求主瓣宽度尽量窄，以获得较陡的过渡带。然而这两个要求总不能兼得，往往需要用增加主瓣宽度带换取决瓣的抑制，于是提出了海明窗、凯宽窗、切比雪夫窗等窗口函数。

三、实验内容

用改进余弦窗设计一个 FIR 线性相应相位低通数字滤波器，已知$\omega_c=0.5\pi$，$N=21$。

编写调试程序，要求在屏幕上显示出单位冲激响应 $h(n)$的数值，画出其幅度响应$|H(e^{j\omega})|$的曲线。

四、思考题

（1）定性地说明用本实验程序设计的 FIR 滤波器的 3dB 截止频率在什么位置。它等于理想频率响应 $H_d(e^{j\omega})$的截止频率吗？

（2）如果没有给定 $h(n)$的长度 N，而是给定了通带边缘截止频率 ω_c、阻带临界频率 ω_p，以及相应的衰减，你能根据这些条件用窗函数法设计线性相位 FIR 低通滤波器吗？

五、实验报告要求

（1）简述实验原理，画出程序框图，并列出实验程序清单，包括必要的程序说明。

（2）记录调试运行情况及所遇问题的解决方法。

（3）给出实验结果，并对结果作出分析。

六、相关 MATLAB 语言工具函数简介

在 MATLAB 的数字信号处理工具箱中，提供了函数 fir1。fir1 是采用经典窗函数法设计线性相位 FIR 数字滤波器的函数，可设计标准低通、带通、高通和带阻等类型的滤波器。

其语法格式如下：

```
B=fir1(n,Wn)
B=fir1(n,Wn,'ftype')
B=fir1(n,Wn,window)
B=fir1(n,Wn,'ftype',window)
```

其中，n 为 FIR 滤波器的阶数，对于高通、带阻滤波器，n 取偶数；Wn 为滤波器的截止频率，取值范围为 0～1，对于带通、带阻滤波器，Wn=[W1,W2]，且 W1 < W2；'ftype'为滤波器类型，默认时为低通或带通滤波器，取值'high'时为高通滤波器，取值'stop'时为带阻滤波器；window 为窗函数，列向量，其长度为 n + 1，默认时自动取汉明（Hamming）窗；输出参数 B 为 FIR 滤波器系数向量，长度为 n + 1。

【例 12-7】 用窗函数法设计一个线性相位 FIR 低通滤波器，性能指标如下：通带截止频率 $W_p = 0.2\pi$，阻带截止频率 $W_s = 0.3\pi$，阻带衰减不小于 40dB，通带衰减不大于 3dB。

MATLAB 参考程序如下：

```
%程序中采用汉宁(hanning)窗
wp=0.2*pi;
ws=0.3*pi;
wdelta=ws-wp;
N=ceil(8*pi/wdelta);
Wn=(0.2+0.3)*pi/2;
b=fir1(N,Wn/pi,hanning(N+1));
freqz(b,1,512)
```

程序运行结果如图 12-16 所示。

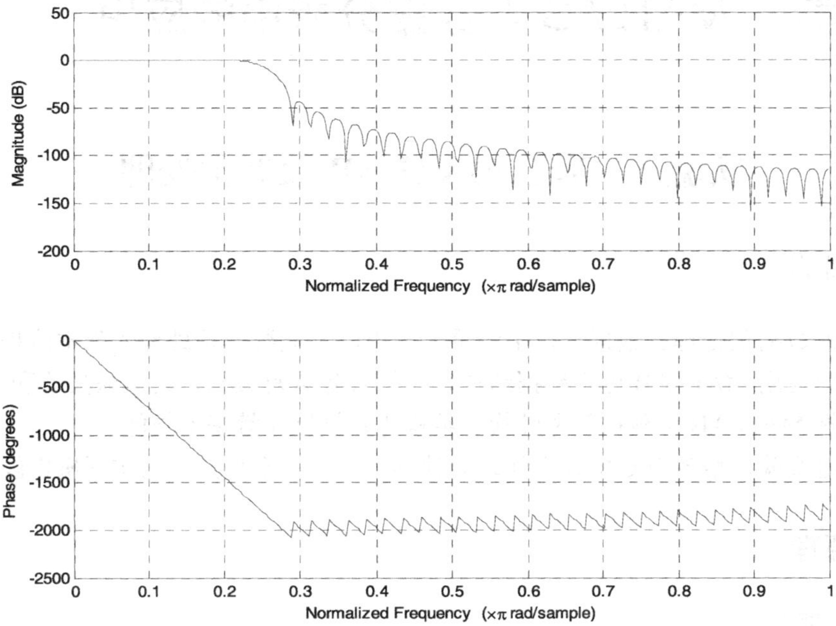

图 12-16　实验 7 程序运行结果

第 13 章　MATLAB 在数据分析中的应用

实验 1　基于 MATLAB 数据预处理

一、实验目的

（1）理解数据预处理在数据分析中的重要作用，掌握数据预处理的基本流程。

（2）学会使用 MATLAB 进行数据清洗，包括去除重复数据、处理缺失值和异常值。

（3）掌握 MATLAB 中数据类型转换、结构化数据操作等基本技能。

（4）通过实验，培养对数据分析问题的敏感性，提高数据处理的实际操作能力。

二、实验原理

1．预处理方法

常用的预处理方法包括归一化、平滑去噪、降维等。

数据归一化：在多元数据中，当各变量的量纲不同时，数量级有时会相差比较大，这种情况经常会影响分析结果。因此，需要对数据进行归一化处理，常用的归一化处理方法包括标准化变换、极差归一化变换。

1）标准化变换

公式：Xb = [X − E(X)] / S(X)。其中，Xb 指变换后的值；X 指原始值；E(X)指向量 X 中各元素的平均值；S(X)是向量 X 的标准差。

标准化变换命令：zscore。

调用格式：[z,mu,sigma]=zscore(x)。其中，x 是原始数据；z 是变换后的数据；mu 是 x 的均值；sigma 是标准差。

2）极差归一化变换

公式：xz=(x−xmin)/(xmax−xmin)。其中，xz 是变换后的值；x 是原始值；xmax 和 xmin 分别是向量 x 的最大值和最小值。

2．数据的平滑处理

通信信号、股票价格、X 射线衍射数据、红外光谱等数据中经常含有噪声信号，导致曲线很不规则。为了便于分析，人们经常对它们进行平滑去噪处理。在 MATLAB 中，进行平滑处理的命令包括 smooth、smoothts、medfilt1 等。

1）smooth 命令

smooth 命令利用移动平均滤波器对向量 y 进行平滑处理。可以选择的平滑方法包括 moving 移动平均法（默认方法）、lowess 局部回归法、loess 局部回归法等。主要有以下两种调用格式：

调用格式 1：y1=smooth(y)。其中，y 是列向量。

调用格式 2：y1=smooth(y,span,method)。其中，span 是滤波器的窗宽；method 指平滑方法，默认方法是移动平均法。

2）smoothts 命令

smoothts 是另一种用于数据平滑处理的命令，它采用的数据平滑方法与 smooth 命令不同，主要包括盒子法（默认情况）、高斯窗法和指数法。主要有以下四种调用格式：

调用格式 1：output=smoothts(input)。

调用格式 2：output=smoothts(input,'b',wsize)。其中，b 指平滑方法为盒子法；wsize 指窗宽，默认值是 5。

调用格式 3：output=smoothts(input,'g',wsize,stdev)。其中，g 指平滑方法为高斯窗法；stdev 指高斯窗法的标准差，默认值是 0.65。

调用格式 4：output=smoothts(input,'e',n)。其中，e 指平滑方法为指数法；n 指窗宽或指数因子。

3）medfilt1 命令

medfilt1 命令采用的平滑方法和前两种都有区别，它是通过中值滤波对数据进行平滑处理。

调用格式：y=medfilt1(x,n)。其中，n 是窗宽。

三、实验内容

1．标准化变换

```
C=[ 0.42 0.42 0.42 0.42 0.42 0.42 0.42 0.42 0.30 0.30 0.30 0.30 0.30 0.30 0.30 0.42 0.42 0.42 0.42 0.42 0.42 0.42 0.41 0.41 0.41 0.41 0.41 0.41 0.41 0.69 0.69 0.69];
Si =[ 1.39 1.39 1.39 1.39 1.39 1.39 1.39 1.39 0.86 0.86 0.86 0.86 0.86 0.86 0.86 0.79 0.79 0.79 0.79 0.79 0.79 0.79 0.88 0.88 0.88 0.88 0.88 0.88 0.88 0.94 0.94 0.94];
Cr =[ 0 0 0 0 0 0 0 0 0.77 0.77 0.77 0.77 0.77 0.77 0.77 0 0 0 0 0 0 0 1.02 1.02 1.02 1.02 1.02 1.02 1.02 0 0 0];
B =[ 0 0 0 0 0 0 0 0 0 0 0 0 0 0 0 0.002 0.002 0.002 0.002 0.002 0.002 0.002 0.003 0.003 0.003 0.003 0.003 0.003 0.003 0 0 0 ];
CV =[ 2400 40 30 20 15 10 6 4 2400 25 10 8 6 4 2.5 300 100 60 25 7 5 2.5 1700 40 25 15 10 8 6 2400 80 40];
H=[ 718 669 662 654 634 614 442 329 577 555 553 540 534 529 481 708 650 623 589 460 339 299 688 642 613 608 582 553 317 755 748 727];
x=[ C'   Si'   Cr'   B'   CV'   H'   ];
[z,mu,sigma]=zscore(x)
plot(z,'.','markersize',20)
```

标准化变换的处理结果如图 13-1 所示。

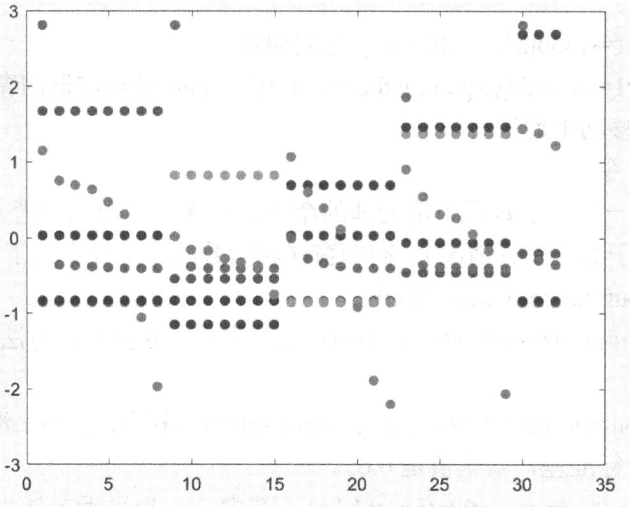

图 13-1　标准化变换的处理结果

2．极差归一化变换

```
C=[ 0.42 0.42 0.42 0.42 0.42 0.42 0.42 0.42 0.30 0.30 0.30 0.30 0.30 0.30 0.30 0.42 0.42 0.42 0.42 0.42 0.42 0.42 0.41 0.41 0.41 0.41 0.41 0.41 0.41 0.69 0.69 0.69];
Si =[ 1.39 1.39 1.39 1.39 1.39 1.39 1.39 1.39 0.86 0.86 0.86 0.86 0.86 0.86 0.86 0.79 0.79 0.79 0.79 0.79 0.79 0.79 0.88 0.88 0.88 0.88 0.88 0.88 0.88 0.94 0.94 0.94];
Cr =[ 0 0 0 0 0 0 0 0 0.77 0.77 0.77 0.77 0.77 0.77 0.77 0 0 0 0 0 0 0 1.02 1.02 1.02 1.02 1.02 1.02 1.02 0 0 0];
B =[ 0 0 0 0 0 0 0 0 0 0 0 0 0 0 0 0.002 0.002 0.002 0.002 0.002 0.002 0.002 0.003 0.003 0.003 0.003 0.003 0.003 0.003 0 0 0 ];
CV =[ 2400 40 30 20 15 10 6 4 2400 25 10 8 6 4 2.5 300 100 60 25 7 5 2.5 1700 40 25 15 10 8 6 2400 80 40];
H=[ 718 669 662 654 634 614 442 329 577 555 553 540 534 529 481 708 650 623 589 460 339 299 688 642 613 608 582 553 317 755 748 727];
x=[ C'    Si'    Cr'    B'    CV'    H'    ];
y1=min(x)
y2=max(x)
m=size(x,1)
ymin=ones(m,1)*y1
ymax=ones(m,1)*y2
z=(x-ymin)./(ymax-ymin)
```

极差归一化变换的处理结果如图 13-2 所示。

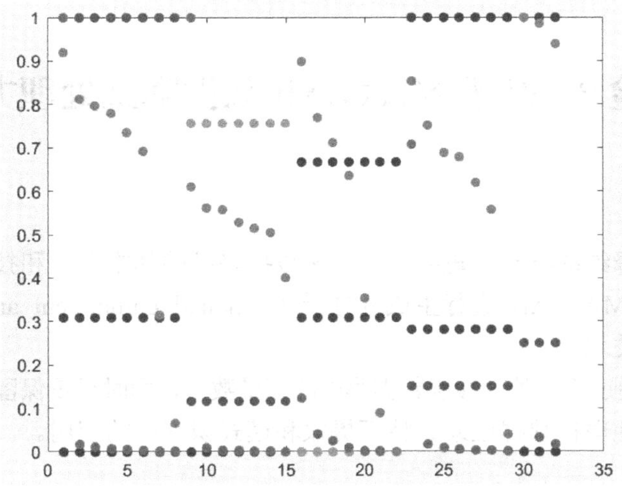

图 13-2　极差归一化变换的处理结果

3．平滑处理

```
x=[ 0 0.0394 0.0787 0.1181 0.1575 0.1968 0.2362 0.2756 0.3149 0.3543 0.3937 0.4331 0.4724 0.5118
0.5512 0.5905 0.6299 0.6693 0.7086 0.7480 0.7874 0.8267 0.8661 0.9055 …… 15.3930 15.4324 15.4718
15.5111 15.5505 15.5899 15.6292 15.6686 15.7080 ];
y=[−0.0904 0.2353 0.4043 0.4495 0.3028 0.2828 0.2102 0.5474 0.7810 0.5826 0.6738 0.8851 0.9832
0.5706 0.9322 0.9642 0.9218 1.1517 0.9154 0.8320 1.0552 1.0885 0.9435 …… −0.4480 −0.6781 −0.2501
−0.1507 −0.0265 −0.1609 0.0451 0.3606 ];
plot(x,y)
y10=smooth(y,10);
figure(2)
plot(x,y10)
y30=smooth(y,30);
figure(3)
plot(x,y30)
y100=smooth(y,100);
figure(4)
plot(x,y100)
```

四、练习题

1．对下述数据进行标准化变换：

```
a=[0.002   0.005   0.001   0.008   0.003]; b=[324   545   269   871   136];
c=[0.3   0.5   0.2   0.8   0.4];
```

2．对上题的数据进行极差归一化变换。

实验 2　基于 MATLAB 数据降维处理方法

一、实验目的

（1）理解数据降维的概念和重要性，掌握数据降维的基本方法和技术。

（2）学会使用 MATLAB 进行主成分分析（principal component analysis，PCA）和因子分析等常见降维技术。

（3）掌握如何通过降维处理减少数据集中的变量数量，同时尽量保留原始数据的信息。

（4）了解降维处理在数据压缩、特征提取和模式识别中的应用。

二、实验原理

在进行数据分析时，数据的维数对分析过程的影响特别大，如分析的难度、花费时间、分析结果的准确性等。在绘图、方差分析、回归分析、最优化、人工神经网络、聚类分析等很多领域中，都受到了数据维数的影响。由此，人们提出了一个著名的现象——“维数灾难”（curse of dimensionality），指随着维数的增加，很多数据分析技术会变得异常困难，它成为多种数据分析技术的瓶颈。基于这一点，研究者提出了相应的解决办法——降维技术，即设法减少数据的维数，用较少的变量代替原来较多的变量，使问题得到简化。

目前，常用的降维技术有两种：主成分分析、因子分析。

1）主成分分析

在某些问题中，变量（或影响因素）间存在一定的相关性，它们包含的信息有所重叠。通过将这些变量进行组合，一般是线性组合，形成数量较少的新变量（即主成分），这些主成分之间互不相关，并且能反映原变量的大部分信息，所含的信息也不重叠——这种方法被称为主成分分析（PCA）。特点：主成分分析用较少的变量代替了原来较多的变量，所以实现了降维，使问题得到简化。

主成分分析的主要步骤如下：

（1）对原始数据进行标准化转换。

（2）计算样本的相关系数矩阵。

（3）计算相关系数矩阵的特征值和特征向量。

（4）计算主成分贡献率和累计贡献率，选择重要的主成分。主成分的贡献率越大，说明包含的原始信息量越大。

（5）计算主成分载荷和主成分得分。

在 MATLAB 中，进行主成分分析的命令包括 pcacov 和 princomp。

（1）pcacov 命令。

作用：根据协方差矩阵或相关系数矩阵进行主成分分析。

调用格式如下：

① coeff=pcacov(v)：v 是样本的协方差矩阵或相关系数矩阵；coeff 是 p 个主成分的系数矩阵，它的第 i 列是第 i 个主成分的系数向量。

② [coeff,latent]=pcacov(v)：latent 是由 p 个主成分的方差构成的向量。

③ [coeff,latent,explained]=pcacov(v)：explained 是 p 个主成分的贡献率。

（2）princomp 命令。

作用：根据样本的观测值矩阵进行主成分分析。

调用格式如下：

① [coeff,score]=princomp(x)：coeff 是主成分的系数矩阵，它的第 i 列是第 i 个主成分的系数向量；score 是主成分得分矩阵，每行代表一个样本，每列代表一个主成分得分。

② [coeff,score,latent]=princomp(x)：latent 指样本协方差矩阵的特征值向量。

③ [coeff,score,latent,tsquare]=princomp(x)：tsquare 是样本的 Hotelling T^2 统计值，表示某样本和样本观测矩阵中心间的距离，可以利用它寻找远离中心的极端数据。

2）因子分析

因子分析是另一种常用的降维技术。其原理是寻找隐含在现有变量里的若干更基本的有代表性的变量，并提取出来。这些更基本的变量称为公共因子或共性因子。

因子分析的主要步骤和主成分分析相反，即把现有的变量表示为各因子的线性组合，具体如下：

（1）求样本的相关矩阵；

（2）求特征值和特征向量；

（3）计算方差贡献率和累积方差贡献率；

（4）确定因子；

（5）进行因子旋转，使因子变量更具有可解释性；

（6）计算因子得分。

在 MATLAB 中，进行因子分析的命令为 factoran。

调用格式如下：

① [lambda,psi,T]=factoran(x,m,param1,val1,param2,val2,…)：lambda 是因子载荷值；psi 是方差值构成的向量；T 是旋转矩阵；x 是样本数据；m 指公共因子的数量，由用户设置。

② [lambda,psi,T,stats,F]=factoran(x,m)：stats 是相关信息统计，F 是因子得分矩阵。

三、实验内容

在进行大量的检测时，可有效利用信息的冗余，通过用单个新变量替换一组变量来简化问题，主成分分析是一种以严格定量方式来实现这种简化的方法。该方法生成一组新变量，称为主成分。每个主成分是原始变量的线性组合，且所有主成分之间相互正交，所以没有冗余信息。要求对如表 13-1 所示的数据表进行主成分分析。

MATLAB 参考程序如下：

```
x=zscore(x);%数据标准化
r=corrcoef(x) %计算相关系数矩阵（协方差矩阵）
```

%下面利用相关系数矩阵进行主成分分析

[vec1,lamda, rate]=pcacov(r) %vec1 的列为 r 的特征向量，即主成分的系数；lamda 为 r 的特征值，rate 为各个主成分的贡献率

表 13-1　数据表

	X1	X2	X3	X4	X5	X6	X7	X8	X9	X10
1	1.5000	7.1000	280	424	4	430	90	112	459	453
2	1.5000	7.1000	280	424	4	431	92	112	459	453
3	1.5000	8.7000	280	424	4	431	92	112	459	453
4	1.5000	8.7000	280	424	4	431	92	112	459	448
5	1.5000	8.7000	280	424	4	431	90	112	455	453
6	2	10.3000	279	425	2	431	90	110	458	449
7	2	10.3000	277	425	2	431	92	112	458	449
8	0.8000	10.3000	277	425	2	431	92	112	454	448
9	2	10.3000	277	425	2	431	92	112	454	448
10	2	10.3000	277	425	2	431	92	112	458	448
11	2	10.3000	277	425	2	431	92	337	456	448
12	2	10.3000	279	425	2	431	92	337	454	449
13	2	10.3000	279	425	2	431	90	337	456	446
14	2	10.3000	279	425	2	431	90	112	46	449

主成分分析结果如图 13-3 所示。

vec1
10x10 double

1	2	3	4	5	6	7	8	9	10
-0.2463	-0.3286	0.2975	0.2209	0.7982	0.1548	-0.1727	-0.0527	0.0197	-7.4915e-17
-0.4268	-0.0311	-0.1071	0.0384	-0.1315	0.1867	0.1258	0.2015	0.8339	2.0990e-15
0.3535	-0.2739	0.1746	0.4090	-0.1870	0.0808	-0.1756	0.7275	-0.0225	4.3463e-16
-0.4309	-0.0834	-0.0465	-0.1920	-0.0193	-0.0077	0.2113	0.3336	-0.3346	0.7071
0.4309	0.0834	0.0465	0.1920	0.0193	0.0077	-0.2113	-0.3336	0.3346	0.7071
-0.2360	0.2250	-0.2475	0.7684	-0.1270	0.3019	0.1823	-0.2030	-0.2456	-7.6964e-16
-0.0860	0.6736	-0.0713	0.1590	0.3182	-0.5185	-0.1630	0.3255	0.0768	3.3214e-16
-0.2060	-0.0544	0.7314	0.2184	-0.2969	-0.4385	0.2332	-0.1889	0.0382	6.8700e-17
0.0721	0.5425	0.5098	-0.2089	0.0165	0.6148	0.0634	0.1144	-0.0400	-2.3733e-16
0.3874	-0.0220	-0.0641	0.0407	0.3226	-0.0657	0.8462	0.0936	0.1026	-1.4269e-16

lamda
10x1 double

	1
1	4.9883
2	1.6494
3	1.1103
4	0.8590
5	0.5668
6	0.4237
7	0.2549
8	0.0844
9	0.0632
10	7.4204e-17

rate
10x1 double

	1
1	49.8833
2	16.4938
3	11.1035
4	8.5903
5	5.6683
6	4.2371
7	2.5486
8	0.8435
9	0.6316
10	7.4204e-16

图 13-3　主成分分析结果

分析 rate 前四项占了 85.97%（属于主成分 85%～95%）。则四个主成分分别为

Y1=−0.2463*X1−0.4268*X2+⋯+0.3874*X10

Y2=−0.3286*X1−0.0311*X2+⋯−0.0220*X10

Y3=0.2975*X1−0.1071*X2+⋯−0.0641*X10

Y4=0.2209*X1+0.0384*X2+⋯+0.0407*X10

num=4;%num 为选取的主成分的个数

```
df=x*vec1(:, 1 : num) %计算前 num 个主成分的得分
tf=df*rate(1 :num)/100 %计算综合得分
```

分别以四个主成分的贡献率为权重，构建主成分综合评价模型：

```
tf=4.9883Y1+1.6494Y2+1.1103Y3+0.8590Y4
[stf,ind]=sort(tf, 'descend') %把得分按照从高到低的次序排列
```

四、练习题

1．统计矩阵 $\boldsymbol{a}$ 中元素的个数及最大元素。

$$\boldsymbol{a}=\begin{bmatrix} 60\ 64\ 74\ 83\ 96\ 06\ 19\ 38\ 62\ 2 \\ 54\ 58\ 60\ 62\ 64\ 66\ 68\ 470\ 474 \\ 13\ 12\ 11\ 11\ 11\ 10\ 10\ 310\ \ 309 \end{bmatrix}。$$

2．已知矩阵 $\boldsymbol{a}=\begin{bmatrix} 60\ 62\ 64\ 66\ 68\ 470\ 60\ 64\ 74 \\ 83\ 96\ 06\ 19\ 38\ 622\ 54\ 58\ 474 \\ 11\ 10\ 10\ 310\ 309\ 13\ 12\ 11\ 11 \end{bmatrix}$，求所有元素之和、矩阵中各元素的平均值。

3．分别计算向量 $\boldsymbol{a}$=[58 47 462 464 466 46 83 96 46]的 0.25、0.5、0.75 分位数。

4．统计向量 $\boldsymbol{a}$=[12 13 26 28 13 12 34 12 26 13 12 13]中各元素的频数，并绘制频数分布直方图。

5．计算 $\boldsymbol{a}$=[51 47 50 52 41 47 43 45 47 49 48 46 47 49 48 44 46 47 48 50]样本的偏度和峰度。

6．计算 $\boldsymbol{x}$=[124 126 127 128 130 127 123 125 127 129 131 127 130 132 121 128 126 127 129 128]样本的方差、标准差和变异系数。

实验 3　基于 MATLAB 数据方差分析

一、实验目的

（1）理解单因素方差分析的基本原理，掌握其统计思想和应用场景。

（2）学会使用 MATLAB 进行单因素方差分析，以检验不同组别数据均值之间是否存在显著差异。

（3）通过实验，掌握方差分析结果的解读方法，能够根据 F 值和 P 值作出合理的统计推断。

（4）培养在实际问题中运用方差分析进行假设检验的能力。

二、实验原理

用数理统计分析试验结果、鉴别各因素对结果影响程度的方法称为方差分析。

在方差分析中，我们关心的实验结果称为指标。实验中需要考察且可以控制的条件称为因素，因素所处的状态称为水平。根据因素数目的不同，方差分析可以划分为单因素方差分析和双因素方差分析。

单因素方差分析只考虑一个因素 A 对所关心的指标的影响。具体来说，A 取几个不同的水平，并在每个水平上进行若干次实验，在实验过程中，除因素 A 外其他影响指标的因素都保持不变。我们的任务是通过实验结果推断，因素 A 对指标有无显著影响，即当 A 取不同水平时指标有无显著差别。

单因素方差分析统计表如表 13-2 所示。

表 13-2　单因素方差分析统计表

方差来源	平方和	自由度	均方	$1-p_r$分位数
因素 A	S_A	$r-1$	$\overline{S}_A=\dfrac{S_A}{r-1}$	$F_{1-p_r}(r-1,n-r)$
误差	S_E	$n-r$	$\overline{S}_E=\dfrac{S_E}{n-r}$	
总和	S_T	$n-1$		

注：$S_A=\sum_{i=1}^{r}n_i(\overline{x}_{i.}-\overline{x})^2$ 。$S_E=\sum_{i=1}^{r}\sum_{j=1}^{n_i}(x_{ij}-\overline{x}_{i.})^2$ 。$S_T=S_A+S_E$ 。$F=\dfrac{S_A/(r-1)}{S_E/(n-r)}\sim F(r-1,n-r)$ 。

在 MATLAB 统计工具箱中，单因素方差分析的命令是 anova1。若各组数据个数相等，称为均衡数据；若各组数据个数不等，称为非均衡数据。

均衡数据的用法：p=anova1(x)。其中，返回值 p 是一个概率，当 $p>\alpha$ 时接受假设 H0；x 为 m*r 的数据矩阵，x 的每一列是一个水平的数据（这里各个水平上的样本容量 ni = m）。另外，还输出了一个方差表和一个 Box 图。

非均衡数据的用法：p=anova1(x,group)。其中，x 为向量，从第 1 组到第 r 组数据依次排列；group 为与 x 同长度的向量，标识 x 中数据的组别（在与 x 第 i 组数据相对应的位置处输入整数 i=1,2,3,..,r）。

三、实验内容

【例 13-1】 为考察 5 名工人（A_1～A_5）的劳动生产率是否相同，记录了每人 4 天的产量，并算出其平均值，如表 13-3 所示。你能从这些数据推断出他们的生产率有无显著差别吗？（H0：他们的生产率无显著差别。）

MATLAB 参考程序如下：

```
x=[256 254 250 248 236;
   242 330 277 280 252;
   280 290 230 305 220;
```

```
    298 295 302 289 252];
p=anova1(x);
alpha=0.05;%在显著性水平 α = 0.05 下检验
if p>alpha
    fprintf('with p=%.5f,we can accept H0\n',p);
else
    fprintf('with p=%.5f,we can not accept H0\n',p);
end
```

表 13-3　5 名工人的产量

时　间	A_1	A_2	A_3	A_4	A_5
第 1 天	256	254	250	248	236
第 2 天	242	330	277	280	252
第 3 天	280	290	230	305	220
第 4 天	298	295	302	289	252
平均产量	269	292.25	264.75	280.5	240

程序运行结果如图 13-4 所示。

ANOVA Table

Source	SS	df	MS	F	Prob>F
Columns	6125.7	4	1531.43	2.26	0.1109
Error	10156.5	15	677.1		
Total	16282.2	19			

图 13-4　程序运行结果

当 p > α 时接受假设 H0，即他们的生产率无显著差别。

【例 13-2】 用四种工艺（A_1～A_4）生产灯泡，从各种工艺制成的灯泡中各抽出了若干个测量其寿命，结果如表 13-4 所示，试推断这几种工艺制成的灯泡寿命是否有显著差异。（H0：工艺制成的灯泡寿命没有显著差异。）

表 13-4　四种不同工艺生产的灯泡寿命

序　号	A_1	A_2	A_3	A_4
1	1620	1580	1460	1500
2	1670	1600	1540	1550
3	1700	1640	1620	1610
4	1750	1720		1680
5	1800			

MATLAB 参考程序如下：

```
x=[1620 1800 1720 1500;
    1670 1580 1460 1550;
```

```
    1700 1600 1540 1610;
    1750 1640 1620 1680];
x=[x(:,1)',x(:,2)',x(:,3)',x(:,4)'];
g=[ones(1,5),2*ones(1,4),3*ones(1,3),4*ones(1,4)];
p=anova1(x,g);
alpha=0.05;%在显著性水平 α = 0.05 下检验
if p>alpha
    fprintf('with p=%.5f>alpha(0.05),we can accept H0\n',p);
else
    fprintf('with p=%.5f<=alpha(0.05),we can not accept H0\n',p);
end
```

程序运行结果如图 13-5 所示。

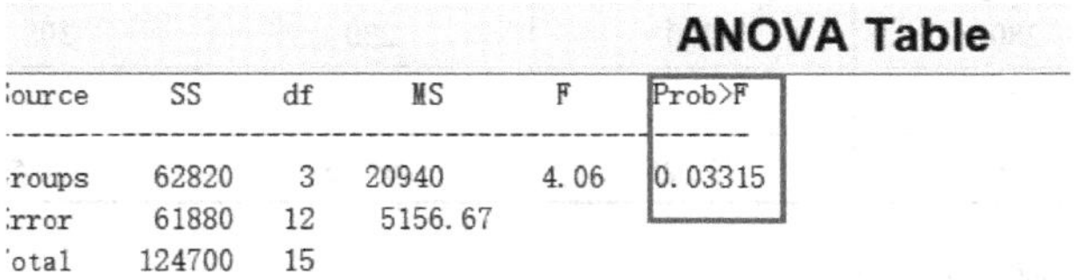
ANOVA Table

Source	SS	df	MS	F	Prob>F
Groups	62820	3	20940	4.06	0.03315
Error	61880	12	5156.67		
Total	124700	15			

图 13-5　程序运行结果

p=0.03315≤α(0.05)，不接受假设 H0。

四、练习题

表 13-5 是对四种不同碳含量钢材的硬度值的测试结果，分析碳含量对硬度是否具有显著影响。

表 13-5　测试结果

不同碳含量钢材	硬　度					
第一种	23	27	29	21	22	26
第二种	38	35	36	31	35	37
第三种	43	46	45	49	46	45
第四种	53	58	56	54	56	52

实验 4　基于 MATLAB 数据拟合与线性回归分析

一、实验目的

（1）理解线性回归模型的构建过程，掌握线性回归分析的基本原理和方法。

（2）学会使用 MATLAB 进行线性回归分析，包括模型拟合、参数估计和显著性检验。

（3）掌握线性回归模型评估的方法，如计算相关系数、判定系数等，以评价模型的拟合效果。

（4）通过实验，培养运用线性回归分析解决实际问题的能力，并能够对线性回归结果进行合理解释。

二、实验原理

对于实验数据 x、y，假设它们符合关系式 $y=f(x)=a+bx$。其中，a 和 b 是待定系数，称为线性回归系数。求出 a 和 b 的值，使因变量的各个数值与其对应的拟合值的误差平方和（即 $Q=\sum[y_i-f(x_i)]^2$ ）最小。

$y=f(x)=a+bx$

$y_i-f(x_i)=y_i-(a+bx_i)$

$Q=\sum[y_i-f(x_i)]^2=\sum[y_i-(a+bx_i)]^2$

Q 有最小值的条件是 $\dfrac{\partial Q}{\partial a}=0$，$\dfrac{\partial Q}{\partial b}=0$，即

$$\frac{\partial Q}{\partial a}=-2\sum_{i=1}^{n}[y_i-(a+bx_i)]=0$$

$$\frac{\partial Q}{\partial b}=-2\sum_{i=1}^{n}[y_i-(a+bx_i)]x_i=0$$

可以得到

$$\sum_{i=1}^{n}y_i=\sum_{i=1}^{n}a+b\sum_{i=1}^{n}x_i$$

$$\sum_{i=1}^{n}x_iy_i=a\sum_{i=1}^{n}x_i+b\sum_{i=1}^{n}x_i^2$$

三、实验内容

【例 13-3】 经过测量，得知某种材料中包含的 SiC 与硬度值存在表 13-6 中的对应关系。对它们进行线性回归分析。

表 13-6　某种材料中 SiC 含量与硬度的关系

SiC 含量（质量分数）/%	5	10	15	20	25	30	35
硬　度	242	261	279	306	343	374	408

首先，绘制散点图。把 SiC 含量和硬度数据标在坐标系中。绘图程序如下：

```
x0=[5  10  15  20  25  30  35];
y0=[242  261  279  306  343  374  408];
plot(x0,y0,'bo','markersize',10)
```

绘制的散点图如图 13-6 所示。

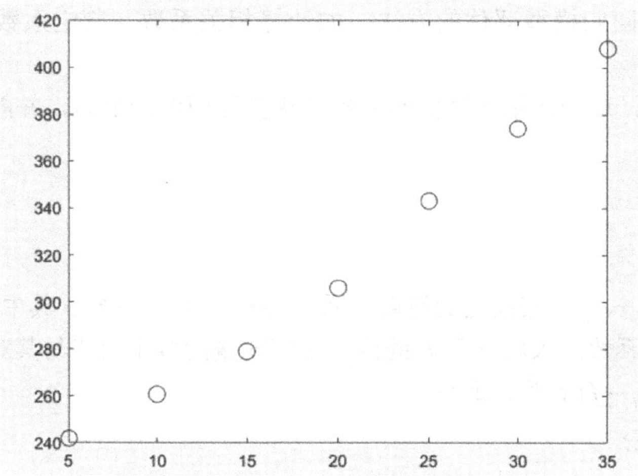

图 13-6 散点图

```
clc
clear
syms a;
syms b;
x0=[5  10  15  20  25  30  35];
y0=[242  261  279  306  343  374  408];
n=size(x0,2);
e1=sum(y0)-n*a-b*sum(x0);
e2=sum(x0.*y0)-a*sum(x0)-b*sum(x0.^2);
[a,b]= solve(e1,e2)
a = 1425/7
b = 197/35
```

则表达式为：y= 1425/7+ 197/35 *x0。

绘图对比：

```
x0=[5  10  15  20  25  30  35];
y0=[242  261  279  306  343  374  408];
plot(x0,y0,'bo','markersize',10)
hold on
y= 1425/7+ 197/35 *x0;
plot(x0,y,'r')
```

拟合曲线如图 13-7 所示。

1．多项式拟合

x=[0.1 0.4 0.7 1.0 1.3 1.6 1.9 2.2 2.5 2.8 3.1 3.4 3.7 4.0 4.3 4.6 4.9 5.2 5.5 5.8]

y=[0.1 0.4 0.6 0.8 0.9 1.0 0.9 0.8 0.6 0.3 0.0 −0.25 −0.5 −0.7 −0.9 −1.0 −1.0 −0.9 −0.7 −0.4]

求 x 和 y 的 4 阶拟合多项式。

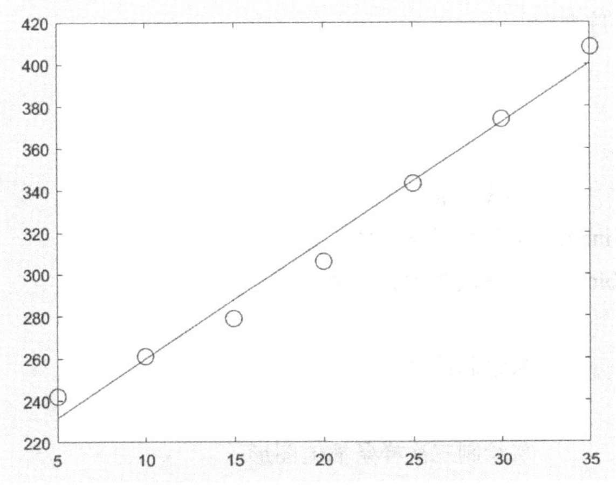

图 13-7　拟合曲线

MATLAB 参考程序如下：

```
x=[0.1 0.4 0.7 1.0 1.3 1.6 1.9 2.2 2.5 2.8 3.1 3.4 3.7 4.0 4.3 4.6 4.9 5.2 5.5 5.8];
y=[0.1 0.4 0.6 0.8 0.9 1.0 0.9 0.8 0.6 0.3 0.0 −0.25 −0.5 −0.7 −0.9 −1.0 −1.0 −0.9 −0.7 −0.4];
plot(x,y,'o') % 绘制 x−y 向量的散点图
hold on
p=polyfit(x,y,4)
z=polyval(p,x);          % 根据 x 的数据和拟合多项式计算拟合值 z
plot(x,z)                % 绘制拟合曲线

p =      0.0074      0.0087      −0.5652      1.4993      −0.1005 (近似值)
```

若需要精确值，可通过 r=poly2sym(p)得到。拟合曲线如图 13-8 所示。

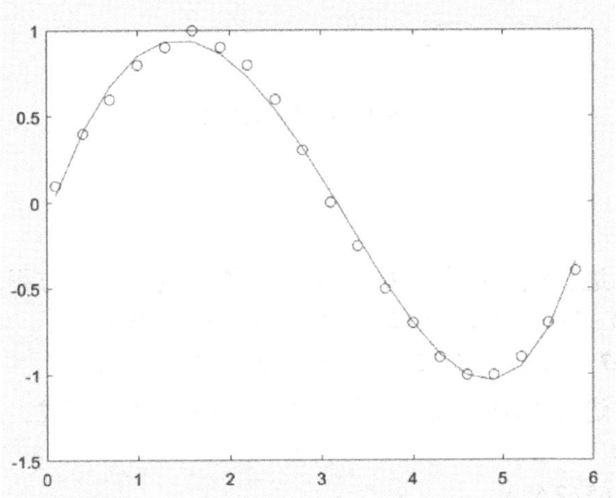

图 13-8　拟合曲线

2．一元插值

对曲线 $y = x^2$ 进行插值。

MATLAB 参考程序如下：

```
x=-2*pi:1:2*pi;
y= x.^2;
xi=-2*pi:0.1:2*pi;
t1=interp1(x,y,xi);                %线性插值
t2= interp1(x,y,xi,'spline');      %三次样条插值
t3= interp1(x,y,xi,'cubic');       %三次多项式插值
subplot(3,1,1)
plot(x,y,'o',xi,t1,'r-')           %绘制线性插值图形
subplot(3,1,2)
plot(x,y,'o',xi,t2,'r-')           %绘制三次样条插值图形
subplot(3,1,3)
plot(x,y,'o',xi,t3,'r-')           %绘制三次多项式插值图形
```

绘制的插值图形如图 13-9 所示。

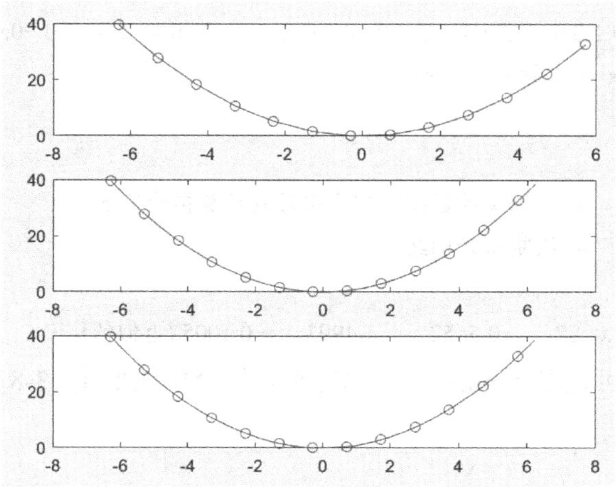

图 13-9　插值图形

四、练习题

1．对向量 $\boldsymbol{x}$ 和 $\boldsymbol{y}$ 进行线性回归分析，求出二者的线性回归方程。

```
x=[0.98   1.89   3.12   3.86    5.21   6.02   6.98   8.08   8.99   9.86];
y=[1.11   8.22   25.67   62.35   123   220   340    495   730   990 ];
```

2．对向量 $\boldsymbol{x}$ 和 $\boldsymbol{y}$ 进行多项式拟合，分别求出 4 阶拟合多项式。

```
x=[10 20 30 40 50 60 70 80];
y=[130 100 85 75 70 65 62 60 ];
```

3．对曲线 $y = 60 + 625x^{-0.5}$ 进行线性插值，并绘制它的图形。

前 言

随着科学技术的发展，传统的建筑行业发生了深刻变化，建筑工程设备自动化已成为现代化建筑的一个重要组成部分。建筑业已发展成为一门综合性的技术科学。无论是在建筑施工、建筑照明、采暖通风、给排水等建筑类各个专业中都离不开电能的控制，所以非建筑电气专业的建筑专业技术人员掌握一定的强、弱电及建筑设备自动化的基础知识是非常必要的。以往各专业的电学知识只是在“建筑设备工程”课程中讲述，这已经远远不能满足建筑行业的需求，所以我们将“建筑设备工程”分为“暖通与给排水”、“建筑电气”两部分讲授，以满足建筑业发展的需求。

本教材以培养应用型人才为目标，以技术技能培养为本位，以基础理论够用为度，主要介绍了电工基础知识、低压电气设备、电子技术、建筑电气供电与配电、建筑电气照明、建筑安全技术、智能建筑电气技术等知识。同时为加强学生动手能力的培养和训练，增加了实验内容。

本书适于作高职高专建筑类非电专业的学生“建筑电气技术”课程的教材，也可以作为中等职业技术学校教材，同时可供相关领域的工程技术人员参考使用。

全书共分为8章，参考教学时数为30～45学时，可根据教学需要适当删减内容。

参加本书具体编写的有哈尔滨职业技术学院郑翘（第1章至第3章、第5章、第8章）；王莉力（第4章、第6章、第7章）。全书由王莉力统稿。全书由哈尔滨理工大学王哈力教授担任主审。

由于我们的水平有限，编写时间仓促，书中难免出现错误和不妥之处，恳请使用本书的广大师生、读者批评指正。同时谨向被引用的各参考文献的作者表示真诚的敬意和谢意。

编　者

2008年2月

目录

第 1 章　建筑电气的电工基础 …… 1
1.1　直流电路 …… 1
1.2　直流电路的基本分析方法 …… 10
1.3　单相正弦交流电路 …… 16
1.4　三相正弦交流电路 …… 28
习题与思考题 …… 35
第 2 章　常用低压电气设备及其控制电路 …… 39
2.1　磁路与变压器 …… 39
2.2　三相异步电动机 …… 43
2.3　常用的低压控制电器 …… 46
2.4　三相异步电动机的基本控制电路 …… 52
习题与思考题 …… 56
第 3 章　建筑电气的电子技术基础 …… 57
3.1　半导体二极管和三极管 …… 57
3.2　数字电路的基本知识 …… 69
习题与思考题 …… 77
第 4 章　建筑供电与配电 …… 79
4.1　电力系统概述 …… 79
4.2　民用建筑及建筑施工现场供电 …… 84
4.3　建筑工地负荷计算 …… 87
4.4　低压供配电系统 …… 91
4.5　低压供配电线路导线的选择 …… 96
4.6　常用低压电器的选择及配电保护装置 …… 101
习题与思考题 …… 108
第 5 章　建筑电气照明 …… 110
5.1　电气照明的基础知识 …… 110
5.2　照明电光源 …… 113
5.3　照明器 …… 117
5.4　照明设备安装 …… 120
习题与思考题 …… 123
第 6 章　建筑电气安全技术 …… 124
6.1　人体触电预防 …… 124
6.2　接地与接零 …… 128
6.3　低压配电系统的保护 …… 132
6.4　建筑防雷 …… 136
习题与思考题 …… 141

第7章　智能建筑技术……………………………………………………………… 142
7.1　智能建筑概述 ……………………………………………………………… 142
7.2　建筑设备自动化系统(BAS) ………………………………………………… 146
7.3　建筑中的通信自动化系统(CAS) …………………………………………… 150
7.4　建筑中的办公自动化系统(OAS) …………………………………………… 157
习题与思考题……………………………………………………………………… 161
第8章　实验技能训练……………………………………………………………… 162
实验一　电阻元件伏安特性的测绘………………………………………………… 162
实验二　基尔霍夫定律的验证……………………………………………………… 163
实验三　戴维南定理………………………………………………………………… 165
实验四　交流串联电路的研究……………………………………………………… 167
实验五　三相电路电压、电流的测量 ……………………………………………… 169
实验六　三相鼠笼式异步电动机正反转控制……………………………………… 170
附录………………………………………………………………………………… 174
参考文献…………………………………………………………………………… 189

第 1 章 建筑电气的电工基础

本章主要介绍直流电路和单相、三相交流电路的基本概念、基本定律及基本分析方法。这些内容是电工学的重要理论基础，也是以后学习建筑电器、建筑供电及建筑照明的工作原理和分析计算的基础。

1.1 直流电路

1.1.1 电路的基本概念

1.电路的组成

电路是由许多电气设备或电器元件按一定方式组合起来的电流的通路。比较复杂的电路呈网状，也常被称为网络。

电路主要具有两个功能：一是在电路中随着电流的流动，它能实现电能与其他能量的转换、分配和传输，例如，发电厂的发电机将热能、水能等转变为电能，通过变压器、输电线路等输送到建筑工地，在那里电能又被转换为机械能（搅拌机）、光能（照明）等；二是用来实现信号的传递与处理，还可以实现对信息测量和存储，例如，电脑、电视可以实现对信号的处理及信息的储存，并将电信号转换为清晰的图像和声音。

不管电路的结构是简单还是复杂，电路都由电源、负载和中间环节三部分组成。

电源是提供电能的设备，电源的作用是将非电能转换成电能，如发电机、电池等，它是电路运行的能量源泉。

负载是用电设备，负载的作用是将电能转换成非电能，如电视机、电灯、电动机等，是电路中的主要耗能器件。

中间环节是连接电源和负载的部分，起到传输、分配、控制和处理电能或电信号的作用，如输电线、开关、保护设备等。

如图 1－1(a)是一个手电筒的实际电路。

根据电路中电流的性质不同，电路可分为直流电路和交流电路。如果电路中的电压和

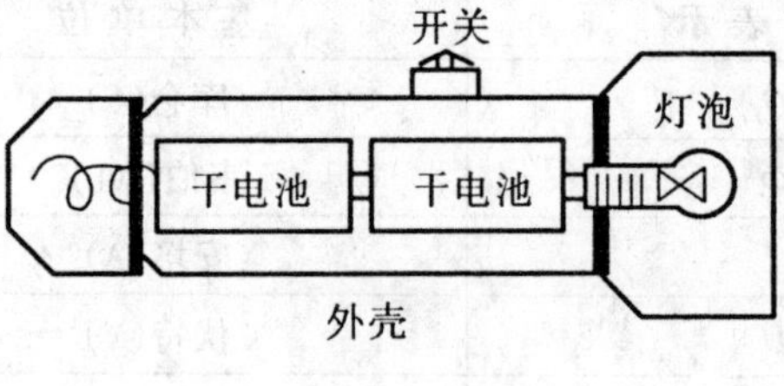

(a)

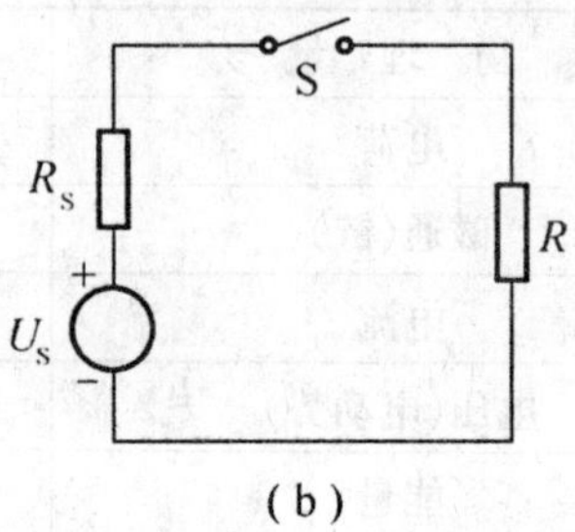

(b)

图 1－1 手电筒电路图

电流不随时间变化,则这种电路称为直流电路;如果电路中的电压和电流随时间变化,则这种电路称为交流电路

2.电路模型与理想电路元件

为了便于理论研究,揭示电路的内在规律,根据实际电气设备和器件的主要物理特性进行理想化和简单化处理,从而建立的物理模型或数学模型被称为理想电路元件。

常见元件图形符号见表1-1。以后的章节中就可以用这些元件或它们的组合模拟实际电路中的电气设备和器件。

由理想电路元件组成的电路称为电路模型。手电筒电路的电路模型如图1-1(b)所示。干电池用电动势 U_s 表示,内电阻用 R_s 表示,灯泡电阻用 R 表示,开关用理想开关S表示。

表1-1 常见元件图形符号

名称	符号	名称	符号	名称	符号
开关		电阻		电压	
导线		电感		电流源	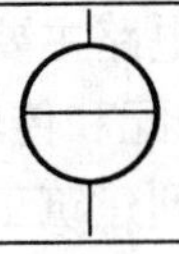
连接的导线		电容	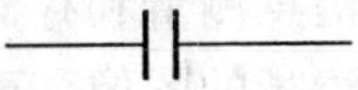	电池	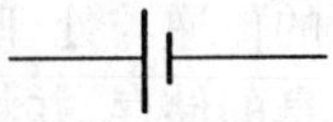

1.1.2 电路的主要物理量

在进行电路理论的研究过程中常涉及到一些基本物理量,如电荷、磁通(磁通链)、电流、电压、电动势、能量和电功率,它们的基本单位见表1-2。

电压、电流是客观存在的物理现象,是电路中最基本的物理量,也是具有方向的物理量,首先理解电压、电流的定义和其关于方向(或称为极性)规定并在电路中进行相应的标注,才能列出求解电路问题的计算方程。

表1-2 物理量的基本单位

物 理 量	符号表示	基本单位
电荷	Q	库仑(C)
磁通(链)	Φ	韦伯(Wb)
电流	I	安培(A)
电压(电动势)	U	伏特(V)
能量	W	焦耳(J)
功率	P	瓦特(W)

1.电流

电荷的定向移动形成电流。衡量电流大小的量是电流强度,简称电流。所以电流既是一种物理现象,又是一个物理量。电流强度在量值上等于单位时间内通过导体某一截面的电荷量,用符号 i 表示。即

$$i = \frac{q}{t} \tag{1-1}$$

式中 i——dq 在极短时间 dt 内通过导体某一截面 S 的电荷量。

若电流大小和方向随时间变化的电流被称为交变电流,简称为交流(AC)。

若电流的量值和方向不随时间变化,即 q 等于定值,则这种电流称为直流(恒定)电流,简称为直流(DC)。直流电流常用大写的字母 I 表示,即

$$I = \frac{q}{t} \tag{1-2}$$

通常规定,正电荷的运动方向为电流的实际方向。由于电路中实际运动的是电子,所以电流的方向是电子移动的反方向。

在国际单位制(SI)中,若电荷的单位为库仑(C),时间的单位为秒(s),则电流的单位为安[培](A),即若 1 s 内通过某处的电荷量为 1 C,则电流为 1 A。在计量较小的电流时,电流强度单位是 mA(毫安),μA(微安)。它们的关系为

$$1\ \text{A} = 10^3\ \text{mA} = 10^6\ \mu\text{A}$$

电流方向的表示方法有两种:用箭头表示;用双下标表示。如 I_{ab}(表示电流从 a 流向 b),I_{ba}(表示电流从 b 流向 a)。

2.电位与电压

(1)电位　电荷在电场或电路中具有一定的能量,电场力将单位正电荷从某一点沿任意路径移到参考点所做的功称为该点的电位或电势。电位是一个相对物理量,任意一点的电位都是相对参考点而言的。所以计算电位首先要选择好参考点,参考点的电位一般规定为零。某点电位比参考点高,该点电位为正,反之为负。参考点一般指定电路中接地或接机壳的点。

电路中任一点的电位(如 A 点)可用 U_A 或 u_A 表示。

(2)电压　电路中 A,B 两点间的电位差称为电压 U_{AB},即将单位正电荷从 A 点移到 B 点电场力所做的功。例如,A,B 两点的电位分别为 U_A,U_B,则两点之间的电压 U_{AB} 为

$$U_{AB} = U_A - U_B \tag{1-3}$$

$$U_{AB} = \frac{W}{q} \tag{1-4}$$

式中 W——电场力所做的功。

按电压随时间变化的情况,可分为直流电压与交流电压。当电压的大小和方向不随时间变化时,称为直流(恒定)电压,通常用大写字母 U 表示。

在国际单位制中,电位、电压的单位是:伏[特](V),简称伏。若电场力将 1 C(库仑)正电荷由 A 点转移到 B 点时所做的功为 1 J(焦耳),则 A,B 两点间的电压为 1 V。电压的单位还有 μV,mV 和 kV。它们的关系为

$$1\ \text{kV} = 10^3\ \text{V}$$

$$1\ \text{V} = 10^3\ \text{mV} = 10^6\ \mu\text{V}$$

电压表明了单位正电荷在电场力作用下转移时所做的功,也就是转移过程中电能的减少,而减少电能体现为电位的降低,电压的实际方向是电位降低的方向。

电压方向的表示方法有三种:用+、-号表示相对极性的正负;用箭头表示电压降的方向(从正极指向负极);用双下标表示,如 U_{AB}(表示正极为 A,负极为 B),U_{BA}(表示正极为 B,负极为 A)。

3.电动势

电动势是一个描述电源内部特性的物理量。从电源外电路看,正电荷在电场力的作用下,从高电位向低电位移动,形成了电流,即电源使电荷移动做功。为了使电流维持下去,电源必须依靠其他非电场力(如电池的化学能、发电机的机械能)把正电荷从电源的低电位端(负极)移到高电位端(正极),这时非电场力对电荷做了功,而非电场力对电荷做功的大小就用电动势来衡量。非电场力也称为电源力。电源电动势等于电源力将单位正电荷从负极移到正极所做的功,用符号 E 表示。

$$E = \frac{W}{q} \tag{1-5}$$

电动势是衡量外力做功能力的物理量,表明了单位正电荷在电源力作用下转移时增加的电能,而增加电能体现为电位的升高(从低电位点到高电位点),所以电动势的方向是电位升高的方向,规定为在电源内部由低电位端("-"极)指向高电位端("+"极),可见电动势的实际方向与电压实际方向相反。电动势的单位也是伏[特](V)。

按电动势随时间变化的情况,可分为直流电动势与交流电动势。如果电动势的大小和方向都不随时间变化时,称为直流(恒定)电动势,通常用大写字母 E 表示。

4.电功率

在电路中,正电荷受电场力作用从高电位流向低电位,在转移过程中电能减少。减少电能意味着电能转换为其他形式的能量,即被电路吸收(消耗)。将电能转换的速率称为电功率,简称为功率。即电功率就是电场力在单位时间内所做的功,用符号 p 表示,即

$$p = \frac{w}{t} \tag{1-6}$$

由于 $u = \frac{w}{q}, i = \frac{q}{t}$

$$p = ui \tag{1-7}$$

上式表明,电路元件所吸收的电功率等于元件中的电压和电流的乘积。当元件上的电压和电流为直流电压 U 和直流电流 I 时,电功率通常用大写字母 P 表示。依据欧姆定律,可得出负载电阻 R 消耗的电功率

$$P = UI = I^2 R = \frac{U^2}{R} \tag{1-8}$$

在国际单位制中,若时间的单位为秒(s),功的单位为焦耳(J)时,功率的单位为瓦特(W),即若1秒内电场力所做的功为1 J,则电功率为1 W。可见上式中当电压和电流的单位分别取伏[特](V)和安[培](A)时,功率的单位为瓦特(W)。还可以采用千瓦(kW)或毫瓦(mW)表示。它们的关系是

$$1\ \text{kW} = 10^3\ \text{W}$$
$$1\ \text{W} = 10^3\ \text{mW}$$

5.电能

电能是指一段时间内电路所消耗的能量。

$$W = Pt \tag{1-9}$$

在国际单位制中,电能的单位是焦[耳],符号为 J,它等于功率 1 W 的用电设备在 1 s 内消耗的电能 kW·h。在实际应用时还采用千瓦小时作为电能的单位,它等于功率 1 kW 的用电设备在 1 h(3 600 s)内消耗的电能,简称为 1 度电。

$$1\ \text{kW·h} = 10^3\ \text{W} \times 3\ 600\ \text{s} = 3.6 \times 10^6\ \text{J} = 3.6\ \text{mJ}$$

1.1.3 电流和电压的参考方向

在电路的分析计算中,流过某一段电路或某一元件的电流实际方向或两端电压的实际方向往往不知道,我们可以任意假定一个电流方向或电压方向,当假定的电流方向或电压方向与实际方向一致取正,相反取负。假定的电流、电压方向称作电流、电压的参考方向。

1.电流的参考方向

如图 1-2 所示,当电流的参考方向与实际方向一致时,$I>0$;当电流的参考方向与实际方向相反时,$I<0$。

图 1-2 电流的方向

2.电压的参考方向

如图 1-3 所示,当电压的参考方向与实际方向一致时,$U>0$;当电压的参考方向与实际方向相反时,$U<0$。

当电流的方向与电压方向选取一致时,称为关联参考方向,如图 1-4 所示。

图 1-3 电压的方向

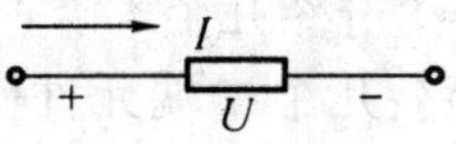

图 1-4

1.1.4 电路的基本定律

1.欧姆定律

欧姆定律是最基本的电路定律。它的基本定义为流过电阻的电流与电阻两端的电压成正比。在电流、电压的关联参考方向下,欧姆定律的表达式为

$$R = \frac{U}{I} \tag{1-10}$$

R 为该段电路的电阻。当电压一定时,电阻越大,则电流越小,所以电阻对电流起着阻碍的作用。电阻 R 的单位是欧姆(Ω),常用电阻的单位还有 kΩ(千欧),MΩ(兆欧)等,即

$$1\ \text{k}\Omega = 1\ 000\ \Omega$$

$$1\ \text{M}\Omega = 1\ 000\ \text{k}\Omega$$

如果电路中电压与电流的参考方向选择得不一致,如图 1-5 所示,这时该电阻上欧姆定律的表达式为

$$U = -RI \tag{1-11}$$

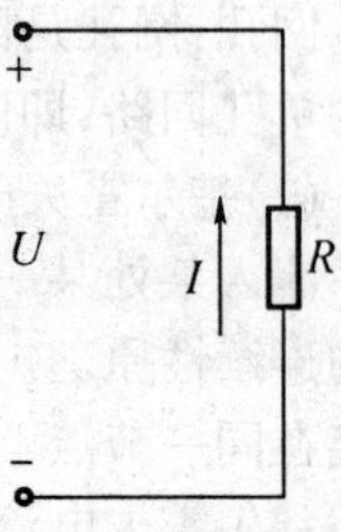

图 1-5 非关联参考方向下的欧姆定律

所以在应用欧姆定律时，一定要注意电压与电流的参考方向是否一致，在非关联参考方向下，表达式中有一个负号。

如果电阻是一个与流过它的电流无关的常数，这样的电阻称为线性电阻。线性电阻上电压与电流之间的关系遵从欧姆定律，其伏安特性曲线是一条过原点的直线，如图 1-6 所示。一般所分析的电路中的电阻未加特别说明，都属于线性电阻。

凡是电压与电流之间的关系不具有这样一条直线关系的电阻都称为非线性电阻。如图 1-7 所示的半导体二极管的伏安特性曲线表明二极管属于非线性电阻。

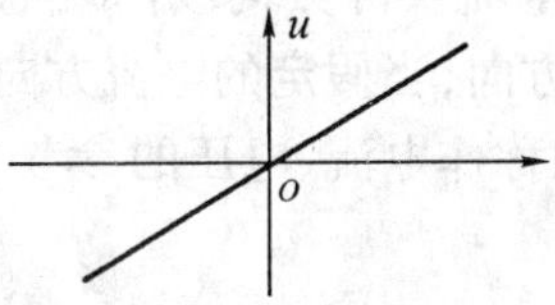

图 1-6　线性电阻的伏安特性

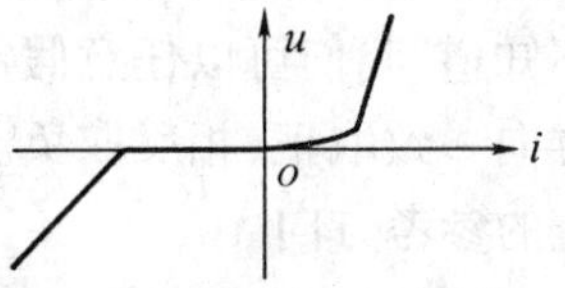

图 1-7　二极管的伏安特性

2.基尔霍夫定律

在电路中，常会遇到有两个以上含有电源的支路组成的多回路电路，像这种不能运用电阻串、并联分析方法将它化简成无分支单回路的电路称为复杂电路，复杂电路的分析除用电阻串、并联的化简和欧姆定律来求解外，还需用基尔霍夫定律。基尔霍夫定律从电路结构上描述了电路中电流和电压的约束关系，与各元件的性质无关。为便于介绍基尔霍夫定律，结合图 1-8 介绍几个术语。

支路：几个二端元件串联而成的没有分支的一段电路称为支路。图 1-8 中共有 3 条支路，分别是 *acb*，*adb*，*aeb*。流过支路的电流称为支路电流，支路两端之间的电压称为支路电压。

节点：电路中三条或三条以上的支路相连接的点称为节点。图 1-8 中共有两个节点，它们是 *a* 点和 *b* 点。

回路：由几条支路构成的闭合路径称为回路，即回路就是一个闭合的电路。图 1-8 中共有 3 个回路，分别是 *aebca*，*adbea*，*adbca*。

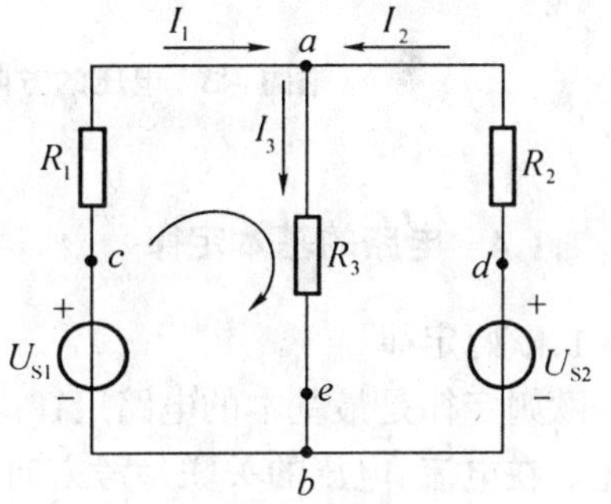

图 1-8　基尔霍夫定律举例

网孔：网孔是回路的一种，是未被其他支路分割的单孔回路，即回路内部不另含有支路。图 1-8 中共有两个网孔，分别是 *aebca*，*adbea*。

(1)基尔霍夫电流定律

流入某处某一电荷量的电荷，必须同时从该处流出同一电荷量的电荷，这一结论称为电流的连续性原理。基尔霍夫电流定律就是电流的连续性原理在电路中的体现，是用来确定连接在同一节点上各支路电流之间的关系的定律，也称为基尔霍夫第一定律，缩写为 KCL。

基尔霍夫电流定律：电路中的任一节点，在任意时刻，流入该节点的全部支路电流之和等于流出该节点的全部支路电流之和，即

$$\sum I_{入} = \sum I_{出} \tag{1-12}$$

KCL又可等价地描述为：电路中任一节点，在任意时刻，流经该节点的全部支路电流的代数和恒等于零，即

$$\sum_{k=1}^{b} I_k = 0 \tag{1-13}$$

式中 b——该节点上的支路个数；

I_k——回路中第 k 个支路的电流。

上式中，按电流的参考方向列写方程，规定流入节点的电流取"+"号，流出节点的电流取"-"号。也可作相反规定，结果是等效的。图1-8中，对于节点 a 有

$$I_1 + I_2 = I_3 \quad 即 \quad I_1 + I_2 - I_3 = 0$$

KCL通常用于节点，但是也可以把它推广运用于电路的任一包围几个节点的封闭面，根据电流连续性原理对于一个封闭面，电流必须是连续的，所以通过该封闭面电流的代数和也应等于零，即流出封闭面的电流等于流入封闭面的电流。在分析电路时，必须先假定电流的参考方向，在图上明确标示出来，然后再列写方程。流入节点和流出节点一律以参考方向为准。

例1-1 如图1-9所示，列出图中各节点的KCL方程。

解 取流入节点的电流为正

节点 a $\quad I_1 - I_4 - I_6 = 0$

节点 b $\quad I_2 + I_4 - I_5 = 0$

节点 c $\quad I_3 + I_5 + I_6 = 0$

以上三式相加：$I_1 + I_2 + I_3 = 0$

由此可见，可以把KCL推广运用于封闭面。

(2)基尔霍夫电压定律

电荷在电场中从一点移到另一点时，它所具有能量的改变量只与这两点的位置有关，与移动的路径无关。电路中，在任一时刻，从任一节点出发经过两个不同的路径到达另外一个节点，电压相同。基尔霍夫电压定律就是电压与路径无关这一性质在电路中的体现，是用来确定连接在同一回路中各支路电压之间的关系定律，也称为基尔霍夫第二定律，简称KVL。如图1-10所示电路中的一个回路 $abcda$，各支路电压的参考方向如图示，各电压为 u_1，u_2，u_3。由节点 a 开始经路径 ab 到达另外一个节点 b，其电压为 $u_{ab} = u_1$。而从节点 a 出发经

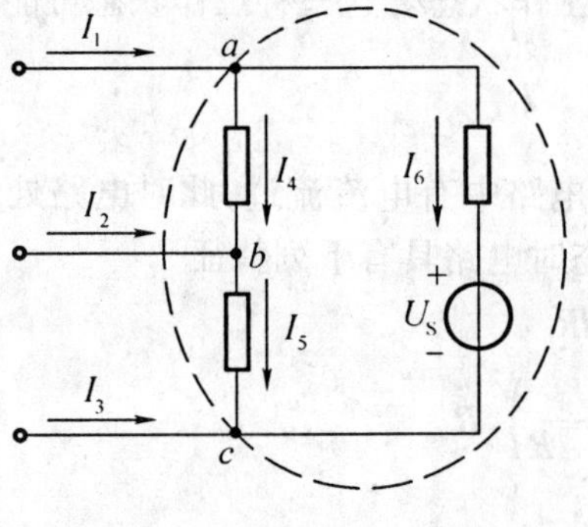

图1-9 例1-1电路图

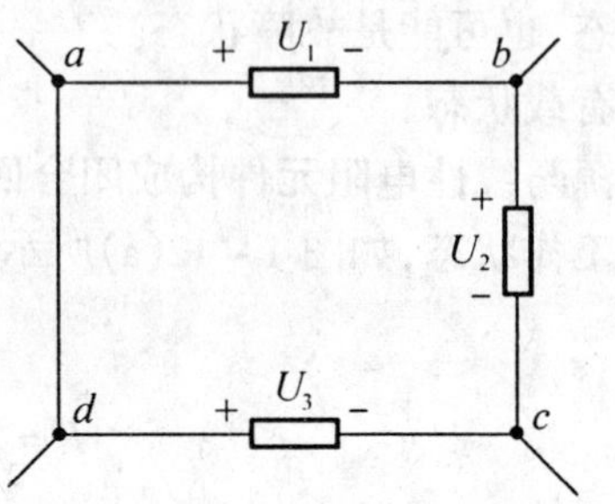

图1-10 KVL说明电路

过另一路径 $adcb$，电压为各支路电压的代数和为 $u_{ab} = u_3 - u_2$。

即
$$u_1 = u_3 - u_2 \tag{1-14}$$

上式变换为
$$u_1 + u_2 - u_3 = 0$$

基尔霍夫电压定律：对于电路中的任一回路，在任意时刻，沿任一闭合路径绕行一周，回路上的各支路电压的代数和恒等于零。即

$$\sum_{k=1}^{b} U_k = 0 \tag{1-15}$$

式中　b——该回路所包含的支路个数；

　　U_k——回路中第 k 个支路的电压。

如果回路中电阻元件两端的电压改用电阻与电流得乘积来表示，电源电压用电动势表示，则上式还可以表示为

$$\sum RI = \sum Us \tag{1-16}$$

图 1－8 所示电路中，$aebca$ 回路由式(1－15)可列出

$$R_1 I_1 + R_3 I_3 = U_{s_1}$$

应用基尔霍夫电压定律分析计算时，要首先假设回路得绕行方向。电压、电流的参考方向与回路绕行方向一致时取正号，相反时取负号。电动势的参考方向与回路绕行方向一致时取负号，相反时取正号。

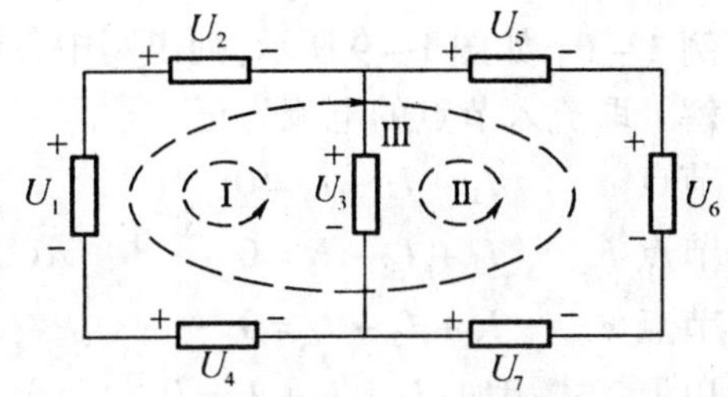

图 1－11　例 1－2 电路图

例 1－2　如图 1－11 所示，所有回路按顺时针方向绕行一周，请列出 KVL 方程。

解　对回路Ⅰ列写 KVL 方程：$U_2 + U_3 = U_1 + U_4$　或　$-U_1 + U_2 + U_3 - U_4 = 0$

对回路Ⅱ列写 KVL 方程：$U_5 + U_6 = U_7 + U_3$　或　$U_5 + U_6 - U_7 - U_3 = 0$

对回路Ⅲ列写 KVL 方程：$U_2 + U_5 + U_6 = U_7 + U_4 + U_1$　或　$-U_1 + U_2 + U_5 + U_6 - U_7 - U_4 = 0$

1.1.5　电路的工作状态

电源电路具有三种工作状态：开路、短路及有载工作状态。这三种工作状态可能是正常工作状态，也可能是故障状态。

1. 有载状态

电源与线性电阻元件构成闭合回路，开关闭合，电路中有电流流过，此时电路处于正常的有载工作状态，如图 1－12(a)所示。处于有载状态时电路具有下列特征

$$U = IR = U_s - IR_s$$

$$P = UI = I^2 R = \left(\frac{U_s}{R_0 + R}\right)^2 R$$

2. 短路

短路是指电源的两个输出端短接在一起，如图 1－12(b)所示。发生短路时电流不再流经负载，回路中只有阻值极小的内阻 R_s，因此，这时电流相当大，称为短路电流 I_{SC}。发生短

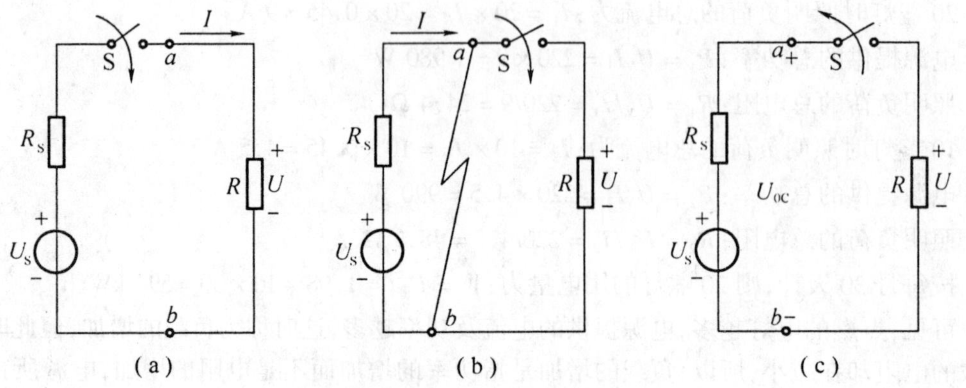

图 1－12　电路的工作状态

(a)有载状态；(b)短路状态；(c)开路状态

路时，电源的输出端电压为零，电源产生的电功率全部消耗在内阻上。

$$U=0, I=\frac{U_s}{R_s}=I_{SC}(\text{短路电流})$$

$$P_s=I_{SC}^2R_S \qquad P=0$$

短路是一种严重的事故，会对电源及线路上的其他设备造成严重损坏，因此常在电路中串联保险、自动断路器等保护设备，以发生短路时快速切断回路，保障电路的安全。

当然短路事故是应当尽量避免的，但有时在调试、检查设备或为了对设备进行某些保护时也常常采用短路的方式，这种情况则为正常短路。

3.开路

当电源与负载没有形成回路时，电路处于开路状态。如图 1－12(c)所示，此时电路中的电流为零，因此电源内阻及负载上都没有电压降，这时电源的端电压称为空载电压 U_{OC}，它等于电源的电动势 U_S，而电源输出的电功率为零。

$$I=0, U=U_S=U_{OC}(\text{开路电压}), P=0$$

当电路开路是由于开关断开引起的时，这是正常开路，如果是由于电路中线路上的接触不良或元件的损坏造成的开路，则为故障开路。

任何一个实际的电气设备，为了使其能安全可靠、经济运行，引入了电气设备额定值，就是电气设备在电路的正常运行状态下能承受的电、允许通过的电流以及它们吸收和产生功率的限额。常用下标 N 表示，如 U_N，I_N，P_N 等。当设备按照其额定值运行时，称为额定工作状态，也称为满载运行，未达到额定值的运行称为欠载运行，超过额定值则为超载。设备应尽量工作在额定状态，以达到最佳的技术经济效能，而欠载及超载状态则应尽量避免，特别是长时间或过量超载，常常会烧坏电源或用电设备，所以在使用电气设备时一定注意不要超过其额定值。

例 1－3　某工地的照明负载为 20 盏 220 V，100 W 的白炽灯，问在点燃 20 盏灯和点燃 10 盏灯的情况下，电源提供给照明负载的总电流及总功率分别是多少？电源所带照明负载荷的总电阻分别是多少？如果每日照明 10 小时，则 20 盏灯每月照明用电量为多少？

解　因为白炽灯的额定电压为 220 V，所以它们应全部并联在 220 V 的电网上，每盏灯

流过的额定电流为：$I_N = P_N / U_N = 100/220\ \text{A} = 0.45\ \text{A}$

20盏灯时照明负荷的总电流为：$I_1 = 20 \times I_N = 20 \times 0.45 = 9\ \text{A}$

电源提供的总功率：$P_1 = U_N I_1 = 220 \times 9 = 1\ 980\ \text{W}$

照明负荷的总电阻：$R_1 = U_N / I_1 = 220/9 = 24.4\ \Omega$

10盏灯时照明负荷的总电流为：$I_2 = 10 \times I_N = 10 \times 0.45 = 4.5\ \text{A}$

电源提供的总功率：$P_2 = U_N I_2 = 220 \times 4.5 = 990\ \text{W}$

照明负荷的总电阻：$R_2 = U_N / I_2 = 220/4.5 = 48.9\ \Omega$

按每月30天计，则20盏灯的用电量为：$W = P_1 t = 1.98 \times 10 \times 30 = 594\ \text{kW·h}$

可见，点燃的电灯越多，电源提供的电流及功率越多，这时称为负载的增加，但此时所带负载的电阻却在减小，所以，负载的增加是指功率的增加而不是电阻的增加，电源所带负载越多则总的负载电阻越小。

1.2 直流电路的基本分析方法

1.2.1 电阻的连接及等效变换

1.等效变换的概念

在对电路进行分析计算时，将多个元件组成的电路化简为只有少数几个元件或者一个元件组成的电路，并确保未被化简电路的电压和电流保持不变，这种变换称为等效变换。

如图1－13所示电路，N_1 和 N_2 通过两个端钮和外部电路相连，它们的内部电路不一定相同，如果电压和电流的关系完全相同，则说明两个端口电路是等效的。

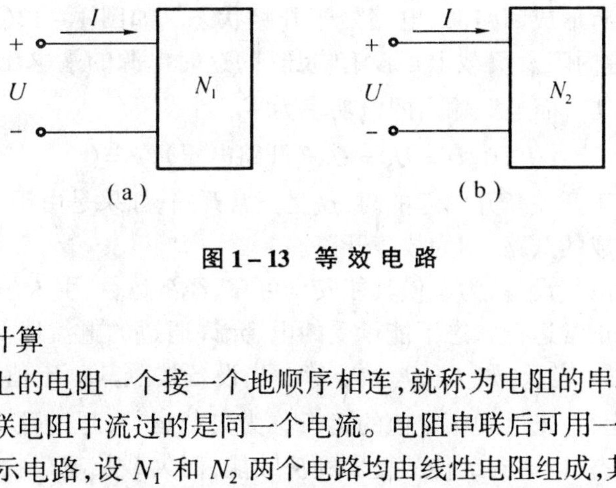

图1－13 等效电路

2.串联电阻的计算

两个或两个以上的电阻一个接一个地顺序相连，就称为电阻的串联。串联电路的一个重要特点就是在串联电阻中流过的是同一个电流。电阻串联后可用一等效电阻来代替。

如图1－14所示电路，设 N_1 和 N_2 两个电路均由线性电阻组成，其内部不含独立电源，则

$$R = R_1 + R_2 + R_3 \tag{1-17}$$

经等效变换后，在同一个电压 U 的作用下，电流 I 保持不变，所在的串联电路中，等效电阻等于各个串联电阻之和。

当多个电阻串联时，其各自电压为

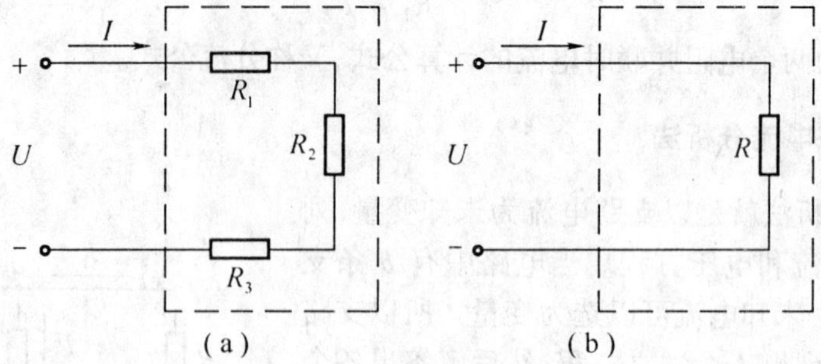

图 1－14 串联电阻的等效

$$U_K = R_K I = \frac{R_K}{R}U \tag{1-18}$$

式(1－17)称为分压公式,从式中可知各个串联电阻的电压与电阻值成正比;同理,串联电路中电阻的功率与电阻值也成正比。

3.并联电阻的计算

两个或两个以上电阻的两端都连接在两个公共的节点上就称为电阻的并联。并联的电路的重要特点则是各个并联支路上的电阻所承受的是同一个电压。并联的电阻也可用一等效电阻来代替。

如图 1－15 所示,图中为两个电阻 R_1 和 R_2 并联,则等效电阻为

$$\frac{1}{R} = \frac{1}{R_1} + \frac{1}{R_2} \tag{1-19}$$

则
$$R = \frac{R_1 R_2}{R_1 + R_2}$$

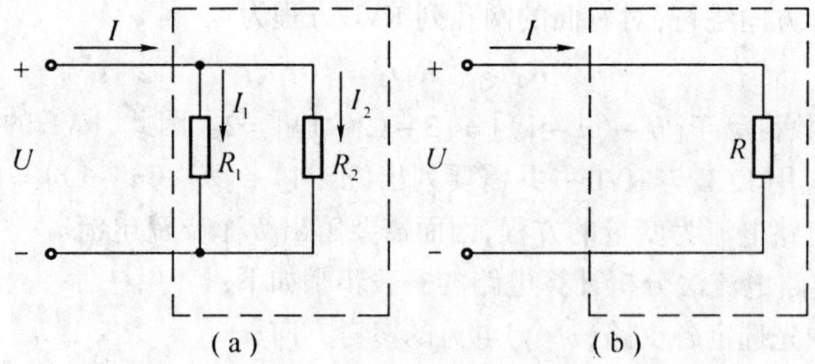

图 1－15 并联电阻的等效

经等效变换后,在同一电压 U 的作用下,电流 I 没有发生改变,所以在并联电路中,等效电阻的倒数等于各个并联电阻的倒数和,且等效电阻的值小于任意一个并联电阻。

由图 1－15 中得两个并联电阻的电流为

$$I_1 = \frac{R_2}{R_1 + R_2}I$$

$$I_2 = \frac{R_1}{R_1 + R_2} I \tag{1-20}$$

式(1－20)为两个电阻并联时电流的计算公式,又称分流公式。

1.2.2 支路电流分析法

支路电流分析法就是以支路电流为未知变量,列写基尔霍夫的电流和电压方程。当电路中有 b 条支路,那么就有 b 个未知电流可以选为变量。所以支路电流分析法需要列出 b 个独立方程,然后解答出各个未知量的支路电流。现在以图 1－16 所示的电路图为例,来说明支路电流分析法的步骤。

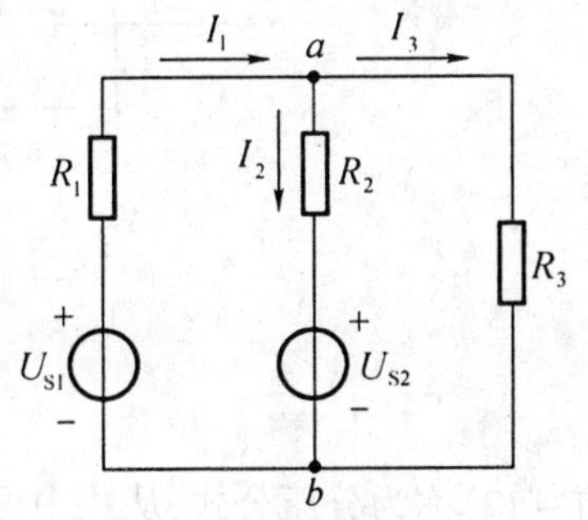

图 1－16 支路电流法的举例

电路中支路数为 $b=3$,节点数为 $n=2$,以支路电流 I_1,I_2,I_3 为未知量,可以列出三个独立方程。在列写方程以前指定各支路电流的参考方向如图中所示。

首先,根据电流的参考方向,对于节点 a 列写 KCL 方程

$$-I_1 - I_2 + I_3 = 0 \tag{1-21}$$

对于节点 b 列 KCL 方程

$$I_1 + I_2 - I_3 = 0 \tag{1-22}$$

其实,式(1－21)和式(1－22)是同一个式子,两个方程中只有一个是独立的,所以对于这两个节点电路,只能有一个独立的 KCL 方程。

其次,选择回路应用 KVL 列出其余$[b-(n-1)]$个方程。一般,可选取网孔来列写 KVL 方程。在图 1－16 中有两个网孔,按顺时针方向绕行,对左面的网孔列 KVL 方程为

$$R_1 I_1 - R_2 I_2 = U_{S1} - U_{S2} \tag{1-23}$$

如果按顺时针方向绕行,对右面的网孔列 KVL 方程为

$$R_2 I_2 + R_3 I_3 = U_{S2} \tag{1-24}$$

这里,网孔的数目等于$[b-(n-1)]=[3-(2-1)]=2$。因此,KVL 的方程数等于$[b-(n-1)]$。通常,应用 KCL 与 KVL 一共需要列出$(n-1)+[b-(n-1)]=b$ 个独立的方程,由于它们都是以支路电流为变量的方程,因而需要解出 b 个支流电流。

综上所述,支路电流法分析计算电路的一般步骤如下:

1.在电路图中先选定各支路(b 个)电流的参考方向;

2.指定参数节点,对独立节点列出$(n-1)$个 KCL 方程;

3.设定各网孔绕行方向,列出$[b-(n-1)]$个 KVL 方程;

4.联立求解上述 b 个独立方程,可得出待求的各支路电流,然后按 VCR 求各支路的电压。

例 1－4 已知各支路电流的参考方向如图 1－17 所示,计算各支路的电流。

解 图中一共有 2 个节点、3 条支路和 2 个网孔,由 KCL 定律可列出 b 节点电流

$$I_1 - I_2 - I_3 = 0$$

由 KVL 定律可列出 A,B 回路电压方程分别为

$$2I_1 + 2I_2 - 20 - 1 = 0$$

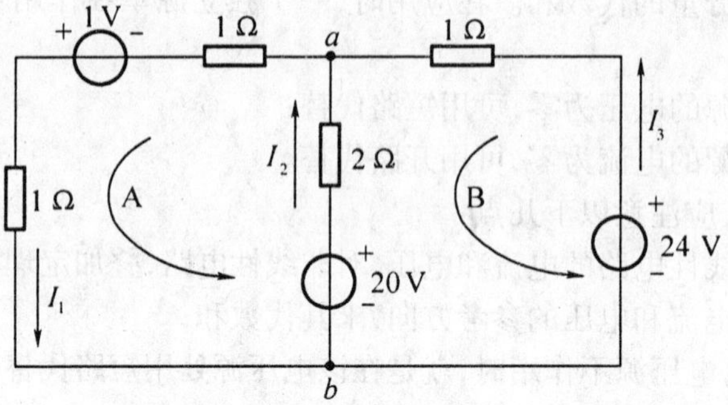

图 1-17　例 1-4 电路图

$$I_3 - 2I_2 - 4 = 0$$

解得 $I_1 = 8.875$ A，$I_2 = 1.625$ A，$I_3 = 7.25$ A

1.2.3　叠加定理

叠加定理是线性电路的一个基本定理。叠加定理可表述如下：在线性电路中，当有两个或两个以上的独立电源作用时，则任意支路的电流或电压，都可以认为是电路中各个电源单独作用时，在该支路中产生的各电流分量或电压分量的代数和。

图 1-18 所示为叠加定理的实例，应用支路电流分析法

R_2 支路的电流 $$I = \frac{U_S}{R_1 + R_2} - \frac{R_1}{R_1 + R_2} \cdot I_S$$

U_S 单独作用时的电流为 $$I' = \frac{U_S}{R_1 + R_2}$$

I_S 单独作用时的电流为 $$I'' = \frac{R_1}{R_1 + R_2} I_S$$

以上两个电流相加为 $$I' - I'' = \frac{U_S}{R_1 + R_2} - \frac{R_1}{R_1 + R_2} I_S = I$$

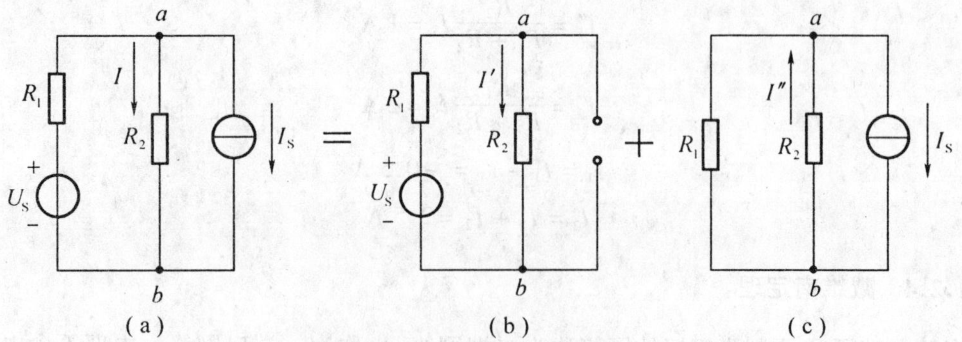

图 1-18　叠加定理的实例

类似地可以证明其他各支路电流或各支路电压也是各独立源单独作用在该支路电路产生的电流分量或电压分量的代数和。在应用时,一个独立源单独作用意味着其他独立源不作用。

1.不作用的电压源的电压为零,可用短路代替;

2.不作用的电流源的电流为零,可用开路代替。

使用叠加定理时,应注意以下几点:

1.只能用来计算线性电路的电流和电压,对非线性电路,叠加定理不适用;

2.叠加时要注意电流和电压的参考方向,求其代数和;

3.在进行计算时,电压源不作用时,就是在该电压源处用短路代替;电流源不作用时,就是在该电流源处用开路代替;

4.不能用叠加定理直接来计算功率。

例 1-5 已知:$R_1 = 12\ \Omega$, $R_2 = 6\ \Omega$, $E = 9\ \text{V}$, $I_S = 3\ \text{A}$,利用叠加定理求图 1-19(a)所示电路中的支路电流 I_1 和 I_2。

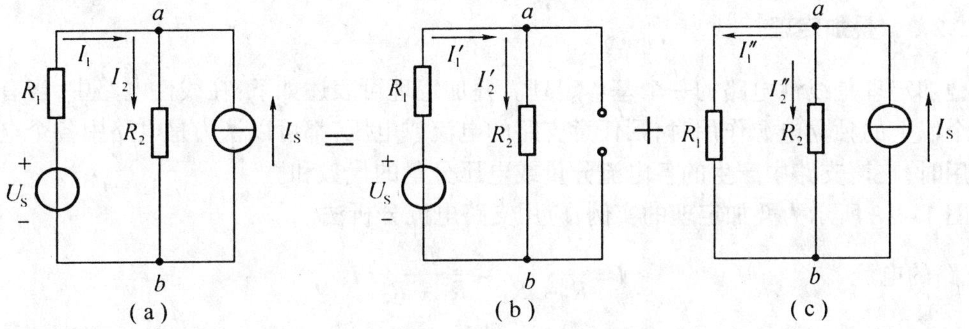

图 1-19 例 1-5 电路图

解 如图 1-19(b)所示,当电压源 E 单独作用时,解得

$$I_1' = I_2' = \frac{E}{R_1 + R_2} = 0.5\ \text{A}$$

如图 1-19(c)所示,当电流源 I_S 单独作用时,解得

$$I_1'' = \frac{R_2}{R_1 + R_2} I_S = 1\ \text{A}$$

$$I_2'' = \frac{R_1}{R_1 + R_2} I_S = 2\ \text{A}$$

因此

$$I_1 = I_1' - I_1'' = -0.5\ \text{A}$$

$$I_2 = I_2' + I_2'' = 2.5\ \text{A}$$

1.2.4 戴维南定理

有两个端子和外电路相接的网络称为二端网络,也称为一端口网络。内部不含电源的称为无源二端网络,含有电源的称为有源二端网络。任何实际的电源,例如:电池,就是一个有源二端网络。

有些有源二端网络不仅产生电源，本身还消耗电能。在对外部电路等效的条件下，即保持它们的输出电压和电流不变的条件下，它们产生电能的作用可以用一个理想电源元件来表示，消耗电能的作用可以用一个理想电阻元件来表示，这就是戴维南定理所要叙述的内容。

戴维南定理指出：对外部电路而言，任何一个线性有源二端网络，都可以用一个理想电压源与电阻串联的电路模型代替，这个电路模型称为电压源模型，简称电压源，电压源中理想电压源的电压 U_S 等于原有源二端网络的开路电压 U_{OC}；电压源的内电阻 R_0 等于原有源二端网络的开路电压 U_{OC} 与短路电流 I_{SC} 之比，也等于将原有源二端网络内部的独立电源置零（即将所有理想电压源短路，所有理想电流源开路）后，在端口处得到的等效电阻。

用戴维南定理分析问题的步骤：

1. 断开所要求解的支路或局部网络，求出所余二端有源网络的开路电压 U_{OC}；

2. 令二端网络内独立源为零（即变为无源二端网络），求等效电阻 R_0；

3. 将待求支路或网络接入等效电路后得戴维南等效电路，求出解。

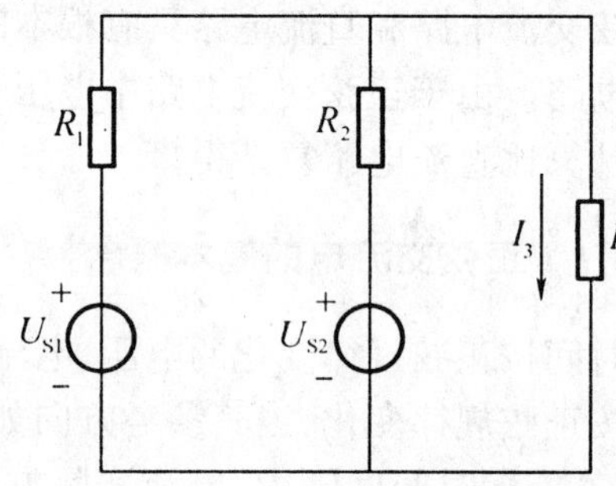

图 1－20　例 1－5 的电路图

例 1－6　用戴维南定理求图 1－20 所示电路中 R_3 支路得电流 I_3。

解　首先将待求支路 R_3 移去，如图 1－21(a)所示。

由闭合回路的欧姆定律，求得电流为：$I = \dfrac{U_{S1} - U_{S2}}{R_1 + R_2}$

求出有源二端网络的开路电压：$U_{OC} = U_{S2} + IR_2 = \dfrac{U_{S1}R_2 + U_{S2}R_1}{R_1 + R_2}$

然后由 1－21(b)求出等效电阻：$R_0 = \dfrac{R_1 R_2}{R_1 + R_2}$

最后组成戴维南等效电路，如图 1－21(c)，求出 I_3。

$$I_3 = \frac{U_{OC}}{R_0 + R_3} = \frac{U_{S1}R_2 + U_{S2}R_1}{R_1R_2 + R_1R_3 + R_2R_3}$$

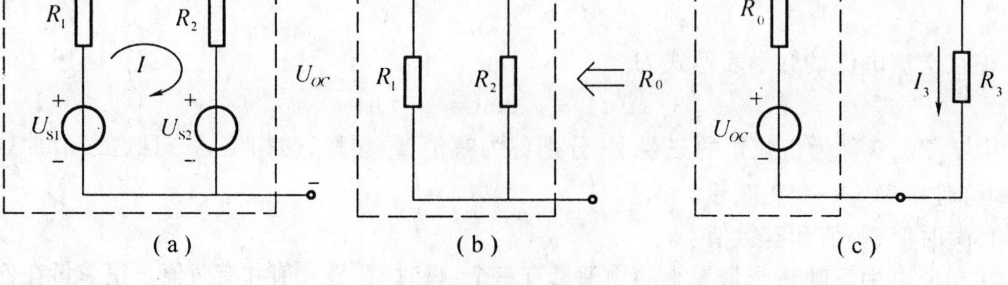

图 1－21

1.3 单相正弦交流电路

在现代技术中,无论是生产用电还是生活用电,几乎都采用正弦交流电。即使某些应用直流电的场合,如电车、电解、电子仪器等,也多是将交流电经整流设备整流而得到。由于交流电具有容易生产、变压、输送和分配等特点,交流发电机比直流发电机简单,便于制造大容量的发电机,交流电动机比直流电动机结构简单、造价低、运行可靠、维护方便,所以正弦交流电得到广泛的应用。

大小和方向随时间作周期性变化,并且在一个周期内的平均值为零的电压、电流和电动势称为交流电。随时间按正弦规律变化的交流电压、电流、电动势统称为正弦交流电,简称交流电。

正弦交流电路和直流电路具有根本的区别;但直流电路的分析方法原则上也适用于正弦交流电路。由于正弦交流电路中电压和电流的大小和方向随时间按正弦规律变化,因此分析和计算比直流电路复杂得多。

1.3.1 正弦交流电的基本概念

随时间按正弦规律变化的电压、电流、电动势统称为正弦量。如图 1-22(a)所示电路,其电流按正弦规律变化,当其参考方向如图所示时,电流随时间变化得波形如图 1-22(b)所示,在 $0 \sim t_1$ 时间间隔内,电流实际方向与参考方向一致,为正电流;在 $t_1 \sim t_2$ 时间间隔内,电流实际方向与参考方向相反,为负电流。前者称为正半周电流,后者称为负半周电流。

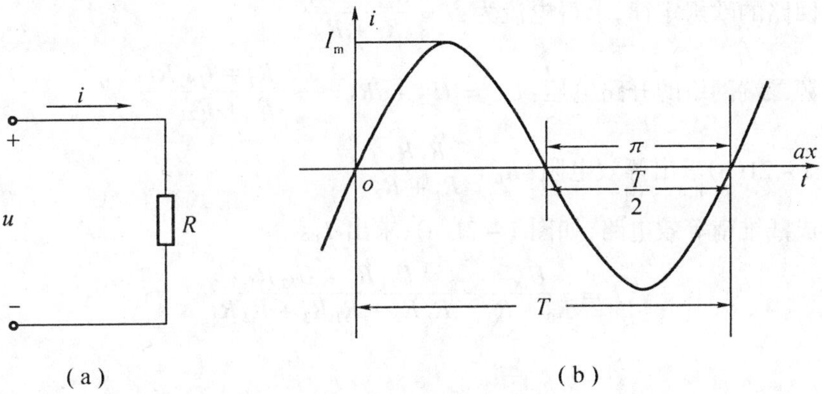

图 1-22 正弦交流电的波形

正弦交流电流的数学表达式为

$$i(t) = I_m \sin(\omega t + \theta) \tag{1-25}$$

上式中 I_m,ω,θ 称为正弦量的三要素,分别称为幅值、角频率、初相位。一旦这三个常数确定,即可唯一确定一个正弦量。

1.瞬时值、幅值和有效值

在交流电中反映正弦量大小的物理量有三个:瞬时值、最大值和有效值。正弦量在任一时刻的实际值就是它的瞬时值,用小写字母表示,如 i,u,e 等。

$$e = E_m \sin\omega t$$
$$u = U_m \sin\omega t$$
$$i = I_m \sin\omega t$$

正弦量瞬时值中的最大值，叫幅值，也叫峰值，用大写字母带下标“m”表示，如 I_m，U_m，E_m 等，幅值为正值。电路的一个主要作用是转换能量，正弦量的瞬时值和最大值都不能确切反映它们在转换能量方面的效果，为此，引入有效值。用大写字母表示，如 I，U 等。交流电的有效值是根据它的热效应确定的。

交流电流 i 通过电阻 R 在一个周期内所产生的热量和直流电流 I 通过同一电阻 R 在相同时间内所产生的热量相等，则这个直流电流 I 的数值叫做交流电流 i 的有效值。

一个周期内直流电通过电阻 R 所产生的热量为

$$Q = I^2 RT$$

交流电通过同样的电阻 R，在一个周期内所产生的热量为

$$Q = \int_0^T i^2 R\mathrm{d}t$$

由有效值的定义，这两个电流所产生的热量应该相等，即

$$I^2 RT = \int_0^T i^2 R\mathrm{d}t$$

所以交流电的有效值为

$$I = \sqrt{\frac{1}{T}\int_0^T i^2 \mathrm{d}t}$$

当电阻 R 上通过正弦交流电流时 $i = I_m \sin\omega t$，由有效值的定义可知

$$I = \sqrt{\frac{1}{T}\int_0^T I_m^2 \sin^2 \omega t \mathrm{d}t} = \frac{I_m}{\sqrt{2}} = 0.707 I_m \tag{1-26}$$

同样，正弦电压的有效值为

$$U = \frac{U_m}{\sqrt{2}} = 0.707 U_m \tag{1-27}$$

在日常生活和生产中常提到的 220 V，380 V 及交流测量仪表上所指示的电压和电流都是交流电的有效值。这样，只要知道有效值，再乘以$\sqrt{2}$就可以得到它的幅值。如我们日常所说的照明用电电压为 220 V，其最大值为

$$U_m = 220\sqrt{2} = 311\ \text{V}$$

2.周期、频率和角频率

周期 T 表示正弦量完整变化一周所需的时间，单位是秒 s。周期越长，则正弦量变化的越慢，反之则快。频率 f 为周期的倒数，表示每秒内变化的周数，单位是赫兹 Hz。显然，频率越高，则正弦量变化的越快，反之则慢。

正弦量变化的快慢除用周期和频率表示外，还可用正弦量对应的角度随时间变化的速率来表示，称为角频率，用 ω 表示，单位是弧度每秒 rad/s。由于一周期为 2π，所以

$$\omega = \frac{2\pi}{T} = 2\pi f \tag{1-28}$$

角频率越大，则正弦量变化越快。

周期、频率和角频率都是衡量正弦量变化快慢的物理量，而且三者是统一的，可以互相

转化。如我国规定的工业用电频率(工频)为 50 Hz,则周期:$T=\frac{1}{f}=0.02$ s,角频率:$\omega=2\pi f=314$ rad/s。

3.相位、初相、相位差

正弦电流一般表示为 $i(t)=I_m\sin(\omega t+\theta)$,如图 1－23 所示,其中$(\omega t+\theta)$叫做相位,反应了正弦量随时间变化的过程。当 $t=0$ 时,正弦量的相位称为正弦量的初相。由于正弦量是随时间变化,所以在分析正弦量时应选择一个计时起点。正弦量的初相、初始值均与计时起点有关,计时起点选择不同,其初相和初始值均不同。

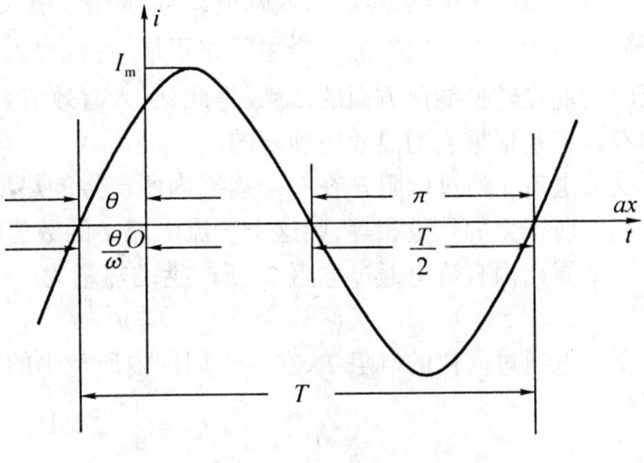

图 1－23　正弦交流电的波形

两个同频率正弦量的相位之差,称为相位差,用字母"φ"表示。

设有两个正弦量

$$u_1=U_{m1}\sin(\omega t+\theta_1)$$
$$u_2=U_{m2}\sin(\omega t+\theta_2)$$

则相位差为

$$\varphi_{12}=(\omega t+\theta_1)-(\omega t+\theta_2)=\theta_1-\theta_2 \qquad (1-29)$$

即两个同频率正弦量的相位差,等于它们的初相之差。

当两个正弦量的相位差为 $\varphi_{12}=\theta_1-\theta_2>0$ 则 u_1 超前于 u_2,波形如图 1－24(a)所示;如果两个正弦量的相位差 $\varphi_{12}=\theta_1-\theta_2=0$ 时称为同相,波形如图 1－24(b)所示;如果相位差为 ±180°时称为反相,波形如图 1－24(c)所示;如果 $\varphi_{12}=\theta_1-\theta_2<0$,则 u_1 滞后于 u_2,波形如图 1－24(d)所示。

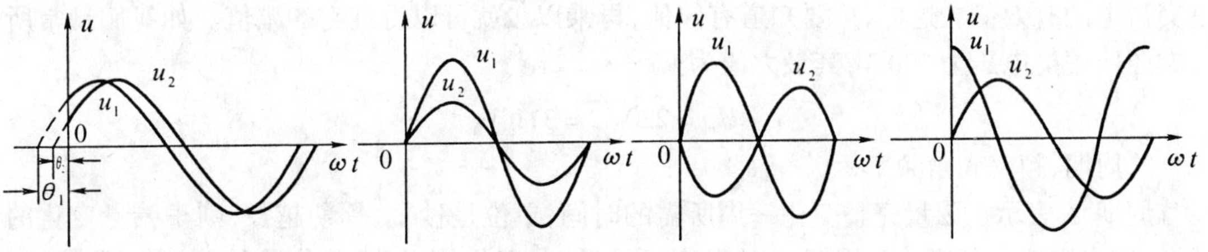

图 1－24　同频率正弦量的几种相位关系

例 1－7　在选定的参考方向下,已知两正弦量的解析式为 $u=220\sin(314t+60°)$ V,$i=-10\sin(314t-30°)$ A,求两个正弦量的三要素。

解　(1)由 $u=220\sin(314t+60°)$ V 可知,电压的振幅值 $U_m=220$ V,角频率 $\omega=314$ rad/s,初相 $\theta_u=60°$。

(2)由 $i=-10\sin(314t-30°)=10\sin(314t-30°+180°)=10\sin(314t+150°)$ A 可知,电流的振幅值 $I_m=10$ A,角频率 $\omega=314$ rad/s,初相 $\theta_i=150°$。

1.3.2 正弦交流电的相量表示法

1.复数及其运算

(1)复数的表示方法

相量表示法实质是用复数表示正弦量的方法。已知复数 A 的直角坐标式为

$$A=a+bi$$

上式称为复数的代数式。式中,a 为实部,b 为虚部,$i=\sqrt{-1}$称为虚数单位。在电工基础中,i 已用来表示电流,故虚数单位用 j 表示。

在平面直角坐标系中,横轴表示复数的实部,也称为实轴;纵轴表示复数的虚部,也称为虚轴;则这两个坐标轴所在的平面称为复平面。这样,每一个复数在复平面上都可找到唯一的点与之对应,而复平面上每一点也都对应着唯一的复数。如图 1-25 上的 A 点表示复数 $A=5+j4$在复平面上的位置。

复数也可以用复平面上的复矢量表示。如图 1-26 复平面中的复矢量 OA 表示复数 A。它的长度为复数的模,与实轴正方向夹角 θ 称为复数 A 的辐角;在实轴和虚轴的投影分别为复数的实部 a 和虚轴 b。由图得

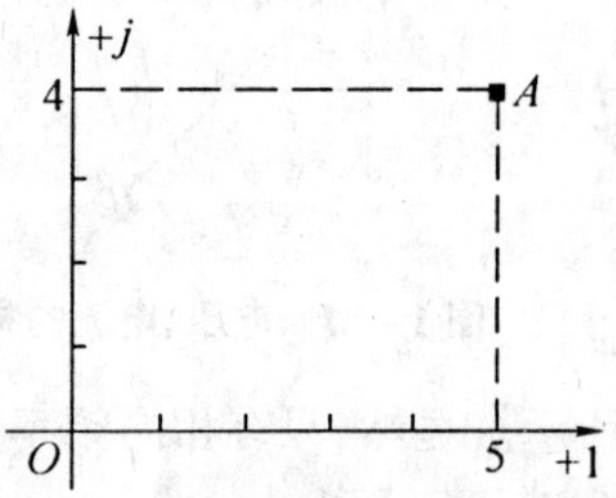

图 1-25 复数在复平面上的表示

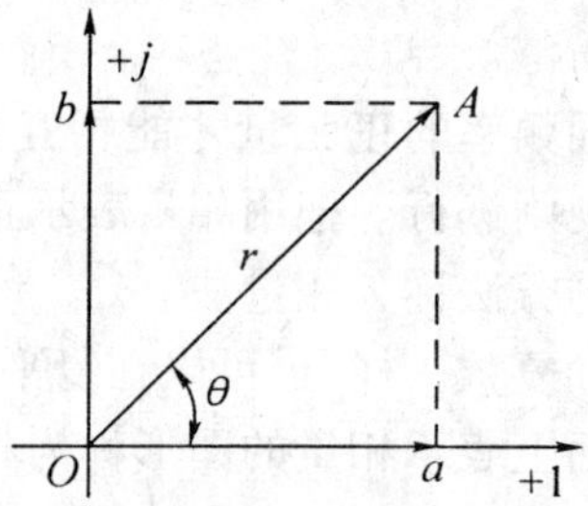

图 1-26 复数的矢量表示

$$\left.\begin{aligned}a&=r\cos\theta\\b&=r\sin\theta\end{aligned}\right\}\tag{1-30}$$

式中 r——称为复数的模,模总是取正值;

θ——称为复数 A 的辐角。

其中

$$r=|A|=\sqrt{a^2+b^2}\tag{1-31}$$

$$\theta=\arctan\frac{b}{a}\qquad(-\pi\leqslant\theta\leqslant\pi)\tag{1-32}$$

$$A=a+jb=r\cos\theta+jr\sin\theta=r(\cos\theta+j\sin\theta)$$

利用欧拉公式

$$e^{j\theta}=\cos\theta+j\sin\theta$$

可以把复数 A 的三角形式变换为指数形式,即

$$A=re^{j\theta}$$

在电工中还常把复数写成如下的极坐标形式，即

$$A = r\angle\theta$$

它是复数的指数形式的简写形式。在以后的运算中，代数形式和极坐标形式是常用的。

(2)复数的四则运算

在复数的四则运算时，复数的相加或相减的运算必须用代数形式来进行。即复数相加减时，将实部和实部相加减，虚部和虚部相加减。

例如，设 $A_1 = a_1 + \mathrm{j}b_1 \quad A_2 = a_2 + \mathrm{j}b_2$

则

$$A_1 \pm A_2 = (a_1 \pm a_2) + \mathrm{j}(b_1 \pm b_2) \tag{1-33}$$

复数的相乘或相除的运算用指数形式或极坐标形式较方便

$$AB = (r_1\angle\theta_1)\cdot r_2\angle\theta_2 = r_1 r_2 \angle\theta_1 + \theta_2 \tag{1-34}$$

$$\frac{A}{B} = \frac{r_1\angle\theta_1}{r_2\angle\theta_2} = \frac{r_1}{r_2}\angle\theta_1 - \theta_2 \tag{1-35}$$

即复数相乘，模相乘，辐角相加；复数相除，模相除，辐角相减。

2.正弦量的相量表示法

对于任意一个正弦量，都能找到一个与之相对应的复数，由于这个复数与一个正弦量相对应，把这个复数称作相量。在大写字母上加一点来表示正弦量的相量。如电流、电压的最大值相量用 $\dot{U}_{\mathrm{m}}, \dot{I}_{\mathrm{m}}$ 表示，有效值的相量用 $\dot{U}, \dot{I}$ 表示。

只有同频率的正弦量才能相互运算，运算方法按复数的运算规则进行。把用相量表示正弦量进行正弦交流电路运算的方法称为相量法。

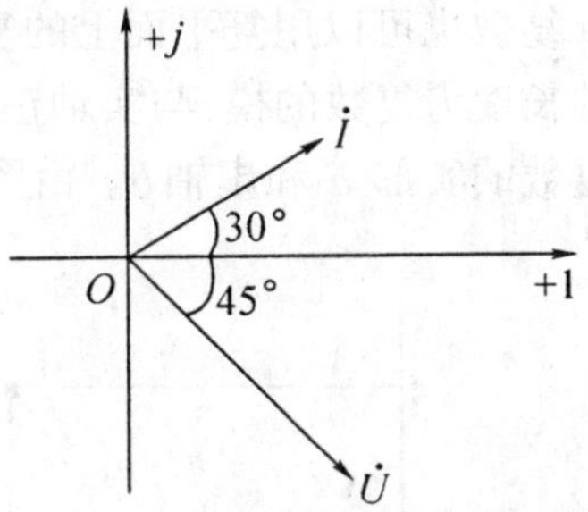

图 1－27　电压、电流的相量图

相量和复数一样，也可以在复平面上作图表示，这种画在复平面上表示相量的图形称为相量图，如图 1－27 所示。显然，只有相同频率的正弦量才能画在同一相量图上。作相量图时，实轴和虚轴可以省略而不画出来。

1.3.3　单一参数的交流电路

在单相交流电路中，常见的无源元件有电阻、电感和电容，使电压、电流之间不仅存在着量值大小的关系，还存在着相位的关系，因此，正弦交流电路的分析比直流电路复杂得多。

1.纯电阻电路

纯电阻电路指在交流电路中的负载只有电阻。如图 1－28 是一个线性电阻元件交流电路。

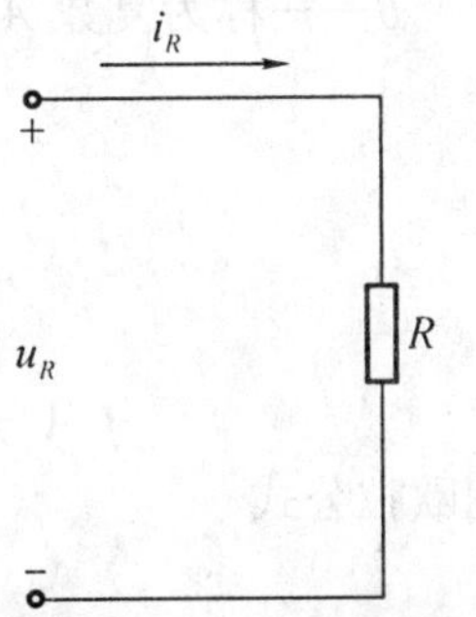

图 1－28　纯电阻电路图

(1)电压与电流的关系

如果流过电阻的电流为 $i_R = I_{R\mathrm{m}}\sin\omega t$

在任一瞬间，电压 U_R 和电流 i_R 的瞬时值服从欧姆定律，

$$u_R = i_R R = I_{R\mathrm{m}}R\sin\omega t = U_{R\mathrm{m}}\sin\omega t \tag{1-36}$$

则

$$U_{R\mathrm{m}} = I_{R\mathrm{m}}R \quad 即 \quad U_R = RI_R \tag{1-37}$$

电阻元件上电压与电流的相位差：$\varphi = \theta_u - \theta_i = 0$。图 1－29 是电阻元件上电流和电压的波形图。

如用相量表示电压与电流的关系，则为

$$\dot{I}_R = I_R \angle \theta$$

$$\dot{U}_R = U_R \angle \theta = I_R \cdot R \angle \theta$$

或

$$\dot{U}_R = \dot{I}_R R \tag{1-38}$$

式(1－38)就是电阻元件上电压与电流的相量关系，此即欧姆定律的相量形式。如图 1－30(a)所示画出电流、电压相量的参考方向，电流和电压的相量图如图 1－30(b)所示。

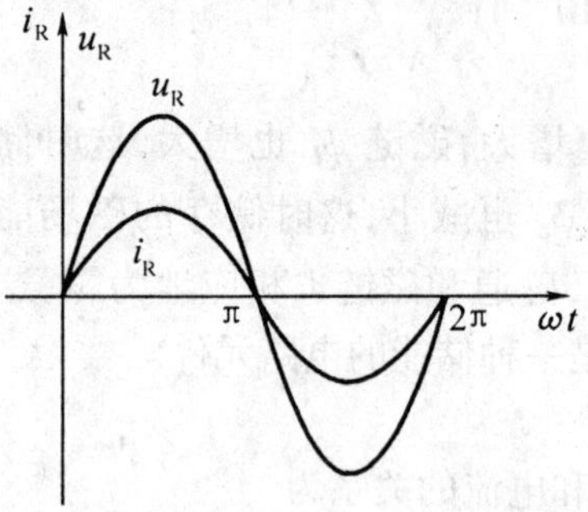

图 1－29　电阻元件上电流、电压的波形图

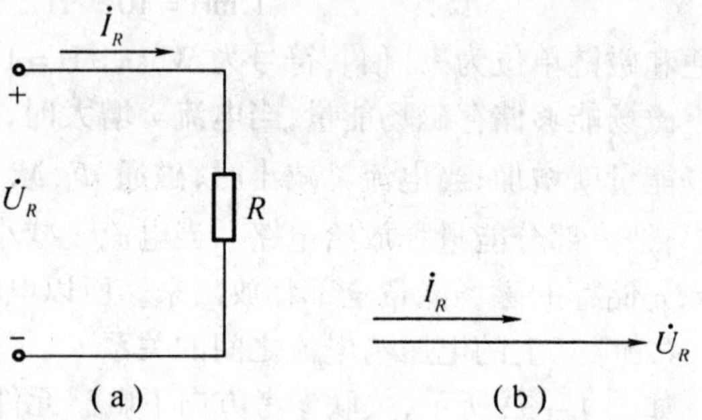

图 1－30　电阻元件电压与电流的相量图

(2)纯电阻电路中的功率

在任意瞬间，电压瞬时值 u 与电流瞬时值 i 的乘积称为瞬时功率，用小写字母 p 表示，即

$$p = ui = U_{Rm}\sin\omega t \cdot I_{Rm}\sin\omega t = U_R I_R (1 - \cos 2\omega t) \tag{1-39}$$

瞬时功率随时间变化的规律如图 1－31 所示。由上式和功率曲线可知，瞬时功率是由两部分组成的，前一部分是常量 $U_R I_R$，后一部分是以电源频率的两倍变化的正弦量。由于电压与电流同相，它们同时为正，同时为负，所以瞬时功率总是正值，即 $p_R \geqslant 0$。说明电阻元件是耗能元件。

瞬时功率在一个周期内的平均值称为平均功率，用大写字母 P 表示。即

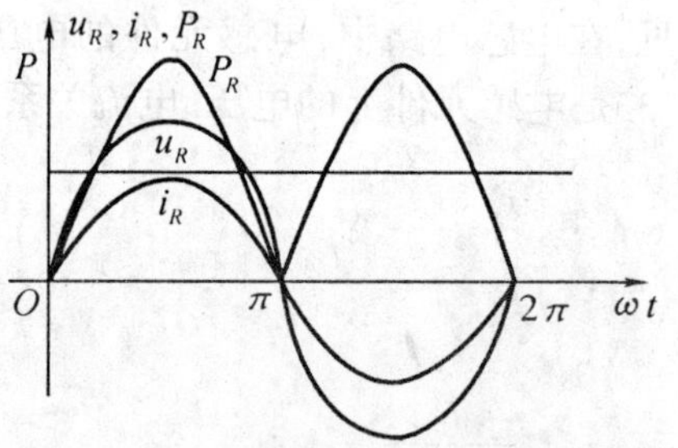

图 1－31　电阻元件的瞬时功率曲线

$$P = \frac{1}{T}\int_0^T p\,\mathrm{d}t = \frac{1}{T}\int_0^T U_R I_R (1 - \cos 2\omega t)\,\mathrm{d}t = U_R I_R \tag{1-40}$$

由于平均功率反映了电阻元件实际消耗电能的情况，又称有功功率。所以习惯上常把平均或有功二字省略，直接称为功率。它的单位仍然是瓦(W)。例如，一个灯泡的额定电压是 220 V，额定功率是 60 W，就是指这个灯泡接到 220 V 电压时，它消耗的平均功率是 60 W。

2.纯电感电路

当电路中的负载仅为电感时，该电路称为纯电感电路。

(1)电感元件

电感元件是实际电感器的理想化模型，它表示电感器的主要物理性能。用导线绕制成

线圈就构成电感器。线圈内有电流 i 流过时，电流在该线圈内产生的磁通为自感磁通。如果线圈的匝数为 N，且穿过每一匝线圈的自感磁通都是 Φ_L，电流 i 产生的自感磁链为 ψ_L。

则

$$L = \frac{\psi_L}{i_L} = \frac{N\Phi_L}{i_L} \tag{1-41}$$

式中，L 称为电感元件的电感，也称自感。电感的单位为亨[利]，符号为 H；通常还用毫亨(mH)和微亨(μH)作为其单位，它们与亨的换算关系为

$$1\ \mathrm{mH} = 10^{-3}\ \mathrm{H},\quad 1\ \mu\mathrm{H} = 10^{-6}\ \mathrm{H}$$

磁通和磁链单位为韦[伯]，符号为 Wb。1 H = 1 Wb/A。

磁场能够储存磁场能量，当电流 i 增大时，磁通 Φ_L 增大，磁链 ψ_L 也增大，这时储存的磁场能量就增加；当电流 i 减小时，磁通 Φ_L 减小，磁链 ψ_L 也减小，这时储存的磁场能量也减小，把一部分能量释放给电路。当电流 i 减小为零时，磁通和磁链也相应地为零，这时线圈原先储存的磁场能量全部释放出来。所以电感元件是一种储能的电路元件。

(2)电感上的电压与电流之间的关系

如图 1－32 所示，关联参考方向下电感元件的电压和电流的关系为

$$u_L = L\frac{\mathrm{d}i}{\mathrm{d}t} \tag{1-42}$$

设电感元件的正弦电流为 $i_L = I_{L\mathrm{m}}\sin\omega t$

得 $u_L = L\dfrac{\mathrm{d}i}{\mathrm{d}t} = L\dfrac{\mathrm{d}(I_{L\mathrm{m}}\sin\omega t)}{\mathrm{d}t} = I_{L\mathrm{m}}\cos\omega t = I_{L\mathrm{m}}\sin\left(\omega t + \dfrac{\pi}{2}\right) = U_{L\mathrm{m}}\sin\left(\omega t + \dfrac{\pi}{2}\right)$

将其写为 $U_{L\mathrm{m}} = \omega L I_{L\mathrm{m}}$

$$\varphi = \theta_u - \theta_i = \frac{\pi}{2} \tag{1-43}$$

可见，在电感电路中，电感元件的电压的相位超前电流 90°，或者说电流滞后电压 90°。图 1－33是电感元件上的电压、电流关系。

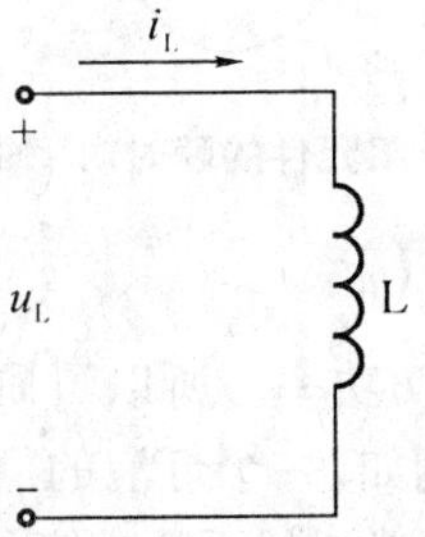

图 1－32　纯电感电路图

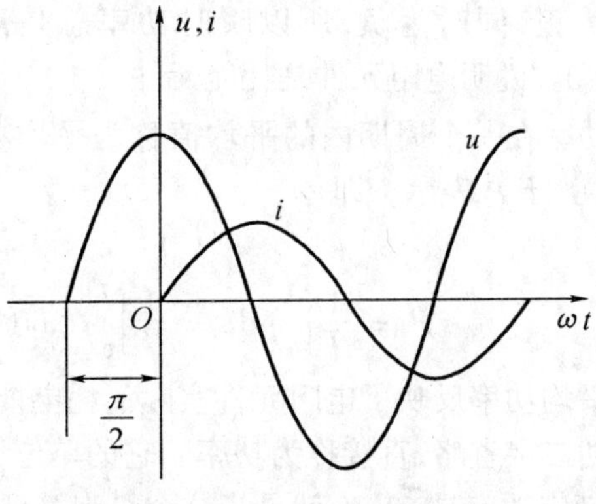

图 1－33　电感元件上电流与电压的波形图

电感元件的电压和电流的有效值关系为

$$U_L = I_L\omega L \quad 或 \quad I_L = \frac{U_L}{\omega L} \tag{1-44}$$

写成相量形式为 $$\dot{U}_L = \mathrm{j}\omega L\dot{I}_L \tag{1-45}$$

式(1-45)就是电感元件的电压、电流的相量关系式。电流与电压的相量图如图1-34(a)中画出电流、电压相量的参考方向,电流与电压的相量图如图1-34(b)所示。

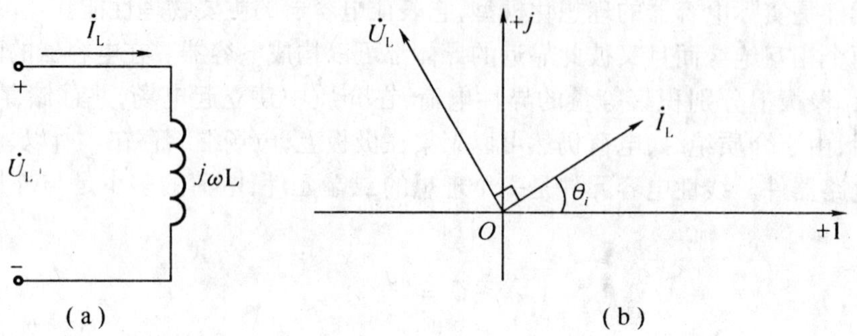

图1-34 电感元件电流与电压的相量图

电压与电流的有效值之比为

$$X_L = \frac{U_L}{I_L} = \omega L = 2\pi fL \tag{1-46}$$

式中 X_L——称为感抗,当 ω 的单位为rad/s,L 的单位为H,X_L 的单位为Ω。

抗是用来表示电感元件对电流的阻碍作用的一个物理量。式(1-46)表明,电感的感抗与频率(或角频率)成正比。电源频率越高,感抗越大,表示电感对电流的阻碍作用越大。反之,频率越低,线圈的感抗也就越小。对直流电而言,频率 $f=0$,感抗也就为零。电感元件在直流电路中相当于短路。在电压一定的条件下,ωL 越大,电路中的电流越小。ωL 越小,电路中的电流越大。

引进了感抗以后,式(1-45)可写作

$$\dot{U}_L = \mathrm{j}X_L\dot{I}_L \tag{1-47}$$

(3)纯电感电路中的功率

在电感电路中电感元件的瞬时功率为

$$p = u_L i_L = U_{Lm}\sin(\omega t + \frac{\pi}{2}) \cdot I_{Lm}\sin\omega t = \frac{1}{2}U_{Lm}I_{Lm}\sin 2\omega t = U_L I_L \sin 2\omega t$$

在一个周期内,电感元件的平均功率为

$$P = \frac{1}{T}\int_0^T p\ \mathrm{d}t = \frac{1}{T}\int_0^T U_L I_L \sin 2\omega t\ \mathrm{d}t = 0 \tag{1-48}$$

电感元件在一个周期内吸收功率和释放功率是相等的,这说明电感元件是储能元件,它在电路中的作用是储存与释放能量,它并不消耗能量,即平均功率为零。我们把电感元件上电压的有效值和电流的有效值的乘积叫做电感元件的无功功率,用 Q_L 表示。

$$Q_L = U_L I_L = I_L^2 X_L = \frac{U_L^2}{X_L} \tag{1-49}$$

由式(1-49)可以看出,电感元件的无功功率 Q_L 等于瞬时功率的最大值,也就是磁场与外电路交换能量的最大速率。无功功率反映了储能元件与外部交换能量的规模。

为了与平均功率相区别,无功功率的单位不用瓦(W),而用乏(var),工程中也常用千

乏(kvar)。

3. 纯电容电路

当电路中的负载仅为电容器时，该电路称为纯电容电路。

(1)电容元件

电容元件是实际电容器的理想化模型，它表征电容器的主要物理性能。

任何两个相互绝缘而且又彼此靠近的导体都可以构成电容器。在电容器的两个极板间加上电源后，极板上分别积聚等量的异性电荷，在介质中建立起电场，并且储存电场能量。电源移去后，由于介质绝缘，电荷仍然可以聚集在极板上，电场继续存在。所以，电容器是一种储能的电路器件。线性电容元件是一个理想的二端元件，电荷的多少是与外加电压成正比的

$$C = \frac{q}{u} \tag{1-50}$$

式中，C 是用以衡量电容元件容纳电荷本领大小的一个物理量，叫做电容元件的电容量，简称电容。电容的单位为法[拉]，符号为 F；1 F = 1 C/V。常用的单位还有微法(μF)和皮法(pF)，其换算关系如下

$$1\ \mu F = 10^{-6}\ F \qquad 1\ pF = 10^{-12}\ F$$

(2)电容上电压与电流之间的关系

当电容元件极板间的电压 u 变化时，极板上的电荷也随着变化，电路中就有电荷的移动，于是该电容电路中出现电流。则由电流的定义

$$i = \frac{dq}{dt} = c\frac{du}{dt} \tag{1-51}$$

由上式可知，任何时刻，线性电容元件的电流与该时刻电压的变化率成正比。

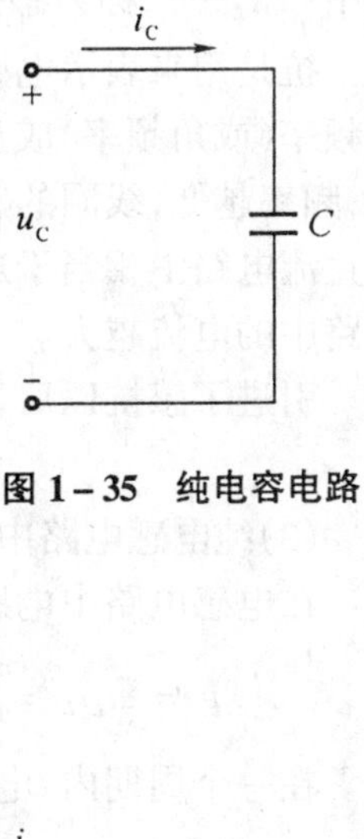

图 1-35 纯电容电路

如图 1-35 所示，设电容元件的正弦电压为 $u_c = U_{Cm}\sin\omega t$

则电容元件的电流为

$$i_C = c\frac{du_c}{dt} = \omega CU_{Cm}\cos\omega t$$

$$= \omega CU_{Cm}\sin(\omega t + \frac{\pi}{2}) = I_{Cm}\sin(\omega t + \frac{\pi}{2})$$

则有 $I_{Cm} = \omega CU_{Cm} \qquad \varphi = \theta_u - \theta_i = -\frac{\pi}{2}$ (1-52)

上式说明，在电容电路中电容电流的相位超前于电压 90°，或电压滞后于电流 90°。图 1-36 给出了电流和电压的波形图。

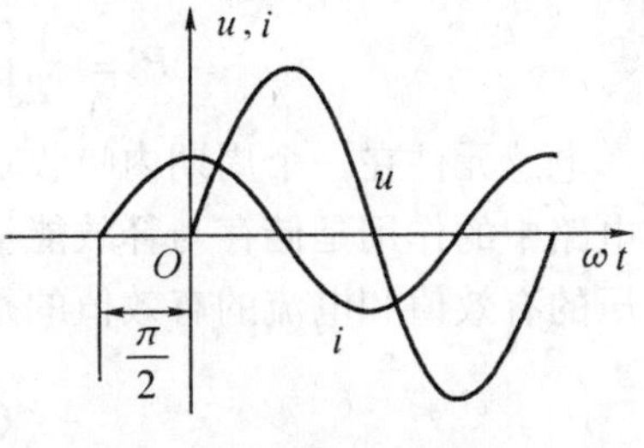

图 1-36 电容元件上电流与电压的波形图

电容元件上的电压与电流有效值的关系为

$$I_C = \omega CU_C \tag{1-53}$$

写成相量的形式

$$\dot{I}_C = \omega CU_C\angle(\theta_u + \frac{\pi}{2}) \tag{1-54}$$

式(1-54)就是电容的电压与电流相量关系式。图1-37 (a)画出电压与电流相量参考方

向,相量图如图 1-37(b)所示,$\dot{I}_c$ 超前于 $\dot{U}_c$ 90°。

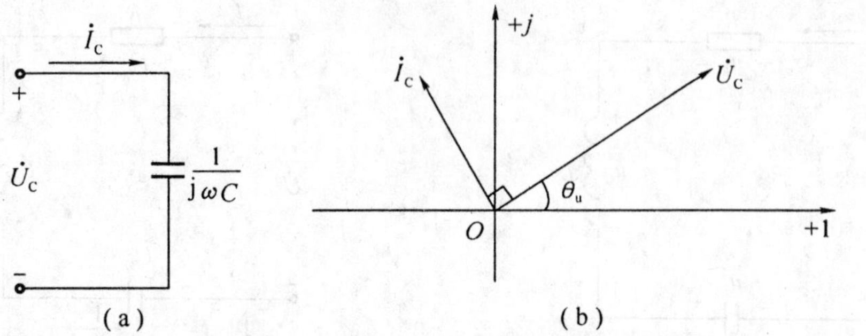

图 1-37 电容元件上电压与电流的相量图

电压与电流的有效值之比

$$X_C = \frac{U_C}{I_C} = \frac{1}{\omega C} = \frac{1}{2\pi fC} \tag{1-55}$$

式中 X_C——称为容抗,当 ω 的单位为 rad/s,C 的单位为 F 时,X_c 的单位为 Ω。

容抗表示电容在充放电过程中对电流的一种阻碍作用。由式(1-55)可看出,在一定的电压下,容抗与电源的频率(角频率)成反比。频率不同的正弦电压作用于容抗时,频率越低,容抗越大;频率越高,容抗越小。在直流电路中,频率为零,电容元件的容抗为无穷大,此时电容相当于开路。

引入容抗后,式(1-54)可写成

$$\dot{U}_C = -\mathrm{j}X_C\dot{I}_C \text{ 或 } \dot{I}_C = \mathrm{j}\frac{1}{X_C}\dot{U}_C \tag{1-56}$$

(3)纯电容电路中的功率

在电容电路中,电容元件上的瞬时功率为

$$p = u_c i_c = U_{Cm}\sin\omega t \cdot I_{Cm}\sin(\omega t + \frac{\pi}{2}) = \frac{1}{2}U_{Cm}I_{Cm}\sin2\omega t = U_C I_C \sin2\omega t$$

电容元件上的平均功率为

$$P = \frac{1}{T}\int_0^T p\mathrm{d}t = \frac{1}{T}\int_0^T u_C i_C \sin2\omega t\mathrm{d}t = 0 \tag{1-57}$$

电容元件是储能元件,它在电路中的作用是储存和释放能量,它并不消耗能量,平均功率为零。

把电容元件上电压的有效值与电流的有效值乘积的负值,称为电容元件的无功功率,用 Q_C 表示。

$$Q_C = -U_C I_C = -I_C^2 X_C = -\frac{U_C^2}{X_C} \tag{1-58}$$

这是容性无功功率。由式(1-58)可以看出,电容元件的无功功率 Q_C 等于瞬时功率的最大值,它表示电场与外电路交换能量的最大速率。Q_C 和 Q_L 一样,单位也是乏(var)或千乏(kvar)。

1.3.4 电阻、电感、电容元件的串联电路

1. 电压与电流的关系

图 1-38 和图 1-39 分别表示 RLC 串联电路,设电路中流过各元件的电流为

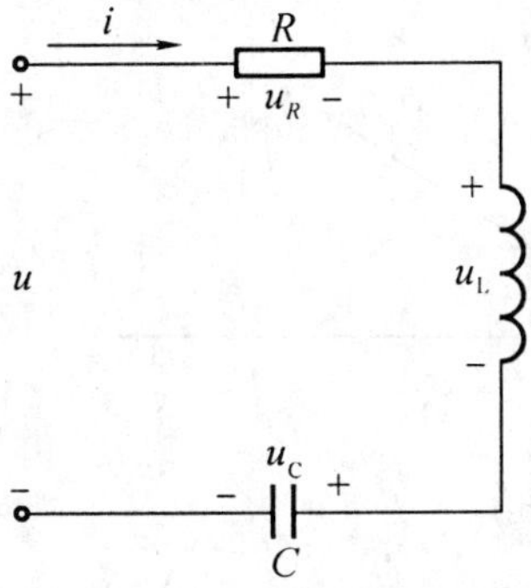

图 1-38 电路图

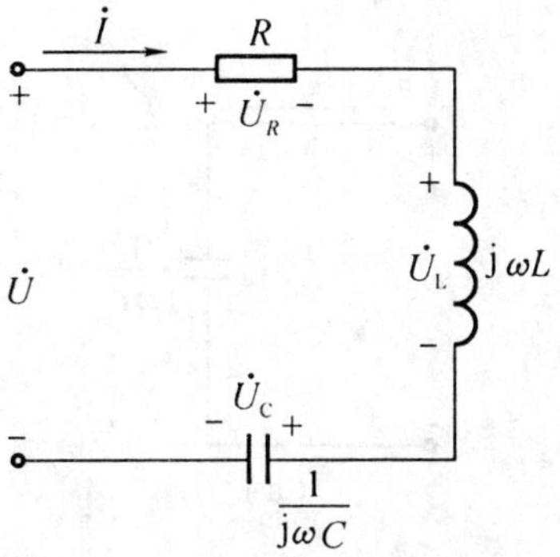

图 1-39 相量形式的电路图

$$i = I_m \sin\omega t$$

则电阻、电感、电容上电压与电流的关系可分别表示为

$$u_R = U_{Rm}\sin\omega t$$

$$u_L = X_L I_{Lm}\sin(\omega t + \frac{\pi}{2})$$

$$u_C = X_C I_{Cm}\sin(\omega t - \frac{\pi}{2})$$

根据基尔霍夫电压定律得 $u = u_R + u_L + u_C$

则相量形式的基尔霍夫电压定律为

$$\dot{U} = \dot{U}_R + \dot{U}_L + \dot{U}_C = \dot{I}R + \dot{I}jX_L - \dot{I}jX_C = \dot{I}[R + j(X_L - X_C)] \quad (1-59)$$

所以

$$\dot{U} = \dot{I}(R + jX) = \dot{I}Z \quad (1-60)$$

式中,$X = X_L - X_C$ 是感抗与容抗之差,称为电抗,单位是 Ω。

由式(1-60)可知,$Z = R + j(X_L - X_C) = R + jX$ (1-61)

它是复阻抗 Z 的代数形式,Z 的实部为 R,称为电阻,Z 的虚部为 X,称为电抗,电抗 X 是感抗与容抗之差,即 $X = X_L - X_C$。电阻、电感、电容的复阻抗分别为 $Z = R$,$Z = jX_L = j\omega L$ 及 $Z = -jX_C = -j\frac{1}{\omega C}$。

复阻抗 Z 的极坐标形式表示

$$Z = |Z|\angle\varphi \quad (1-62)$$

式中

$$\left.\begin{aligned} |Z| &= \sqrt{R^2 + X^2} \\ \phi &= \arctan\frac{X}{R} = \arctan\frac{X_L - X_C}{R} \end{aligned}\right\} \quad (1-63)$$

且

$$\left.\begin{aligned} R &= |Z|\cos\varphi \\ X &= |Z|\sin\varphi \end{aligned}\right\} \quad (1-64)$$

值得注意的是,复阻抗只是一般的复数,不代表正弦量,因此字母 Z 的顶部不加小圆点。

可见,复阻抗 Z 不仅表示了电压与电流之间的大小关系,还表示了它们之间的相位关

系，随着电路参数的不同，电压与电流的相位差角(既阻抗角)也不同。

当 $X_L > X_C$ 时，$X>0$，$\varphi>0$ 此时电压超前于电流，电路呈感性。

当 $X_L < X_C$ 时 $X<0$，$\varphi<0$，此时电压滞后于电流，电路呈容性。

当 $X_L = X_C$ 时，$X = 0$，$\varphi=0$ 此时电压与电流同相位，电路呈电阻性。

2. 相量图

下面画出电流电压的相量图。作相量图时，先作出电流相量，为了方便起见，设 $\theta_i=0$，将 $\dot{I}$ 画在正实轴方向。然后作 R，L，C 各元件的电压相量，根据多边形法作图。具体做法是：先画出第一个相量 $\dot{U}_R$，再画出第二个相量 $\dot{U}_L$ 和第三个相量 $\dot{U}_C$。将相量 $\dot{U}_L$ 和 $\dot{U}_C$ 相加，得 $\dot{U}_X=\dot{U}_L+\dot{U}_C$，再在 $\dot{U}_R$ 的尾端直接画出 $\dot{U}_X$，最后将相量 $\dot{U}_R$ 和 $\dot{U}_X$ 求和，求和的结果是从第一个相量的首端指向最后一个相量的尾端，得出相量 $\dot{U}$。

图 1-40(a)，$U_L > U_C$，$\varphi>0$，是感性电路，从相量图中可看出，电流滞后于电压 φ 角。

图 1-40(b)中，$U_C > U_L$，$\varphi<0$，是容性电路，从相量图中可看出，电流超前于电压 φ 角。

图 1-40(c)中，$U_L = U_C$，$\varphi=0$，是电阻性电路，从相量图中可看出，此时电流与电压同相。

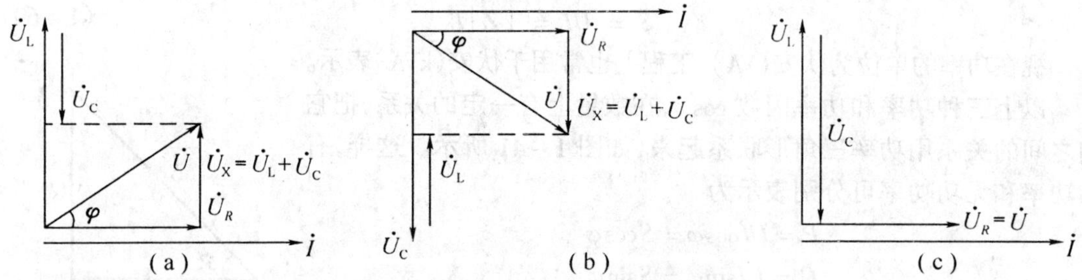

图 1-40 *RLC* 串联电路相量图

3. 功率

(1)瞬时功率

在 *RLC* 串联电路中，若选择电流为参考相量，则电流和电压之间的关系分别为

$$i = \sqrt{2}I\sin\omega t$$

$$u = \sqrt{2}U\sin(\omega t + \varphi)$$

电路在任一瞬间的瞬时功率为

$$P = ui = \sqrt{2}U\sin(\omega t + \varphi)\cdot\sqrt{2}I\sin\omega t = UI[\cos\varphi - \cos(2\omega t + \varphi)] \quad (1-65)$$

(2)平均功率

由于瞬时功率是一个随时间变化的量，在工程中使用价值不大，因此，通常所说的交流电路的功率是指瞬时功率在一个周期内的平均值，称为平均功率，或称为有功功率，用大写字母 P 表示。

$$P = \frac{1}{T}\int_0^T p\mathrm{d}t = UI\cos\varphi = UI\lambda \quad (1-66)$$

上式表明，正弦交流电路中负载吸收的有功功率一般并不等于电压与电流有效值的乘积，它还与电压电流之间的相位差 φ 有关。$\cos\varphi$ 称为功率因数，$\cos\varphi$ 的大小取决于电路元件参数、频率和电路结构。通常交流用电设备的铭牌上标出的功率值均是指平均功率值。

平均功率还可写成

$$P = UI\cos\varphi = U_R I = I^2 R = \frac{U^2}{R} \tag{1-67}$$

即电路的有功功率就是电阻上消耗的功率。

(3)无功功率

由于电感和电容是储能元件,必然要与电源交换能量。考虑到 $\dot{U}_L$ 与 $\dot{U}_C$ 反相,而串联电路中通过的是同一电流,则当电感吸收功率时,电容必定释放功率;反之亦然。可见电感和电容的无功功率有相互补偿作用,而电源只与电路交换补偿后的差额部分。因此,*RLC* 串联电路的无功功率为

$$Q = Q_L - Q_C = U_L I - U_C I = (U_L - U_C)I = U_X I$$

$$Q = UI\sin\varphi = U_X I = I^2 X = \frac{U_X}{X} \tag{1-68}$$

(4)视在功率

交流电路中把电压有效值和电流有效值的乘积称为视在功率,用大写字母 S 表示。即

$$S = UI = |Z|I^2 \tag{1-69}$$

视在功率的单位为伏安(VA),工程上也常用千伏安(kVA)表示。

以上三种功率和功率因数 $\cos\varphi$,在数量上有一定的关系,把它们之间的关系用功率三角形联系起来,如图 1-41 所示。这样,有功功率和无功功率可分别表示为

$$P = UI\cos\varphi = S\cos\varphi$$

$$Q = UI\sin\varphi = S\sin\varphi$$

则有

$$S = \sqrt{P^2 + Q^2} \tag{1-70}$$

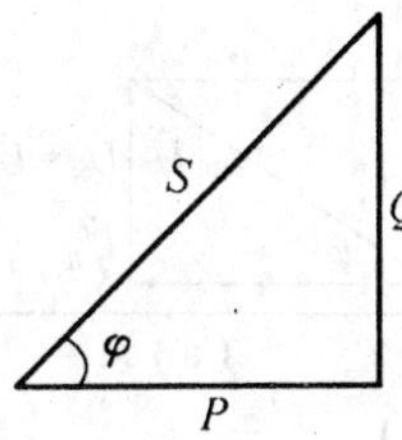

图 1-41 功率三角形

一般电气设备,例如发电机和变压器,它们的容量是由额定电压和额定电流来决定的。常用视在功率表示。

1.4 三相正弦交流电路

现代电力系统中,电能的生产、输送和分配几乎都采用三相正弦交流电。三相交流电比单相交流电优越,所以在电力系统中广泛应用。

1.4.1 对称三相正弦量

三个频率相同、幅值相等和相位依次相差 120°的正弦电压(或电流)称为对称的三相正弦量。三相正弦交流电压通常是由三相交流发电机产生的。图 1-42(a)是三相交流发电机的原理图。三相交流发电机主要由定子和转子两部分组成。其定子安装有三个完全相同的线圈,分别称为 U_1U_2,V_1V_2,W_1W_2 线圈,其中 U_1,V_1,W_1 为三个线圈的始端;U_2,V_2,W_2 为三个绕组的末端。三个线圈在空间位置上彼此相差 120°;在转子的铁芯上绕有励磁绕组,用直流励磁,当转子以角速度 ω 按顺时针方向旋转时,在三个线圈中将产生有特定相互关系的感应电动势。由于结构上采取措施,三相交流发电机产生的三相电动势和三相电压几乎

总是对称的,而且也是正弦量。可见,三相交流发电机产生的三相电压频率相同、幅值相等和相位互差 120°,即它们是对称的三相正弦量。

三相线圈产生的感应电动势的参考方向图 1-42(b)所示,通常规定电动势的参考方向由线圈的末端指向始端。若用电压源表示三相电压,通常规定电压源的参考方向由线圈始端指向末端,其参考极性如图 1-42(c)所示。每一相线圈中产生的感应电压称为电源的一相,依次称为 U 相,V 相,W 相,其电压分别记为 u_U, u_V, u_W。

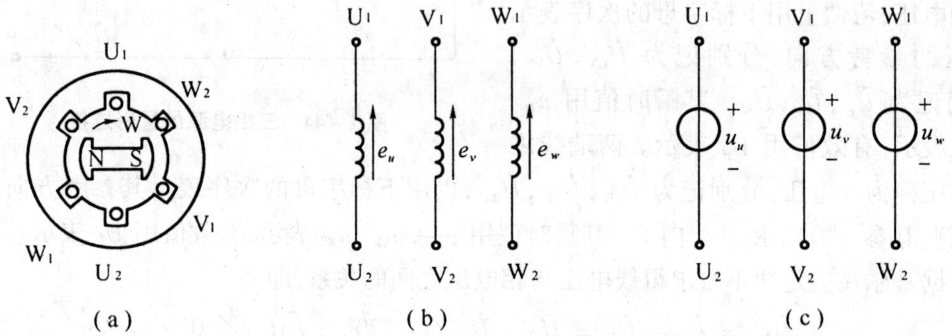

图 1-42 三相交流发电机

以对称三相电压(U 相为参考正弦量)为例,三相交流电有如下几种表示方法:

1. 瞬时值表达式

$$\left.\begin{aligned} u_U &= U_m\sin\omega t \\ u_V &= U_m\sin(\omega t - 120°) \\ u_W &= U_m(\omega t - 240°) = U_m\sin(\omega t + 120°) \end{aligned}\right\} \tag{1-71}$$

2. 波形图表示如图 1-43 所示。

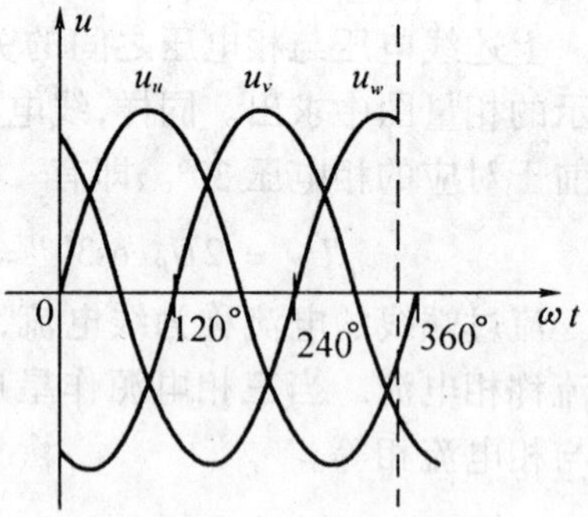

图 1-43 三相交流电压的波形图

对称三相电动势和电流具有相同的特性。能够提供这样一组对称三相正弦电压的就是对称三相电源,通常所说的三相电源都是指对称三相电源。

对称三相正弦量达到最大值(或零值)的先后顺序称为相序,上述 U 相超前于 V 相,V 相超前于 W 相的顺序称为正相序,简称为正序。则 U 相超前于 V 相,W 相超前于 V 相的顺序称为逆序。无特别说明,三相电源均认为是正序对称的。工程上以黄、绿、红三种颜色分别作为 U,V,W 三相的标志。

1.4.2 三相电源的连接

三相电源的星形连接方法有星形连接和三角形连接两种。

1. 三相电源的星形连接

三相电源的星形连接如图 1-44 所示。在这种连接方法中,三个绕组的末端 U_2, V_2, W_2

连接在一起成为一个公共端，用 N 表示，称为中性点。从中性点引出的导线称为中性线，当中性点接地时，中性线又称为地线或零线。从三个绕组的始端引出的导线称为端线，俗称火线，这种接法又称为三相四线制接法。

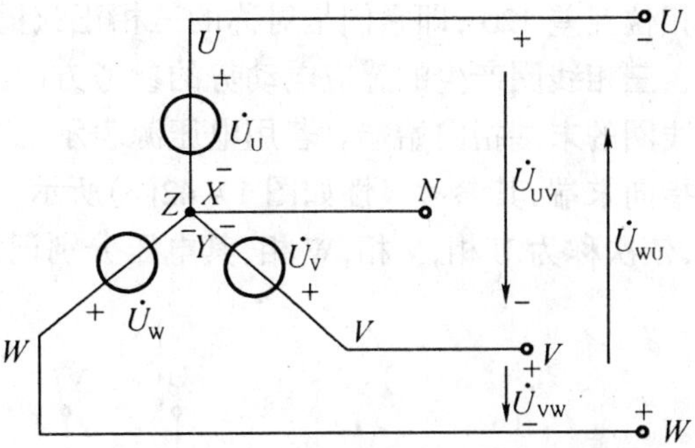

图 1-44　三相电源的星形连接

在图 1-44 中，端线与中线之间的电压称为相电压，习惯上用下标字母的次序表示相电压的参考方向，分别记为 $\dot{U}_{UN}$，$\dot{U}_{VN}$，$\dot{U}_{WN}$，简记为 $\dot{U}_U$，$\dot{U}_V$，$\dot{U}_W$。其瞬时值用 u_U，u_V，u_W 表示，有效值用 U_P 表示。两端线之间的电压称为线电压，分别记为 $\dot{U}_{UV}$，$\dot{U}_{VW}$，$\dot{U}_{WU}$，也用下标字母的次序表示其参考方向。以 $\dot{U}_{UV}$ 为例，其参考方向由 U 指向 V。其瞬时值用 u_{UV}，u_{VW}，u_{WU} 表示，有效值用 U_L 表示。

根据基尔霍夫定律不难求得线电压与相电压之间的关系，即

$$\dot{U}_{UV} = \dot{U}_U - \dot{U}_V = \dot{U}_U - \dot{U}_U\angle -120° = \sqrt{3}\dot{U}_U\angle 30°$$

同理得

$$\begin{aligned}\dot{U}_{UV} &= \sqrt{3}\dot{U}_U\angle 30°\\ \dot{U}_{VW} &= \sqrt{3}\dot{U}_V\angle 30°\\ \dot{U}_{WU} &= \sqrt{3}\dot{U}_W\angle 30°\end{aligned} \qquad (1-72)$$

从上述分析可知，对称三相电源作星形连接时，线电压的有效值是相电压有效值的 $\sqrt{3}$ 倍，线电压的相位比相应相电压超前 30°。因此，线电压也是与相电压同相序的一组对称三相正弦量。

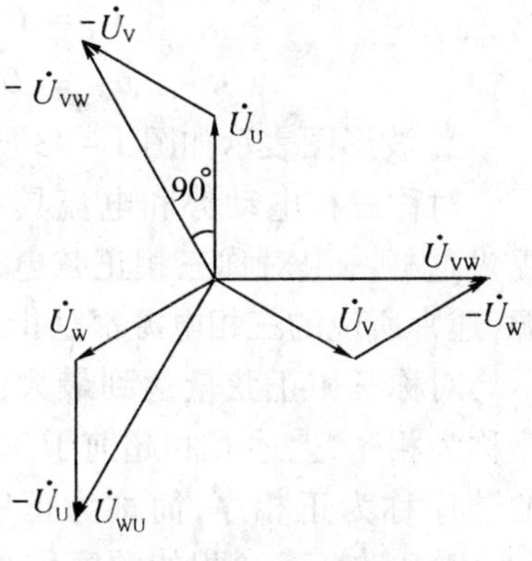

图 1-45　星形连接的相量图

上述线电压与相电压之间的关系也可以从图 1-45 所示的相量图中求出。同样，线电压也是对称的，而且都超前于对应的相电压 30°。即有

$$U_L = 2U_P\cos 30° = \sqrt{3}U_P$$

流过端线的电流称为线电流，而流过电源每一相的电流称相电流。当三相电源作星形连接时，每相的线电流与相电流相等。

例 1-8　当发电机三相绕组连成星形时，设线电压 $u_{UV} = 380\sqrt{2}\sin(\omega t - 30°)$ V，写出其他各线电压和相电压的瞬时值解析式。

解　根据对称三相电源星形连接的特点，可求出各线电压分别为

$$u_{VW} = 380\sqrt{2}\sin(\omega t - 150°)\text{V}$$

$$u_{WU} = 380\sqrt{2}\sin(\omega t + 90°)\text{V}$$

各相电压分别为

$$u_U = 220\sqrt{2}\sin(\omega t - 60°)\text{V}$$

$$u_V = 220\sqrt{2}\sin(\omega t - 180°)\text{V}$$

$$u_W = 220\sqrt{2}\sin(\omega t + 60°)\text{V}$$

2. 三相电源的三角形连接

三相电源三角形接法如图 1－46 所示。即将三相发电机的三个绕组首尾依次相接，形成一个闭合回路，就可构成三相电源的三角形连接。从三个连接点引出的三根火线即为三根端线。由图可见，三相电源作三角形连接时，只能是三相三线制，而且线电压就等于相电压。即

$$\dot{U}_{UV} = \dot{U}_U, \dot{U}_{VW} = \dot{U}_V, \dot{U}_{WU} = \dot{U}_W$$

即
$$U_L = U_P$$

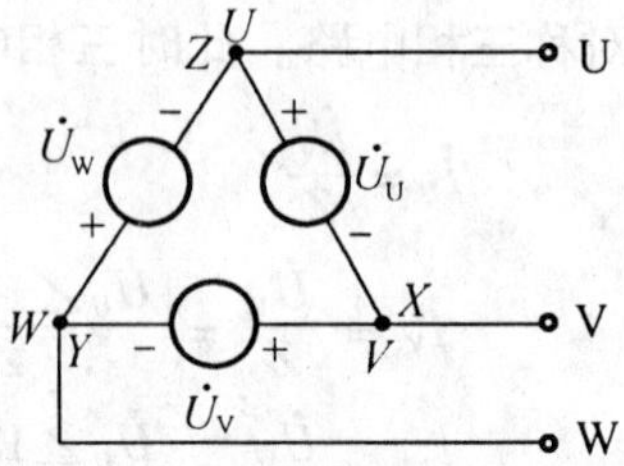

图 1－46　三相电源的角形连接

应该指出，三相电源作三角形连接时，要注意接线的正确性。当三相电源连接正确时，在三角形闭合回路中总电压为零。

如果一相接反，此时闭合回路内总电压为一相电压的 2 倍。因发电机每相绕组的阻抗一般都很小，将在绕组回路中引起很大的环形电流，这一环流有可能使发电机绕组过热而损坏。因此，三相电源作三角形连接时应严格按绕组首尾依次相接。

1.4.3　三相负载的连接

三相负载由互相连接的三个负载组成，其中每一个负载称为一相（或单相）负载。当三个单相负载的参数相同时，称为对称三相负载。三相负载的连接方法也有两种，即星形连接和三角形连接。

1. 三相负载的星形连接

三相负载星形连接时，电路如图 1－47 所示。将三相负载的一端连接到一个公共端点，负载的另一端分别与电源的三个端线相连，负载的公共端点称为负载中性点，用 N' 表示。如果电源为星形连接，将负载中点 N' 与电源的中线相连，如图 1－47(a)所示。这种用四根导线把电源和负载连接起来的三相电路称为三相四线制电路。

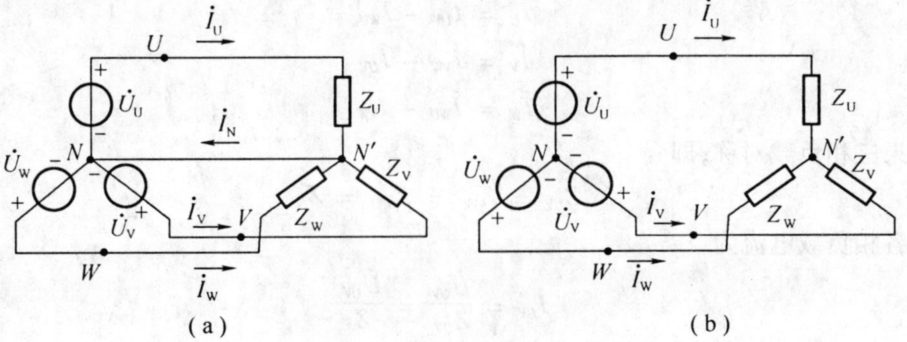

图 1－47　三相负载星形连接

(a)三相四线制；(b)三相三线制

三相电路中，流过每相负载的电流叫相电流，流过每根火线的电流叫线电流，而流过中

线的电流叫中线电流。显然,负载星形连接时,各个相电流就是对应的线电流。在三相四线制电路中,中线电流为

$$\dot{I}_N = \dot{I}_U + \dot{I}_V + \dot{I}_W \tag{1-73}$$

在星形连接的三相电路中,如果电源线电压对称,负载对称,即 $Z_U = Z_V = Z_W = Z$,这就是对称三相电路。此时三相电流对称,即 $\dot{I}_U,\dot{I}_V,\dot{I}_W$ 大小相等,相位依次相差 120°,即

$$\dot{I}_U = \frac{\dot{U}_U}{Z}$$

$$\dot{I}_V = \frac{\dot{U}_V}{Z} = \frac{\dot{U}_U\angle -120^\circ}{Z} = \dot{I}_U\angle -120^\circ$$

$$\dot{I}_W = \frac{\dot{U}_W}{Z} = \frac{\dot{U}_U\angle 120^\circ}{Z} = \dot{I}_U\angle 120^\circ$$

也是一组对称的正弦量。其相量图如图 1-48 所示。此时,中线电流

$$\dot{I}_N = \dot{I}_U + \dot{I}_V + \dot{I}_W = \dot{I}_U + \dot{I}_U\angle -120^\circ + \dot{I}_U\angle 120^\circ = 0$$

如果三相电流接近对称,中线电流很小,可忽略不计,所以有时省去中线,可以接成图 1-47(b)所示的三相三线制。

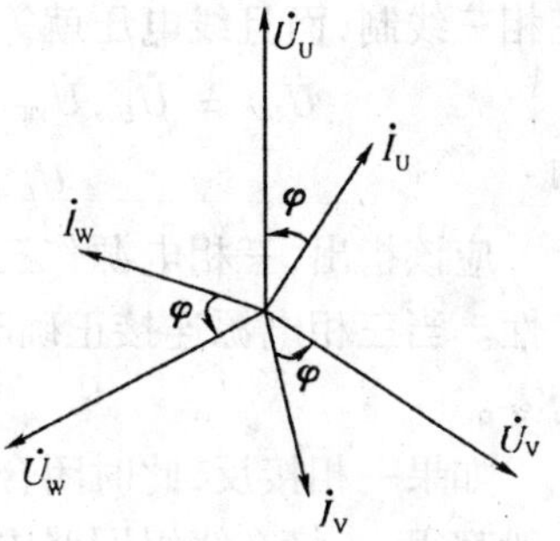

图 1-48 负载星形连接相量图

2. 三相负载的三角形连接

三相负载作三角形连接时,电路如图 1-49(a)所示。电压和电流的参考方向如图所示,由图可见,负载作三角形连接时,无论负载是否对称,各相负载所受的相电压均为对称的电源线电压。也就是说,负载的相电压等于电源的线电压。此时,流过各相负载的电流称为相电流,分别为

$$\dot{I}_{UV} = \frac{\dot{U}_{UV}}{Z_{UV}}$$

$$\dot{I}_{VW} = \frac{\dot{U}_{VW}}{Z_{VW}}$$

$$\dot{I}_{WU} = \frac{\dot{U}_{WU}}{Z_{WU}} \tag{1-74}$$

流过各端线的电流称为线电流,各线电流可根据基尔霍夫定律求得,分别为

$$\dot{I}_U = \dot{I}_{UV} - \dot{I}_{WU}$$

$$\dot{I}_V = \dot{I}_{VW} - \dot{I}_{UV}$$

$$\dot{I}_W = \dot{I}_{WU} - \dot{I}_{VW} \tag{1-75}$$

如果三相负载对称,即

$$Z_{UV} = Z_{VW} = Z_{WU} = Z$$

则各相负载电流为

$$\dot{I}_{UV} = \frac{\dot{U}_{UV}}{Z_{UV}} = \frac{\dot{U}_{UV}}{Z}$$

$$\dot{I}_{VW} = \frac{\dot{U}_{VW}}{Z_{VW}} = \frac{\dot{U}_{VW}}{Z} = \frac{\dot{U}_{UV}\angle -120^\circ}{Z} = \dot{I}_{UV}\angle -120^\circ$$

$$\dot{I}_{WU} = \frac{\dot{U}_{WU}}{Z_{WU}} = \frac{\dot{U}_{WU}}{Z} = \frac{\dot{U}_{UV}\angle 120^\circ}{Z} = \dot{I}_{UV}\angle 120^\circ \tag{1-76}$$

也是一组对称的正弦量,如图 1-49(b)所示。从相量图可求得各线电流为

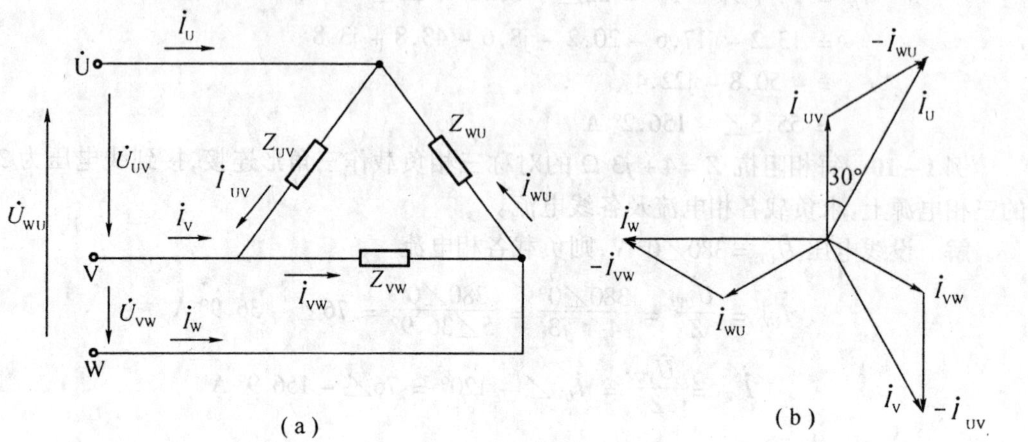

图 1-49 负载的三角形连接及电压、电流相量图

$$\left.\begin{aligned}\dot{I}_U &= \dot{I}_{UV} - \dot{I}_{WU} = \sqrt{3}\dot{I}_{UV}\angle -30^\circ \\ \dot{I}_V &= \dot{I}_{VW} - \dot{I}_{UV} = \sqrt{3}\dot{I}_{VW}\angle -30^\circ \\ \dot{I}_W &= \dot{I}_{WU} - \dot{I}_{VW} = \sqrt{3}\dot{I}_{WU}\angle -30^\circ\end{aligned}\right\} \quad (1-77)$$

可见,对称三相负载作三角形连接时,线电流也是一组对称的正弦量,且线电流的有效值等于相电流的$\sqrt{3}$倍,相位滞后于相应的相电流 30°。线电流和相电流的大小关系通常记为

$$I_L = \sqrt{3}I_P$$

应该指出,负载作三角形连接时,总有线电流

$$\dot{I}_U + \dot{I}_V + \dot{I}_W = 0$$

根据三相电源和三相负载各自的连接方式,可构成 Y—Y 连接、Y—△连接、△—△连接以及△—Y 连接等各种连接方式的三相电路。

例 1-9 三相四线制电路如图 1-47(a)所示,星形负载各相阻抗分别为 $Z_U = 6 + j8\ \Omega$, $Z_V = 8 + j6\ \Omega$, $Z_W = 3 - j4\ \Omega$,电源线电压为 380 V,求各相电流及中线电流。

解 如图所示,电源作星形连接,则有

$$U_P = \frac{U_l}{\sqrt{3}} = 220\ \text{V}$$

设

$$\dot{U}_U = 220\angle 0^\circ\ \text{V}$$

则各相负载的相电流为

$$\dot{I}_U = \frac{\dot{U}_U}{Z_U} = \frac{220\angle 0^\circ}{6 + j8} = \frac{220\angle 0^\circ}{10\angle 53.1^\circ} = 22\angle -53.1^\circ\ \text{A}$$

$$\dot{I}_V = \frac{\dot{U}_V}{Z_V} = \frac{220\angle -120^\circ}{8 + j6} = \frac{220\angle -120^\circ}{10\angle 36.9^\circ} = 22\angle -156.9^\circ\ \text{A}$$

$$\dot{I}_W = \frac{\dot{U}_W}{Z_W} = \frac{220\angle 120^\circ}{3 - j4} = \frac{220\angle 120^\circ}{5\angle -53.1^\circ} = 44\angle 175.1^\circ\ \text{A}$$

中线电流为

$$\dot{I}_N = \dot{I}_U + \dot{I}_V + \dot{I}_W = 22\angle -53.1^\circ + 22\angle -156.9^\circ + 44\angle 175.1^\circ$$
$$= 13.2 - j17.6 - 20.2 - j8.6 - 43.8 + j3.8$$
$$= -50.8 - j22.4$$
$$= 55.5\angle -156.2^\circ\ \text{A}$$

例 1－10 每相阻抗 $Z = 4 + j3\ \Omega$ 的对称三相负载作三角形连接，接到线电压为 380 V 的三相电源上，求负载各相电流及各线电流。

解 设线电压 $\dot{U}_{UV} = 380\angle 0^\circ$ V，则负载各相电流

$$\dot{I}_{UV} = \frac{\dot{U}_{UV}}{Z} = \frac{380\angle 0^\circ}{4 + j3} = \frac{380\angle 0^\circ}{5\angle 36.9^\circ} = 76\angle -36.9^\circ\ \text{A}$$

$$\dot{I}_{VW} = \frac{\dot{U}_{VW}}{Z} = \dot{I}_{UV}\angle -120^\circ = 76\angle -156.9^\circ\ \text{A}$$

$$\dot{I}_{WU} = \frac{\dot{U}_{WU}}{Z} = \dot{I}_{UV}\angle 120^\circ = 76\angle 83.1^\circ\ \text{A}$$

根据对称三相负载作三角形连接时线电流和相电流的关系，则负载各线电流为

$$\dot{I}_U = \sqrt{3}\dot{I}_{UV}\angle -30^\circ = 131.6\angle -66.9^\circ\ \text{A}$$
$$\dot{I}_V = \dot{I}_U\angle -120^\circ = 131.6\angle -186.9^\circ\ \text{A}$$
$$\dot{I}_W = \dot{I}_U\angle 120^\circ = 131.6\angle 53.1^\circ\ \text{A}$$

1.4.4 三相电路的功率

1. 有功功率

在三相电路中，三相负载的总有功功率等于各相负载的有功功率之和，即

$$P = P_U + P_V + P_W = U_U I_U \cos\varphi_U + U_V I_V \cos\varphi_V + U_W I_W \cos\varphi_W$$

在对称三相电路中，各相负载的有功功率相等，三相总有功功率则为

$$P = P_U + P_V + P_W = 3U_P I_P \cos\varphi_P \tag{1-78}$$

式中 U_P——是相电压；

I_P——是相电流；

φ_P——是相电压与相电流之间的相位差，等于负载的阻抗角。

总有功功率也可写为

$$P = \sqrt{3}U_L I_L \cos\varphi_p \tag{1-79}$$

式中 U_L——是线电压；

I_L——是线电流；

φ_P——仍然是相电压与相电流之间的相位差，等于负载的阻抗角。

2. 无功功率

同理，三相负载的总无功功率为

$$Q = Q_U + Q_V + Q_W = U_U I_U \sin\varphi_U + U_V I_V \sin\varphi_V + U_W I_W \sin\varphi_W$$

在对称三相电路中有

$$Q_P = 3U_P I_P \sin\varphi_P = \sqrt{3}U_L I_L \sin\varphi_P \tag{1-80}$$

3. 视在功率

在三相电路中，三相负载的总视在功率为

$$S = \sqrt{P^2 + Q^2}$$

三相负载对称的情况下，有

$$S = 3U_P I_P = \sqrt{3} U_l I_l \tag{1-81}$$

例 1－11 有一三相负载，每相等效阻抗 $Z = 8 + j6\ \Omega$，求下列两种情况下的有功功率和无功功率。(1)连接成星形接于 $U_l = 380$ V 三相电源上；(2)连接成三角形接于 $U_l = 220$ V 三相电源上。

解 (1)三相负载接成星形接于 $U_l = 380$ V 电源上时

$$U_P = \frac{U_l}{\sqrt{3}} = \frac{380}{\sqrt{3}} = 220\ \text{V}$$

$$I_P = I_l = \frac{U_P}{|Z|} = \frac{220}{\sqrt{8^2 + 6^2}} = 22\ \text{A}$$

由阻抗三角形可得

$$\cos\varphi_P = \frac{8}{\sqrt{8^2 + 6^2}} = 0.8, \sin\varphi_P = 0.6$$

所以

$$P = \sqrt{3} U_l I_l \cos\varphi_P = \sqrt{3} \times 380 \times 22 \times 0.8 = 11.6\ \text{kW}$$

$$Q = \sqrt{3} U_l I_l \sin\varphi_P = \sqrt{3} \times 380 \times 22 \times 0.6 = 8.7\ \text{kvar}$$

(2)三相负载接成三角形接于 $U_l = 220$ V 电源上时

$$U_P = U_l = 220\ \text{V}$$

$$I_l = \sqrt{3} I_P = \sqrt{3}\frac{220}{\sqrt{8^2 + 6^2}} = 38.1\ \text{A}$$

$$P = \sqrt{3} U_l I_l \cos\varphi_P = \sqrt{3} \times 220 \times 38.1 \times 0.8 = 11.6\ \text{kW}$$

$$Q = \sqrt{3} U_l I_l \sin\varphi_P = \sqrt{3} \times 220 \times 38.1 \times 0.6 = 8.7\ \text{kvar}$$

习题与思考题

1.1 说明电压、电位、电位差、电动势有何区别与关系？

1.2 如图 1 所示电路中，电流参考方向已选定。已知 $I_1 = 3$ A，$I_2 = -5$ A，$I_3 = -2$ A，试指出电流的实际方向。

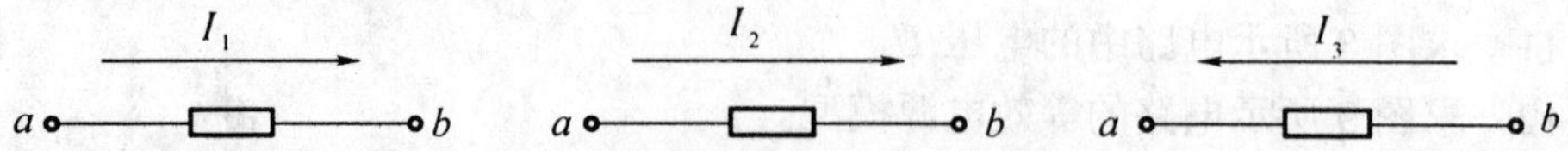

图 1

1.3 如图 2 所示，说明电路中有几条支路，几个节点，几个回路。并请列出图中各点的 KCL 方程和各回路的 KVL 方程。

1.4 如图3所示电路中，已知 $R_1 = 5\ \Omega$，$R_2 = 15\ \Omega$，$R_3 = 25\ \Omega$，$I_1 = 15\ \text{A}$，$I_2 = -10\ \text{A}$，$I_3 = -4\ \text{A}$，求 U_{ab}。

1.5 电路如图4所示，试求电流 I 的值并根据计算结果说明它的实际方向。

1.6 如果家中现有以下电器：电视机 250 W，冰箱 100 W，空调 300 W，电饭锅 550 W，照明灯合计 200 W。求这些电器同时都工作 1 h 所消耗的电能？

1.7 一个 100 W 的灯泡，额定电压为 220 V，求额定电压下灯泡的电流和电阻？

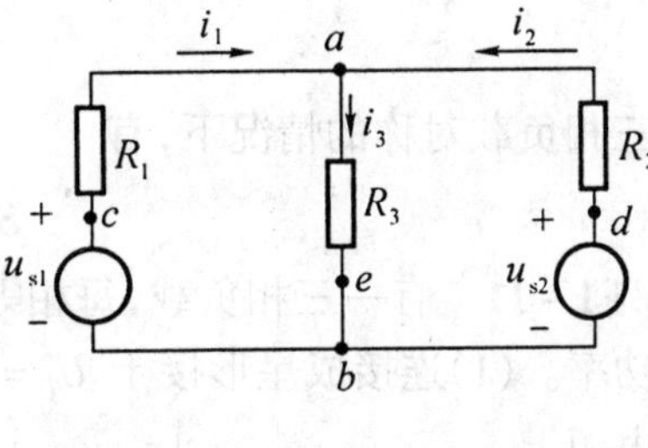

图2

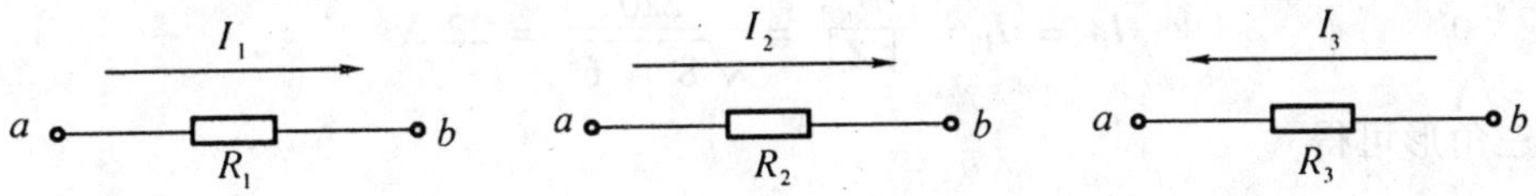

图3

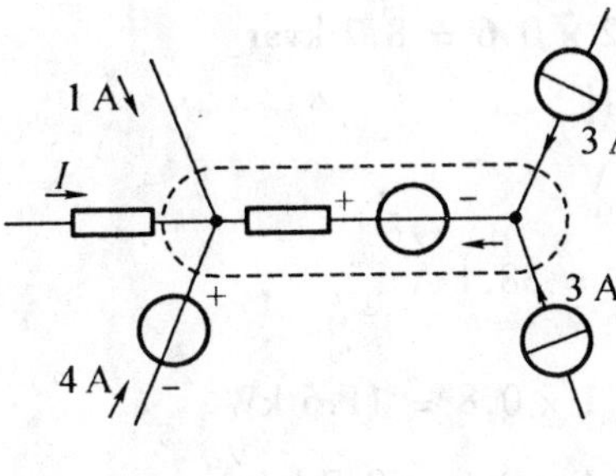

图4

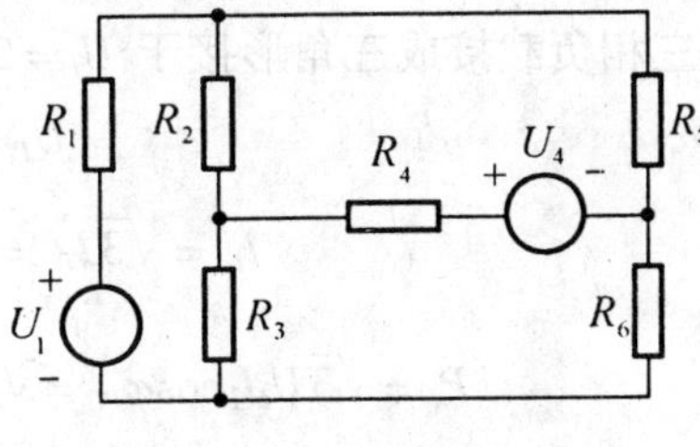

图5

1.8 电路如图5所示，试说明：(1)支路数、节点数各为多少？(2)以支路电流为变量，共有几个独立变量？(3)如何列出独立的 KCL 方程，共有几个？(4)如何列出独立的 KVL 方程，共有几个？

1.9 用支路分析法求图6所示电路中各支路电流。

1.10 用叠加定理求解图7所示电路中的电压 U。

1.11 求图8所示电路中的电压 U。

1.12 求图9所示电路的等效电源模型。

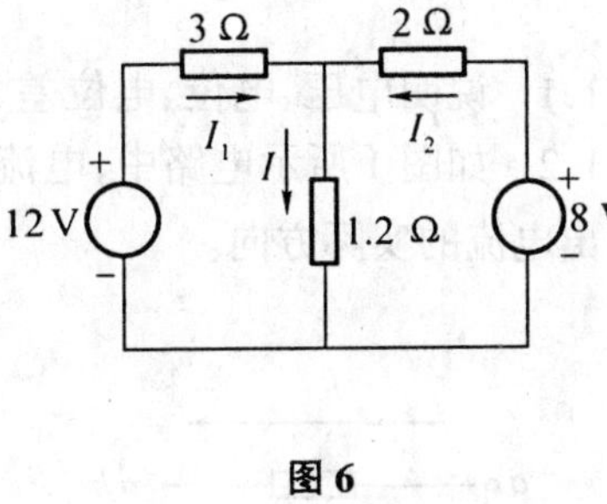

图6

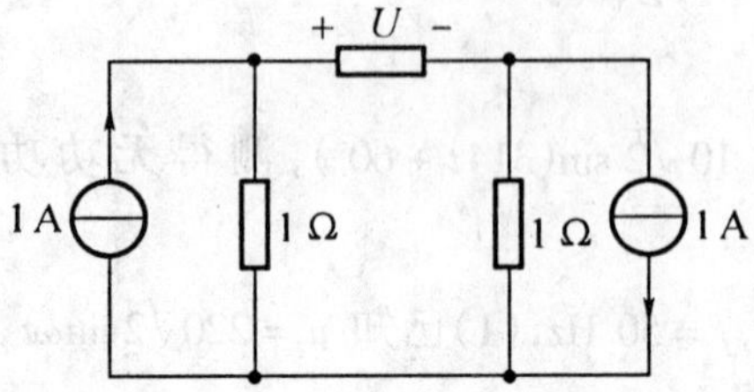

图7

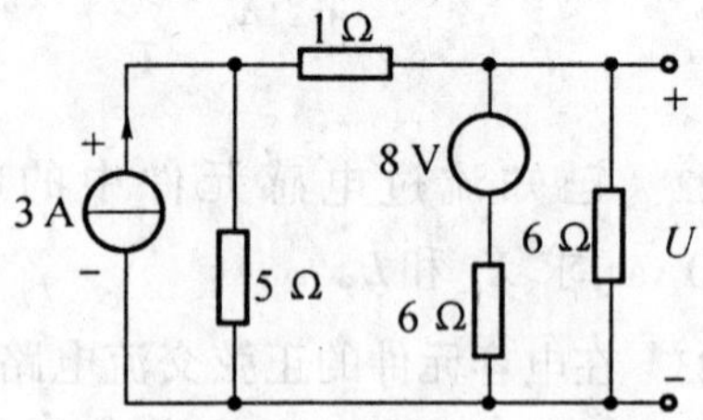

图8

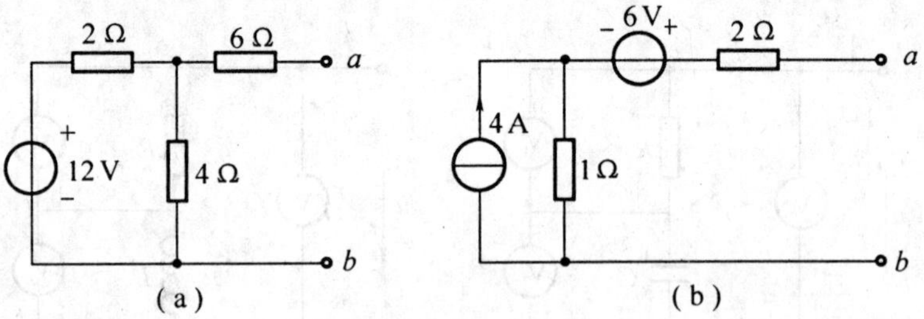

图9

1.13 用戴维南定理求图10所示二端网络对端口ab的等效电路。

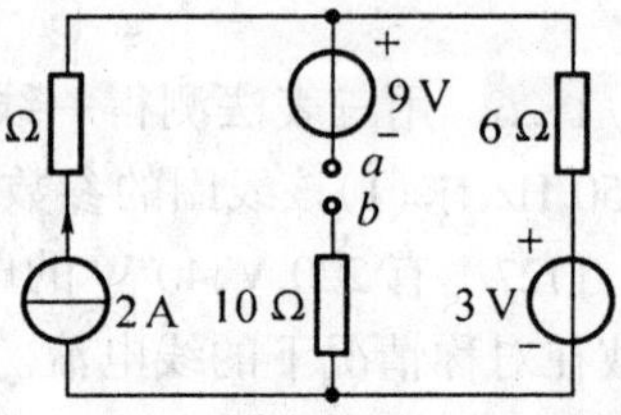

图10

1.14 试说明什么是正弦量三要素。

1.15 已知某交流工频正弦电流的初相位为30°，最大值为311 V。(1)求有效值；(2)写出它的瞬时值表达式，并画出它的波形图。

1.16 用交流电压表测得正弦交流电压为220 V，它的幅值是多少？通过某电动机的电流 $i(t) = 10\sin(314t - 60°)$，它的有效值为多少？

1.17 已知 $u_1(t) = 66\sqrt{2}\sin(\omega t - 30°)$，$u_2(t) = 88\sqrt{2}\sin(\omega t + 60°)$，试求 $\dot{U}_1 + \dot{U}_2$，$\dot{U}_1 - \dot{U}_2$，并画出相量图。

1.18 求下列相量所对应的正弦量。

(1) $\dot{U}_1 = 220\angle\frac{\pi}{6}$ V，(2) $\dot{I}_1 = 10\angle -30°$ A

(3) $\dot{U}_2 = -110j$ V，(4) $\dot{I}_2 = -6 + j8$ A

1.19 两个同频率正弦电压 $u_1(t)$，$u_2(t)$ 的有效值各为40 V，30 V，什么情况下它们之和的有效值为(1)70 V；(2)10 V；(3)50 V？

1.20 在一个 $R = 20\ \Omega$ 的电阻两端施加电压 $u = 311\sin(314t + 60°)$ V，写出电阻上电流的瞬时表达式，并作电压和电流的相量图。

1.21 指出下列各式哪些是对的，哪些是错的？

(1) $u_C = C \cdot i_C$；(2) $\dot{I} = j\dfrac{\dot{U}_c}{X_C}$；(3) $U_c = \omega C \cdot I_C$；(4) $I = \dfrac{U}{|Z|}$；(5) $Z = R + j(X_L - X_C)$；(6) $\dot{U} = \dot{I}Z$

1.22 已知流过电感元件中的电流为 $i_L = 10\sqrt{2}\sin(314t + 60°)$，测得无功功率 $Q_L = 800$ var，求 X_L 和 L。

1.23 在电容元件的正弦交流电路中，$C = 4\ \mu\text{F}$，$f = 50$ Hz，(1)已知 $u = 220\sqrt{2}\sin\omega t$，求电流 i；(2)已知 $\dot{I} = 0.1\angle -60°\text{A}$，求 $\dot{U}$，并画出相量图。

1.24 有一 RLC 串联的交流电路，已知 $R = X_L = X_C = 10\ \Omega$，$I = 1$ A，试求电压 U。

1.25 如图 11 所示，当电压表 V_1 的读数为 8 V，V_2 的读数为 6 V，试求图中伏特表 V 的读数。

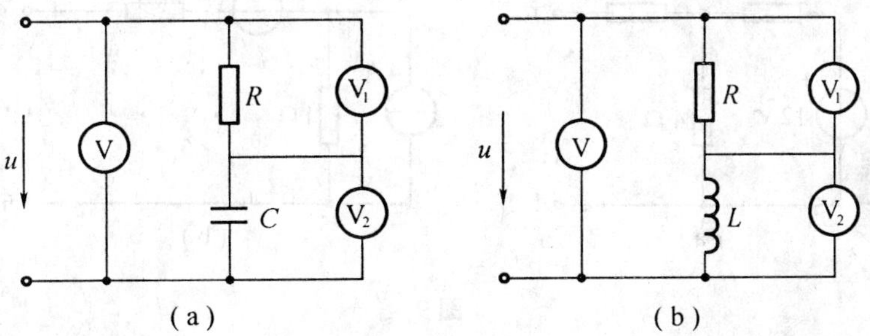

图 11

1.26 用三表法测得一线圈在电路中功率 $P = 100$ W，$U = 200$ V，$I = 1$ A，电源的频率 $f = 50$ Hz，求(1)该线圈的参数 R，L；(2)线圈的 Q，S，$\cos\varphi$。

1.27 有 220 V，40 W 的电灯 9 个，应如何接入线电压为 380 V 的三相四线制电路？求负载在对称情况下的线电流。

1.28 每相阻抗为 $Z = 6 + \text{j}8\ \Omega$ 的对称三相三角形连接的负载，接到电压为 380 V 三相电源，试求相电流和线电流，并作相量图。

1.29 一台三相变压器的线电压为 6 600 V，线电流为 20 A，功率因数为 0.866。试求它的有功功率、无功功率和视在功率。

1.30 某楼有三层，每一层的照明分别由三相电源一相供电，电源线电压为 380 V，每层都装有 220 V，100 W 的白炽灯 10 盏。求(1)绘出全部电路图；(2)在全部满载时，中线电流和线电流为多少？(3)若第一层楼的电灯全部关闭，第二层楼的电灯全部开亮，第三层楼只开了一盏电灯，而电源中线因故断掉，这时第二、三层电灯电压为多少？电灯工作情况如何？

第 2 章　常用低压电气设备及其控制电路

2.1　磁路与变压器

在电子和电气工程中经常应用各种机电能量变换和极点信号的转换器件。本质是电与磁的相互转换关系，因此，掌握磁路的基本规律有重大的意义。

2.1.1　磁路的主要物理量

1. 磁感应强度

磁感应强度是一个描述磁场情况的物理量。磁感应强度是一个矢量，用符 B 号表示。磁感应强度的大小是表示磁场的每一点的磁场强弱，实验表明磁感应强度与导体的长度、导体通过的电流和导体受到的最大磁场力有关。磁感应强度用 B 表示，单位是特[斯拉]，用 T 表示。磁感应强度只与该点磁场的性质有关，是个定值。磁场中的不同点，B 的大小可能是不同的，磁场越强，B 越大。

2. 磁通

磁感应强度与垂直于磁场方向的面积 S 的乘积就是面积 S 的磁通。磁通的定义为

$$\Phi = BS \tag{2-1}$$

磁感应强度在数值上可以看成是于磁场方向相垂直的单位面积所通过的磁通，所以，磁感应强度也称为磁通密度。如果用磁力线来描述磁场，则磁通表示穿过截面积 S 上的磁力线的总数，而磁感应强度则反映了磁力线的密度。由于磁力线总是闭合的，穿入与穿出闭合面的磁通的绝对值相等，因此，磁通具有连续性，就像电流要形成闭合回路一样，磁通也是沿磁路闭合的。磁通的单位是韦伯(Wb)。

3. 磁场强度

磁场强度是描述磁场的另一个重要的物理量。它是一个矢量，用符号 H 表示。磁场强度只取决于产生这个磁场的电流的分布而与介质无关，也就是说，在由某一电流分布所产生的磁场中，如果充填不同的介质，在磁场中同一点的磁场强度 H 是相同的，而磁感应强度则随着介质的不同而不同，不同的程度与介质的磁导率有关。在国际单位制中磁场强度的单位是安/米，符号为 A/m。

4. 磁导率

磁导率是用来衡量磁场中介质的导磁能力的物理量，它与磁场强度 H 的乘积就等于磁感应强度 B

$$B = \mu H \tag{2-2}$$

磁导率是反应物质导磁能力的物理量或者说是物质被磁化能力的物理量，它在国际单位制中的单位是亨/米，符号为 H/m，真空的磁导率为

$$\mu_0 = 4\pi \times 10^{-7}\ \text{H/m} \tag{2-3}$$

将其物质的磁导率与真空的磁导率的比称为该物质的相对磁导率

$$\mu_r = \frac{\mu}{\mu_0} \tag{2-4}$$

按导磁性能的不同,物体大体可分为三类:一类为铁磁物质,μ_r 很大,一般为几百到几万,有的甚至超过 10^5,属于此类物质的有硅钢、铸铁、铁镍合金等;第二类是顺磁物质,此类物质的 μ_r 稍大于 1,属于这类的物质有铅、锰、铬等;另一类为反磁物质,μ_r 稍小于 1,属于此类物质的有铋、铜、金、银等。

5. 磁通势

磁路中铁芯线圈匝数 N 与通过的励磁电流的乘积定义为磁通势,简称磁势,用符号 F 表示,即

$$F = Ni \tag{2-5}$$

磁通势的方向用右手螺旋法则确定,即四指代表电流的方向,大拇指指向为磁势方向。其单位在 SI 中为安[培],用符号 A 表示。

6. 磁阻

磁阻 R_m 和电路中的电阻一样,它对磁通起阻碍作用。它反映了该磁路段的导磁能力。磁阻越大,相同磁压下,产生的磁通就越小,反之就越大。磁阻与磁路的平均长度 l,磁路截面积 S 及磁路材料的磁导率 μ 有关,即

$$R_m = \frac{l}{\mu S} \tag{2-6}$$

可以看出,磁路中的许多物理量与电路中的物理量很相似,见表 2-1。

表 2-1 磁路与电路对照

磁路	电路
磁动势 F	电动势 E
磁通 Φ	电流 I
磁感应强度 B	电流密度 J
磁导率 μ	导电率 ρ
磁阻 R_m	电阻 R
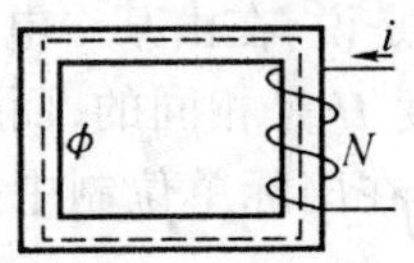	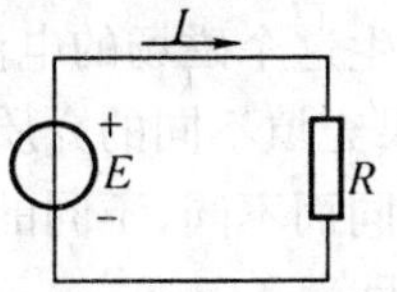

2.1.2 变压器

变压器是一种静止的电器。它通过线圈间的电磁感应作用,可以把一种电压等级的交流电能转换成同频率的另一种电压等级的交流电能。还可以用来改变电流、阻抗和相位,在国民经济各部门及日常生活中应用十分广泛。小型变压器应用最广,尤其在工矿企业及电信、自动控制系统中应用更为广泛。

1. 变压器基本工作原理

图 2 – 1 所示为变压器的基本结构，用硅钢片叠成的铁芯形成闭合磁路，用绝缘导线绕制的低压绕组和高压绕组则套装在铁芯上。变压器是利用电磁感应原理工作的，如图 2 – 2 所示为其工作原理示意图。

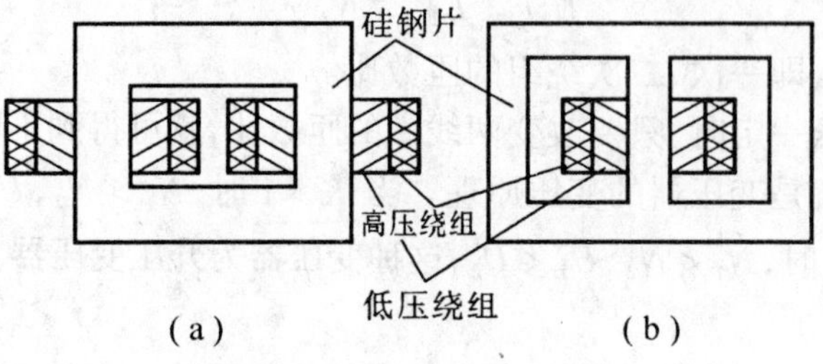

图 2 – 1　变压器的结构

(a)心式变压器；(b)壳式变压器

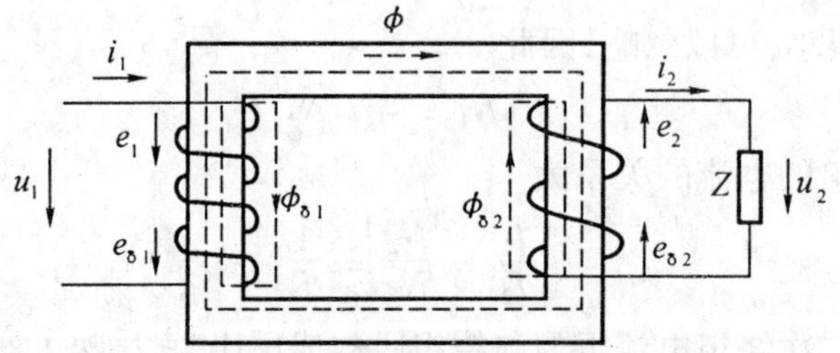

图 2 – 2　变压器工作原理图

变压器的主要部件是一个铁芯和套在铁芯上的两个绕组。这两个绕组具有不同的匝数且互相绝缘，两绕组间只有磁的耦合，而没有电的联系。其中，电源侧的绕组称为一次绕组；接负载的绕组称为二次绕组。

若将一次绕组接到交流电源上，绕组中便有交流电流流过，由一次绕组磁通势产生的磁通绝大部分通过铁芯闭合，该磁通与一次绕组相交链，产生感应电动势 e_1，与二次绕组相交链产生感应电动势 e_2，在二次绕组中有电流流过，这时，二次绕组中的磁通势也会产生出沿铁芯闭合的磁通，所以铁芯中的磁通 Φ 是由一次、二次绕组的磁通势共同作用产生的，称为主磁通。一次、二次绕组中的磁通势也要产生少量的漏磁通 $\Phi_{\delta 1}$ 和 $\Phi_{\delta 2}$，从而在各自绕组中感应出漏感应电动势 $e_{\delta 1}$ 和 $e_{\delta 2}$。

2. 变压器的作用

(1)电压变换

利用变压器进行电压变换是变压器的主要作用，当主磁通 $\Phi = \Phi_m \sin\omega t$ 时，则一次绕组磁感应电动势为

$$e_1 = -N_1 \frac{\mathrm{d}\Phi}{\mathrm{d}t} = -N_1 \omega \Phi_m \cos\omega t = 2\pi f N_1 \sin(\omega t - 90°) = E_{1m} \sin(\omega t - 90°)$$

$$E_1 = \frac{E_{1m}}{\sqrt{2}} = 4.44 f N_1 \Phi_m$$

同理得二次绕组磁感应电动势为

$$E_2 = 4.44fN_2\Phi_m$$

可见,感应电动势与绕组的匝数成正比。若一次、二次绕组的匝数不等,则一次、二次绕组的感应电动势也就不等。

$$\frac{U_1}{U_2} = \frac{E_1}{E_2} = \frac{N_1}{N_2} = K \qquad (2-7)$$

K 称为变压器的变比,即一次、二次绕组的匝数比。

可见,当电源电压一定时,只要改变两线圈的匝数比,就可得到不同的输出电压,从而达到变电压的目的,这就是变压器的变压原理。当 $K>1$ 时,$N_1>N_2$,$U_1>U_2$,这种变压器是降压变压器;当 $K<1$ 时,$N_1<N_2$,$U_1<U_2$,这种变压器为升压变压器。

(2)电流变换

由 $E_1=4.44N_1\Phi_m$ 可知,当电源频率和一次绕组的匝数一定时,变压器的主磁通的大小由电源电压 U_1 决定,而与负载大小无关。空载时产生主磁通的磁通势与有负载时产生主磁通的一次、二次绕组合成磁通势基本相等,即

$$i_{10}N_1 = i_1N_1 + i_2N_2 \qquad (2-8)$$

由于空载时电流 i_{10}很小,可以忽略,因此

$$i_1N_1 = -\,i_2N_2$$

则一次、二次绕组的电流的关系为

$$\frac{I_1}{I_2} = \frac{N_2}{N_1} = \frac{1}{K} \qquad (2-9)$$

上式表明一次、二次绕组电流近似与绕组匝数成反比,它反映了变压器除有变换电压的功能外,还有变换电流的功能。匝数多的一侧电压高,电流小,匝数少的一侧电压低,电流大。一次、二次绕组的电流之比为变比的倒数,这是一个恒定值;当二次侧负载增多,电流增大时,一次侧的电流也会相应增大,这样就增加了一次绕组的磁动势,以补偿二次绕组磁动势的去磁作用,从而维持主磁通的最大值接近于不变。

(3)阻抗变换

在电子设备中,为了获得较大的功率输出,往往对负载的阻抗有一定要求。然而负载阻抗是给定的,不能随便改变。为了使它们之间配合得更好(匹配),常采用变压器来获得所需要的等效阻抗,变压器的这种作用称为阻抗变换。

如图 2-2 所示电路中,当变压器二次侧绕组接有阻抗 Z 时,则

$$Z = \frac{U_2}{I_2} \qquad (2-10)$$

而在变压器一次绕组上所带的负载大小为

$$\frac{U_1}{I_1} = \frac{KU_2}{\frac{I_2}{K}} = \frac{K_2U_2}{I_2} = K^2Z \qquad (2-11)$$

可见,负载阻抗通过变压器变换后的等效阻抗的大小由变压器变比 K 决定。因此可以通过选择适当的变比获得所需要的阻抗。

3. 变压器的参数

使用变压器时,必须遵循其铭牌上所规定的性能指标参数,才能保证变压器的安全、合

理、高效地使用。

(1)额定电压

额定电压是变压器在其绝缘强度和温度的规定值下端子间线电压的保证值。一次额定电压是指变压器长时间运行时所能承受的工作电压。二次额定电压为一次加额定电压,二次绕组开路时的端电压。三相变压器的额定电压指线电压。

(2)额定电流

额定电流指各绕组允许长期通过的最大工作电流。三相变压器的额定电流指线电流。由于负载的增多会使变压器的绕组中的电流增大,引起变压器有功功率的增加,使变压器发热,因此,变压器在使用时不能超过这个限额。

(3)额定容量

在额定工作状态下变压器的视在功率称为变压器的额定容量。

在单相变压器中 $S_N = U_{2N}I_{2N}$

在三相变压器中 $S_N = \sqrt{3}\,U_{2N}I_{2N}$

2.2 三相异步电动机

三相异步电动机是一种能把交流电能转变为机械能的动力机械,它结构简单、造价低廉、安装调试方便、运行可靠、效率高,其调速性能也由于变频技术的发展而得到极大的改善,因此,这种电机在各行各业中得到了越来越广泛的应用。

2.2.1 基本结构

三相异步电动机的结构如图 2-3 所示,它主要由定子和转子两大部分组成。

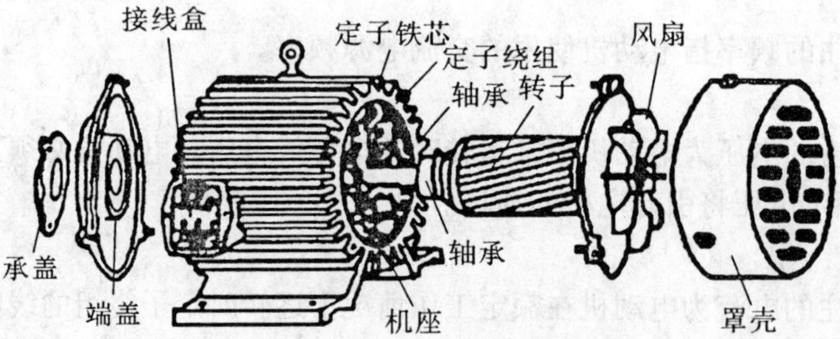

图 2-3 电动机的基本结构

1. 定子

三相异步电动机的定子是由定子铁芯、定子绕组和机座组成。定子铁芯是电机磁路的一部分,它由 0.5 mm 厚的硅钢片叠压而成,在其内圆冲有均匀分布的槽,用以嵌放定子绕组。定子绕组是电机的电路部分,由绝缘铜线绕成,三相绕组根据需要可接成星形或三角形,由接线盒的端子板引出。机座一般用铸铁制成,用以固定和支撑定子铁芯。

2. 转子

三相异步电动机的转子由转子铁芯、转子绕组和转轴组成,由于转子绕组构造的不同,又可分为鼠笼式和绕线式两种。鼠笼式转子的铁芯由外圆冲有槽口的 0.5 mm 厚的硅钢片

叠压而成,并固定在转轴上,在转子的外圆周上有若干均匀分布的平行槽,槽内放置裸导体,这些导体的两端分别接在两个铜环上,形状形如鼠笼,因此叫鼠笼式转子。转轴由中碳钢制成,其两端由轴承支撑着,用来输出转矩。

2.2.2 三相异步电动机的铭牌数据

每台电动机上都有一块铭牌,铭牌上标出了该电动机的主要技术数据,在使用电动机时,必须按照铭牌所标注的参数进行使用。表2-2为一台三相异步电动机的铭牌。

表2-2 三相异步电动机的铭牌

三相异步电动机		
型号 Y160M—4	功率 11 kW	频率 50 Hz
电压 380 V	电流 22.6 A	接法 △
转速 1 460 r/min	绝缘等级 B	工作方式 连续
	××电机厂	年 月

1. 型号

Y为电动机的系列代号,表示异步电动机,此外,"YR"表示绕线式异步电动机,"YZ"表示起重用异步电动机等;型号中160表示电机中心高度为160 mm;M是机座长度代号(S为短机座,M为中机座,L为长机座);4表示电机的磁极数为4,常称四极电机,其极对数为2。

2. 额定功率

铭牌中所标注的功率为电动机的额定功率,指电动机在额定工作状态下,即额定电压、额定负载和规定冷却条件下运转时,转轴上输出的机械功率。

3. 频率

铭牌中所标注的频率指电动机使用的交流电源频率。

4. 额定电压

铭牌中所标注的电压为电动机正常运转时的电源线电压。电动机必须工作在额定电压下,低于或高于额定电压将引起电机的损坏。

5. 额定电流

铭牌中所标注的电流为电动机在额定工作情况下运转时定子绕组的线电流。

6. 接法

铭牌中所标注的接法为电动机定子绕组与交流电源的连接方式。三相绕组有星形和三角形两种连接方式。如果电源线电压都是380 V,在星形连接的电机中,每相绕组所承受的电压为220 V,而在三角形连接的电机中,每相绕组所承受的电压为380 V,因此,在使用电机时必须严格按照铭牌上标注的接法进行连接。

7. 转速

铭牌中所标注的转速即额定转速,是指电动机在额定状态下运转时的转速。

8. 绝缘等级

绝缘等级是按电动机所用绝缘材料的最高允许温升来分级的,常用的有A,E,B,F,H几种级别。

9. 工作方式

为了适应不同的负载需要，按负载持续时间的不同，国家标准把电动机分成了三种工作方式：连续工作制、短时工作制和间歇工作制。

2.2.3 三相异步电动机的启动

启动过程指电动机接通电源后，转速由零开始增大，直至达到稳定运行状态的过程。电动机启动时定子绕组上的启动电流是额定电流的 5－7 倍，因此它是电机启动性能中的一个重要参数，过大的启动电流将使线路电压下降，影响线路上的负载的正常运行。由于不同的负载对启动转矩的要求也不同，因此异步电动机的启动方法通常采用直接启动和降压启动等几种方法。

1. 直接启动

直接启动就是将电动机定子绕组直接加上额定电压的启动。这种方式有设备简单、操作简便、启动时间短等优点，但由于启动时会产生很大的启动电流，所以直接启动只用在容量不大的电动机上。

2. 鼠笼型异步电动机的降压启动

如果电动机的容量相对来说较大而对启动转矩要求不高时，就应采用降压启动方式。降压启动指启动时降低加在定子绕组上的电压，以减小启动电流，当启动过程结束后，再加全压运行，保证电动机工作在额定电压下。由于外加电压的降低会使启动转矩显著减小，因此，降压启动只能用于空载或轻载下的启动。降压启动主要有 Y－Δ 降压启动和自耦变压器降压启动等几种方式。

(1)Y－Δ 降压启动

这种方式只适用于定子绕组为三角形连接的电动机。它的降压原理为：电动机正常运行时，加在每相绕组的电压是线电压，而启动时为 Y 型连接，则加在每相绕组的电压是相电压，它是额定电压的$\frac{1}{\sqrt{3}}$，启动转矩减小到直接启动的 1/3，故为降压启动。当启动完毕，把定子三相绕组又恢复成 Δ 型连接。

这种启动方式设备简单、成本低、操作方便、动作可靠、使用寿命长，特别适用于 Δ 连接的中、小型电动机在轻载下启动。

(2)自耦变压器降压启动

在启动时利用三相自耦变压器降低加在定子绕组上的外加电压，当转速接近额定值时再切除自耦变压器，使电动机工作在额定电压下。自耦变压器备有多个抽头，可以得到不同的电压，以满足不同启动转矩的要求。

3. 绕线型异步电动机的启动

绕线型异步电动机的启动，只要在转子回路串入适当的电阻，既可限制启动电流，又可增大启动转矩，克服了笼型异步电动机启动电流大而启动转矩小的缺点。现用得更多的是在转子电路中串接频敏变阻器来启动绕线式异步电动机。由于启动时转子电阻的增大会使启动转矩升高，因此，这种方式常用于要求启动转矩较大的生产机械上，如卷扬机、起重机等。

2.2.4 三相异步电动机的调速

在生产实践中常常要求电动机能根据实际需要调节转速。根据转速公式

$$n = (1-s)n_0 = (1-s)\frac{60f_1}{p} \tag{2-12}$$

由以上公式可知三相异步电动机的调速方法有三种:变极调速、变频调速、变转差率调速。

1. 变极调速

通过改变电动机定子绕组的接线方式,就可以改变极对数 p,因而可以得到不同的转速,它只适用于鼠笼型异步电动机。这种方式多用在特制的双速电动机上,只能得到转速相差一倍的两种速度,在一些机床上用得较多。

2. 变频调速

变频调速是利用电源频率的改变来进行调速的,是一种很有效的调速方式,利用变频器不仅能实现电机的无级调速,而且可以改善电机的启动性能、实现对电机的各种保护,同时还节约能源。随着电子技术的飞速发展,变频调速技术也得到了极大的提高,应用越来越广。

3. 变转差率调速

这种方式只适用于绕线型异步电动机,在转子电路中接入调速变阻器,改变转子回路的电阻值,就可改变电机的转速。这种调速虽然设备简单、投资少,但调速范围不大,而且调速电阻上还要消耗较多的能量,常用在起重设备上。

2.3 常用的低压控制电器

电器是指在电能的产生、传输、分配和使用中,能实现对电路的切换、控制、保持、变换、调节等作用的电气设备,是电力拖动和自动控制系统的基本组成部分。通常,高压电器是指额定电压为 3 kV 或 3 kV 以上的电器。低压电器是指正弦交流电压 1 000 V 或直流电压 1 200 V以下的电器,它是自动控制系统的基本组成元件。

2.3.1 交流接触器

接触器是一种用来频繁接通和切断交直流主电路的自动切换电器。它主要用于控制电动机、电焊机等设备。由于具有低压释放保护功能,可频繁及远距离控制等优点,被广泛应用于自动控制线路中。接触器通常分为交流接触器和直流接触器。

1. 交流接触器的结构

交流接触器主要由四部分组成,如图 2-4 所示。

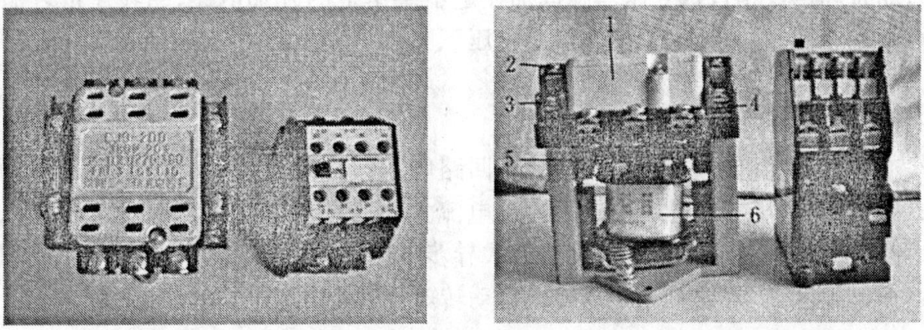

图 2-4 接触器的外形结构图

1—灭弧罩;2—辅助常闭触头;3—辅助常开触头;4—主触头;5—复位弹簧;6—线圈

(1)电磁机构:主要由线圈、动铁芯、静铁芯组成。

(2)触头系统:是执行元件,包括主触头和辅助触头。主触头通常为三对常开触头,辅助触头为常开、常闭触头各两对。

(3)灭弧装置:交流接触器的主触头在切断电路时会产生较强的电弧,为保护触头不会被灼伤,减少电路分断时间,必须安装灭弧装置。通常采用的灭弧装置有电动力灭弧、纵缝灭弧、栅片灭弧、磁吹灭弧等。

(4)其他部件:包括复位弹簧、缓冲弹簧、触点压力弹簧、传动机构、外壳等。

2. 交流接触器的工作原理

交流接触器主触头的动触头装在与动铁芯相连的绝缘杆上,静触头则固定在壳体上。当线圈通电后,线圈电流产生磁场,使静铁芯产生电磁吸力将动铁芯向下吸合,动铁芯带动相连的动触头动作,使常闭触头断开,常开触头闭合。接触器的主触头使主电路接通,辅助触头接通相应的控制电路。当线圈断电后,静铁芯的电磁吸力消失,动铁芯在反作用弹簧力的作用下复位,各触头也随之复位,关断主电路和控制电路。

3. 交流接触器的特点及选用

交流接触器的主要特点:动作快、触头多、操作方便、便于远距离控制。不足是噪声大、寿命短,只能通断负荷电流,不具备保护功能,应用时与熔断器、热继电器等保护电器配合使用。

交流接触器在选用时,注意接触器的类型、主触头额定电流、额定电压、触头的数量及种类等方面。

2.3.2 继电器

继电器是一种按照某种输入信号的变化来自动实现接通或断开电路的控制元件,它是一种小信号控制电器,它通常反应电流、电压、时间、速度、温度等变化信号来通断小电流回路或控制其他回路的通断。继电器的种类较多,按输入信号可分为:电压继电器、电流继电器、时间继电器、速度继电器、热继电器等。按工作原理可分为:电磁式继电器、感应式继电器、电动式继电器、热继电器等。

1. 中间继电器

中间继电器的实质是一种电压继电器,如图 2-5 所示,可用来实现信号的传递和放大,实现多路同时控制,起到中间转换的作用。中间继电器的结构、工作原理与接触器类似,主要由线圈、静铁芯、动铁芯、触头系统、复位弹簧等组成,如图 2-6 所示。

图 2-5　中间继电器的外形结构

中间继电器的触头较多,没有主、辅之分,一般为 8 对,可组成 4 对常开、4 对常闭;6 对常开、2 对常闭或 8 对常开等三种形式。每对触头允许通过的电流大小相同,额定电流为 5 A,有的可达 10 A。

中间继电器主要应用在:当其他继电器的触头数或容量不够时,可通过中间继电器的转换增大容量;可将一个输入信号变为多个输入信号,实现多路同时控制;可用于手动控制电路的欠压和失压保护及其他保护性电路。

中间继电器的选用主要根据电路中的电压等级,而触头数量、种类、容量等因素是否满

足要求也是考虑的范围。

2. 热继电器

热继电器是利用电流的热效应对电动机和其他用电设备进行过载保护的保护电器。电动机在运行时常遇到过载的情况,若过载时间较长,使电动机的绕组温升超过允许值,将会加剧绕组绝缘老化,缩短使用年限。所以电动机在长期运行时,都要加过载保护装置。

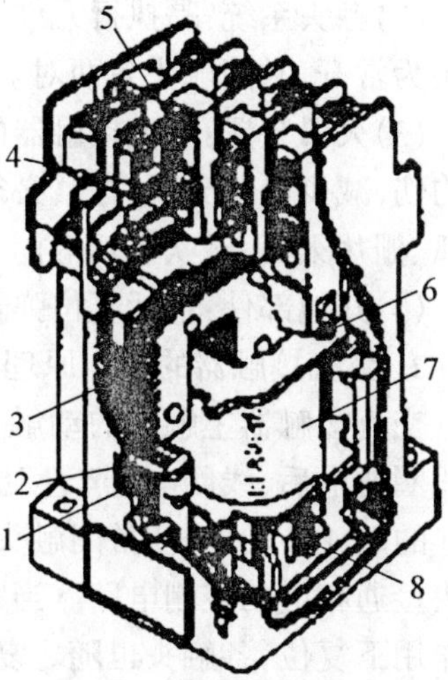

图 2-6 JZ 系列中间继电器

1—静触头;2—短路环;3—动铁芯;4—常开触头;5—常闭触头;6—恢复弹簧;7—线圈;8—缓冲弹簧

(1)热继电器的结构

热继电器是由热元件、触头、动作机构、复位按钮和整定电流装置等部分组成,如图 2-7 所示。

①热元件是由双金属片及绕在双金属片上的电阻丝组成。双金属片作为测量元件,是由两种热膨胀系统不同的金属片复合而成。使用时,将电热丝串联接在电动机的主电路中。

②热继电器的触头有两组,由一个公共动触头,一个常开静触头和一个常闭静触头组成一对常开触头和常闭触头,常闭触头串联接在电动机的控制电路中。

③热继电器的动作机构由导板、温度补偿双金属片、推杆、杠杆、拉簧等组成。

④热继电器的复位按钮的作用是在热继电器动作后,温度降低到允许值后,进行手动复位的按钮,不按复位按钮电机主回路不通,电机不工作。

⑤整定电流装置是由旋钮和偏心轮组成,在整定电流装置上刻有整定电流值,旋动旋钮即可调节。

图 2-7 热继电器的外形结构

1—整定电流装置;2—复位按钮;3—电路接线柱;4—常闭触头;5—动作机构;6—热元件

(2)热继电器的工作原理

热继电器的热元件串联在电动机的主电路中,当电动机正常运行时,热元件产生的热量使双金属片正常发热,推动导板,但动作较小不能使热继电器工作。当电动机过载时,热元件上的电流过大,热量增加,使双金属片受热膨胀,因双金属片的膨胀系数不同使双金属片弯曲,推动导板,通过温度补偿双金属片推动推杆使常闭触头断开,而常闭触头串联在电动机的控制电路中,使电路中的接触器的线圈断电,主触头断开,切断电路保护了电动机。电动机停转后,双金属片逐渐冷却复原,但继电器不应马上复位,需等负载正常时再按复位按钮,重新启动即可按启动按钮。

(3)热继电器的选用

热继电器的选择主要根据电动机的额定电流来确定热继电器的型号及热元件的电流等级。热继电器的额定电流是指可以装入的热元件的最大整定电流值。热继电器的整定电流是指热元件能够长期通过而不致引起热继电器动作的电流值。热继电器的整定电流通常与电动机的额定电流相等。对于星形接线的电动机可选用两相或三相结构的热继电器,对于三角形接线的电动机应选用带断相保护的热继电器。

2.3.3 主令电器

主令电器是指发出控制指令来控制其他电器动作的操作电器。它的信号指令是通过接触器、继电器或其他控制元件动作来接通和断开控制电路的。常用的主令电器有按钮、行程开关、万能转换开关、主令控制器等。

图 2-8　按钮外形图

1. 按钮

按钮又称为控制按钮,如图 2-8 所示,是一种可以自动复位的手动控制电器,用于短时间接通和断开 5 A 以下的小电流电路。

按钮是由按钮帽、复位弹簧、常开触头、常闭触头、接线柱及外壳组成,如图 2-9 所示。常闭触头和常开触头组成了复合按钮,即按下按钮时,常闭触头先断开,极短时间后,常开触头才闭合;松开按钮,在复位弹簧的作用下,常开触头先断开,极短时间后常闭触头闭合。所以复合按钮具有一定的滞后时间。

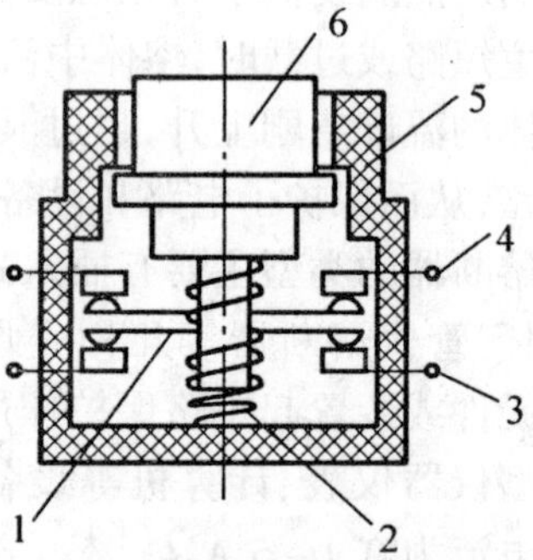

图 2-9　按钮的结构图

1—动触桥;2—复位弹簧;3—开合触点;4—常闭断触点;5—塑料外壳;6—按钮帽

常用按钮的种类很多,有 LA10,LA18,LA19,LA20 等系列。LA18 系列的按钮采用积木式结构,触头数可按需要拼装,一般为二常开二常闭,也可拼装为一常开一常闭至六常开六常闭。LA19,LA20 等系列分带指示灯和不带指示灯两种。为了避免误操作,一般按钮帽做成不同颜色,可标明不同的作用,红色表示停止按钮,绿色表示启动按钮。

按钮选用时要根据使用场合、控制电路所需的触头数及按钮帽的颜色等方面考虑。使用前应检查按钮弹性的好坏、动作是否正常、触头接触是否良好等。

2. 行程开关

图 2-10　行程开关的外形结构

行程开关又称为限位开关,如图 2-10 所示,是一种利用生产机械的某些运动部件的碰撞来发出控制指令,控制接通和断开电路,其作用与按钮相同。常用的行程开关可分为按钮式和滚轮式行程开关两类,滚轮式行程开关又分为单滚轮式和双滚轮式行程开关。常用的类型有 JW 系列、LX19 系列、JLXK1 系列。其中 JW 系列为微动开关,其优点是体积小、动作灵敏、瞬时动作,只能承受较小的压力,适用于小型机构中使用。LX19,JLXK1 系列的工作原理是:当生产机械的挡铁压到行程开关的滚轮上时,杠杆连同转轴一起运动,并推动撞块,当撞块被压到一定位置时,推动微动开关快速运动,使常开触头闭合,常闭触头断开。当生产机械的挡铁移开后,复位弹簧使行程开关的各部分恢复到动作前的状态。按钮式和单滚轮式行程开关是自动复位式,而双滚轮式行程开关没有复位弹簧,不能自动复位,必须通过挡铁碰撞第二个滚轮,才能复位。

行程开关的选用主要依据被控电路的特点、要求及生产环境和所需触头数等因素。

2.3.4 保护电器

保护电器指用来保护电路和用电设备的电器。常用的有熔断器、热继电器、自动空气断路器等。

1. 熔断器

熔断器是低压线路和电动机控制电路中最简单有效的过载、短路保护电器，如图2－11和2－12所示。熔断器具有体积小、质量轻、结构简单、维修方便、价格低廉、可靠性强等优点而被广泛使用。

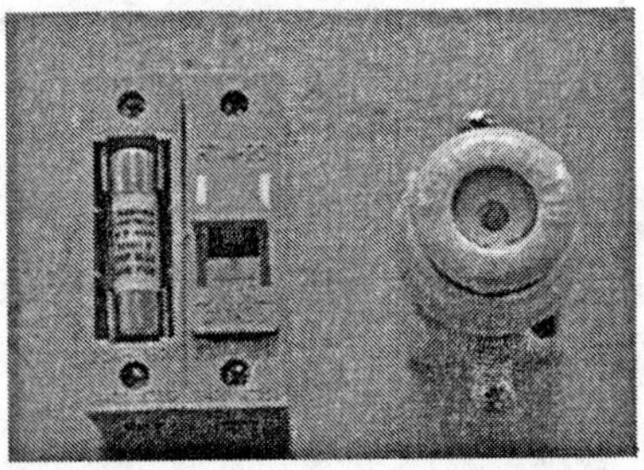

图 2－11　熔断器及螺旋式外形结构

熔断器主要由熔体和熔管两部分组成。熔断器的熔体串联在被保护的电路中，当电路正常工作时，熔体的发热温度低于熔化温度，所以不会熔断。当电路发生短路或过载时，熔体中流过的电流产生的热量使熔体的温度急剧上升，超过其熔点时，熔体熔断，断开电路，从而保护了电路和设备。

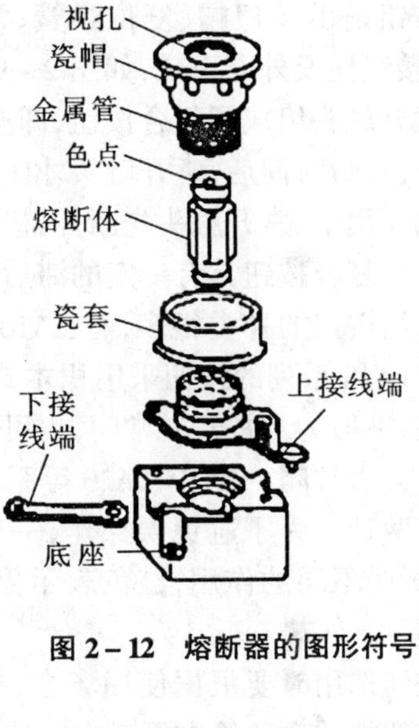

图 2－12　熔断器的图形符号

熔断器的类型主要有插入式熔断器、螺旋式熔断器、封闭管式熔断器等几种。此外，还有用于半导体整流元件或装置起短路保护作用的快速熔断器，或用于小型仪器仪表、计算机等设备的微型管式熔断器，额定电流为0.1－5 A。

熔断器要根据熔断器类型、熔断器额定电压、熔断器额定电流、线路中上级与下级熔断器的配合等进行选择。

2. 自动开关

自动开关又称自动空气开关或自动空气断路器，如图 2－13 所示。它实际上属于半自

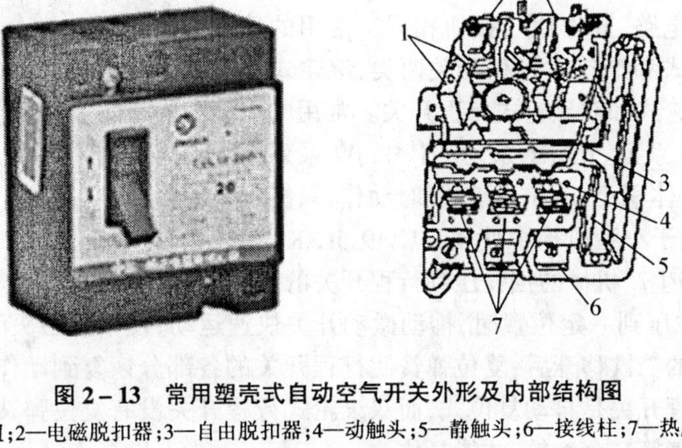

图 2－13　常用塑壳式自动空气开关外形及内部结构图

1—按钮；2—电磁脱扣器；3—自由脱扣器；4—动触头；5—静触头；6—接线柱；7—热脱扣器

动开关，可以手动通断电源，当负载或线路出现故障时，它可以自动切断故障线路，保护电路、用电设备及人身安全。

常用的类型有：DZ—塑料外壳式自动空气开关，DW—框架式自动空气开关，DS—直流快速自动开关，漏电自动保护开关，限流式自动开关等。

脱扣器是自动开关的主要保护装置，包括电磁脱扣器、热脱扣器、失压脱扣器等许多种类。电磁脱扣器的线圈串联在主电路中，当电路或设备发生短路，主电路电流增大，线圈磁场增强，吸动衔铁，使得操作机构动作，断开主触点，分断主电路起到短路保护作用，电磁脱扣器上有调节螺钉，可以随时调节脱扣器动作电流的大小。

热脱扣器是一个双金属片热继电器。其发热元件串联在主电路中，当电路过载时，过载电流使发热元件温度升高，双金属片由于受热弯曲，顶动自动操作机构动作，这样便断开主触点，切断主电路起到过载保护作用。热脱扣器同样有调节螺钉，可以根据需要随时调节脱扣器电流的大小。

自动空气开关的特点是结构紧凑，安装方便，操作安全；线路或负载故障时，脱扣器自动动作，动作后不用更换元件；具有开关作用，短路和过载及欠压保护；脱扣器动作电流由实际情况整定。

自动空气开关的选用时开关的额定电流和额定电压不小于电路的正常工作电流和电压；热脱扣器的额定电流应与所控制的负载的额定电流一致；电磁脱扣器的瞬时动作整定电流应大于负载电路正常工作时的尖峰电流，如电动机的启动电流。

3. 漏电保护器

漏电保护器是一种保安开关电器，当发生人身触电、设备漏电或短路时能迅速自动切断电源，有些还具有电气设备过载保护的功能。

漏电保护器按工作原理分为：电压型漏电保护器、电流型漏电保护器、电流漏电型继电器；按动作电流分为：高、中、低灵敏度漏电保护器；按时限特性分为：高速型、延时型、反时型。

通常用的漏电保护其主要是电流型，它包括电磁式、电子式、中性点接地式，如图 2 - 14 所示为 DZL18 - 20 型漏电保护器的外形及结构图。

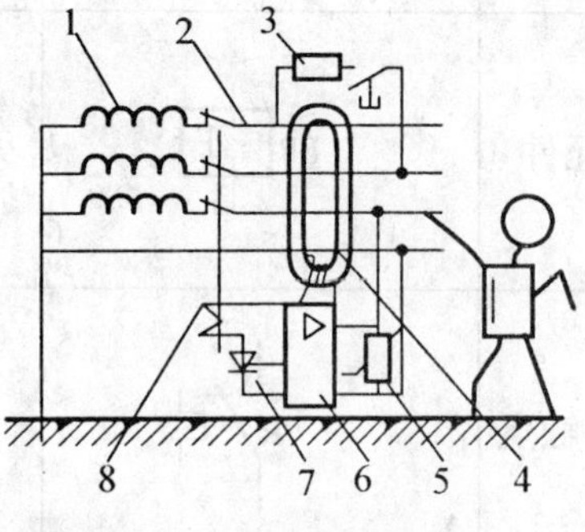

图 2 - 14　电子式电流型漏点开关的外形及结构

1—电源变压器；2—主开关；3—试验回路；4—零序电流互感器；
5—压敏电阻；6—电子放大器；7—晶闸管；8—脱扣器

漏电保护器的选用时额定电压及电流大于或等于线路的额定电压及计算电流；脱扣器的动作电流和额定电流应大于计算电流；极限通断能力应大于或等于线路最大短路电流；线

路末端单相对地短路电流与漏电保护器瞬时脱扣器整定电流值比应大于或等于 1.25；还应考虑被保护的对象、线路状况及环境；漏电保护器也不是万能的，操作时还应安全用电。

2.4 三相异步电动机的基本控制电路

用接触器和按钮来控制电动机的起停，用热继电器作电动机的过载保护，这是继电－接触器的最基本电路。继电—接触器控制电路有主电路和控制电路两部分组成，主电路是指直接给电动机绕组供电的电路，控制电路是指对主电路的动作实施控制的电路。为了清楚准确地表达继电—接触器控制电路，一般不需要具体画出各种控制元件的相对位置和结构，而是用一定的图形符号表示组成电路的各个元件及其原理，这种电路图称为控制电路的原理图，原理图中常用的图形符号如表 2－3 所示。

表 2－3　常用图形符号

名称	图形符号	名称	图形符号
三极开关	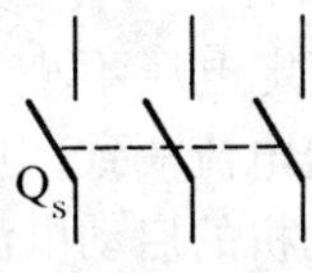	交流接触器的主触头	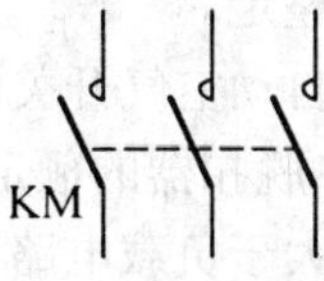
按钮的常开触头	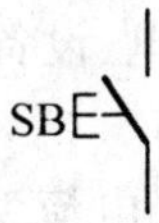	交流接触器的辅助常开触头	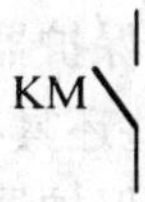
按钮的常闭触头		交流接触器的辅助常闭触头	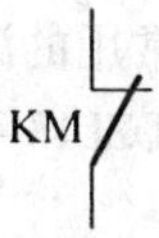
热继电器的热元件	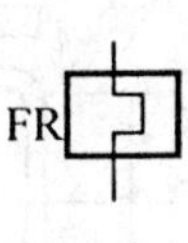	交流接触器的线圈	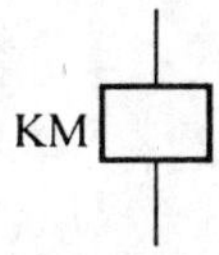
热继电器的常闭触点	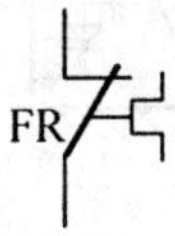	熔断器	
三相异步电动机	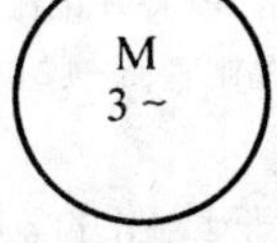	变压器	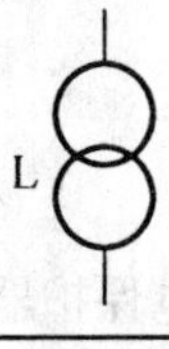

2.4.1 开关控制电路

最简单的直接启动控制电路是用开关 Q_S 控制，电源的接通和断开是通过人操作开关来实现的，其控制电路图如图 2-15 所示。开关控制电路的工作原理是：合上电源开关 Q_s，电动机 M 就通电旋转，断开开关后，电动机则断电停转。它适用于小容量、不频繁启动的场合。

2.4.2 点动控制电路

点动控制指当按下按钮电动机就旋转、松开按钮电动机便停转的控制方法，如图 2-16 所示。它由自动开关 Q_S、熔断器 FU、交流接触器 KM 的主触头与电动机 M 构成了主电路；由按钮 SB 与交流接触器 KM 的线圈组成控制回路。

其工作原理是：当电源开关 Q_S 闭合后，因接触器 KM 线圈未通电，主触点断开，电动机 M 停转。按下按钮 SB，控制电路接通，KM 线圈得电，主触点闭合，电动机旋转。松开按钮时，KM 线圈断电，主触点断开，电动机停转。点动控制用于控制电动机的短时运行，它与开关控制相比较，具有劳动强度低，生产效率高和能实现远距离自动控制等优点。

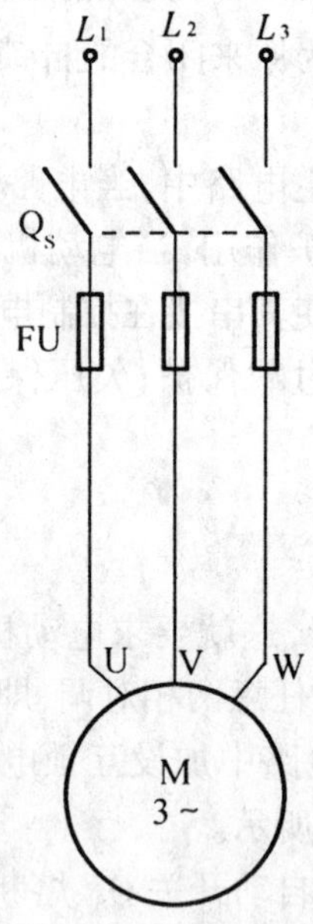

图 2-15 开关控制电路

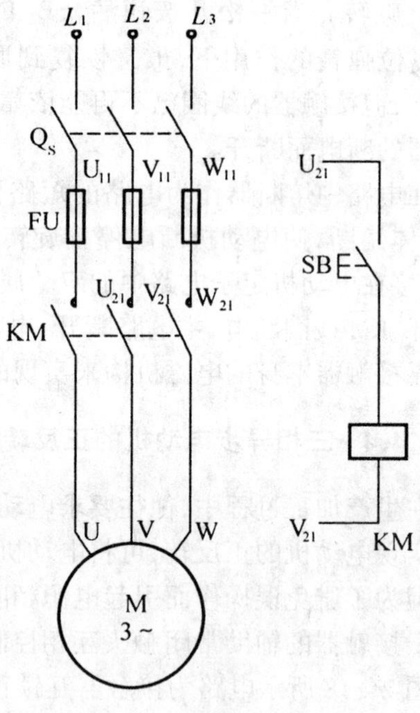

图 2-16 点动控制电路图

2.4.3 单向连续旋转控制电路

点动控制电路只能使电动机短时运行，只要松开按钮，电动机就会停转，这样的电路不适用于长时间连续工作，图 2-17 所示的三相异步电动机单向连续旋转控制电路就能解决这个问题，它是一个常用的简单的控制电路。它由自动开关 Q_S、熔断器 FU、交流接触器 KM 的主触头、热继电器 FR 的热元件与电动机 M 构成了主电路；由启动按钮 SB_1、停止按钮SB_2、

交流接触器KM的线圈及其辅助常开触头组成控制回路。

点动控制电路的工作原理是：启动时，合上Q_S，引入三相电源。按下SB_1，交流接触器KM的线圈得电动作，接触器主触头闭合，电动机接通电源启动运转。同时与SB_1并联的辅助常开触头KM闭合，使接触器线圈经两条路通电。这样，当手松开，SB_1自动复位时，接触器KM的线圈仍可通过其闭合辅助常开触头得电，从而保持电动机的连续运行。这种依靠接触器自身辅助触头而使其线圈保持通电的现象称为自锁。这一对起自锁作用的辅助触头，称为自锁触头。

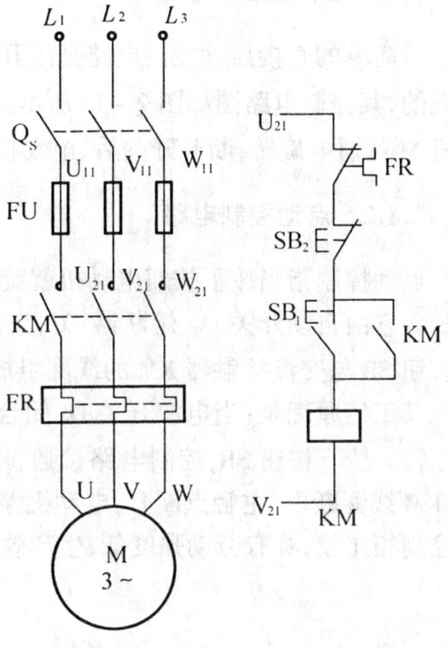

图2-17 单向连续旋转控制电路

要使电动机M停止运转，只要按下停止按钮SB_2，将控制电路断开即可。这时接触器KM断电释放，KM的主触头将三相电源切断，电动机停止旋转。当手松开按钮后，SB_2的常闭触头在复位弹簧的作用下，虽又恢复到原来的常闭状态，但接触器的线圈已不再能依靠自锁触头通电了，因为原来闭合的自锁触头早已随着接触器的断电而断开。

在电路中熔断器作为电路的短路保护，熔断器串接在主电路中，当电路发生短路故障时，熔体熔断，使电动机断电停止旋转；热继电器起过载保护作用，当电动机出现长期过载时，串接在电动机定子电路中的双金属片因过热而变形，致使其串接在控制电路中的常闭触点断开，KM线圈断电，主电路断开，电动机停止转动，实现过载保护；欠压保护和失压保护是依靠接触器本身的电磁机构来实现的。

2.4.4 三相异步电动机的正反转控制电路

在生产加工过程中，往往要求电动机能够实现可逆运行，这就要求电动机可以正反转。为了实现电动机的正反转，可将电动机的三相电源进线中的任意两相对调，即可使电动机反转。但为了避免误操作而引起电源相间短路，必须在运行电路中加设互锁电路。互锁指利用两个接触器的辅助常闭触头互相控制的方法，如图2-18所示。

图2-18所示电路为接触器互锁正反转控制电路，它由自动开关Q_S、熔断器FU、正转交流接触器KM_1的主触头、反转交流接触器KM_2的主触头、热继电器FR的热元件与电动机M构成了主电路；由正转启动按钮SB_1、反转启动按钮SB_2、停止按钮SB_3、正反转交流接触器KM_1，KM_2的线圈及其辅助常开、常闭触头组成控制回路。

接触器互锁正反转控制电路的工作原理是：合上电源开头Qs，按下正转启动按钮SB_1，正转交流接触器KM_1的线圈得电自锁，它的辅助常闭触头起互锁作用，切断了反转交流接触器KM_2的控制电路，KM_1的主触头接通主电路，电动机M正转；此时若按下停止按钮SB_3，KM_1线圈断电，其辅助常开触头断开，常闭触头闭合，电动机停止转动。若想电动机反转，可按下反转启动按钮SB_2，则反转交流接触器KM_2线圈得电自锁，电动机反转，停止时可按下

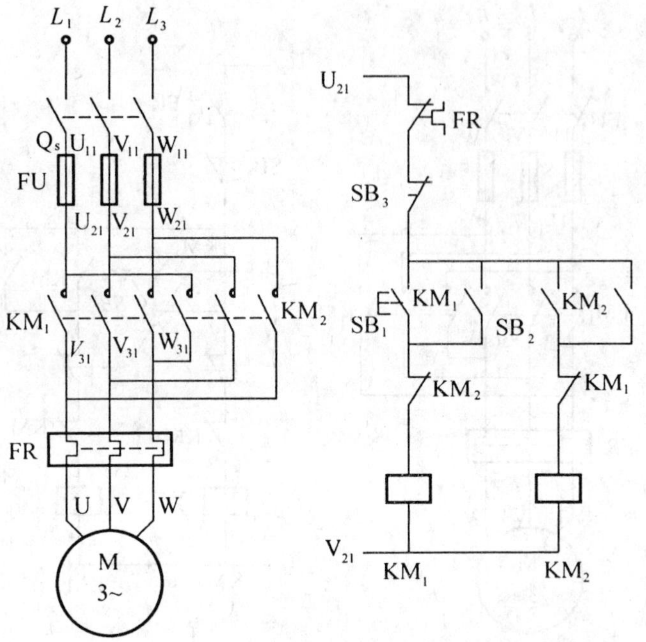

图 2 – 18　接触器互锁正反转控制电路

停止按钮SB_3，KM_2 线圈断电，KM_2 主触头断开，电动机停止转动。

这种电路正转时想要反转，只能先按下停止按钮，电动机停止转动后再按反转启动按钮才能实现反转，所以在使用时操作不方便。

在生产中为了提高劳动生产率，要求直接实现正反转的变换控制。由于电动机正转时，按下反转按钮时首先应断开正转交流接触器线圈线路，待正转接触器释放后再接通反转接触器，于是在线路中采用双重互锁的方式来实现正反转控制电路。

在图 2 – 19 中，既有接触器的互锁，又有按钮的互锁，保证了电路可靠地工作。按钮互锁指将正转启动按钮 SB_1 的常开触头与反转启动按钮 SB_2 的常闭触头串接在正转电路中，把反转启动钮 SB_2 的常开触头与正转启动按钮 SB_1 的常闭触头串接在反转电路中，利用按钮的常开、常闭触头的机械连接，在电路中互相制约的接法。接触器互锁和按钮互锁在控制电路中经常使用，可利用双重互锁的方式来实现电动机正转—反转—停止的控制。

图 2 – 19 电路的工作原理为：先合上电源刀开关 Q_s，正转时，先按下正转启动按钮 SB_1，正转交流接触器 KM_1 线圈得电自锁，KM_1 的主触头闭合，电动机正转。同时 SB_1 的常闭触头和 KM_1 的辅助常闭触头都断开，保证反转接触器 KM_2 的线圈不会与 KM_1 的线圈同时得电。

想要反转时，只要直接按下反转启动按钮 SB_2，它的常闭触头先断开，使正转接触器 KM_1 的线圈断电，KM_1 的主触头、辅助触头均复位，电动机停止正转。与此同时，SB_2 的常开触头闭合，使反转接触器 KM_2 的线圈得电，KM_2 的主触头闭合，电动机反转，串接在 KM_1 线圈电路中的 KM_2 的辅助常闭触头断开，起互锁作用。

这样在需要改变电动机运转方向时，就不必按停止接钮 SB_3 了，可直接操作正反转按钮即能实现电动机的运转情况的改变。

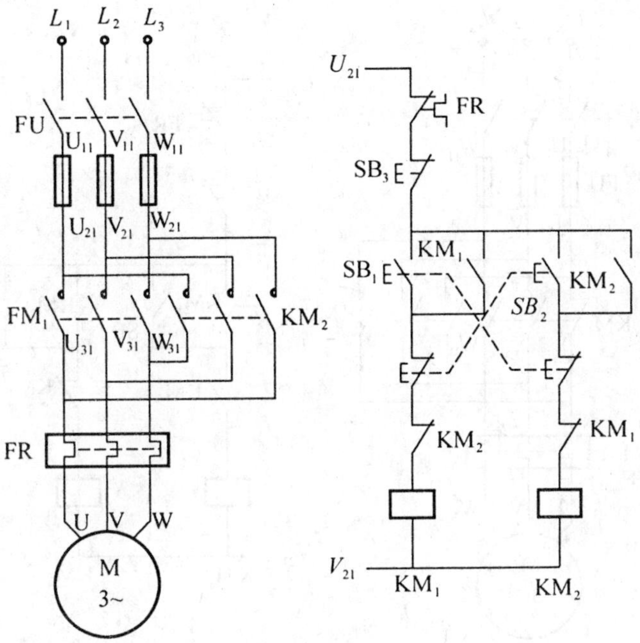

图 2-19　电动机双重互锁正反转控制电路

习题与思考题

2.1　变压器铁芯起什么作用，不用行吗？

2.2　有一变压器一次绕组接在 380 V 的输电线上，要求二次绕组输出 36 V 电压，设一次侧绕组的匝数为 1 652 匝，求变压器的变比和二次绕组匝数。

2.3　已知变压器的匝数比 $n=5$，其二次电流 $I_2=60$ A，试计算一次电流；若负载减小，使二次电流 $I_2=30$ A 时，一次电流又是多少？

2.4　如何使三相异步电动机反转？

2.5　三相异步电动机在正常运行时，如转子被突然卡住而不能转动，有何危险，为什么？

2.6　交流接触器有何用途，主要有哪几部分组成，各起什么作用？

2.7　交流接触器与中间继电器各有什么用途？

2.8　自动空气开关有何用途？当电路出现短路或过载时，它是如何动作的？

2.9　在电动机主电路中既然装有熔断器，为什么还要装热继电器？它们各起什么作用？

第 3 章　建筑电气的电子技术基础

随着科学技术的发展，电子技术被越来越多地应用在建筑行业，现代化建筑中的各种控制系统及通信系统等更是离不开电子技术。因此从事建筑工程的技术人员应对电子技术有一个基本的了解。

电子电路中常用的半导体器件是二极管，三极管等，它们都是由半导体材料制成的。在学习半导体器件之前，首先学习一些半导体的基础知识。

3.1　半导体二极管和三极管

3.1.1　半导体的基本知识

物体根据导电能力的强弱可分为导体、半导体和绝缘体三大类。凡容易导电的物质（如金、银、铜、铝、铁等金属物质）称为导体；不容易导电的物质（如玻璃、橡胶、塑料、陶瓷等）称为绝缘体；导电能力介于导体和绝缘体之间的物质（如硅、锗、硒等）称为半导体。半导体之所以得到广泛的应用，是因为它具有热敏性、光敏性、掺杂性等特殊性能。用得最多的半导体材料是硅 Si 和锗 Ge，它们都是四价元素，即最外层轨道上的电子是 4 个。每个价电子都与相邻原子的一个价电子形成共价键，为两个原子所共有，从而形成一种稳定的原子结构，如图 3 – 1 所示。

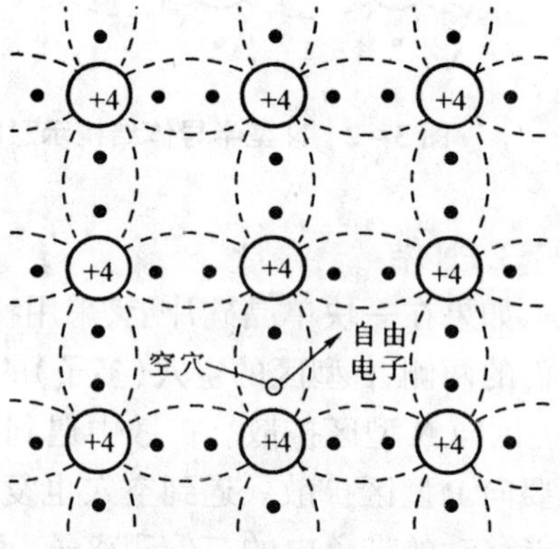

图 3 – 1　硅晶体中共价键结构示意图

1.本征半导体

纯净的半导体晶体称为本征半导体。在室温下本征半导体的导电性能很差。但是，如果能从外界获得一定的能量（如光照、温升等），有些价电子就会挣脱共价键的束缚而成为自由电子，在共价键中留下一个空位，这个空位称为“空穴”。空穴一出现，附近的价电子很容易被吸引过来填充，这样又形成了新的空穴。从整体上看空穴也在运动。自由电子带负电荷，空穴带正电荷。通常将可运动的带电粒子称为“载流子”，自由电子和空穴都是载流子。因此在半导体中存在着两种载流子，带正电的空穴和带负电的自由电子。在纯净的半导体中，价电子受到较大的束缚力，只能产生少量的载流子，所以电阻率很大。

2.杂质半导体

所谓杂质半导体是在纯净的硅中掺入少量的杂质，其导电能力大大增强。根据掺入杂质的不同，可将杂质半导体分为两类。

(1)N 型半导体

当在四价的硅元素中掺入少量的五价磷元素，磷原子的外层有五个电子，其中四个与硅的外层电子组成共价键，多余的一个电子便成为自由电子。原子中自由电子的数量增加以

后，导电能力大大增加。由于自由电子的浓度大于空穴的浓度，参与导电的多数载流子是自由电子，少数载流子是空穴，故把这类半导体称为N型半导体。

(2)P型半导体

如果在四价的硅元素中掺入少量的三价硼元素。硼原子的外层只有三个电子，在与硅原子的外层电子组成共价键的过程中多出一个空位，既多了一个空穴。空穴的浓度大于自由电子的浓度，这样，参与导电的空穴就成为多数载流子，自由电子成为少数载流子。所以这类半导体称为P型半导体。

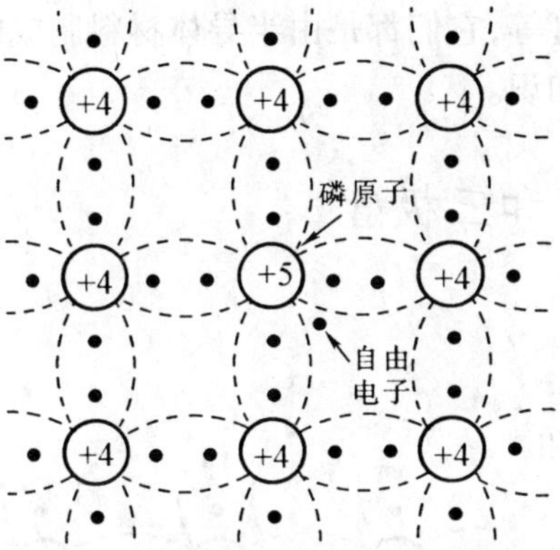

图3-2 N型半导体结构示意图

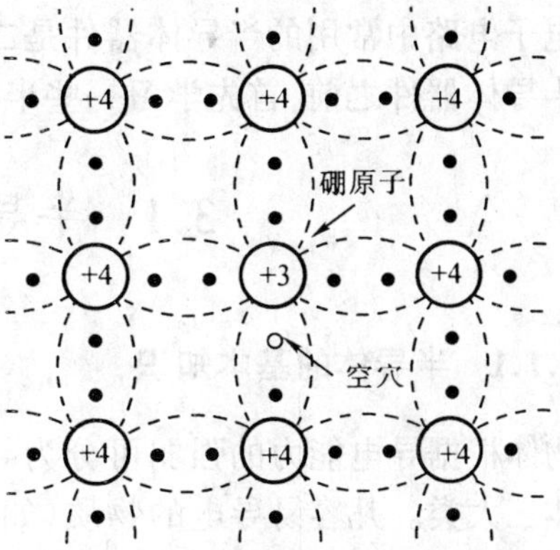

图3-3 P型半导体结构示意图

3.PN结

如果在一块单晶硅片上，采用特殊工艺方法，使两边分别形成P型、N型半导体，在其交界面的两侧，P型区的空穴(多子)的浓度远远大于N型区的空穴(少子)的浓度，导致空穴从P型区向N型区扩散。扩散中遇到自由电子要复合消失。同理，N型区的自由电子(多子)也要向P型区扩散。遇到空穴也复合消失。随着扩散和复合的进行，P型区失去空穴留下不能移动的带负电的三价硼离子，而N型区失去自由电子，留下不能移动的带正电的五价磷离子。于是，在交界面两侧形成了不能移动的带正、负电荷的区域，形成一个很薄空间电荷区，也称为PN结，如图3-4(a)所示。在空间电荷区内形成一个内电场，方向是从N型区指向P型区。在无外电场时，PN结无电流，呈现高阻状态。

PN结是构成各种半导体器件的基本单元，使用时必须加有一定的电压。

如果PN结外加正向电压(也就是P区电位高于N区电位)，称为正向偏置。此时外电场与内电场方向相反，于是多数载流子在外加电压的作用下进入空间电荷区使离子数量减少，使PN结变窄，因而削弱了内电场，这将有利于扩散运动的进行，从而使多数载流子顺利通过PN结，形成较大的正向电流，使PN结正向导通。这时PN结呈低阻状态，如图3-4(b)所示。

如果PN结外加反向电压(也就是P区电位低于N区电位)，称为反向偏置。此时外电场与内电场方向相同，在外电场的作用下把多数载流子拉离PN结，结果使PN结变宽，内电场增强，多数载流子的扩散运动更难于进行，但加强了少数载流子的漂移运动。由于少数载流子数量很小，所以仅能形成很小的反向电流，使PN结反向截止。这时PN结呈高阻状态，如图3-4(c)所示。

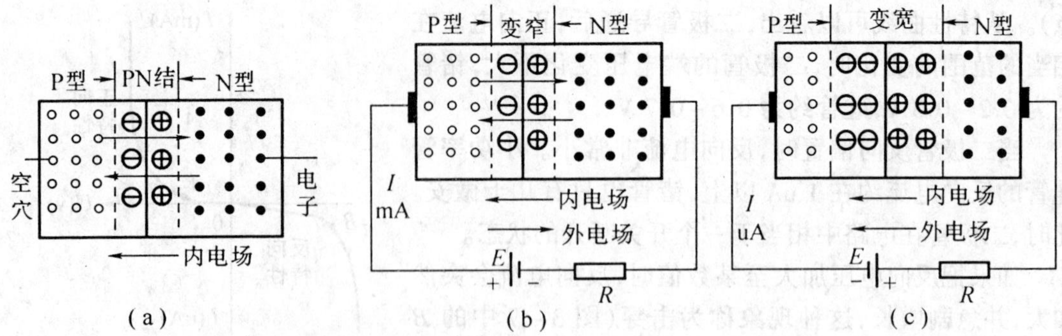

图 3-4　PN 结的形成和单向导电特性

(a)PN 结的形成;(b)正向偏置;(c)反向偏置

由此可知,PN 结正向偏置时,呈导通状态;反向偏置时,呈截止状态,此为 PN 结单向导电性。需要注意的是:在室温下,少数载流子形成的反相电流虽然很小,但它随温度的上升而显著增加,使用时要注意。

3.1.2　半导体二极管

1.二极管的结构、符号及类型

二极管根据结构的不同分为点接触型和面接触型两类。点接触型二极管如图 3-5(a)所示。由于其高频特性好,因此点接触型二极管主要用于高频和小功率工作以及用作数字电路中的开关元件。面接触型二极管如图 3-5(b)所示。由于工作频率低,可允许通过大电流,因此面接触型二极管主要用作整流元件。符号如图 3-6 所示。

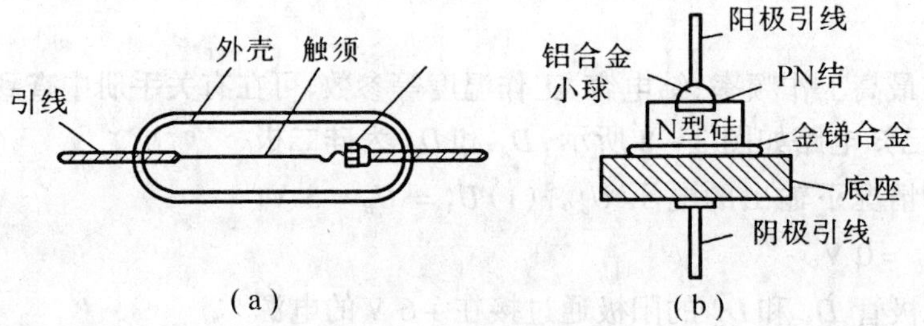

图 3-5　二极管结构示意图

(a)点接触式;(b)面接触式

2.二极管的伏安特性

二极管的伏安特性是表示流过二极管的电流与其两端的端电压之间函数关系,伏安特性可以用曲线来表示。不同二极管的伏安特性是有差异的,但是曲线的基本形状是相似的。图 3-7 所示为二极管伏安特性曲线,它们都是非线性的。

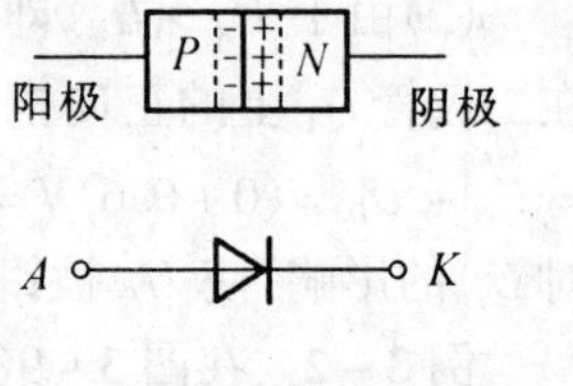

图 3-6　二极管的结构和符号

当二极管正向偏置时,就产生正向电流。但正向电压低于某一数值时,正向电流非常小,近似为零,这个电压称为死区电

压，锗管约为0.1 V，硅管约为0.5 V（图3－7中的A点）。从特性曲线可以看出，二极管导通后，正向电流在相当的范围内变化时，二极管的端电压变化不大，锗管约为0.2～0.3 V，硅管约为0.6～0.7 V。

当二极管反向偏置时，反向电流非常小。小功率管硅管的反向电流约在1 uA以上，锗管也只有几十微安。此时，二极管在电路中相当于一个开关断开的状态。

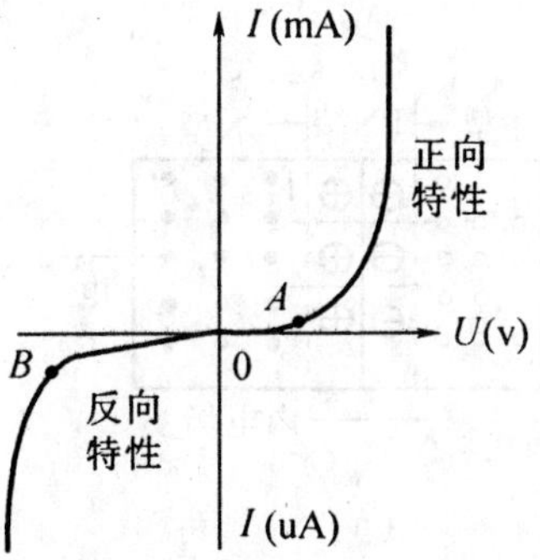

图3－7　二极管伏安特性曲线

如果把反向电压加大至某数值时，反向电流会突然加大，并急剧增长，这种现象称为击穿（图3－7中的B点）。此时二极管已失去单向导电特性。大的反向电流流过PN结会产生大量的热量，将二极管烧坏。产生击穿时的电压称为反向击穿电压，用U_R表示。各类二极管的反向击穿电压大小不同，通常为几十至几百伏。有时为了简化电路分析，将二极管理想化，理想二极管正向电压为零，反向电阻为无穷大。

3.二极管的主要参数

（1）最大整流电流I_F

最大整流电流是指二极管长期工作时，允许通过的最大正向平均电流。使用时当电流超过允许值时，二极管因过热而烧坏。

（2）最大反向电压U_{RM}

最大反向电压是保证二极管不被击穿而给出的最高反向工作电压。有关手册上给出的最大反向电压约为击穿电压的一半，以确保二极管安全工作。

（3）最大反向电流I_R

最大反向电流是指二极管加上最大反向电压时的反向电流。其值越小表明二极管的单向导电性越好。

此外，还有最高工作频率、结电容、工作温度等参数，可在有关手册中查到。

例3－1　已知电路如图3－8所示，D_A和D_B为硅二极管，求下列两种情况下输出的电压U_o。（1）$U_A = U_B = 3$ V；（2）$U_A = 3$ V，$U_B = 0$ V。

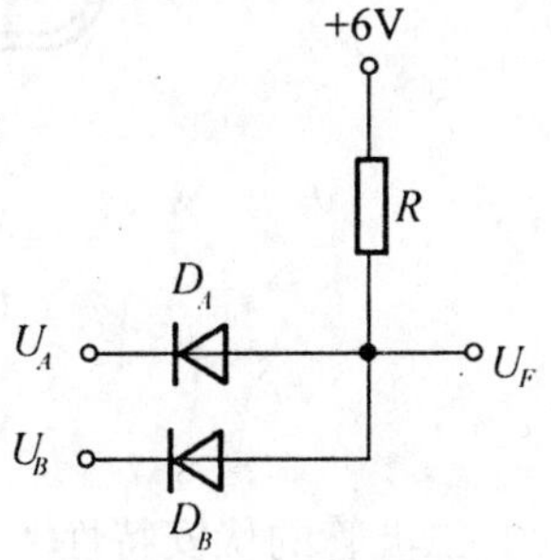

图3－8　例3－1电路图

解　（1）二极管D_A和D_B的阳极通过接在＋6 V的电源上，而它们的阴极分别接输入端，其电位U_A和U_B都是＋3 V，所以D_A和D_B上的电压是大小相等的正向电压，因而将它们同时导通，设硅二极管的正向电压降$U_D = 0.6$ V，则$U_F = U_A + U_D = (3+0.6)\text{V} = 3.6$ V。

（2）由于$U_A > U_B$，即加在二极管D_B上的正向电压比加在二极管D_A上的正向电压大，所以D_B抢先导通，因而$U_F = U_B + U_D = (0+0.6)\text{V} = 0.6$ V，D_B导通后，使得D_A承受反向电压而截止，从而隔断了U_A对U_F的影响，使U_F被钳制在0.6 V，这时，起着钳位作用，而D_A起隔离作用。

例3－2　在图3－9(a)电路中已知E_1为5 V，E_2为－5 V，$u_i = 10\sin\omega t$ V。试画出输出电压u_0的波形（二极管正压降可忽略不计）。

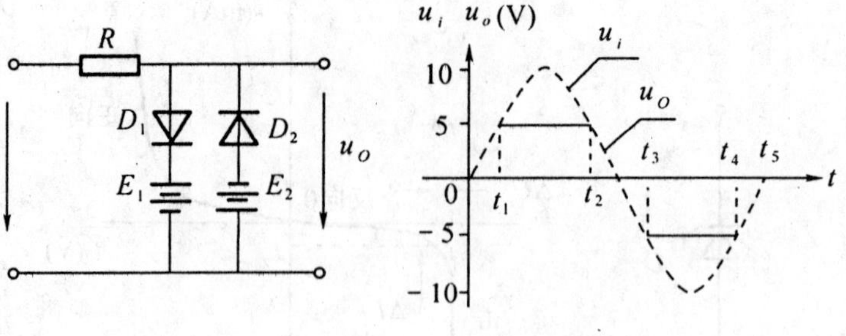

(a) (b)

图 3-9 例 3-2 电路图

(a)二极管限幅电路;(b)输出电压波形

解 参见下表,当 u_i 处于正半周期,且 $0 \leqslant u_i < E$ 时,D_1,D_2 处于反向截止状态,所以输出电压 $u_0 = u_i$。当 $u_i \geqslant 5$ V,$t_1 < t < t_2$ 时,D_1 导通,D_2 截止,输出电压 $u_0 = 5$ V。

当 u_i 处于负半周,$u_i < -5$ V,即 $t_3 < t < t_4$ 时,D_1 截止,D_2 导通,输出电压 $u_0 = -5$ V。而在 $-5\text{ V} < u_i < 5\text{ V}$ 期间,D_1,D_2 均处于反向截止状态,所以输出电压 $u_0 = u_i$,u_0 波形如图 3-9(b)所示。

u_i	t	D_1 和 D_2 导通情况	u_o
$0 < u_i < E_1$	$0 < t < t_1$	D_1 和 D_2 均截止	$u_o = u_i$
$u_i > E_1$	$t_1 < t < t_2$	D_1 导通,D_2 截止	$u_o = 5$ V
$E_2 < u_i < E_1$	$t_2 < t < t_3$	D_1 和 D_2 均截止	$u_o = u_i$
$u_i > E_2$	$t_3 < t < t_4$	D_1 截止,D_2 导通	$u_o = -5$ V
$E_2 < u_i < 0$	$t_4 < t < t_5$	D_1 和 D_2 均截止	$u_o = u_i$

以上电路中二极管起到了削波作用,故此电路称为二极管削波电路或限幅电路。

4.特殊二极管

除普通的二极管以外,还有几种应用较广泛的特殊二极管在这里介绍一下。

(1)稳压管

稳压管是一种面接触型半导体硅二极管。稳压管的符号及伏安特性曲线如图 3-10 所示。

①伏安特性

稳压管的正向伏安特性与普通二极管一样,没有区别,稳压管的反向伏安特性与普通二极管基本一样。由图 3-10 可知,反向电压小于击穿电压 U_2(又称稳压管的稳定电压)时,反向电流极小。

稳压管工作在反向击穿区,它的击穿特性曲线比普通二极管的击穿特性更陡。当反向电压增至 U_2 后,稳压管的反向电流急剧上升,此后反向电流在很大范围内变化时,稳压管两端的电压变化却很小。正是利用这个特点,稳压管才能起到稳压作用。

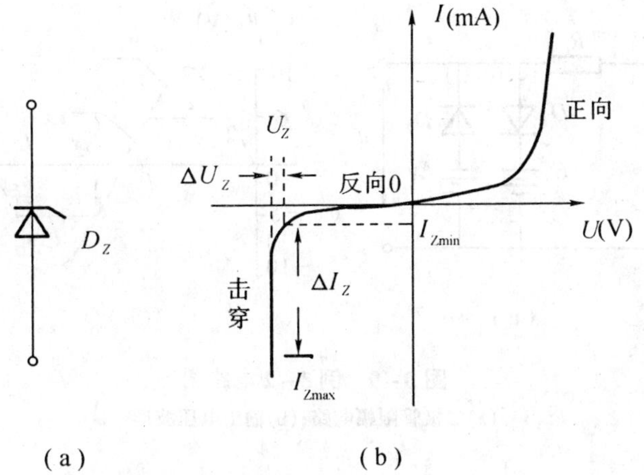

图 3-10　稳压管的符号和特性曲线

(a)符号;(b)伏安特性曲线

②主要参数

a.稳定电压 U_Z

稳定电压是指稳压管在正常工作时,管子两端的电压。手册中所列的稳定电压值都是在一定条件(工作电流、温度)下的数值。即使同一型号的管子,由于工艺和其他原因,稳压值有一定的分散性。例如2CW21B的稳定电压值为5~6.5 V,是指这种型号的管子,有的稳压值为5 V,有的稳压值则为6.5 V。

b.稳定电流 I_Z

稳定电流是指稳压管工作电压为稳定电压时的稳定电流。设计选用时,可根据工作电流的变化范围等情况具体考虑,但不能超过最大稳定电流 I_{Zmax},最大稳定电流和稳定电流手册中都已列出。例如2CW21B的稳定电流是30 mA,最大稳定电流是150 mA。

c.最大耗散功率 P_{Zm}和最大工作电流 I_{Zmax}

这两个参数是为了保证管子不被热击穿而定的极限参数,由管子允许的最高结温决定,$P_{Zm} = I_{Zmax}U_Z$。

d.动态电阻 r_Z

它是指稳定范围内电压变化量与相应的电流变化量之比,即为 $r_Z = \Delta U_Z / \Delta I_Z$。$r_Z$ 越小,稳定性能越好。

其他参数详见电子器件手册,稳压二极管的极性检测及好坏鉴别同普通二极管相同。

(2)光电二极管

光电二极管又称为光敏二极管,其PN结工作在反向偏置状态。图3-11为光电二极管的电路。当装有透镜的窗口未接受光照射时,电路中流过微小的反向电流,称为暗电流。当窗口接受光射时,在PN结附近就会产生光生载流子,它的浓度正比于光照强度。在反向电场的作用下,光生载流子参与导电,于是PN结由反向截止变为反向导通。PN结的反向电阻由几十兆下降为几十千欧,反向电流急剧增长,称为亮电流。通过外接电阻 R_L 上的电压变化,实现光与电信号的转换。

(3)发光二极管(LED)

发光二极管是利用正向电流在 PN 结上产生发光效应的固体发光器件。当给发光二极管施加正向偏置时,电子和空穴就会定向运动,它们在 PN 结附近互相碰撞而再结合,多余的能量变为具有一定波长的光发射出来。发光二极管的材料主要是镓的化合物,像砷化镓半导体辐射红光,磷化镓半导体辐射绿光,砷铝化镓半导体辐射黄光等。发光二极管的电路如图 3-12 所示。发光二极管的正向电压一般小于 2 V,正向电流为 10 mA 左右。

发光二极管的应用范围非常广泛,常用作音响设备、数控仪表的显示器、信号指示灯、特殊照明及光纤通信的发光元件。现在已开发出代替白炽灯的 LED,即将 20 个 15 mm 的 LED 组合在一起,采用白炽灯的灯口,使用直流或交流的 12 ~ 28 V 的电源,其功率仅为 1.0 ~ 2.7 W,相对于白炽灯来说是微功耗、节能,而且可发出不同颜色的光,像白光、绿光、黄光、蓝光、红光等。

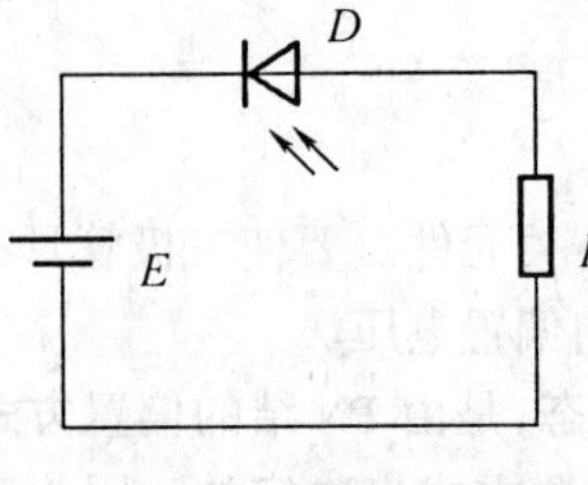

图 3-11 光电二极管

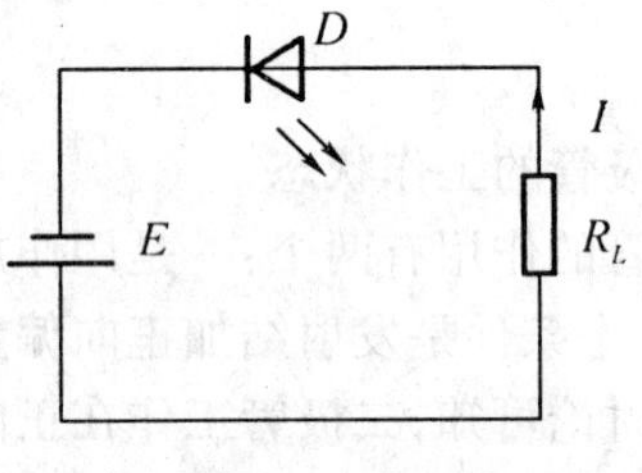

图 3-12 发光二极管

(4)光电耦合器件

将发光二极管与光电管组合在一起,就构成了光电耦合器件,其外形和符号如图 3-13 所示。左侧是一个发光二极管,右侧是一个光电管。用光电耦合器件可以执行电——光——电信号的变换。因为光电耦合器件在信息传输过程中,是以光作媒介把输入端的电信号耦合到输出端的,因此称为光电耦合器件。它的主要特点是输入和输出之间的电绝缘,抗干扰能力强,因而在电子技术和计算机接口方面得到广泛的应用。

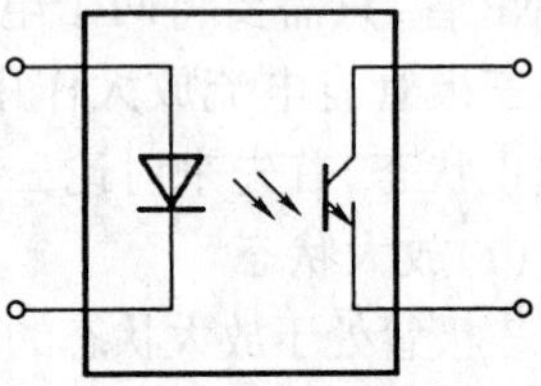
图 3-13 光电耦合器

3.1.3 半导体三极管

半导体三极管,又称晶体管,是一种重要的半导体器件。

1.三极管的基本结构

三极管由 2 个 PN 结和 3 个电极构成。不同类型的三极管虽然制造方法不同,但在结构上都分成 PNP 或 NPN 三层,因此又将三极管分为 NPN 型和 PNP 型两种,如图 3-14 所示是它们的结构示意图和符号。各种三极管都分为发射区、基区、集电区等三个区域,三个区的引出线分别称为发射极、基极、集电极,并分别用 E,B,C 表示。发射区与基区间的 PN 结称为发射结,基区与集电区间的 PN 结称为集电结。

NPN 型和 PNP 型三极管的工作原理相同,不同的是使用时连接电源的极性不同,管子各极间的电流方向也不同。因此下面的讨论将围绕 NPN 型管子进行。

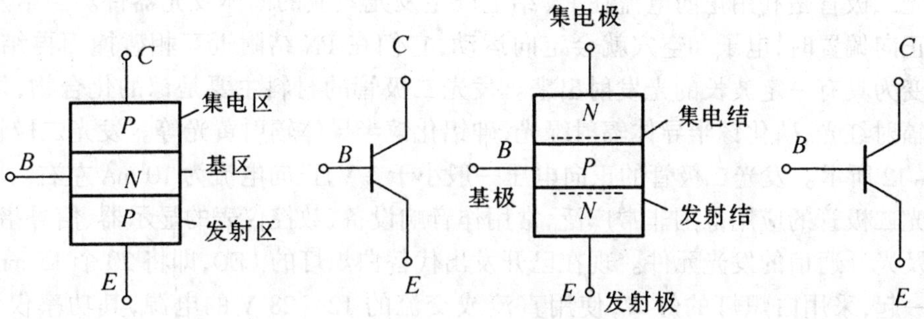

图 3-14 三极管结构示意图及符号

(a)PNP 型;(b)NPN 型

2.三极管的工作状态

三极管的作用有两个:一是用作放大元件,二是用作开关元件。要使三极管具有电流放大作用,基本条件是发射结加正向偏置电压,集电结加反向偏置电压。

前面讨论可知,二极管工作在正向导通或反向截止状态,是由 PN 结的偏置方式来决定的。同理,三极管工作于什么状态,也是由两个 PN 结的偏置方式来决定的。因为三极管有两个 PN 结、三个电极,所以需外加两个电压,故有一个电极必然作为公共端。现在以最常用的 NPN 型共发射极接法为例,来说明三极管的工作状态,理论电路如图 3-15 所示。若是 PNP 管,只需要将两个电源的正、负极颠倒过来即可。

三极管有电流放大作用和开关作用,三极管的工作状态有三种,即放大状态、饱和状态及截止状态,首先来讨论三极管的电流放大作用。

(1)放大状态

三极管处于放大状态的外部条件是发射结正向偏置,集电结反向偏置。现将三极管模型化,通过其内部载流子运动规律的分析,来说明产生放大作用的内部机理,电路如图 3-16 所示。

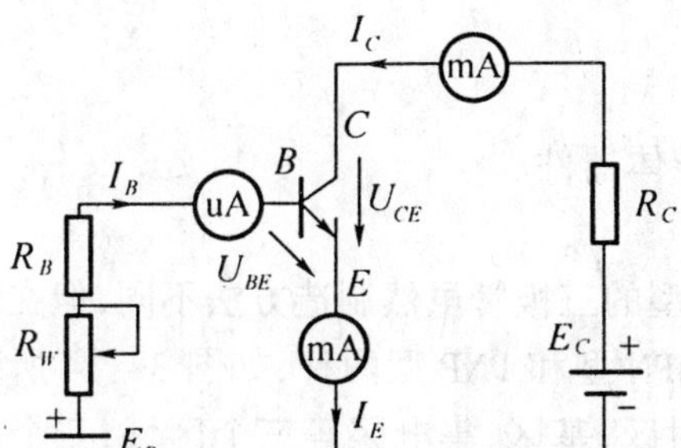

图 3-15 共发射极放大电路

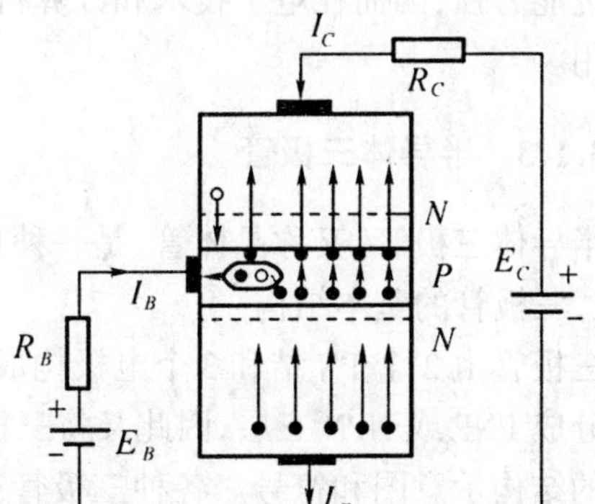

图 3-16 三极管内部载流子传输过程

由于三极管发射结正向偏置，必然形成多数扩散电流，即发射区的多子电子便会源源不断地越过发射结向基区扩散，形成发射极电流 I_E。与此同时，基区的多数载流子也会向发射区扩散，但因基区掺杂浓度很小，由它形成的电流可忽略不计。

发射区的自由电子到达基区后，仅有1% ~ 10%的电子与基区的空穴(多子)相遇而复合。靠基极电源 E_B 从基区抽走电子来补充空穴，从而形成了基极电流 I_B，故 I_B 比 I_E 小得多。

因基区很薄，掺杂浓度又很低，发射区的自由电子只有极小部分被空穴复合，而大部分扩散到集电结附近。由于集电结加反向偏压，集电结内电场增强，对基区中的多子空穴的扩散起阻挡作用，而对基区内的少子则是一个加速电场。所以从发射区进入基区并扩散到集电结边缘的自由电子属于少数载流子，几乎全部进入集电区，被集电极电源 E_C 拉走，形成电极电流 I_C。

在上述条件下，三极管的电流放大作用，外部条件必须满足发射结正向偏置，集电结反向偏置；内部原因是：基区很薄、掺杂浓度低，发射区杂质浓度大，集电结的结面积大，发射区载流子形成 I_E，其中极少部分在基区被复合而形成 I_B，大部分被集电区收集而形成 I_C。三者完全满足基尔霍夫电流定律，其关系为 $I_E = I_B + I_C$。

图3－17(a)所示为基极开路时，$I_B = 0$ 这时的集电极电流用 I_{CEO} 表示，称为穿透电流。由于三极管的两个PN结是反向串联的，如图3－17(b)所示，I_{CEO} 常温下仅有几微安，可忽略不计。但它对温度极为敏感，温度增加，I_{CEO} 也会明显增加，因而它是不稳定的因素。在基极与电源 E_B 接通时，基极电源由零增加到 I_B，集电极电流由 I_{CEO} 增加到 I_C，两者之间比，即称为三极管的直流电流放大系数。

$$\bar{\beta} = \frac{I_C - I_{CEO}}{I_B} \approx \frac{I_C}{I_B} \tag{3-1}$$

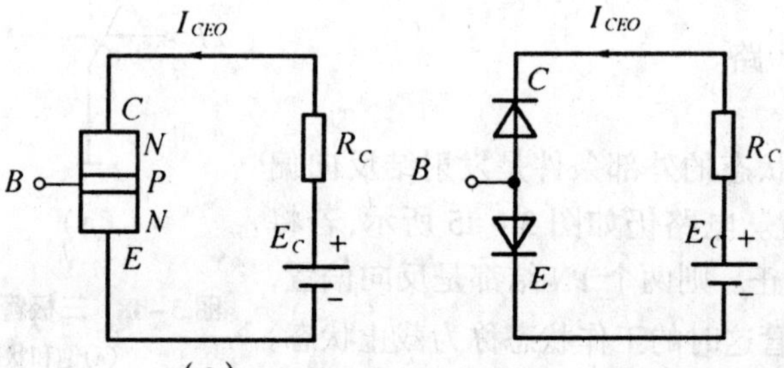

(a)　　　　　　　　(b)

图3－17　穿透电流

(a) I_{CEO} 的形成；(b)电路模型

当改变 R_B 使发射结电压变化了 ΔU_{BE} 时，各极电流将随之变化，在 U_{CE} 保持不变的情况下，集电极电流的变化量与基极电流变化量之比，即称为三极管 β 的交流(或动态)电流的放大系数。

$$\beta = \frac{\Delta I_C}{\Delta I_B} \tag{3-2}$$

$\bar{\beta}$ 和 β 一般不等，但工作在放大状态时，两者数值相近，在工程上可近似认为两者相等且为常数，故今后一律用 β。当温度增加时，由发射区扩散至基区的载流子，在基区内的扩散速度要加快，使基区复合的载流子减少，导致 β 增大。

通常将图3－15所示电路中左边回路称为输入回路，右边回路称为输出回路。E_B 只要向输

入回路提供较小的电流,便可使得 E_C 向输出提供较大的电流,I_B 有微小变化就可得到 I_C 的较大变化。且 ΔI_C 和 ΔI_B 的比值 β 基本保持为定值。这就是三极管的电流放大作用。此时三极管的工作在放大状态,其特征是:

①I_B 的微小变化会引起 I_C 的较大变化,即 I_C 被 I_B 控制着;

②$I_C = I_B$,I_C 是由 I_B 和常数 β 决定的;

③U_{CE} 与 U_{CC} 满足 $U_{CE} = U_{CC} - R_C I_C$ 关系;

④三极管相当于通路。

现在来讨论三极管的开关作用,即三极管的饱和、截止状态。

(2)饱和状态

三极管处于饱和状态的外部条件是发射结正向偏置,集电结也正向偏置,当 $U_{CE} < U_{BE}$ 时,三极管已进入饱和状态。电路仍如图3-15所示,设三极管工作在放大状态,若减小 R_B,使 U_{BE} 增加导致 I_B 增加,I_C 也随之增加,由 $U_{CE} = U_{CC} - R_C I_C$ 式可知 U_{CE} 减小。当 $U_{CE} \approx 0$ 时,$I_C \approx \frac{U_{CC}}{R_C}$ 已达到了所示电路可能的最大数值,再增加 I_B,I_C 已不可能再增加,即已经饱和,故三极管此时的状态称为饱和。由于饱和可认为 $U_{CE} \approx 0$,$I_C \approx \frac{U_{CC}}{R_C}$。从图3-18(a)看输出回路,三极管相当于一个开关处于闭合状态,相当于短路。

三极管处于饱和状态的特征是:

①I_B 增加时,I_C 基本不变,满足 $I_C \neq I_B$ 关系;

②$I_C \approx \frac{U_{CC}}{R_C}$,$I_C$ 是由 U_{CC} 和 R_C 决定的;

③$U_{CE} \approx 0$;

④三极管相当于短路。

(3)截止状态

三极管处于截止状态的外部条件是发射结反向偏置,集电结也反向偏置。电路仍如图3-15所示,若将 E_B 的极性变为上负下正。则两个PN结都是反向偏置,$I_B = 0$,$I_C = 0$。故三极管这时的工作状态称为截止状态。从输出回路看,三极管如图3-18(b)所示,相当于一个开关处于断开状态,三极管相当于开路。三极管处于截止状态的条件是:

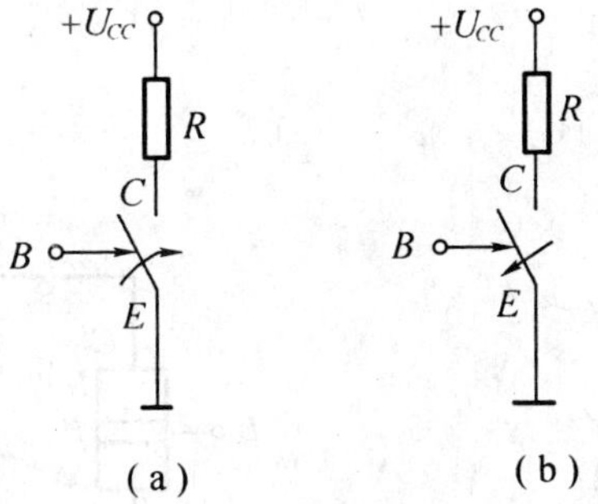

图3-18 三极管饱和、截止时等效电路

(a)饱和状态;(b)截止状态

①基极电流 $I_B = 0$;

②集电极电流 $I_C = 0$;

③$U_{CE} = U_{CC}$;

④三极管相当于开路。

电子电路可分为模拟电路和数字电路两类。在模拟电路中三极管主要工作在放大状态,起放大作用;在数字电路中,三极管交替工作于截止和饱和两种状态,起开关作用。

例3-3 在图3-19所示电路中,已知三极管及电路参数图中已标出,求开关合向 A,B,C 点时的 I_B,I_C,U_{CE},并指出三极管所处的工作状态。

解 ①当开关合向 A 时,

$$I_B = \frac{U_{B1} - U_{BE}}{R_{B1}} = \frac{3.6 - 0.6}{150 \times 10^3}$$

$$= 0.02\ \text{mA} = 20\ \text{uA}$$

$$I_C = \beta I_B = 20 \times 10^{-6} \times 50 = 1\ \text{mA}$$

$$U_{CE} = U_{CC} - I_C R_C = 12 - 10^{-3} \times 3 \times 10^3 = 9\ \text{V}$$

显然三极管处于放大工作状态。

②当开关合向 B 时

$$I_B = \frac{U_{B1} - U_{BE}}{R_{B1}} = \frac{3.6 - 0.6}{30 \times 10^3} = 0.1\ \text{mA}$$

$$I_C = \frac{U_{CC}}{R_C} = \frac{12}{3 \times 10^3} = 4\ \text{mA}$$

$$U_{CE} = 0.3\ \text{V}$$

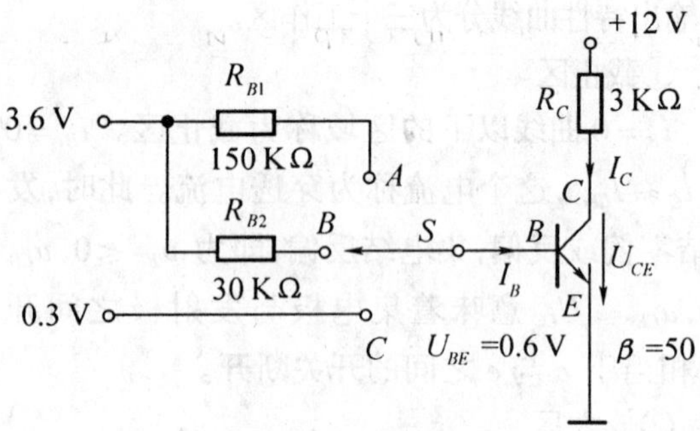

图 3-19 例 3-3 电路图

三极管处于饱和状态,这是因为

$$I_C = \beta I_B = 0.1 \times 10^{-3} \times 50 = 5\ \text{mA} > \frac{U_{CC}}{R_C} = \frac{12}{3 \times 10^3} = 4\ \text{mA}$$

$$U_{CE} = U_{CC} - I_C R_C = 12 - 5 \times 10^{-3} \times 3 \times 10^3 = -3\ \text{V} < 0$$

这时三极管不可能处于放大状态,只能处于饱和状态。

③当开关合向 C 时

因为 $U_B < U_{BE}$,0.3 V<0.6 V,所以 $I_B = 0, I_C = 0, U_{CE} = U_{CC} = 12$ V。

三极管处于截止状态。

(4)输入特性曲线

输入特性曲线是指当集-射极之间的电压 u_{CE} 为某一常数时,输入回路中的基极电流 i_B 与加在基-射极间的电压 u_{CE} 之间的关系曲线。

即 $$i_B = f(u_{BE})\Big|_{u_{CE} = \text{常数}}$$

图 3-20 是实测 3DG4 的输入特性曲线。由图可以看出,三极管输入特性曲线与二极管正向伏安特性曲线是一样的,也有一段死区,当 u_{BE} 大于死区电压时,输入回路才有 i_B 电流产生。即将 $u_{CE} > 1$ V 以后的输入特性曲线基本上与 $u_{CE} = 1$ V 的特性重合,因此,通常将 $u_{CE} = 1$ V 的输入特性曲线作为三极管的输入特性曲线。常温下硅管的死区电压约为 0.5 V,锗管的死区电压约为0.1 V,只有在 u_{BE} 超过死区电压时,三极管才可以正常工作。正常情况下,硅管的导通电压为 0.6~0.7 V,锗管的导通电压为 0.2~0.3 V。

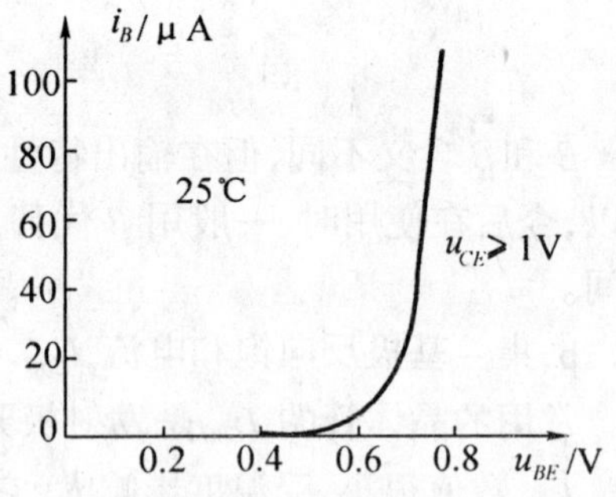

图 3-20 三极管输入特性曲线图

(5)输出特性曲线

输出特性曲线是指当基极电流 i_B 为常数时,输出电路中集电极电流 i_C 与集-射极间的电压 u_{CE} 之间的关系曲线。即 $i_C = f(u_{CE})\Big|_{i_B = \text{常数}}$。

因为 i_C 与 i_B 密切相关,i_B 不同,对应不同的特性曲线,所以三极管输出特性曲线是一组曲

线，如图 3-21 所示。根据三极管不同的工作状态，输出特性曲线分为三个工作区。

①截止区

$i_B=0$ 曲线以下的区域称为截止区。$i_B=0$ 时，$i_C \approx I_{CEO}$，这个电流称为穿透电流。此时，发射结零偏或反偏，集电结反偏，即为 $u_{BE} \leqslant 0$，$u_{CB} > 0$，$u_{CE} \approx U_{CC}$ 意味着集电极与发射极之间开路，相当于 c 与 e 之间的开关断开。

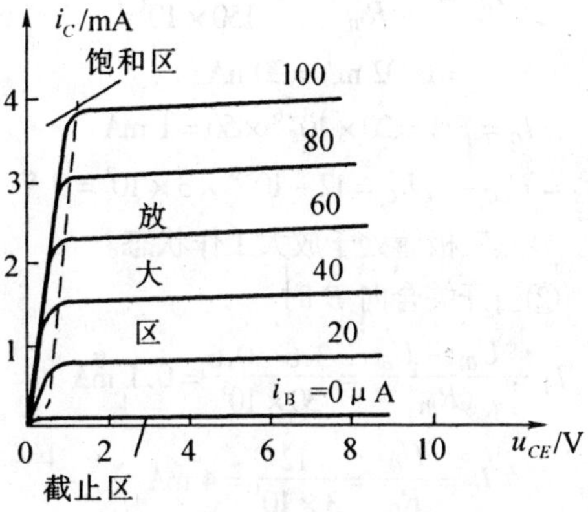

图 3-21 三极管输出特性曲线

②放大区

特性曲线中，接近水平的部分是放大区。放大区内，三极管的工作特点是：发射结正偏，集电结反偏；$I_C=\bar{\beta}I_B$，集电极电流与基极电流成比例。因此，放大区又称为线性区。

③饱和区

当 $u_{CE} \leqslant u_{BE}$ 的区域被称为饱和区。发射结和集电结均处于正向偏置。三极管不能由 I_B 对 I_C 进行控制，此时，i_C 由外电路控制，与 i_B 无关。这时所对应的 u_{CE} 值称为饱和压降 U_{CES}。在理想条件下，三极管之间相当于短路状态，类似于 c 和 e 之间的开关接通。

(6)三极管的主要参数

三极管主要参数分为表征性能优劣和使用极限的参数两类。

①性能参数

a.电流放大系数 $\bar{\beta}$，β

三极管接成共发射极电路时，直流（静态）电流放大系数用 $\bar{\beta}$ 表示。

$$\bar{\beta}=I_C/I_B$$

但三极管通常工作在有信号输入的情况下，基极电流产生一个变化量 ΔI_B，相应的集电极电流的变化量为 ΔI_C，则 ΔI_C 与 ΔI_B 的比值称为三极管交流（动态）电流放大系数 β。

即

$$\beta=\frac{\Delta I_C}{\Delta I_B}$$

$\bar{\beta}$ 和 β 含义不同，但在输出特性放大区内，曲线接近于平行等距，工程上则认为 $\bar{\beta}=\beta$。所以，今后在使用时，一般用 β 代替 $\bar{\beta}$，而不将二者分开。常用的晶体管 β 值一般在 20~100 之间。

b.集-基极反向饱和电流 I_{CBO}

常用的晶体管的 I_{CBO} 是发射极开路时，集电结反向偏置时的集电极—基极间的反向电流。I_{CBO} 数值很小，受温度影响大，它与发射结无关。

室温下，小功率锗管的 I_{CBO} 为几微安到几十微安，硅管则在 1 μA 以下。由于 I_{CBO} 是集电极电流 I_C 的一部分，因此会影响三极管的放大性能，故 I_{CBO} 越小越好。在温度的稳定性方面，硅管比锗管好。

c.集-射极穿透电流 I_{CEO}

I_{CEO} 是基极开路时，当集电极—发射极间加上一定数量的反偏电压时，流过集电极和发射极之间的电流。根据三极管电流分配关系，它与 I_{CBO} 的关系

$$I_{CEO} = \bar{\beta} I_{CBO} + I_{CBO} = (\bar{\beta} + 1) I_{CBO} \quad (3-3)$$

由于 I_{CBO} 受温度影响很大，所以 I_{CEO} 受温度影响也很大，即温度的稳定性很差。特别是 I_{CBO} 越大且 $\bar{\beta}$ 又越高的管子，温度的稳定性更差。因此选用三极管时，要求 I_{CBO} 尽可能小，以不大于 100 为宜。

②极限参数

a.集电极最大允许电流 I_{CM}

因为集电极电流 I_C 超过一定值时，三极管的 β 值将会下降。因此规定当 β 值下降到正常值三分之二时的 I_C 为集电极最大允许电流 I_{CM}。当 I_C 超过 I_{CM} 不多时，三极管不会损坏，但 β 会下降较多，三极管性能变坏。

b.集－射极反向击穿电压 $U_{(BR)CEO}$

$U_{(BR)CEO}$ 是指当基极开路时，加在集电极与发射极之间的最大允许电压。集－射极电压超过 $U_{(BR)CEO}$ 时，集电极电流会大幅度上升，此时三极管已击穿，导致三极管损坏。

c.集电极最大允许耗散功率 P_{CM}

因受热而引起的参数变化不超过允许值时，集电极所消耗的功率为集电极最大允许耗散功率 P_{CM}。由于集电极电流流经集电结时会产生热量，使结温上升，过高的结温将会烧坏三极管。为确保安全，规定当三极管消耗功率 $P_C = I_C \cdot U_{CE}$ 必须小于 P_{CM} 才能保证管子正常工作。锗管允许的结温约为 70 ℃～90 ℃，硅管允许的结温约为 150 ℃。

应当指出，若环境温度升高，三极管的结温也要升高，会超过 P_{CM}，因此，同样的管子，若能改善散热条件，例如加装散热器，则 P_{CM} 可得到较大的提高。

一般环境温度在 25 ℃以下，把 P_{CM} 大于 1 W 的管子称为大功率管，P_{CM} 小于 0.5 W 的管子称为小功率管，介于二者之间的称中功率管。

3.2 数字电路的基本知识

电子电路中的电信号可以分两大类：一类是在时间和数值上都是连续变化的信号，称为模拟信号；另一类是在时间和数值上都是离散的信号，称为数字信号。传送和处理数字信号的电路，称为数字电路。

3.2.1 基本逻辑门

数字电路重点研究电路的输入与输出之间的关系。在数字电路中输入信号视为“原因”，输出信号视为“结果”，输入信号和输出信号之间的因果关系就称为逻辑关系，所为数字电路也称为逻辑电路。逻辑门电路是数字电路中最基本的单元。

1.与门电路

与逻辑是指当决定事件发生的所有条件 A，B 均具备时，事件 Y 才发生，与逻辑又称为逻辑乘。

例如图 3－22 电路所示，把两个开关 S_1 和 S_2 串联后再与一盏灯串接到电源上，当两个开关中只有一个闭合时，灯都不亮，只有两个开关均闭合时，灯才亮。

完整地表示输入输出之间逻辑关系的表格称为真值表。若开关接通为“1”、断开为“0”，灯亮为“1”、不亮为“0”，则图 3－22 所示关系的真值表如表 3－1 所示。

与逻辑通常用逻辑函数表达式表示为：$Y = A \cdot B$

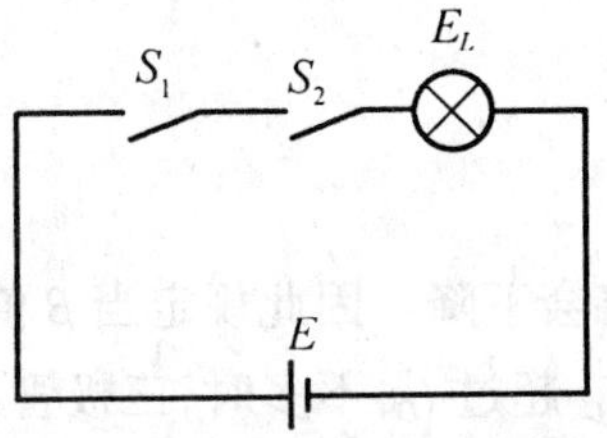

图 3-22　与逻辑

表 3-1　真值表

A	B	Y
0	0	0
0	1	0
1	0	0
1	1	1

实现与逻辑运算的电路叫与门电路，二极管与门电路如图 3-23(a)所示，输入 A，B 代表条件，输出 Y 代表结果。当 $U_A = U_B = 3$ V 时，V_1，V_2 导通，输出电压 $U_Y = 3.7$ V，若忽略二极管压降，高电平用 1、低电平用 0 代替，由真值表可得与门的输入与输出的逻辑关系为"有 0 出 0，全 1 出 1"。与门电路逻辑符号如图 3-23(b)所示。

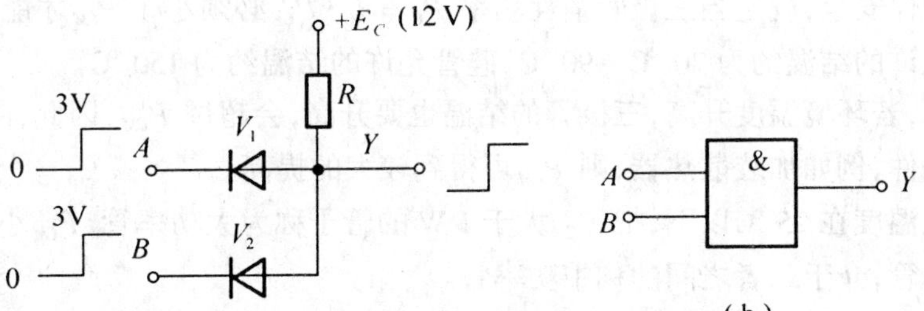

(a)　　　　(b)

图 3-23　与门电路和符号

(a)二极管与门电路；(b)与逻辑符号

2.或门电路

或逻辑是指当决定事件发生的各种条件 A，B 中只要具备一个或一个以上时，事件 Y 就发生，或逻辑又称为逻辑加。例如图 3-24(a)电路所示，把两个开关 S_1 和 S_2 并联后与一盏灯串联接到电源上，当两只开关中有一个或一个以上闭合时灯均能亮，只有两个开关全断开时灯才不亮，由真值表可得输入与输出的逻辑关系为"有 1 出 1，全 0 出 0"，真值表见表 3-2，其逻辑函数表达式为：$Y = A + B$。

实现或逻辑运算的电路叫或门电路，用二极管实现"或"逻辑的电路如图 3-24(b)所示；图 3-24(c)是或门的逻辑符号。

3.非门电路

非逻辑是指某事件的发生取决于某个条件的否定，即某条件成立，这事件不发生；某条件不成立，这事件反而会发生。例如图 3-25(a)电路所示，若开关 S 接通，灯 E_L 灭；开关断开，灯 E_L 亮，灯亮与开关断合满足非逻辑关系。真值表见表 3-3，其逻辑表达式为：$Y = \overline{A}$。

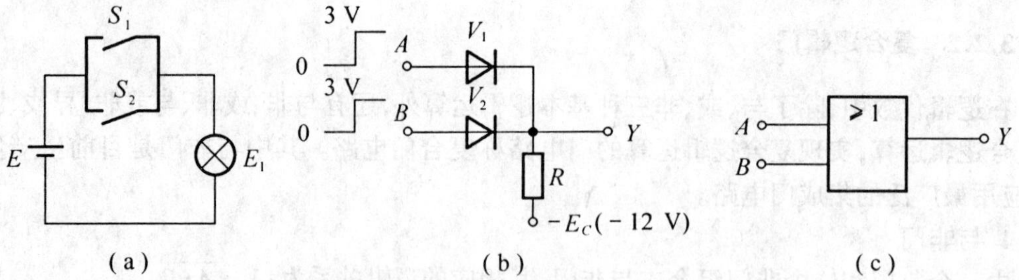

图 3－24 或门电路

(a)或逻辑;(b)二极管或门电路;(c)或门逻辑符号

表 3－2 真值表

A	B	Y
0	0	0
0	1	1
1	0	1
1	1	1

表 3－3 真值表

A	Y
0	1
1	0

用三极管连接的非门如图 3－25(b)所示,在实际电路中,若电路参数选择合适,当输入为低电平时,三极管因发射结反偏而截止,则输出为高电平;当输入为高电平时,三极管饱和导通,则输出为低电平。非门也称为反相器。图 3－25(c)是非门的逻辑符号。

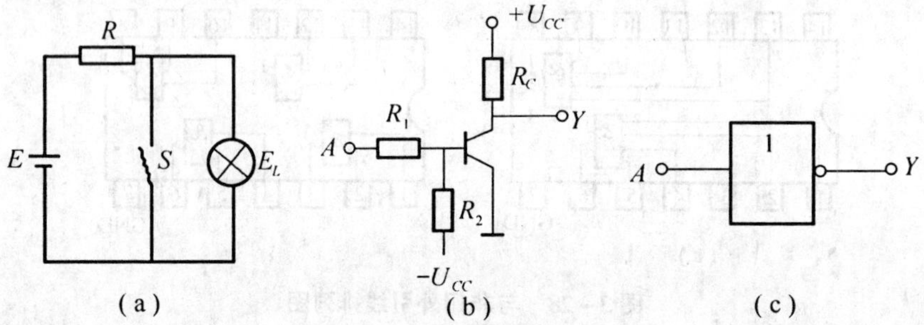

图 3－25 非门电路

(a)非逻辑;(b)三极管非门电路;(c)非门逻辑符号

例 3－4 如图 3－26 所示为保险防盗报警电路。保险柜的两层门上各装有一个开关 S_1 和 S_2。门关上时,开关闭合。当任意一层门打开时,报警灯亮,试说明该电路的工作原理。

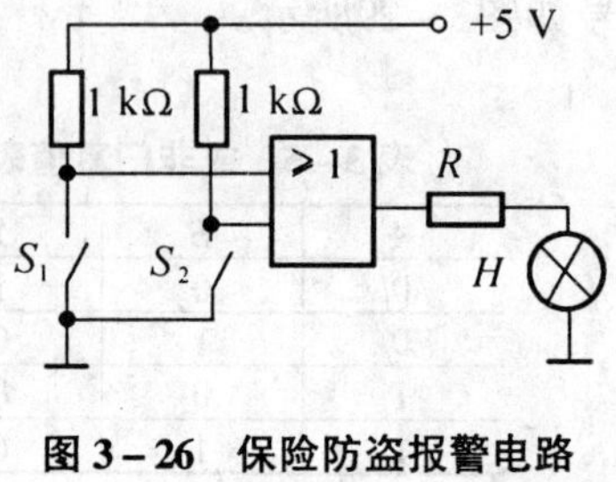

图 3－26 保险防盗报警电路

解 该电路采用了一个 2 输入的或门。两层门都关上时 S_1 和 S_2 闭合,或门的两个输入全部接地,$A = B = 0$,所以输出 $Y = 0$,报警灯不亮。任何一个门打开,相应的开关断开,该输入端经 1 kΩ 电阻接至 + 5 V 电源为高电

平，故输出也为高电平，报警灯亮。

3.2.2 复合逻辑门

在逻辑代数中，除了与、或、非三种基本逻辑运算外，还有与非、或非、与或非、异或、同或等复合逻辑运算，实现复合逻辑运算的门电路称复合门电路。其中与非门是目前生产量最大、应用最广泛的集成门电路。

1.与非门

由一个与门和一个非门组合成与非门，其相应的逻辑关系为：$Y=\overline{A\cdot B}$。

对应的真值表见表3－4，可得输入与输出的逻辑关系为“有0出1，全1出0”。逻辑表示符号如图3－27所示。

表3－4 与非门真值表

A	B	Y
0	0	1
0	1	1
1	0	1
1	1	0

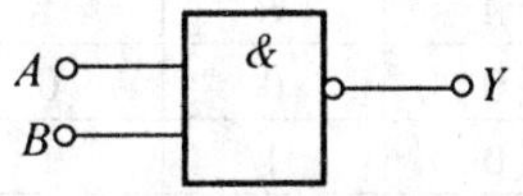

图3－27 与非门逻辑符号

图3－28是两种TTL与非门的外引线排列图。片内的各个与非门相互独立，但电源和地共用。

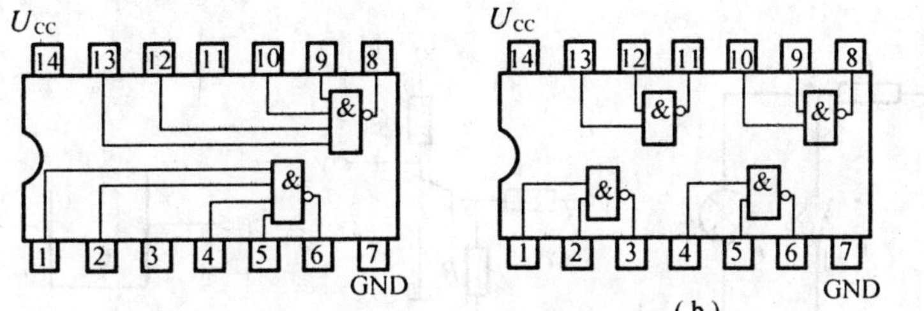

(a) (b)

图3－28 与非门外引线排列图

(a)CT74LS20(4输入2门)；(b)CT74LS00(2输入4门)

2.或非门

由一个或门和一个非门组合成或非门，其相应的逻辑关系为：$Y=\overline{A+B}$。

对应的真值表见表3－5，得输入与输出的逻辑关系为“有1出0，全0出1”。逻辑表示符号如图3－29所示。

表3－5 或非门真值表

A	B	Y
0	0	1
0	1	0
1	0	0
1	1	0

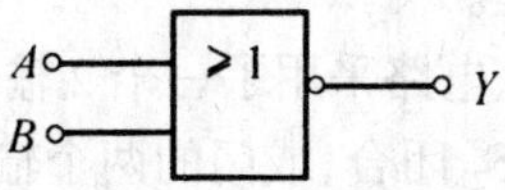

图3－29 或非门逻辑符号

3.异或门

在逻辑代数中,异或运算的逻辑关系为:$Y = A \oplus B = \bar{A}B + A\bar{B}$

其对应的真值表见表 3-6,得输出与输入的逻辑关系为:当输入相同时输出为 0,输入不同时输出为 1。

3.2.3 逻辑代数的运算法则

表 3-6 异或门真值表

A	B	Y
0	0	0
0	1	1
1	0	1
1	1	0

逻辑代数又称布尔代数。其变量的取值只有"1"和"0"两种,即所谓逻辑"1"和逻辑"0"。它们并非是数字符号,而是代表两种相反的逻辑状态。

在逻辑代数中有三种基本运算:逻辑乘(与运算)、逻辑加(或运算)和求反(非运算)。由这三种基本运算可以推导出以下逻辑运算法则。

1.基本运算法则

$0 \cdot A = 0$　　$1 \cdot A = A$　　$0 + A = A$　　$1 + A = 1$

$A \cdot A = A$　　$A \cdot \bar{A} = 0$　　$A + A = A$　　$A + \bar{A} = 1$　　$\bar{\bar{A}} = A$

2.基本定律

(1)交换律　$A \cdot B = B \cdot A$　　$A + B = B + A$

(2)结合律　$ABC = (AB)C = A(BC)$　　$A + B + C = (A + B) + C = A + (B + C)$

(3)分配律　$A(B + C) = AB + AC$　　$A + BC = (A + B)(A + C)$

(4)吸收律　$A(A + B) = A$　　$A(\bar{A} + B) = AB$　　$AB + A\bar{B} = A$

$A + AB = A$　　$A + \bar{A}B = A + B$

$(A + B)(A + \bar{B}) = A$　　$AB + \bar{A}C + BC = AB + \bar{A}C$

(5)反演律(摩根定律)　$\overline{A \cdot B} = \bar{A} + \bar{B}$　　$\overline{A + B} = \bar{A}\bar{B}$

3.2.4 组合逻辑电路的分析和设计方法

1.组合逻辑电路的分析方法

分析组合逻辑电路的目的是为了确定已知电路的逻辑功能,或者检查电路设计是否合理。

组合逻辑电路的分析步骤如下:

(1)根据已知的逻辑图,从输入到输出逐级写出逻辑函数表达式;

(2)利用公式法化简逻辑函数表达式;

(3)列真值表;

(4)确定其逻辑功能。

例 3-5　分析如图 3-30 所示组合逻辑电路的功能。

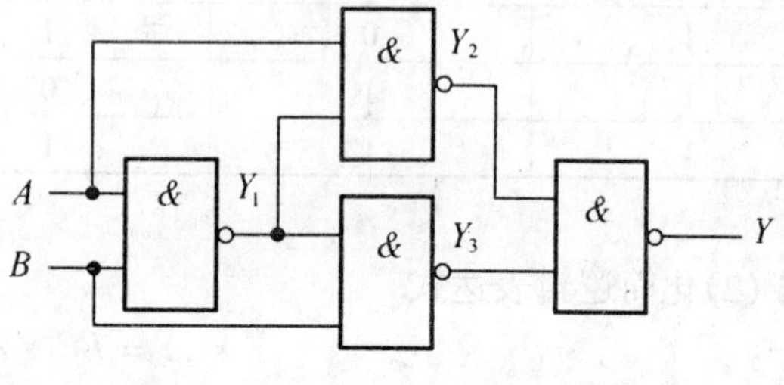

图 3-30　例 3-5 的逻辑电路

解　分析步骤:

(1)写出输出逻辑函数表达式为

$Y_1 = \overline{AB}$

$Y_2 = \overline{A \cdot Y_1} = \overline{A \cdot \overline{AB}}$

$Y_3 = \overline{Y_1 \cdot B} = \overline{\overline{AB} \cdot B}$

$Y = \overline{Y_2 Y_3} = \overline{\overline{A \cdot \overline{AB}}\ \overline{\overline{AB} \cdot B}}$

(2)化简后可得

$$Y = \overline{\overline{A \cdot \overline{AB}}\ \overline{\overline{AB} \cdot B}} = \overline{(\overline{A} + AB) \cdot (AB + \overline{B})} = \overline{\overline{A}\,\overline{B} + AB} = A \oplus B$$

(3)列出逻辑函数的真值表。

(4)确定逻辑功能。由表 3－7 可以看出在输入 A,B 两个变量中,A,B 两个变量相同时,输出 Y 为 0,否则,Y 为 1。因此,图 3－30 所示电路具有“异或”功能。

表 3－7　例 3－5 的真值表

A	B	Y
0	0	0
0	1	1
1	0	1
1	1	0

2.组合逻辑电路的设计方法

组合逻辑电路设计的目的是根据功能要求设计最佳电路。

组合逻辑电路的设计步骤分为四步:

(1)根据对电路逻辑功能的要求,列出真值表;

(2)根据真值表写出输出逻辑函数表达式;

(3)简化和变换逻辑表达式;

(4)根据要求画出逻辑图。

例 3－6　有三个班学生上自习,大教室能容纳两个班学生,小教室能容纳一个班学生。设计两个教室是否开灯的逻辑控制电路,要求(1)一个班学生上自习,开小教室的灯;(2)两个班上自习,开大教室的灯;(3)三个班上自习,两教室均开灯。

解　设计步骤:

(1)分析设计要求,列出真值表。

根据电路要求,设输入变量 A,B,C 分别表示三个班学生是否上自习,1 表示上自习,0 表示不上自习;输出变量 Y,G 分别表示大教室、小教室的灯是否亮,1 表示亮,0 表示灭。由此可列出表 3－8 所示的真值表。

表 3－8　例 3－6 的真值表

A	B	C	Y	G
0	0	0	0	0
0	0	1	0	1
0	1	0	0	1
0	1	1	1	0
1	0	0	0	1
1	0	1	1	0
1	1	0	1	0
1	1	1	1	1

(2)化简逻辑表达式

$$Y = BC + AC + AB$$

$$G = \overline{A}\,\overline{B}C + \overline{A}B\overline{C} + A\overline{B}\,\overline{C} + ABC = \overline{A}(B \oplus C) + A(B \odot C) = A \oplus B \oplus C$$

(3)画逻辑图。逻辑电路图如图 3－31(a)所示。若要求用 TTL 与非门,实现该设计电路的设计步骤如下:首先,将化简后的与或逻辑表达式转换为与非形式;然后,再画出如图

3 - 31(b)所示的逻辑图；

$$Y = AC + BC + AB = \overline{\overline{AC}\cdot\overline{BC}\cdot\overline{AB}}$$

$$G = \bar{A}\bar{B}C + \bar{A}B\bar{C} + A\bar{B}\bar{C} + ABC = \overline{\overline{\bar{A}\bar{B}C}\ \overline{\bar{A}B\bar{C}}\ \overline{A\bar{B}\bar{C}}\ \overline{ABC}}$$

最后，画出用与非门实现的组合逻辑电路。

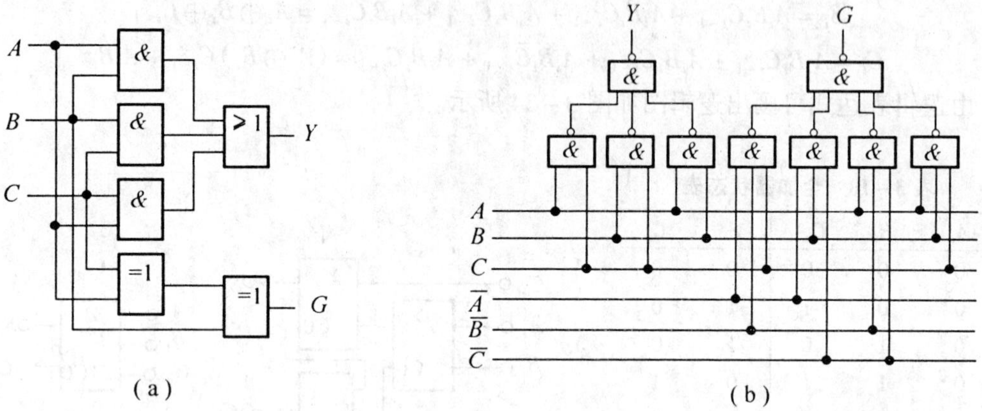

图 3 - 31　例 3 - 6 的逻辑图

(a)直接实现；(b)用与非门实现

*3.2.5　加法器

在计算机中的加、减、乘、除四则运算是必不可少的，而四则运算都是分解为加法运算来处理，因此加法器成为计算机中最基本的运算单元。由于计算机和数字电路只识别"0"，"1"两种信号，故数字电路的处理是二进制数，即逢二进一，如图 3 - 32 所示。

图 3 - 32　二进制加法示意图

1.半加器

所谓半加，就是只考虑加数本身，不考虑低位送来的进位，将两位 1 位二进制数相加，实现这种运算的电路称为半加器。状态表见表 3 - 9，其中 A 为被加数，B 为加数，S 为半加和数，C 为进位位。逻辑表达式为

$$S = \bar{A}B + A\bar{B} = A \oplus B \qquad C = AB$$

由逻辑表达式可画出逻辑图如图 3 - 33 所示。

表 3 - 9　半加器状态表

A	B	S	C
0	0	0	0
0	1	1	0
1	0	1	0
1	1	0	1

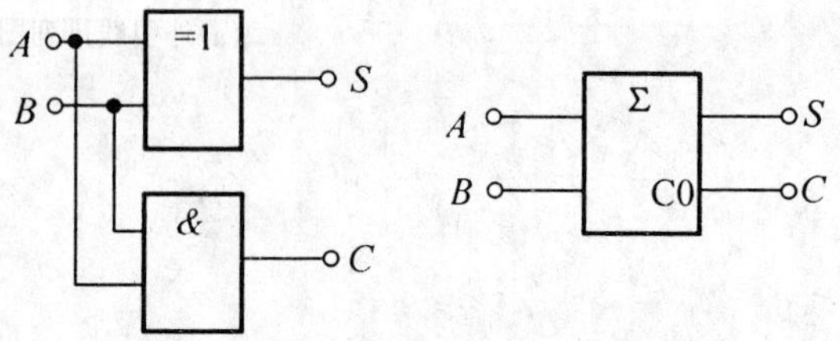

图 3 - 33　半加器的逻辑图及符号

2.全加器

所谓全加,就是不仅考虑两个加数,还要考虑低位送来的进位,将两位对应位的加数和低位的进位位三者相加的运算称为全加。实现这种运算的电路称为全加器。状态表见表3-10,其中 A_i 为被加数,B_i 为加数,C_{i-1} 为低位向本位的进位,S_i 为全加和数,C_i 本位向高位的进位。逻辑表达式为

$$S_i = A_i\bar{B}_i\bar{C}_{i-1} + \bar{A}_iB_i\bar{C}_{i-1} + \bar{A}_i\bar{B}_iC_{i-1} + A_iB_iC_{i-1} = A_i \oplus B_i \oplus C_{i-1}$$

$$C_i = \bar{A}_iB_iC_{i-1} + A_i\bar{B}_iC_{i-1} + A_iB_i\bar{C}_{i-1} + A_iB_iC_{i-1} = (A_i \oplus B_i)C_{i-1} + A_iB_i$$

由逻辑表达式可画出逻辑图如图3-34所示。

表3-10 全加器状态表

A_i	B_i	C_{i-1}	S_i	C_i
0	0	0	0	0
0	0	1	1	0
0	1	0	1	0
0	1	1	0	1
1	0	0	1	0
1	0	1	0	1
1	1	0	0	1
1	1	1	1	1

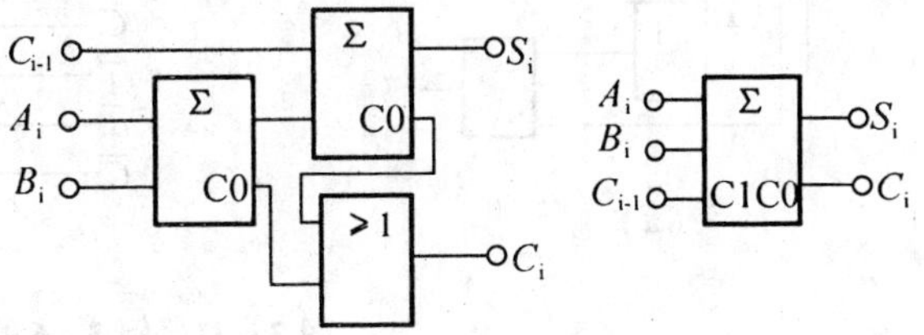

图3-34 全加器的逻辑图及符号

3.多位加法器

以上是1位加法器,如果将低位全加器的进位输出 C_O 接到高位全加器的进位输入 C_I,就可构成多位加法器。74LS283集成四位全加器可组成4位串行进位加法器,其外引线排列图和逻辑图分别如图3-35所示。

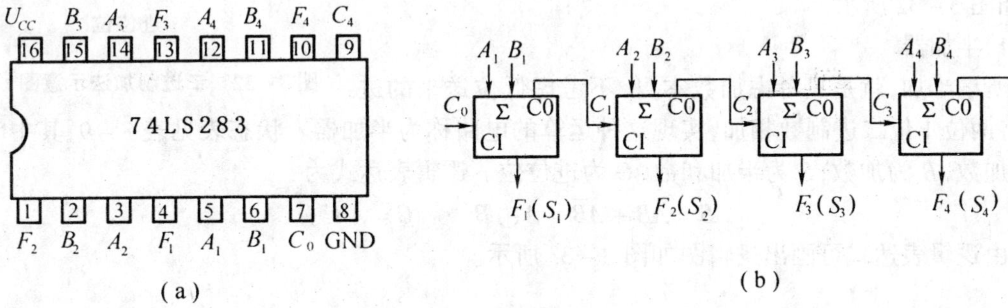

图3-35 74LS283集成四位全加器

(a)外引线排列图;(b)逻辑图

习题与思考题

3.1 写出图1所示各电路的输出电压值，设二极管导通电压 $U_D = 0.7$ V。

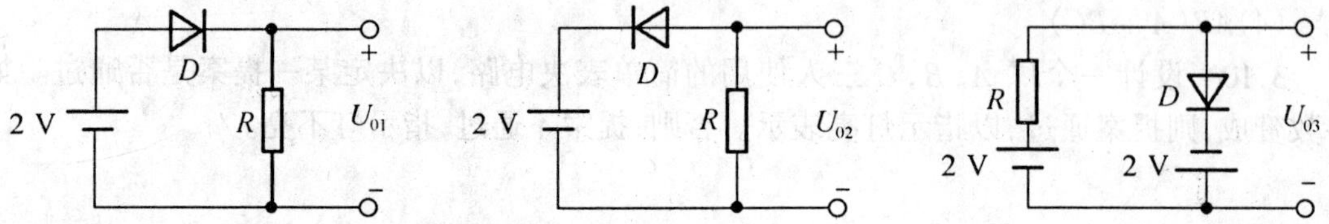

图1

3.2 电路如图2所示，已知 $u_i = 10\sin\omega t$ V，试画出 u_i 与 u_O 的波形。设二极管正向导通电压可忽略不计。

3.3 电路中有一个半导体三极管，测得它的三个管脚的电位分别为 12.5 V，7 V，7.7 V，试判别三极管的三个电极，并说明这个三极管是哪种类型，是硅管还是锗管？

3.4 半导体三极管的工作状态有几种，各有什么特点？

3.5 半导体三极管按其结构分为几种类型，它有什么作用？

3.6 在图3中，已知 A 和 B 的输入波形如图(b)所示，试画出 F_1, F_2, F_3 的波形。

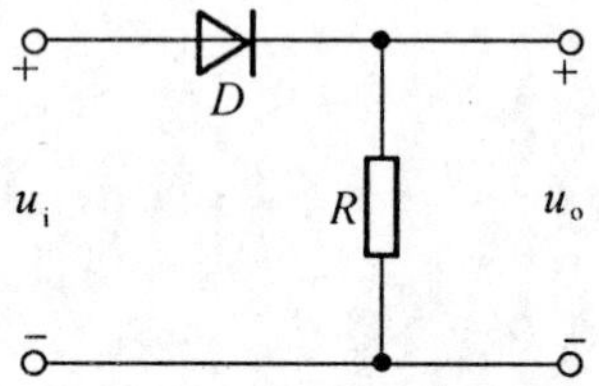

图2

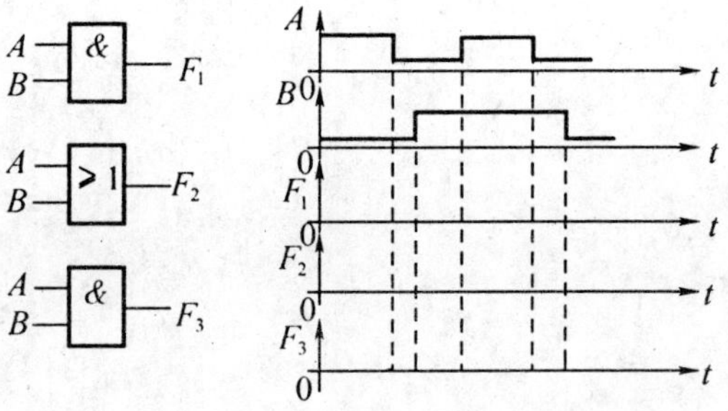

图3

3.7 根据下列逻辑式，画出逻辑图。

(1) $F = AB + BC$

(2) $F = A(B + C)$

(3) $F = (A + B)(A + C)$

3.8 利用公式证明下列等式成立：

(1) $A + \bar{A}B = A + B$

(2) $\bar{A}\bar{B} + A\bar{B} + \bar{A}B = \bar{A} + \bar{B}$

(3) $ABC + \bar{A} + \bar{B} + \bar{C} = 1$

(4) $A + B + C + \bar{A}\bar{B}\bar{C} = 1$

3.9　用公式法化简下列各式:

(1) $ABC + \bar{A}BC + B\bar{C}$

(2) $AB + \bar{A}C + \bar{B}C$

(3) $ABC + \bar{A}BC + AB\bar{C} + A\bar{B}C$

(4) $AB(A + BC)$

3.10　设计一个供 A, B, C 三人使用的简单表决电路,以决定某一提案是否通过。如多数赞成,则提案通过,以指示灯亮表示。否则,提案不通过,指示灯不亮。

第 4 章 建筑供电与配电

4.1 电力系统概述

电能是能量的一种表现形式，在国民经济中占有十分重要的地位，不论是生产中各种机械设备的运输、控制，还是日常生活中家用电器的使用和照明等都离不开电能。可以说，电力的发展与人们的生活密不可分，它直接影响着国民经济各部门的发展，影响着整个人类社会的进步。电能如此的重要，它是如何产生并传输给用户的呢？众所周知，发电厂是把各种天然能源如煤炭、水能、核能、风力、太阳能、潮汐、地热等转化为电能的工厂，它分为火力发电厂、水力发电厂、核电厂及其他方式发电厂。变电所可将发电厂生产的电能进行变换并通过输电线路分配给用户使用，这一从电能的生产并将电能安全、可靠、优质地输送给用户的系统，称为电力系统，图 4-1 为电力系统原理接线图。

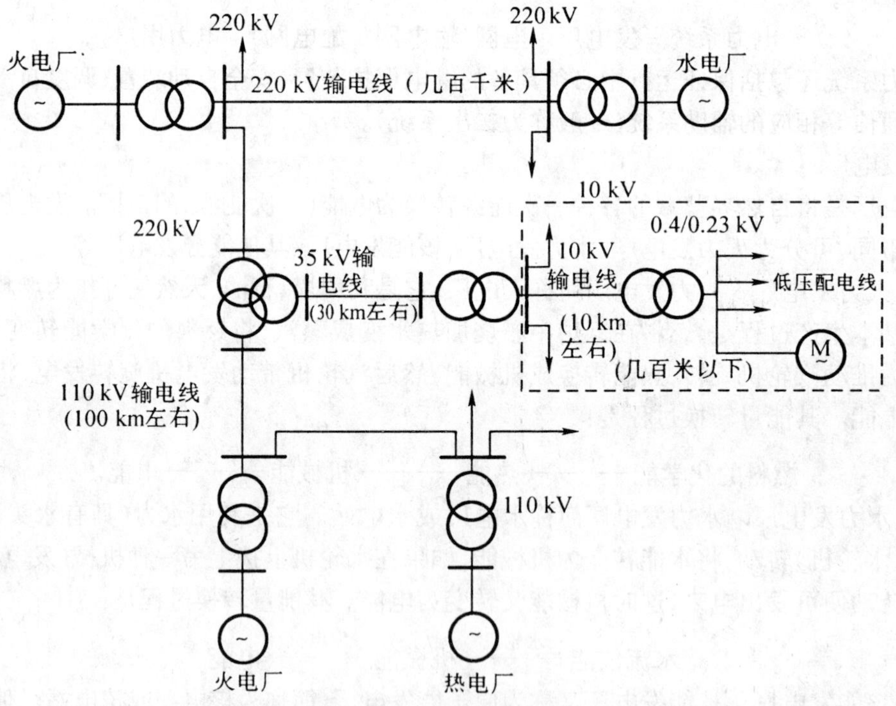

图 4-1 电力系统示意图

4.1.1 电力系统的组成

电能从生产到供给用户应用，都要经过发电、输电、变电、配电、用电等五个环节。通过

输电，把相距甚远的发电厂和负荷中心联系起来，使电能的开发和利用超越地域的限制，而构成电力系统。电力系统就是将生产电能的发电机、输送电能的电力线路、分配电能的变压器以及消耗电能的各种负荷紧密联系起来的系统。其组成示意如图 4－2 所示。

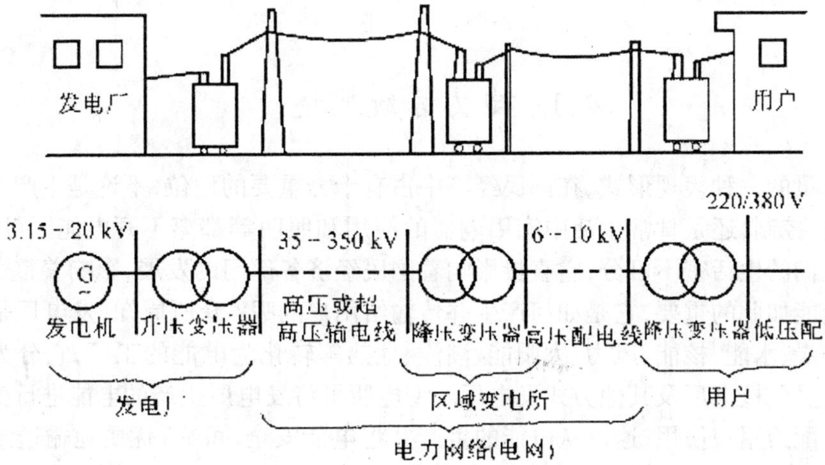

图 4－2　电力系统的组成

电力系统＝发电厂＋电网(输电网＋配电网)＋电力用户

电力系统还包括保证运行中必须具备的继电保护装置、安全自动装置、调度自动化系统和电力通信等相应的辅助系统(一般称为二次系统)。

1.发电厂

发电厂是将自然界蕴藏的各种一次能源转换为电能(二次能源)的工厂。发电厂按使用的能源不同，可分为火力发电厂、水力发电厂、核能发电厂、其他能源发电厂等。

(1)火力发电厂　火力发电厂简称火电厂，它是利用煤、石油、天然气等作为燃料生产电能的。基本生产过程是，燃料在锅炉中燃烧加热水变成蒸汽，将燃料的化学能转变成热能，蒸汽压力推动汽轮机旋转，热能转换成机械能，然后汽轮机带动发电机旋转发电，将机械能转变成电能。其能量转换过程是：

$$\text{燃料的化学能}\xrightarrow{\text{锅炉}}\text{热能}\xrightarrow{\text{汽轮机}}\text{机械能}\xrightarrow{\text{发电机}}\text{电能。}$$

(2)水力发电厂　水力发电厂简称水电厂或水电站。它是利用水力(具有水头)推动水力机械(水轮机)转动，将水能转变为机械能，如果在水轮机上接上另一种机械(发电机)随着水轮机转动便可发出电来，这时机械能又转变为电能。其能量转换过程是：

$$\text{水流位能}\xrightarrow{\text{水轮机}}\text{机械能}\xrightarrow{\text{发电机}}\text{电能}$$

(3)核能发电厂　核能发电厂又称为原子能发电厂，简称为核电厂或核电站。他是利用原子核裂变反应释放出的热能生产电能。它与火力发电极其相似。只是以核反应堆及蒸汽发生器来代替火力发电的锅炉，以核裂变能代替矿物燃料的化学能。以少量的核燃料代替了大量的煤炭。其能量转换过程是：

$$\text{核裂变能}\xrightarrow{\text{核反应堆}}\text{热能}\xrightarrow{\text{汽轮机}}\text{机械能}\xrightarrow{\text{发电机}}\text{电能}$$

(4)其他能源发电厂

风力发电厂　风力发电是利用风力带动风车叶片旋转,再透过增速机将旋转的速度提升,来促使发电机发电。

太阳能发电　太阳能发电是利用太阳能电池将太阳能转换为电能。是一种光能电转换的过程。

以上两种方式产生的电力因其发电过程中不产生或很少产生对环境有害的排放物(如一氧化氮、二氧化氮;温室气体二氧化碳;造成酸雨的二氧化硫等),且不需消耗化学燃料,节省了有限的资源储备,这种来自于可再生能源的电力更有利于环境保护和可持续发展,因此被称为绿色电力。

2.电网

由输电、变电、配电设备及相应的辅助系统组成的联系发电与用电的统一整体称为电力网。按功能电网可分为输电网和配电网。输电网通常由 35 kV 及以上的输电线路和与其相连的变电所组成。配电网通常由 120 kV 及以下的配电线路和与其相连的配电变电所组成。

3.变配电所

变配电所是电力系统中变换电压、接受和分配电能的场所,由电力变压器、高低压配电装置组成,它是联系发电厂和电力用户的中间环节。变电所将各电压等级的电网联系起来,作用是从电力系统接受电能,变换电压和分配电能。配电所的作用是接受电能及分配电能。前者装有电力变压器,而后者没有。

根据变压器的功能变配电所可分为升压变配电所和降压变配电所。根据变配电所在系统中所处的地位,分为枢纽变配电所、中间变配电所、终端变配电所。根据变配电所所在电力网的位置,分为区域变配电所和地方变配电所。

4.电力用户(又称电力负荷)

在电力系统中,一切消耗电能的用电设备均称为电力用户。用电设备按其用途可分为动力用电设备、工艺用电设备、电热用电设备、照明用电设备和试验用电设备等。可将电能转换为机械能、热能和光能等不同形式,以适应生产和生活的需求。

4.1.2　电力系统的电压和频率

1.电力系统的电压等级有多种,不同的电压等级有不同的用途。根据我国规定,交流电力系统的额定电压等级有:110 V,220 V,380 V,3.6 kV,10 kV,35 kV,110 kV,220 kV,330 kV,500 kV 等。

通常把 1 kV 以下的电力网称为低压电网,1 ~ 220 kV 的电力网称高压电网,330 kV 及以上称超高压。各种电压等级有不同的适用范围。在我国电力系统中 220 kV 及其以上的电压等级都用于大电力系统的主干线,输电距离达 150 ~ 150 km。110 kV 电压用于中、小型电力系统的主干线,输电距离为 50 ~ 150 km。35 kV 电压用于电力系统的二次网络或大型工厂的内部供电,输电距离为 20 ~ 50 km。6 ~ 10 kV 电压用于送电距离为 5 ~ 15 km 的城镇和工农业与民用建筑施工供电。小功率电动机、电热等用电设备,一般采用三相电压 380 V 和单相电压 220 V 供电。几百米之内的照明用电,一般采用 380/220 V 三相四线制供电,电灯则接在 220 V 相电压上。100 V 以下的电压,包括 12 V,24 V,36 V 等,主要用于安全照明,如潮湿工地、建筑物内部的局部照明,以及小容量负荷的用电等。

2.额定电压与频率

额定电压是指能使各类电气设备处在设计要求的额定或最佳运行状态的工作电压。电

力系统的电压和频率直接影响着电气设备的运行,所以,电压和频率是衡量电力系统电能质量的两个基本参数。根据国家规定一般交流电力设备的额定频率(工频)为 50 Hz。

电网的额定电压:电网的额定电压等级是国家根据国民经济发展的需要及电力工业的水平,经全面的技术经济分析研究后确定的。它是确定各类电力设备额定电压的基本依据。

用电设备的额定电压:用电设备的额定电压规定与其接入电网的额定电压相同。

发电机的额定电压:发电机的额定电压规定高于同级电网额定电压 5%。

变压器的额定电压:当变压器的一次绕组与发电机直接连接时,其一次绕组的额定电压等于发电机额定电压,即高于同级电网额定电压 5%。当变压器不与发电机相连,而是连接在线路上时,则可把它看作用电设备,其一次绕组额定电压应与电网额定电压相同。

4.1.3 电能质量

电能质量是指用电点的电压、频率与规范标准的偏离程度。电能质量的不合格将导致用电设备不能正常工作,并严重影响其寿命甚至危及运行的安全。

1.电网电压偏移值

我国规定电网电压偏移值

$$\delta U = \frac{U - U_N}{U_N} \times 100\% < 5\% \tag{4-1}$$

式中 U——电压有效值;

U_N——电压额定值。

2.电网电压波动

电网电压短时快速的变动称为电网电压波动,电压波动的程度用电压幅度和波动频率来衡量,电压波动幅度以设备段端电压的最高值与最低值之差对额定电压的百分值来表示

$$\delta U = \frac{U_{max} - U_{min}}{U_N} \times 100\% \tag{4-2}$$

式中 U_{max}——设备段端电压的最高值;

U_{min}——设备段端电压的最低值。

3.频率偏离值

电力系统频率的变动对用户、发电厂及电力系统本身都会产生不利影响。如:若系统频率上下波动,则电动机的转速也随之波动,这将直接影响电动机加工产品的质量,出现残次品。我国规定工频为 50 Hz,所以必须保证频率在额定值 50 Hz 上下变动。

4.1.4 电力负荷分级及供电要求

1.电力负荷的分级

电力系统运行的最基本要求是供电可靠性,但有些负荷也不是绝对不能停电的,为了正确地反映电力负荷对供电可靠性要求的界限,恰当选择供电方式,提高电网运行的经济效率,将负荷分为三级。

一级负荷:指供电中断将造成人身事故及重要设备的损坏,在政治、经济上造成重大损失,公共场所秩序严重混乱,发生中毒、引发火灾及爆炸等严重事故的负荷。例如国宾馆、国家政治活动会堂及办公大楼、国民经济中重点企业、重点交通枢纽、通信枢纽、大型体育馆、展览馆等的用电负荷均属于一级负荷。

二级负荷:指中断供电将导致较大的经济损失,以及将造成公共场所秩序混乱或破坏大量居民的正常生活的负荷。如:停电造成重大设备的损坏,产生大量废品,交通枢纽的停电造成交通秩序混乱,通信设施和重要单位正常工作等的用电负荷均属于二级负荷。对工期紧迫的建筑工程项目,也可按二级负荷考虑。

三级负荷:指除一级、二级负荷以外的负荷。

2.各级负荷的供电要求

一级负荷:必须由两个独立电源供电,在发生事故时,在继电保护装置正确动作的情况下,两个电源不会同时丢失,当一个电源发生故障时,另一个电源会在允许时间内自动投入。对于在一级负荷中特别重要的负荷,还应增设应急电源。为保证对特别重要负荷的供电,严禁将其他负荷接入应急供电系统。

常用的应急电源有独立于正常电源的发电机组,供电网络中独立于正常电源的专门馈电线路,蓄电池,干电池。

二级负荷:应由两个独立电源供电,当一个电源失去时,另一个电源由操作人员投入运行。当负荷较小或者当地供电条件困难时,二级负荷可由一回路 6 kV 及其以上的专用架空线路供电。当采用电缆线路时,必须采用两根电缆并列供电,每根电缆应能承受全部二级负荷。

三级负荷:对供电电源无特殊要求,可仅有一回路供电线路。

民用建筑中常用的负荷分级列表分类,如表 4-1 所示。

表 4-1 民用建筑中常用的负荷分级分类

建筑物名称	电力负荷名称	负荷级别
高层普通住宅	电梯、生活水泵电力、楼梯照明	二级
部、省、市级办公建筑银行	电梯、会议室、总值班室、档案室及主要通道照明	二级
	主要业务用电子计算机系统电源,防盗信号电源	一级
	客梯电力、营业厅、门厅照明	二级
高等学校教学楼建筑	客梯电力、主要通道照明	二级
一、二级宾馆	经营管理用及设备管理用电子计算机系统	一级
	宴会厅电声、新闻摄影、录像电源,宴会厅、餐厅、高级客房、厨房及主要通道照明,部分客梯等电力	一级
	其余客梯电力,一般客房照明	二级
电视台	电子计算机系统	一级
	电视演示厅、中心机房、录像室、微波机房及发射机的电力和照明	一级
	洗印室、电视电影室、主要客梯电力、楼梯照明	二级
广播电台	电子计算机系统	一级
	直接播出的语言播音室、控制室、微波设备及发射机房的电力和照明	一级
	主要客梯电力、楼梯照明	二级

表 4-1(续)

建筑物名称	电力负荷名称	负荷级别
计算机中心	主要业务用电子计算机系统/其他用电	一级/二级
	客梯电力	二级
大型博物馆、展览馆	防盗信号电源,珍贵展品展室的照明	一级
	展览用电	二级
县(区)级以上医院	急诊部用房、监护病房、手术部、分娩室、婴儿室、医疗室、区域中心血库、加速器机房及配血室的电力和照明、广场照明	一级
	电子显微镜电源、客梯电源	二级
大型百货商店	经营管理用计算机系统	一级
	营业厅、门厅照明	一级
	自动扶梯、客梯电源	二级
民用机场	航行管制、导航、通信、气象、助航灯光系统的设施和台站;海关、安全检查设备;航班预报设备;三级以上油库;旅客活动场所的应急照明	一级
	候机楼、外航驻机场办事处、机场宾馆及旅客过夜用房、站坪照明、站坪机务用电	一级
	其他用电	二级
监狱	警卫照明	一级

4.2 民用建筑及建筑施工现场供电

4.2.1 民用建筑供电

民用建筑供电系统,因建筑设施的规模不同,可分为四类:

1.对于用电负荷在 100 kW 以下的民用建筑,一般不必单独设置变压器,只需要设立一个低压配电室,采用 380/220 V 低压供电即可。

2.对于用电负荷在 100 kW 以上的小型民用建筑设施,一般只需要设立一个简单的降压变电所,把电源进线的 6~10 kV 电压,经过降压变压器变为 380/220 V 低压,如图 4-3 所示。

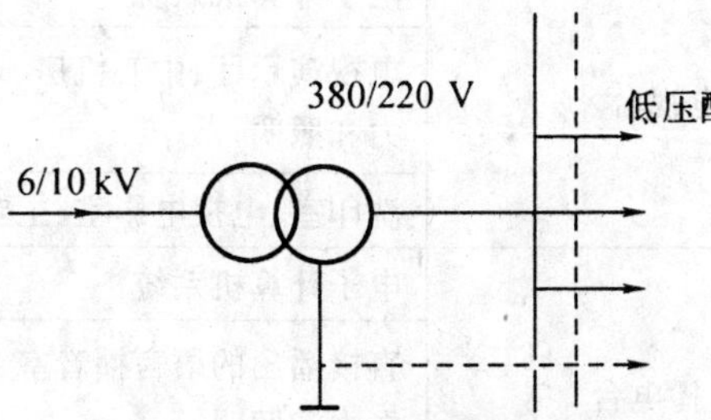

图 4-3 小型民用建筑设施供电系统

3.中型民用建筑设施的供电,电源进线一般为 6~10 kV,经过高压配电所,用几路高压配电线,将电能分别送到各建筑物的变电所,经过降压变压器,使高

压变为 380/220 V 低压，如图 4－4 所示。

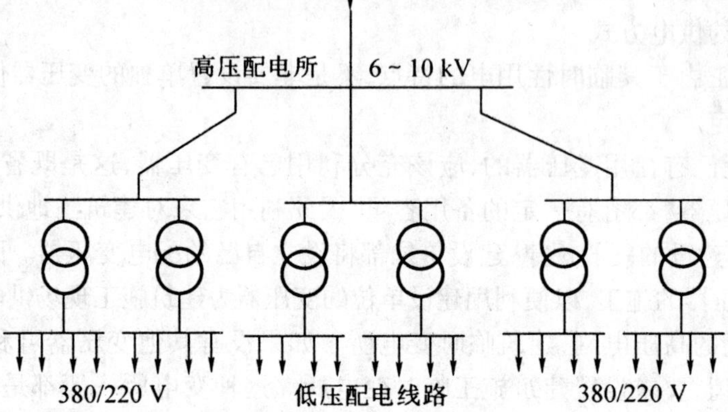

图 4－4 有高压配电所的中型民用建筑设施供电系统

4.大型民用建筑设施的供电，电源进线一般为 35 kV，需要经过 2 次降压，第一次先将 35 kV的电压降为 6～10 kV，然后用高压配电线路送到各建筑物的变电所，再降为 380/220 V 低压，如图 4－5 所示。

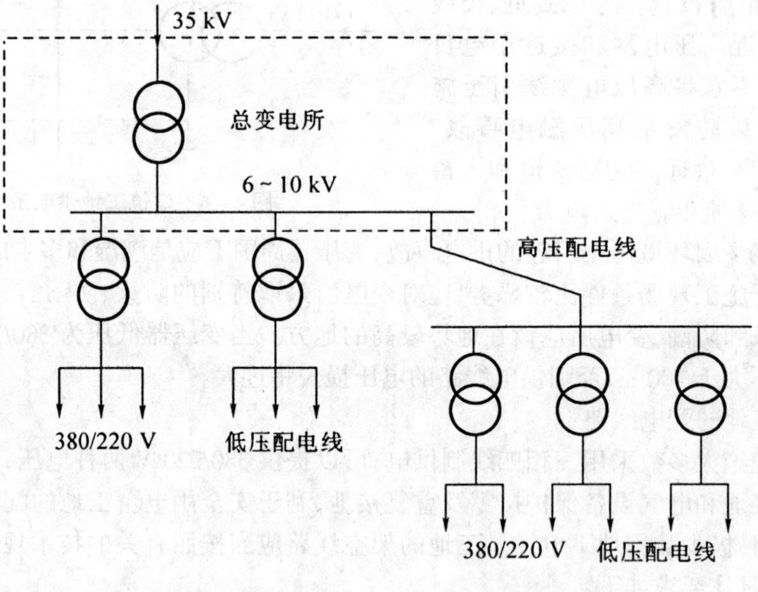

图 4－5 有总变电所的大型民用建筑设施供电系统

为了保证低压侧的供电质量，目前已有人提出采用变压器原边高压侧为三相绕组，副边低压侧为单相绕组的单相变压器供电方式。

4.2.2 建筑施工现场供电

建筑施工工地供电具有它的特殊性主要表现在：负荷变化大，供电临时性，现场环境差，

以及用电设备移动频繁等等。所以,在进行施工组织设计时,对施工现场的供电,应计算建筑工地的总用电量,选择工地配电变压器,确定电源最佳供给位置,合理布置配电线路,计算导线截面,选择导线型号,最后绘制施工现场电气平面布置图。

1.建筑工地的供电方式

建筑工地施工由于其临时性用电的特点,不是非要设置单独的变压器供电不可,而要根据具体情况来决定。

(1)凡是就近已有在用变压器的,应该充分利用已有变压器,这是既省又快的办法。一般的工厂企业变压器,都留有一定的备用容量,因此利用它来对建筑工地供电是有可能的;

(2)按照基本建设的一般规律,建设单位都将设立自己的配电变压器。因此,施工单位可先期安排这种变压器的施工,以便利用建设单位的变压器为建筑施工现场供电,以节省开支;

(3)利用附近的高压电网,建筑临时变电所。如果没有其他变压器可利用,则应向供电部门提出用电申请,要求设置建筑施工临时变电所。这种变电所一般都是比较简单的降压变电所。由此组成的供电系统如图4-6所示,它把电源进线的6~10 kV高压,经过变压器降为380/220 V低压,供工地各用电使用。建筑工地的用电负荷一般为100 kW左右,通常都采用这种低压供电。

2.建筑工地电源的位置选择

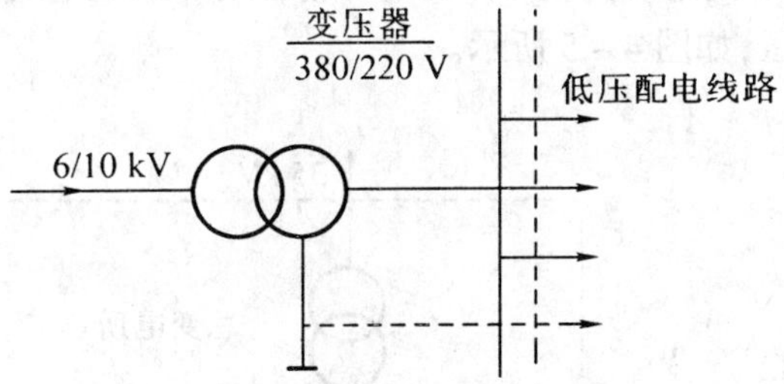

图4-6 建筑工地供电系统

建筑工地电源变压器的安装位置应从用电的临时性出发,可以将变压器安装在露天,以节省投资。考虑到进、出线方便,尽量靠近高压电网和接近用电负荷中心,但也不宜将高压电源线引至施工中心区域,以防发生高压触电事故。工地变电所应尽量远离交通要道和人畜活动的中心,同时又应当运输方便,易于安装。为了减少因环境污染引起的供电事故,变压器周围不应是潮湿和多尘的,不应有腐蚀性气体。由于施工现场条件比较恶劣,应对变电所采取特别的防火、防雨雪、防小动物等措施。为了防汛和防潮,变电所应设在地势较高的地方。当变压器低压为380/220 V时,其供电半径一般不大于700 m,否则供电线路的电压损失将过大。

3.建筑工地的配电线路

建筑工地绝大多数采用三相四线制供电,可以提供380/220 V两种电压,同时也便于变压器中性点接地和电气设备保护接零及重复接地,利于安全用电。工地的配电线路一般都采用架空线路,极少数用地下电缆。工地的架空线路应当按照有关的技术规范敷设。为保证供电质量,具体要求如下:

(1)线路尽可能架设在道路的一侧,不得妨碍工地的作业和交通;

(2)选择最经济合理的架线路径,尽量取直线并保持水平架设,使线路长度为最短,转角和跨越最少,减少电杆倾倒的可能;

(3)架空线路一律禁止跨越工地上堆积的易燃材料,不得已必须跨越时,一定要保持足够的安全高度;

(4)架空线路与施工建筑物水平距离不得小于10 m,于地面的垂直距离不得小于6 m,跨越建筑物时与其顶部的垂直距离不得小于2.5 m,线路与建筑物(含脚手架)的水平距离:

高压线路不应小于1.5 m,低压线路不应小于1 m;

(5)低压线路与6~10 kV高压线路同杆架设时,高压线路在上并且高、低压导线之间的最小垂直距离为1.2 m;低压线路与有线广播、电话等弱电线路同杆架设时,低压线路在上,并且低压导线在最大弧垂处与弱电线路间的最小垂直距离为1.5 m;

(6)电线杆的根部与各种地下管道间的距离不应小于1 m,与贮水池、消火栓的距离不应小于2 m;

(7)从低压线路引出的分支线和进户线,必须由电杆处接出,不得从两杆间的导线上接出,分支杆和终点杆的零线应采取重复接地,减少零线的接地电阻;

(8)在施工现场,严禁把电线摆在地面上;

(9)施工用电设备的配电箱应就近设置在便于操作的地方。一定要做到单机单闸(刀)控制,绝对不许一闸(刀)多用。

施工现场确保供电质量最主要的因素是电压质量和三相电压的对称性。需要强调的一点是施工现场电焊机较多,它是单相负载,会引起三相电压不对称,应注意均衡接至三相电路上,否则会对现场的其他用电设备产生不利影响。一般临时性单相负荷不应超过50 A,当超过50 A时应采用三相四线供电。

4.建筑工地配电导线的选择

选择配电导线,就是选择导线的截面与型号。导线截面选得过大,使有色金属的消耗增大,同时加大了线路建设的投资。反之,电压降和电能损失增大,并使导线接头的温度升高,容易酿成断线事故。因此,配电导线的截面必须选得恰当。

由于建筑工地主要是低压动力配电线路,负荷电流较大,所以导线截面的选择首先应按发热条件来计算,所选导线必须能承受电流的发热,然后验算其电压损失和机械强度能否满足要求。

4.3 建筑工地负荷计算

施工现场用电负荷的大小是选择电源容量的重要依据,负荷计算得过大,将会造成国家投资和设备器材的浪费;而过小会使设备承受不了负荷电流而造成事故,要保证施工工地供电经济合理,必须准确计算负荷的大小。

计算负荷的方法有需要系数法、二项式法、利用系数法和单位产品耗电法等。在实际供配电设计中,广泛采用需要系数法,这种方法计算简单,用于计算没有特别大容量用电场所的计算负荷。

4.3.1 计算负荷

在电力系统中,电力负荷是指用电设备耗用的电功率(或线路中通过的电流)。以一个建筑工地为例,一个工地的负荷的大小,并不是简单地等于施工现场电气设备的额定容量之和,因为所安装的设备在实际施工过程中并非同时使用,即使运行着的设备也不是随时都达到其额定容量。在供配电设计中,常采用通过科学估算得到一个"计算负荷"。所谓计算负荷,就是按发热条件选择供电系统中的电气设备的一个假定负荷,计算负荷产生的热效应和实际变动负荷产生的最大热效应相等。根据计算负荷选择导体和电器,则计算负荷连续运行时,导体和电器的最高温升不会超过允许值。

1.需要系数的确定

我们知道用电设备的实际负荷并不等于其铭牌的容量。各类用电设备的有功计算负荷 P_c 与该类用电设备总的有功功率 P_a 之间的关系是

$$P_c = K_d P_a \quad (\mathrm{kW}) \tag{4-3}$$

K_d 是同类设备的需要系数,该需要系数的确定主要考虑以下几点:

(1)一个单位或一个系统内的所有用电设备不可能在同时运行,所以应考虑设备组的同时负荷系数;

(2)同时运行的用电设备不可能都在满载状态下工作,所以应考虑设备组的负荷系数;

(3)电动机等用电设备在运行中,本身也要消耗功率,同时供给用电组的配电线路也有功率损耗,所以应考虑设备效率和线路损耗;

(4)操作工人熟练程度和工作环境等因素也会影响用电设备的取用功率,等等。

总之,将以上所有影响负荷计算的因素都考虑进去,再根据多年运行经验的积累得到一个小于1的系数,即称为需要系数,用 K_d 表示。表4-2给出了部分用电设备的需要系数和功率因数。

2.三相用电设备的计算负荷

在建筑施工的供电系统中,由于存在着大量的感性负载,其无功功率将会增加电源的视在功率,因此必须对无功功率进行计算。在已知同类用电设备的平均功率因数后,根据功率三角形就可得到该类用电设备的无功计算负荷 Q_c

$$Q_c = P_c \tan\varphi \tag{4-4}$$

表4-2 部分用电设备的需要系数和功率因数

序号	用电设备名称	需要系数	$\cos\varphi$	$\tan\varphi$
1	电动机	0.16~0.20	0.50	1.73
2	通风机、水泵、空压机	0.75~0.85	0.80	0.75
3	运输机、传送带	0.52~0.60	0.75	0.88
4	混凝土及砂浆搅拌机	0.65~0.70	0.65	1.17
5	破碎机、卷扬机、砾石洗涤机	0.70	0.70	1.02
6	起重机、升降机、掘土机	0.70	0.70	1.02
7	电焊机(有变压器)	0.45	0.45	1.98
8	建筑室内照明	0.80	1.00	0
9	工地住宅、办公室室内照明	0.40~0.70	1.00	0
10	变电所、配电所	0.50~0.70	1.00	0
11	室外照明	1.00	1.00	0

计算负荷的最终表示量就是以视在功率或电流表示的,而该类用电设备的视在计算负荷就是

$$S_c = \sqrt{P_c^2 + Q_c^2} \tag{4-5}$$

或
$$S_c = \frac{P_c}{\cos\varphi} = K_d \frac{P_a}{\cos\varphi} \tag{4-6}$$

在用电设备台数较少时，功率因数 $\cos\varphi$ 也可以适当取小一些。

因为总的计算负荷是由不同类型的多组用电设备组成的，而各组用电设备的最大负荷往往不会同时出现，所以在确定总的计算负荷时，应乘以同时系数 $K_{\sum}$，同时系数的数值也是根据统计规律确定的。

对于工地变电所的低压母线：$K_{\sum} = 0.8 \sim 0.9$

对于工地变电所的低压干线：$K_{\sum} = 0.9 \sim 1.0$

因此，总的计算负荷为
$$P_{\sum c} = K_{\sum} \sum P_c \tag{4-7}$$
$$Q_{\sum c} = K_{\sum} \sum Q_c \tag{4-8}$$
$$S_{\sum c} = \sqrt{P_{\sum c}^2 + Q_{\sum c}^2} \tag{4-9}$$

式中 $P_{\sum c}$——用电设备组的有功计算负荷，kW；

$Q_{\sum c}$——用电设备组的无功计算负荷，kvar；

$S_{\sum c}$——用电设备组的视在计算负荷，kV · A；

$\sum P_c$——同类用电设备组的有功功率计算负荷之和，kW；

$\sum Q_c$——同类用电设备组的无功功率计算负荷之和，kvar。

由于不同类型的用电设备的功率因数 $\cos\varphi$ 不一定相同，因此，在求总的视在计算负荷时不能用公式 $S_c = \frac{P_c}{\cos\varphi} = K_d \frac{P_a}{\cos\varphi}$ 进行计算。

3.单相用电设备的计算负荷

在建筑施工用电设备中，除了有大量的三相负荷外，还有一些单相负荷，如电焊机、电炉、电灯等。单相设备应尽量均匀分布在三相线路上，使各相的计算负荷尽量接近，以保持三相线路的平衡。如果单相设备台数不是 3 的整数，若无法做到负荷在三相线路上的均匀分配，就应按负荷最大的电源相进行计算。

(1)接在三相线路相电压上的单相用电设备

即额定电压为 220 V 的单相用电设备。对于均匀分配的该类单相用电设备组，其设备容量 P_a(三相额定等效功率)等于全部单相用电设备容量总和。对于非均匀分配的单相用电设备组，其设备容量 P_a(三相额定等效功率)等于最大负荷的一相上的单相用电设备容量的三倍。

$$P_a = 3P_{a\cdot\max} \tag{4-10}$$

式中 $P_{a\cdot\max}$——最大一台单相设备的额定功率。

(2)接在三相线路线电压上的单相用电设备

即额定电压为 380 V 的单相用电设备。当该类用电设备为一台时，其设备容量 P_a(三相额定等效功率)等于$\sqrt{3}$倍该单相用电设备的容量。当有多台该类用电设备，且接在不同的线电压上，其设备容量 P_a(三相额定等效功率)等于两相间最大用电设备容量的三倍。

(3)三相线路的相电压和线电压上均接有单相用电设备

若各单相用电设备不能均匀地分配在三相上，则首先应当计算出各单相上所承受的负

荷。各单相上的总负荷等于该相(相—零)的单相负荷加上接于线电压(但要折算到相电压上)的单相负荷,而总的设备容量 P_a(三相额定等效功率)等于最大负荷相上的用电设备容量的三倍。

例 4-1 已知某建筑工地的临时用电设备,有 380 V 的三相电机 7 kW 的 3 台,4.5 kW 的 8 台,2.8 kW 的 17 台,1 kW 的 51 台。计算其负荷。

解 此建筑工地各类用电设备的总容量为

$$P_a = 7\ \text{kW} \times 3 + 4.5\ \text{kW} \times 8 + 2.8\ \text{kW} \times 17 + 1\ \text{kW} \times 51 = 155.6\ (\text{kW})$$

查表得 $K_d = 0.2, \cos\varphi = 0.5, \tan\varphi = 1.73$

有功计算负荷 $P_c = K_d P_a = 0.2 \times 155.6 = 31.12\ (\text{kW})$

无功计算负荷 $Q_c = P_c \tan\varphi = 31.12 \times 1.73 = 53.8\ (\text{kV})$

视在计算负荷 $S_c = \dfrac{P_c}{\cos\varphi} = \dfrac{31.12}{0.5} = 62.24\ (\text{kV} \cdot \text{A})$

4.3.2 施工工地配电变压器的选择

建筑工地用电的特点是临时性强、负荷变化大。因此,在施工工地配置配电变压器要把临时供电与长期供电统一规划,避免造成设备的浪费。用临时变压器提供施工现场用电,可根据现场全部用电设备的总视在功率来选择变压器的容量。工地的用电设备和其他场合的用电设备有类似的情况,一般也不是同时工作的,即使同时工作的设备,也不会都处在满负荷运行状态。所以在估算工地变压器容量时,应当考虑合适的需要系数。通常动力设备所需的总容量 S_c 为

$$S_c = K_d \frac{\sum P_N}{\eta \cos\varphi} \qquad (\text{kV} \cdot \text{A}) \tag{4-11}$$

式中 P_N——电动机铭牌上的额定功率,kW;

$\sum P_N$——所有动力设备的电动机的额定功率总和,kW;

η——所有电动机的平均效率,电动机一般在 0.75~0.92 之间,计算时可采用 0.86;

$\cos\varphi$——各台电动机的平均功率因数,电动机一般在 0.75~0.93;

K_d——需要系数,粗略估算 K_d 可取 0.5~0.75。

由于施工现场的照明用电量比动力用电量要小得多,所以在估算工地总用电量时,可以不单独估算照明用电量。简单的方法是把照明用电量算为动力用电量的 10%。

这样,估算出的施工现场总容量,也就是总视在计算负荷的容量为

$$S = 1.10 S_c$$

所选变压器的额定容量 S_N,应按照 $S_N \geqslant S$ 来确定。

根据 S 的数值和附近高压电网的电压值,就可在变压器产品目录中选择合适型号的配电变压器。它的高压绕组的额定电压应等于高压电网的电压,低压绕组只要接成 Y_n,就可得到 380/220 V 的低压。当 S 的数值介于产品目录中两个标准容量等级之间时,如果考虑到工地负荷可能增加,则应选大一级容量的变压器,如果施工期内负荷不会增加,则选用小一级容量的变压器。由于建筑工地用电的临时性,以及负荷的重要性不高,一般只选用一台变压器即可。

变压器电压等级的选择:原边高压绕组的电压等级应尽量与当地的电源电压一致,副边

低压侧的电压等级根据用电设备的额定电压确定，多选用 0.4 kV 的电压等级。

4.4 低压供配电系统

民用建筑电气系统分为供电系统和配电系统两部分。民用建筑从高压 6 ~ 10 kV 或低压 380/220 V 取得电压称供电。然后将电源分配到各个用电负荷，称为配电。将电源与用电负荷连接起来组成了民用建筑的供配电系统。

低压配电系统一般是指变电所低压侧至用电设备的电气线路。室内配电系统属于低压配电系统。

4.4.1 低压配电系统的配电要求

低压配电系统一般应满足下列要求：

供配电线路应当满足用电负荷对电能可靠性的要求。

1.做到技术先进、经济合理、操作安全和维护方便，能适应电负荷发展的需要；

2.变电所的位置应尽可能接近负荷中心；

3.满足用电负荷对电能质量的要求；

4.配电系统的电压等级一般不宜超过两级；

5.单相用电设备适当分配，力求三相负荷平衡；

6.应采用并联电容器作为无功补偿，达到电力部门所要求的功率因数。

4.4.2 低压配电系统的供电方案

1.单电源供电方案

单电源供电方案的特点是单电源、单变压器，低压母线不分段，如图 4 - 7(a)所示，该方案的优点是造价低、接线简单，缺点是系统中电源、变压器、开关及母线当中的任一环节发生故障或检修时，均不能保证供电，因此供电可靠性低，可用于三级负荷。

2.双电源供电方案

(1)双电源，双变压器，低压母线分段系统

优点是电源、变压器和母线均有备用，供电可靠性较单电源方案有很大的提高。缺点是没有高压母线，高压电源不能在两个变压器之间灵活调用，而且造价较高。该方案如图 4 - 7(b)所示，适用于一、二级负荷。

(2)双电源，双变压器，高、低压母线均分段系统

优点是增加了高压母线，相对于如图 4 - 7(b)所示，供电的可靠性有更大的提高，缺点是投资高，该方案如图 4 - 7(c)所示，用于一级负荷。

4.4.3 低压配电系统的接线方式

民用建筑低压配电方式的选择对提高用电的可靠性和节省投资有着重要意义。民用建筑低压配电线路的基本配电系统是由配电装置及配电线路组成的，一般一条进户线进入总配电装置，经总配电装置分配后，成为若干条支线，最后到达各用电器。常用的配电方式有放射式、树干式和混合式三种。

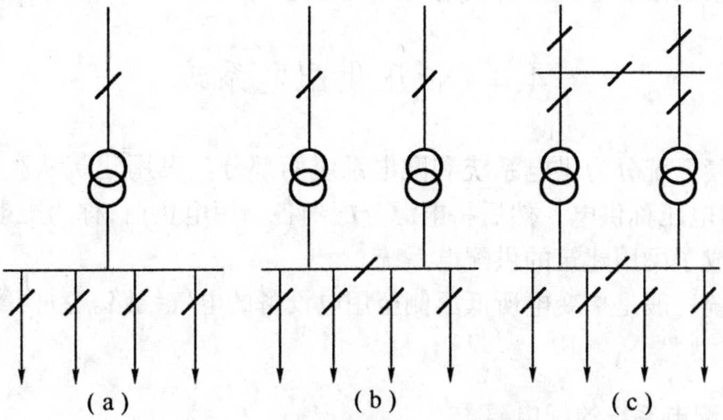

图 4-7 供电系统方式示意图

(a)单电源供电方案;(b)双电源供电方案;(c)双电源供电方案

1.放射式

如图 4-8 所示,其优点是配电线相对独立,发生故障互不影响,供电可靠性较高;配电设备较集中,便于维修、管理。但由于放射式接线要求在变电所低压侧设置配电盘,这就导致系统的灵活性差,再加上干线较多,有色金属消耗也较多。一般用于以下情况,设备容量大、负荷性质重要;每台设备的负荷不大,但位于变电所的不同方向,或在有潮湿,腐蚀性环境的建筑物内。

2.树干式

树干式接线如图 4-9 所示,不需要在变电所低压侧设置配电盘,而是从变电所低压侧引出线经过空气开关或隔离开关直接引至室内。这种配电方式使变电所低压侧结构简单化,减少电气设备需用量,有色金属的消耗减少,且提高了系统的灵活性。这种接线方式的主要缺点是:当干线路发生故障时,停电范围很大,因而可靠性较差。采用树干式配电必须考虑干线的电压质量。一般用于容量不大或用电设备布置有可能变动时对供电可靠性要求不高的建筑物。例如,对高层民用建筑内,当向楼层各配电箱供电时,多采用分区树干式接

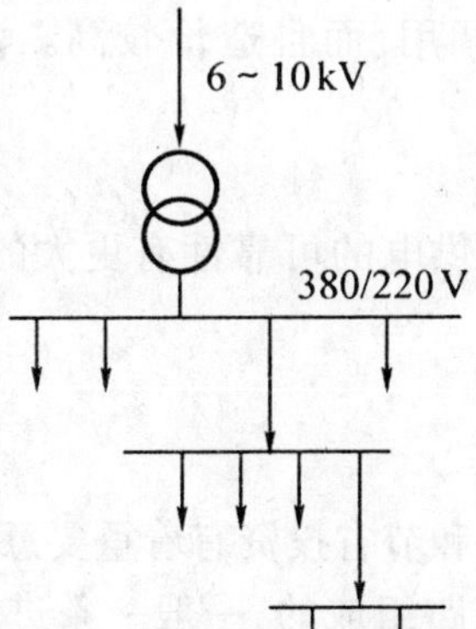

图 4-8 放射性配电

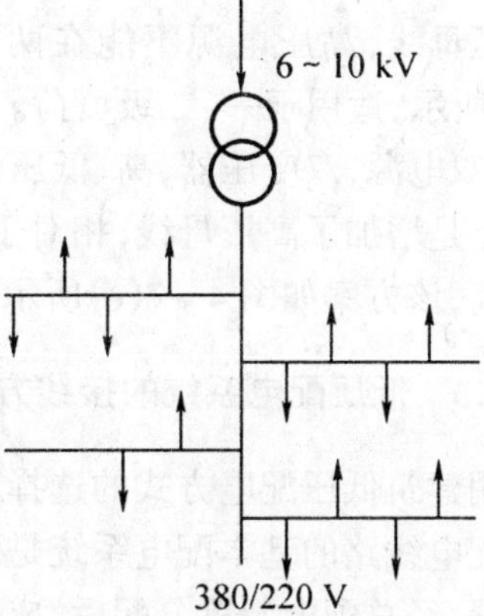

图 4-9 树干式配电

线的配电方式。对是容量较大的用电设备,因为它将导致干线的电压质量明显下降,影响到接在同一干线上的其他用电设备的正常工作,因此,容量大的用电设备必须采用放射式供电。

3.链式

链式配电与树干式不同的是其线路的分支电在用电设备上或分配电箱内,即后面设备的电源引自前面设备的端子。接线如图 4－10 所示。其优点是线路上无分支点,适合穿管敷设或电缆线路。其缺点是线路或设备检修以及线路发生故障时,相连设备全部停电,供电可靠性差。它实用于暗敷设线路,供电可靠性要求不高的小容量设备。一般链接的设备不宜超过 3～4 台,总容量不宜超过 10 kW。

4.混合式

混合式接线是放射式和树干式的综合运用,具有两者的优点,在现代建筑中广泛应用。图 4－11 即为放射—树干的组合方式。

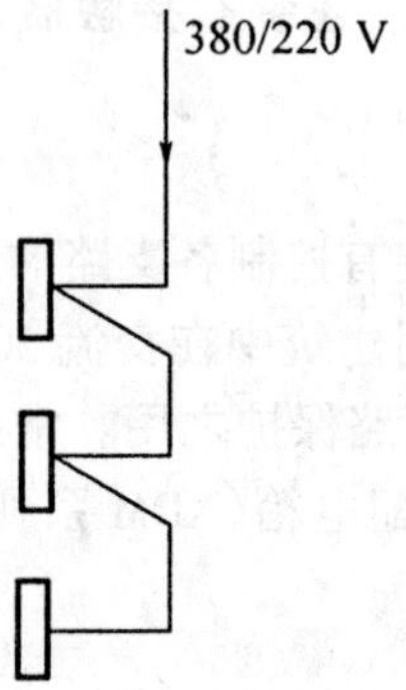

图 4－10　链式配电

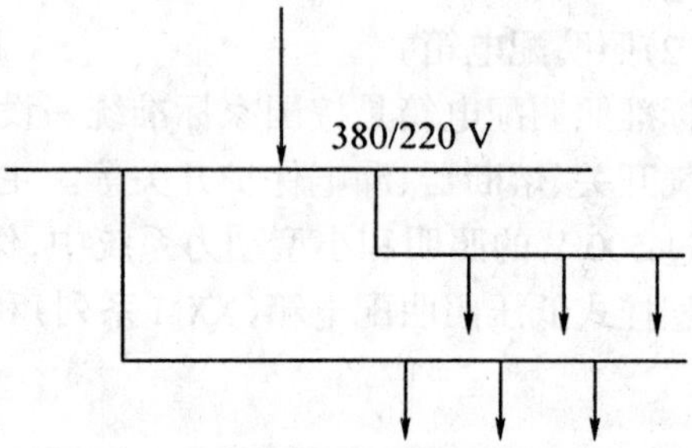

图 4－11　混合式配电

在高层建筑或大型建筑中,多采用多种组合连接方式,如电源干线向各分支送电为树干式,在其支干线中有的用放射式,有的用链式。

4.4.4　低压配电设备

1.低压配电箱

配电箱是按照供电线路负荷的要求将各种低压电器设备构成一个整体装置,用来接受电能和分配电能,是动力系统和照明系统的配电与供电中心,建筑物内均需安装合适的配电箱。配电箱内设有配电盘,它的作用是为下一级配电点或各个用电点进行配电,即将电能按要求分配于各个用电线路。

配电箱的类型可按不同的方法归类:

按功能分,有电力配电箱、照明配电箱、计量箱和控制箱。

按结构分,有板式、箱式和落地式。

按使用场所分,有户外式和户内式,户内式又分为明装和暗装,还可分为成套配电箱和非成套配电箱。成套配电箱可分为电力配电箱、照明配电箱。

(1)电力配电箱

电力配电箱按实际需要,根据国家有关标准和规范,统一设计。电力配电箱种类很多,

普遍采用的有 XL(F)—14,XL(F)—15,XL(R)—20,XL—21 等型号。型号含义如下:

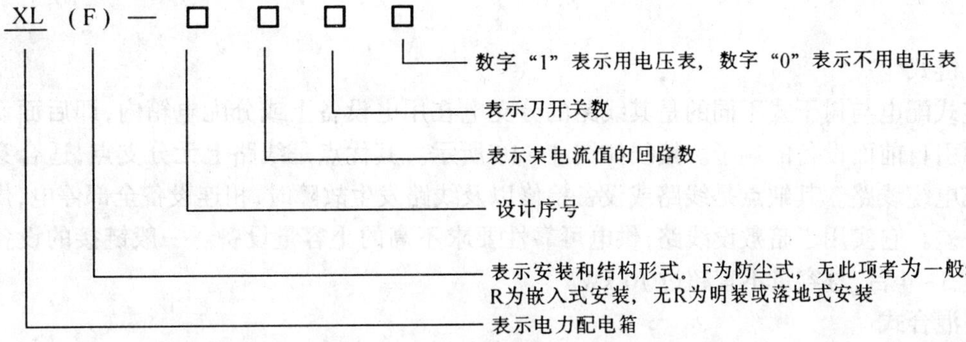

XL(F)—14,XL(F)—15 配电箱内部主要有刀开关、熔断器等。刀开关额定电流一般为 400 A,适用于交流 500 V 以下的三相系统电力配电,主要用于工矿企业的车间及生产部门。

XL(R)—20 型采用挂墙安装;XL—21 型除装有断路器外,还装有接触器、磁力启动器、热继电器等,箱门上还可装操作按钮和指示灯。

(2)照明配电箱

标准照明配电箱是按国家标准统一设计的。箱内主要装有控制各支路的刀闸开关或自动空气开关、熔断器、漏电保护开关等。主要用于工业与民用建筑中在交流 50 Hz 额定电压不超过 500 V 的照明和小型动力系统中,作为线路的过载、短路保护之用。常用的照明配电箱有悬挂式低压照明配电箱(XXM 系列)和嵌墙式低压照明配电箱(XRM 系列)。型号含义如下:

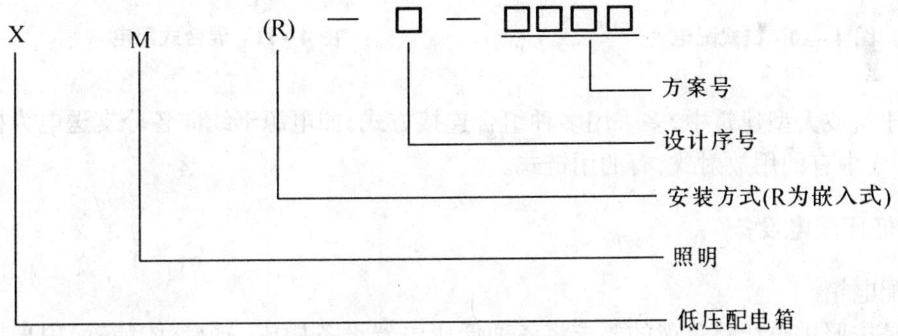

型号 XM—4 型照明配电箱主要适用于交流 380 V 及以下的三相四线制系统中,用作非频繁操作的照明配电,具有过载和短路保护功能。XM(R)—7 型照明配电箱主要适用于一般工厂、机关、学校和医院,用来控制 380/220 V 及以下电压具有接地中性线的交流照明回路。安装方式为嵌入式。

(3)配电箱的选择与安装

选择配电箱一般应优先选用通用的标准配电箱,这样有利于设计、施工。另外,还需从以下几个方面考虑:

①根据负荷性质和用途,确定配电箱的种类;

②根据控制对象的负荷电流的大小、电压等级和保护要求,确定配电箱主回路和各支路

的开关电器、保护电器的容量和电压等级；

③配合使用环境和场所的要求，选择配电箱的形式、外观、防火、防潮等；

④安装配电箱，位置的选择十分重要。恰当的选择能节约设备费用、电能，保证供电的质量、维修方便。配电箱应设置在干燥、通风、采光好、进出线方便的地方且这个位置应方便操作、检修。配电箱所在位置还应尽可能靠近负荷中心。对于高层建筑，各层配电箱应尽可能布置在同一方向、同一位置，以利于施工安装与维修管理。

2.电度表

电度表是用来测量某一段时间内用电负载所消耗电能的仪表，它不仅能反映出功率的大小，而且能反映电能随时间增长的累计之和。它是建筑电气工程中不可缺少的一种仪表。

电度表的种类有多种，按功能分有功电能表、无功电能表和特殊用功能电能表。按结构分为电解式、电子数字式和电器机械式。常见的电能表有单相电能表、三相电能表，三相电能表又有两元件和三元件两种，分别应用在三相三线电路中和三相四线电路中，如图4-12所示。

下面以单相交流电度表为例介绍它的构造与工作原理。

(a)　　(b)　　(c)

图 4-12　电度表的外形结构

(a)单相电能表；(b)单相预付费电能表；(c)三相多功能电能表

(1)电度表的结构和原理

交流电度表是依据电磁感应的原理制造的，其结构如图 4-13 所示。

铁芯 2 的线圈匝数少，导线粗，与负荷串联，叫做电流线圈。铁芯 1 的线圈匝数多，导线细，与负载并联，叫做电压线圈。当交流电电流通过电度表的电流线圈和电压线圈时，产生两个交变磁通，同时在铝盘上会产生涡流，涡流与交变磁通相互作用产生电磁力；形成转动力矩，使铝盘转动。铝盘转动时，与永久磁铁 5 相互作用，产生与铝盘转动方向相反的制动力矩。当转动力矩与制动力矩平衡时，铝盘以恒定的速度转动。铝盘的转数与负载消耗的电能成正比，因而能测出所消耗的电能，这就是单相电度表工作的原理。

通常，电度表铭牌上给出的是电度表常数 N，它表示每千瓦小时对应的铝盘转数，例如，“3 000 r/(kW·h)”1 kW·h的电能对应的铝盘转数为3 000 r。

(2)电度表的接线方法

电度表的接线方法是电流线圈与负载串联，电压线圈与负载并联，遵守电流端钮的接线

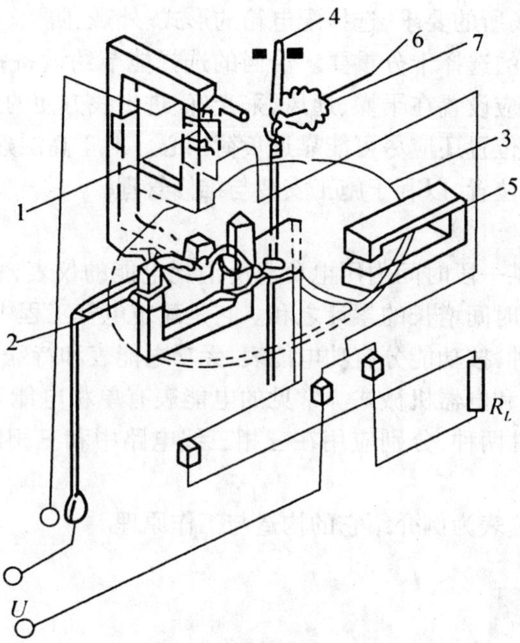

图 4-13 单相电度表结构图

1—电压线圈;2—电流线圈;3—铝制圆盘;4—转轴;
5—永久磁铁;6—蜗杆;7—蜗轮;R_L—负载电阻

规则(图 4-14)。电流线圈的电源端钮必须与电源连接,另一端钮与负载连接;电压线圈的电源端钮可与电流线圈的任一端钮连接,另一端钮则跨接到被测电路的另一端。

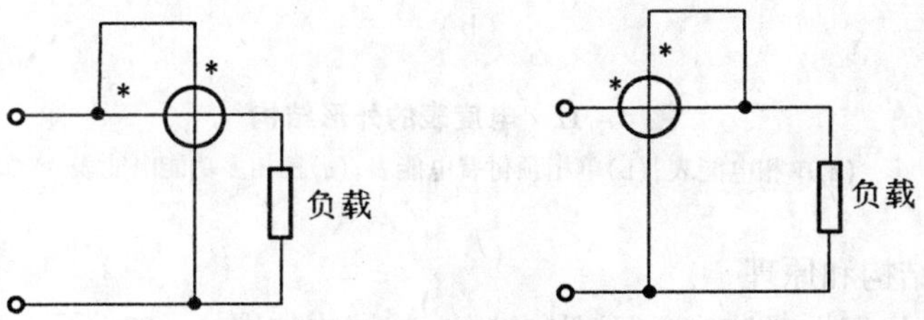

图 4-14 电度表的接线方法

4.5 低压供配电线路导线的选择

在建筑低压供配电线路中常用的导线分为电线和电缆,电线和电缆的合理选择对于实现建筑供电系统的安全、可靠、经济、保证供电质量,有十分重要的意义。同时,也直接影响到有色金属的消耗与线路的投资。

选择电线和电缆主要是选择型号和截面。型号反映导线和电缆的材料以及绝缘方式,选择型号主要和导线自身性质及使用环境、敷设方式有关;截面的选择直接影响工程的技术和经济指标,要能承受足够的机械强度,长期通过负荷电流时,导线不应过热,线路上电压损

失不应过大。在选择电线和电缆时,应保证低压供配电的安全可靠。

4.5.1 常用电线、电缆的型号规格和选择

在民用建筑中,室内常用的导线主要为绝缘电线和绝缘电缆线;室外常用的是裸导线或绝缘电缆线。绝缘导线按所用绝缘材料的不同,分为塑料绝缘导线和橡皮绝缘导线;按线芯材料的不同分为铜芯导线和铝芯导线;按线芯的构造不同分为单芯导线和多芯导线。

1.塑料绝缘电线

常用的聚氯乙烯绝缘电线是花线芯外包上聚氯乙烯绝缘层。其中铜芯电线的型号为BV,铝芯电线的型号为 MLV。型号含义如下:

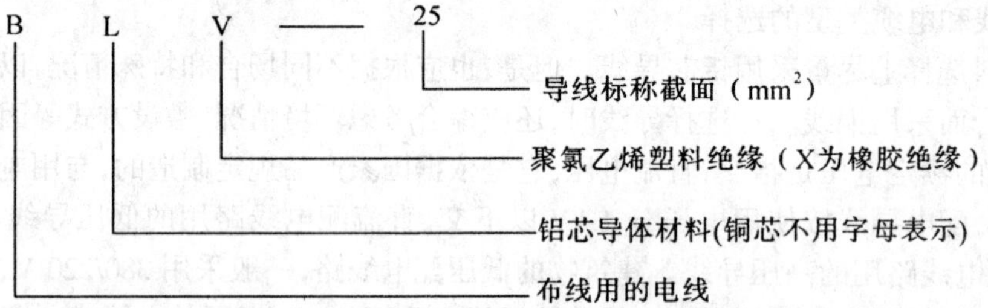

电线外形为圆形。截面在 10 mm² 以下时,还可制成两芯扁形电线。

聚氯乙烯绝缘软线主要用作交流额定电压 250 V 以下的室内日用电器及照明灯具的连接导线,俗称灯头线,都是双芯的,型号为 RVB(平面塑料绝缘软线)和 RVS(绞塑料绝缘软线)。它取代了过去常用的 RX 和 RXS 型橡皮绝缘棉纱编织软线(俗称花线)。

除此以外,在民用建筑中还常用一种塑料绝缘线,叫做聚氯乙烯绝缘和护套电线。它是在聚氯乙烯绝缘外层上再加上一层聚氯乙烯护套组成的,线芯分为单芯、双芯和三芯。电线的型号为 BVV(铜芯)和 BLVV(铝芯)。这种电线可以直接安装在建筑物表面,它具有防潮性能和一定的机械强度,广泛用于交流 500 V 及以下的电气设备和照明线路的明敷设或暗敷设。

目前正广泛使用一种叫晴聚氯乙烯复合物绝缘软线,它是塑料线的新品种,型号为 RFS(双绞复合物软线)和 RFB(平型复合软线)。这种电线具有良好的绝缘性能,并具有耐热、耐寒、耐油、耐腐蚀、耐燃、不易热老化等性能,在低温下仍然柔软,使用寿命长,远比其他型号的绝缘软线性能优良。

2.橡皮绝缘电线

常用的橡皮绝缘电线型号有 BX(BLX)和 BBX(BBLX)。这两种电线是目前仍在应用的旧品种,它们的生产工艺复杂,成本较高,正逐渐被塑料绝缘线所代替。橡皮绝缘线的新产品有 BXF,BLXF 系列产品。这种电线绝缘性能良好且耐光照、耐大气老化、耐油、不易发霉,在室外使用的寿命比棉纱编织橡皮绝缘电线高三倍左右,适宜在室外推广敷设。

3.电缆线

电缆线的种类很多,按用途可分为电力电缆和控制电缆两大类;按绝缘材料可分为油浸纸绝缘电缆、橡皮绝缘电缆和塑料绝缘电缆三大类。它们一般都由线芯、绝缘层和保护层三个主要部分组成。线芯分为单芯、双芯、三芯及多芯。

塑料绝缘电缆的主要型号有 VLV 和 VV 等。VLV 为铝芯聚氯乙烯绝缘和聚氯乙烯外护

套电力电缆，可用于 1 ~ 10 kV 以下的线路中，最小截面为 4 mm^2，可在室内明敷或在沟道内架设。VV 为铜芯聚氯乙烯塑料绝缘电缆。

橡皮绝缘电缆的主要型号有 XLV 和 XV 等。XLV 为铝芯橡皮绝缘和聚氯乙烯外护套电力电缆，可用于 0.5 ~ 6 kV 以下的线路中，最小截面为 4 nm^2。可在室内明敷或放在沟中。XV 为铜芯橡皮绝缘电缆。

油浸纸绝缘电力电缆分为油浸纸绝缘铅包(铝包)电力电缆、油浸纸干绝缘电力电缆、不滴漏电力电缆。主要型号有 ZQ(铜芯铅包)、ZLQ(铝芯铅包)、ZL(铜芯铝包)、ZLL(铝芯铝包)、ZQP(铜芯铅包)、ZLQD(铝芯铅包不滴漏)等系列。ZQ，ZLQ 等系列已开始限制使用，ZQP 等系列逐渐被淘汰。

以上所介绍的有关电线和电缆型号的详细技术资料，可在有关手册中查阅。

4. 常用电线和电缆类型的选择

在导体材料选择上尽量采用铝芯导线。但是，也应根据不同场合和特殊情况，以及不希望用铝线的场合而采用铜线。在选择导线时，还应综合考虑环境情况、敷设方式等因素。

电线、电缆的额定电压是指交、直流电压，它是依据国家产品规定制造的，与用电设备的额定电压不同。配电导线按使用电压分 1 kV 以下交、直流配电线路用的低压导线和 1 kV 以上交、直流配电线路用的高压导线。建筑物的低压配电线路，一般采用 380/220 V、中性点直接接地的三相四线制配电系统，因此，线路的导线应采用 500 V 以下的电线或电缆。

4.5.2 导线截面的选择

1. 按机械强度选择

导线在正常运行时，要承受自身的质量，以及自然界的风、雨、雪、冰等外部作用力的影响，导线承受一定的应力，在安装过程中也要受到拉伸力的作用，为了保证在安装和运行时不致折断，导线的截面选择要满足一定机械强度的要求。不同用途的导线最小截面要求，见表 4-3 所示。

表 4-3 按机械强度确定的绝缘导线最小允许截面积

用途		线芯的最小截面积/mm^2		
		铜芯软线	铜线	铝线
照明用灯头引下线	民用建筑、屋内	0.4	0.5	1.5
	工业建筑、屋内	0.5	0.8	2.5
	屋外	1.0	1.0	2.5
移动式用电设备	生活用	0.2		
	生产用	1.0		
架设在绝缘支持件上的绝缘导线，其支持点间距为	1 m 以下，屋内		1.0	1.5
	屋外		1.5	2.5
	2 m 及以下，屋内		1.0	2.5
	屋外		1.5	2.5
	6 m 及以下		2.5	4.0
	12 m 及以下		2.5	6.0
	12 ~ 25 m		4.0	10
	穿管敷设的绝缘导体	1.0	1.0	2.5

2.按发热条件选择

当导线中通过电流时,电流的热效应会使导线发热,温度升高。当通过电流超过一定限度,导线的绝缘性能就会受到损坏,甚至会造成短路引起失火。当环境温度过高,也会影响导线的散热,导线长期允许通过的电流值也就越小。

导线长期允许通过的电流值叫做导线允许通过的最大电流。这个数值是根据导线绝缘材料的种类、允许温度、表面散热情况及散热面积的大小等条件来确定的。按发热条件选择导线的截面,应满足

$$I_N \geqslant I_{\sum c} \qquad (4-12)$$

式中 $I_{\sum c}$——根据计算负荷求出的总计算电流;

I_N——导线和电缆允许通过的最大电流。

若视在计算负荷为 $S_{\sum c}$,电网额定电压为 U_N,则有

$$I_{\sum c} = \frac{S_{\sum c}}{\sqrt{3}U_N} \qquad (4-13)$$

3.按允许电压损失选择

任何线路都存在着线路阻抗,当电流通过线路时会产生电压损失。为保证用电设备正常运行,用电设备的端电压必须在要求范围内。设电源的输出电压为 U_1,而负载端得到的电压为 U_2,那么线路上电压损失的绝对值为

$$\Delta U = U_1 - U_2 \qquad (4-14)$$

一般用电设备允许一定范围内的端电压偏移,但如果电压损失过大,就会影响用电设备的正常工作。为了保证电压损失不超过允许的范围 ΔU,就必须保证导线有足够的截面积。

由于电压损失的绝对值 ΔU 不能确切地表明电压损失的程度,通常用相对电压损失来表示

$$\Delta U\% = \frac{U_1 - U_2}{U_N} \times 100\% \qquad (4-15)$$

式中 U_N——额定电压。

为了保证用电设备的正常工作,有关规程规定了用电设备端子处电压偏移的允许范围。

电动机:±5%。

照明灯:在一般工作场所,±5%;在视觉要求较高的室内场所,-2.5%~+5%;在远离变电所的小面积一般工作场所,难以满足上述要求,允许-10%。

其他用电设备:无特殊规定时,±5%。

线路电压损失的大小是与导线的材料、截面的大小、线路的长短和电流的大小密切相关的,线路越长、负荷越大,线路电压损失也越大。在工程计算中,可采用计算相对电压损失的简化公式

$$\Delta U\% = \frac{Pl}{CS}\% \qquad (4-16)$$

在给定允许电压损失 $\Delta U\%$ 之后,便可以计算出相应的导线截面

$$S = \frac{Pl}{C\Delta U}\% \qquad (4-17)$$

式中 Pl——为负荷矩,kW·m;

P——为线路输送的电功率,kW;

l——为线路长度,m;

$\Delta U\%$——为允许电压损失;

S——为导线截面积,mm^2;

C——为电压损失计算常数(表4-4)。

表4-4 计算常数 C 表

线路额定电压	线路系统	C 值	
		铜线	铝线
220/380 V	三相四线	77	46.2
220/380 V	三相三线	34	20.5
220 V	单相或直流	12.8	7.75
110 V	单相或直流	3.2	1.9

4. 按经济电流密度选择

电线、电缆截面的大小,直接关系到线路的投资和电能损耗的大小。截面小可节约投资,但会增加线路上能量的损耗;反之,截面选择得大,线路损耗小,但投资则增加。所以,在选择导线截面时,要考虑经济性。所谓经济电流密度,是指从经济的角度出发,综合考虑输电线路的电能损耗和投资效益指标,来确定导线单位面积经过的电流值。我国现行导线经济电流密度值见表4-5。

表4-5 我国现行导线经济电流密度值

导线种类	年最大负荷利用小时数/h		
	3 000以下	3 000~5 000	5 000以上
裸铝、铜芯铝绞线	1.65	1.15	0.90
裸铜导线	3.00	2.25	1.75
铝芯电缆	1.92	1.73	1.54
铜芯电缆	2.50	2.25	2.00

5.零线(中性线)截面的选择方法

(1)在单相及二相线路中,零线截面应与相线截面相同;

(2)在三相四线制中,如果负荷都是白炽灯或卤钨灯,而且三相负荷平衡时,干线的零线截面可按相线载流量的50%选择;如果全部或大部分是气体放电灯,则因供电线路中有三次谐波电流,零线截面按最大一相的电流选择。在选用带中性线的四芯电缆时,应使中性线截面满足载流量的要求;

(3)照明分支线及截面为4 mm^2以下的干线,零线应与相线截面相同。

在选择导线截面时,除了考虑主要因素外,为了同时满足前面几个方面的要求,必须以计算所得的几个截面中的最大者为准,最后从电线产品目录中选用稍大于所求的线芯截面

即可。一般来说,对于高压线路,一般先按经济电流密度来选择导线的截面,然后用发热条件和电压损失条件进行校验;对于距离较远的户外配电干线和电压水平要求较高的低压照明线路,导线截面的选择一般根据电压损失来计算,而以发热条件来校验;对于配电距离较短(小于 200 m)线路和负荷电流较大的低压电力线路,一般先按发热条件来选择导线截面,而以电压损失来校验。但无论是根据何种方式计算出的导线截面,最终都必须满足导线对机械强度的要求。

4.6 常用低压电器的选择及配电保护装置

4.6.1 常用低压电器的选择

1.选择的基本原则

(1)安全原则

使用安全可靠是对任何开关电器的基本要求,保证电路和用电设备的可靠运行,是使生产和生活得以正常运行的重要保证。

(2)经济原则

经济性考虑又分为开关电器本身的经济价值和使用开关电器产生的价值,前者要求选择的合理、适用;后者则考虑在运行当中必须可靠,不至于因故障造成停产或损坏设备,危及人身安全等造成的经济损失。

(3)选用低压电器时的注意事项

①控制对象(如电动机或其他用电设备)的分类和使用环境;

②确认有关的技术数据,如控制对象的额定电压、额定功率、启动电流倍数、负载性质、操作频率和工作制等;

③了解电器的正常工作条件,如环境空气温度、相对湿度、海拔高度、允许安装方位角度和抗冲击震动、有害气体、导体尘埃、雨雪侵袭的能力;

④了解低压电器的主要技术性能(或技术条件),如用途、分类、额定电压、额定控制功率、接通能力、分析能力、允许操作频率和使用寿命等。

2.常用低压电器的选择

(1)刀开关

刀开关是一种带有刀刃楔形触头的、结构比较简单的开关电器。主要用于配电设备中隔离电源,或根据结构不同,也可用于不频繁地接通与分断额定电流以下的负载,如小型电动机、电阻炉等。刀开关种类繁多,但其主要是由固定的夹座和可动的闸刀组成。负荷开关是由刀开关和熔断器串联而成。HD 为刀型开关,HH 为封闭式负荷开关,HK 为开启式负荷开关,HR 为熔断式刀开关,HS 为刀型转换开关,HZ 为组合开关。

刀开关按其极数分,有三极开关和二极开关,二极开关用于单相电路,三极开关用于三相电路。各种低压刀开关的额定电压,二极有 250 V,三极有 380 V,500 V 等,开关的额定电流可从产品本中查找,其最大等级为 1 500 A。

安装刀开关的线路,其额定的交流电压不应超过 500 V,直流电压不应超过 440 V。为保证刀开关在正常负荷时安全可靠运行,通过刀开关的计算电流应小于或等于刀开关的额定电流即

$$I_N \geqslant I_c \tag{4-18}$$

式中 I_N——为刀开关的额定电流，A；

I_c——为通过刀开关的计算电流，A。

当用刀开关控制电动机时，由于电动机的启动电流大，选择刀开关的额定电流要比电动机的额定电流大一些，一般是电动机额定电流的三倍。如果电动机不需要经常启动，刀开关的额定电流可为电动机额定电流的二倍左右。

在选择刀开关时，应根据用途选用适当的系列，根据额定电压，计算电流选择规格，再按短路时的动、热稳定校验。对于组合式的刀开关，应配有满足正常工作和保护需要的熔断器。

(2)熔断器

熔断器的保护作用是靠熔体来完成的，一定截面的熔体只能承受一定值的电流，当通过的电流超过规定值时，熔体将熔断，从而起到保护的作用。熔体熔断所需的时间与电流的大小有关，通过熔体的电流越大，熔断的时间越短。通过熔体的电流与熔断时间的关系见表4－6。在应用中一般规定熔体的额定电流，记 I_{NR}。当通过的电流为熔体的额定电流时，熔体是不会熔断的，即使通过的电流等于额定电流的1.25倍，熔体还可以长期运行，超过其额定电流的倍数愈大，愈容易熔断。

表4－6 通过熔断器熔体的电流与熔断时间

通过熔体的电流/A	$1.25I_{NR}$	$1.6I_{NR}$	$2I_{NR}$	$2.5I_{NR}$	$3I_{NR}$	$4I_{NR}$
熔断时间	∞	60 min	40 s	8 s	4.5 s	2.5 s

低压熔断器的型号含义如下：

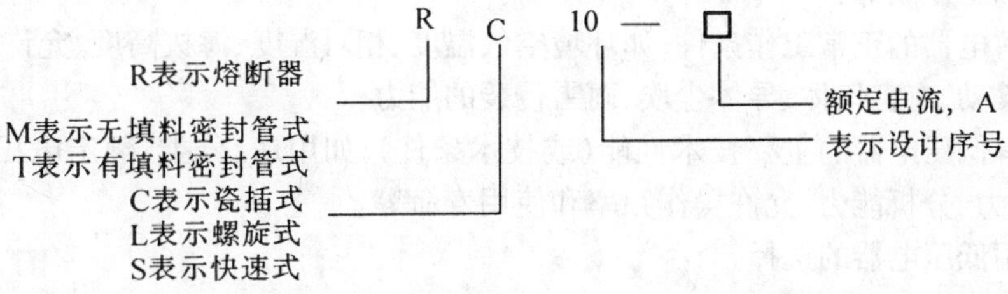

熔断器的系列产品较多，最常用的有：RC系列瓷插式熔断器，适用于负载较小的照明电路；RL系列螺旋式熔断器，适用于配电线路中作过载和短路保护，也常用作电动机的短路保护电器；RM无填料密封管式熔断器；RT系列有填料密封管式熔断器，它除具有灭弧能力强、分断能力高的优点外，还具有限流作用。在电路短路时，因为短路电流增长到最大值时需要一定的时间，在短路电流的最大值到来之前能切断短路电流，这种作用称为限流作用。它常用于具有较大短路电流的电力系统和成套配电装置中。此外，还有保护可控硅及硅整流电路的RS系列快速熔断器。

熔断器的额定电流与熔体的额定电流不同，某一额定电流等级的熔断器可以装设几个不同额定电流等级的熔体。选择熔断器作线路和设备的保护时，首先要明确选用熔体的规格，然后再根据熔体去选定熔断器。

熔断器熔体额定电流的确定

①照明负荷

当照明负荷采用熔断器保护时，一般取熔体的额定电流大于或等于负荷回路的计算电流，即

$$I_{NR} \geqslant I_c \tag{4-19}$$

当用高压汞灯或高压钠灯照明时，考虑启动的影响，应取

$$I_{NR} \geqslant (1.1 \sim 1.7) I_c \tag{4-20}$$

式中 I_{NR}——熔体的额定电流，A；

I_c——负荷回路的计算电流，A。

②电热负荷

对于大容量的电热负荷需要单独装设短路保护时，其熔体的额定电流应大于或等于回路的计算电流，即

$$I_{NR} \geqslant I_c \tag{4-21}$$

③电动机类用电负荷

对于容量大的电动机类用电负荷需要单独装设短路保护装置时，可选用熔断器或自动开关。当采用熔断器保护时，由于电动机的启动电流较大(异步电动机的启动电流一般为额定电流的 4~7 倍)，所以不能按电动机的额定电流来选择熔断器，否则将在电动机启动时就会熔断。但如按启动电流来选择，则所选熔断器的熔断电流太大，往往起不到保护作用，以至于接有熔断器回路中的设备过热时熔体还不熔断。因此，对于电动机类负荷应按下述两种情况来选择熔断器。

单台电动机回路，熔断器的额定电流为

$$I_{NR} \geqslant KI_{ST} \tag{4-22}$$

式中 I_{ST}——被保护电动机的启动电流，A；

K——电动机回路熔体选择计算系数，一般轻载启动时取 0.25~0.45，重载启动时取 0.3~0.6。如果只知道电动机的额定电流，不知道启动电流，熔断器熔体的额定电流可取电动机额定电流的 3 倍，这与上式所选结果基本一致。

多台电动机，考虑到不是同时启动，可按下式计算

$$I_{NR} = KI_{mN} + \sum I_N \tag{4-23}$$

式中 I_{mN}——最大一台电动机的额定电流，A；

$\sum I_N$——其余电动机额定电流的总和，A。

选择熔断器时应注意以下几点：

根据线路电压选用相应电压等级的熔断器。

a.在配电系统中选择各级熔断器时要互相配合以实现选择性。一般要求前级熔体额定电流要比后一级的大 2~3 倍，以防止发生越级动作而扩大停电范围；

b.考虑到熔体额定电流要比电动机额定电流大 1.5~2.5 倍，用它来保护电动机过载已经不可靠，所以电动机应另外选用热继电器或过电流继电器作过载保护电器。此时熔断器只能作短路保护使用；

c.熔断器的分断能力应大于或等于所保护电路可能出现的短路冲击电流，以得到可靠的短路保护。

(3)自动空气开关的选择

自动开关属于一种能自动切断电路故障的电器。在电路出现短路或过载时,它能自动切断电路,有效地保护串接在它后面的电气设备,也可用于电路的不频繁操作。它的动作值可调整,而且动作后一般不需要更换零部件,加上它的分断能力较强,所以应用极为广泛,是低压配电网络中非常重要的一种保护电器。

①分类。自动空气开关按其用途可分为配电用空气污染开关、电动机保护用自动空气开关、照明用自动空气开关。按其结构可分为塑料外壳式、框架式、快速式、限流式等,但基本形式主要有万能式和装置式两种系列,分别用 W 和 Z 表示。

a.塑料外壳式自动空气开关属于装置式,它具有保护性能好、安全可靠等优点。

b.框架式自动空气开关是敞开装在框架上的,因其保护方案和操作方式较多,故有“万能式”之称。

c.快速自动空气开关,主要用于对半导体整流器的过载、短路快速反应保护。

d.限流式空气开关,主要用于交流电网快速运作的自动保护,以限制短路电流。

②保护方式。为了满足保护动作的选择,过电流脱扣器的保护方式有:过载和短路均瞬时动作;过载延时动作,而短路瞬时动作;过载和短路均为延时动作;过载和短路均为短延时动作等方式。在具体应用中可根据不同要求来选用。

③型号及常用开关规格

自动开关的型号含义为:

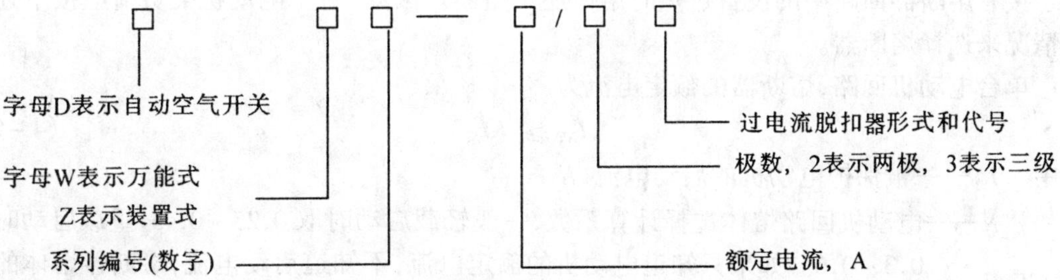

例如,DW15—630/3S 表示万能式自动开关断路器,系列 15,额定电流为 630 A,S 表示三极瞬时脱扣。

目前常用空气开关的型号主要有:DW15,DW16,DW17,DZ20,DZ23,DZ47 等系列。

④自动开关的选择。自动开关的选择包括额定电压、额定电流的确定,即主触头允许通过的电流、脱扣器的整定电流(脱扣器不动作时,长期允许通过的最大电流)、脱扣器的瞬时动作整定电流(脱扣器不动作时,瞬时允许通过的最大电流)和整个定倍数的确定。

a.额定电压,电流的确定。按线路的额定电压选择。自动开关的额定电压应大于或等于线路的额定电压,即

$$U_N \geqslant U_{NL} \tag{4-24}$$

式中 U_N——自动开关的额定电压,V;

U_{NL}——线路额定电压,V。

按线路计算电流选择。自动开关的额定电流应大于或等于线路的计算电流,即

$$I_N \geqslant I_l \tag{4-25}$$

式中 I_l——线路的计算电流,A。

如自动开关作为大容量电热负荷的控制和保护时,其过电流脱扣器的整定电流应满足

$$I_{zd} \geqslant I_l \tag{4-26}$$

式中 I_{zd}——自动开关过电流脱扣器的动作整定电流。

b.长延时动作的过电流脱扣器的整定电流表应大于线路的计算电流,即

$$I_{zd1} \geqslant K_1 I_l \tag{4-27}$$

式中 I_{zd1}——自动开关长延时过电流 I_l 脱扣器的动作整定电流;

K_1——可靠系数。

c.短延时动作的过电流脱扣器整定电流应大于计算电流,即

$$I_{zd2} \geqslant K_2 I_l \tag{4-28}$$

式中 I_{zd2}——自动开关短延时过电流脱扣器的动作整定电流,A;

K_2——考虑整定误差的可靠系数,对动作时间大于 0.02 s 的自动开关(台 DW 型),一般取 1.35;动作时间小于 0.02 s,的自动开关(台 DZ 型),取 1.7~2.0。

对于单台电动机回路,自动开关的整定电流取

$$I_{zd1} \geqslant I_N \tag{4-29}$$

$$I_{zd2} \geqslant K_2 I_q \tag{4-30}$$

式中 I_N——电动机的额定电流,A;

I_q——电动机的启动电流,A;

K_2——电动机回路计算系数,取 1.7~2.0。

对于多台电动机回路,自动开关的整定电流取

$$I_{zd1} \geqslant I_l$$

$$I_{zd2} \geqslant K_2[I_{qm} + I_l(n-1)] \tag{4-31}$$

式中 I_l——多台电动机回路计算电流;

I_{qm}——启动电流最大的一台电动机的启动电流,A;

$I_l(n-1)$——除了启动电流最大的一台电动机外的回路计算电流,A;

K_2——电动机回路计算系数,取 1.2。

d.瞬时动作的过电流脱扣器的整定电流。自动开关瞬时动作的过电流脱扣器的整定电流,应躲过配线路的尖峰电流,即

$$I_{zd3} \geqslant K_3[I_{qm} + I_l(n-1)] \tag{4-32}$$

式中 I_{zd3}——自动开关瞬时过电流脱扣器的动作整定电流,A;

K_3——自动开关瞬时脱扣可靠系数,取 1.2。

e.照明用自动开关的过电流脱扣器的整定。当照明支路负荷采用自动开关作为控制和保护时,其延时和瞬时过电流脱扣器的整定电流分别取

$$I_{zd1} \geqslant K_1 I_l \tag{4-33}$$

$$I_{zd3} \geqslant K_3 I_l \tag{4-34}$$

式中 K_1——用于长延时电流脱扣器的计算系数,见表 4-7;

K_3——用于瞬时过电流脱扣器的计算系数,见表 4-7;

I_L——照明支路的计算电流。

表 4-7 计算系数 K_1,K_3 值

计算系数	白炽灯、荧光灯、卤钨灯	高压汞灯	高压钠灯
K_1	1	1.1	1
K_3	6	6	6

(4)漏电保护装置

漏电一般是指电网或电气设备对地的漏电。对交流电网,由于各相输电线对地都存在着分布电容 C 和绝缘电阻 R,这两者合起来叫做每相输电线对地的绝缘阻抗 Z,流过这些阻抗的电流叫做电网对地漏电电流,触电是指当人体不慎触及电网或电气设备的带电部位,此时流经人体的电流称为触电电流。

漏电保护器就是用来对有致命危险的人身触电进行保护,以及防止因电气设备或线路漏电而引起火灾。当在低压线路或电器设备上发生人身触电、漏电和单相接故障时,漏电保护开关便快速地自动切断电源,保护人身和电气设备的安全,避免事故的扩大。漏电保护器是一种自动电器,广泛用于低压电力系统,现在要求民用建筑中必须使用。

①分类

漏电保护器的分类方法较多,这里介绍几种主要的分类。

a.漏电保护开关按其动作原理可分为电压型、电流型和脉冲型。其中脉冲型漏电保护开关,可以把人体触电时产生的电流突变量与缓慢变化的设备(线路)漏电电流区别开来,分别进行保护。

b.漏电保护器按脱扣的形式可分为电磁式和电子式两种。电磁式漏电保护开关主要由检测元件、灵敏继电器元件、主电路开断执行元件以及试验电路等几部分构成;电子式漏电保护开关主要由检测元件、电子放大电路、执行元件以及试验电路等部分构成。电子式与电磁式比较,灵敏度高,制造技术简单,可制成大容量产品,但需要辅助电源,抗干扰能力不强。

c.漏电保护器按其保护功能及结构特征可分为漏电继电器、漏电断路器、漏电开关及漏电保护插座。漏电继电器由零序电流互感器和继电器组成。它仅具备判断和检测功能,由继电器触头发出信号,控制断路器分闭或控制信号元件发出声、光信号。漏电开关由零序电流互感器、漏电脱扣器和主开关组成,装在绝缘外壳里。它具有漏电保护和手动通断电路的功能。漏电断路器具有过载保护和漏电保护的功能,它是在断路器上加装漏电保护器件而构成。

漏电保护插座是由漏电断路器或漏电开关与插座组合而成。

②应用

漏电保护开关的保护方式一般分为低压电网的总保护和低压电网的分级保护两种。低压电网的总保护是指只对低压电网进行总的保护。一般地,选用电压型漏电保护开关作为配电变压器,二次侧中性点不直接接地的低压电网的漏电总保护,选用电流型漏电保护开关作为配电变压器,二次侧中性点直接接地的低压电网的漏电总保护。

低压电网的分级保护一般采用三级保护方式,其目的是为了缩小停电范围。第一级保护是全网的总保护,安装在靠近配电变压器的室内配电屏上,其作用是排除低压线路上单相接地短路事故,如架空线断落或电气设备的导体碰壳引起的触电事故等。第一级一般设低

压电网总保护开关和主干线保护开关。设主干线保护开关的目的是为了缩小事故时的停电范围。要求漏电保护器的动作电流不小于实测电流的2倍。第二级为支线保护,保护开关设在一个部门的进户线配电盘上,其目的是防止用户发生触电事故。漏电保护电流应不小于正常运行实测电流的2.5倍,同时还应满足其中漏电电流最大一台用电设备正常运行漏电电流实测电流的4倍。第三级保护是线路末端及单相的保护,如电热设备、风机、手持电动工具以及各居民用户的单独保护等。用于单台用电设备时,动作电流应不小于正常运行实测电流的4倍。实践证明,电磁式漏电保护开关比电子式漏电保护开关的可靠性要高。这是因为前者的动作特性不受电压波动、环境温度变化以及缺相等影响,而且抗磁干扰性能良好,因而得到广泛的应用,特别是对于使用在配电线终端的、以防止触电为主的漏电保护,一些国家严格规定了要采用电磁式的,不允许采用电子式的。我国在《民用建筑电气设计规范》中也强调"宜采用电磁式漏电保护器",明确指出漏电保护器的可靠性是第一位的,设计人员切不可为省钱而采用可靠性差的产品。

近年来国内一些厂家生产出了具有20世纪80年代国际先进水平的新型漏电保护开关,如FIN,FNP,FI/LS型漏电保护开关,它们具有结构紧凑,体积小,质量轻,性能稳定,可靠性高,使用安装方便等特点,且都为电磁式电流动作型。这种新型漏电保护开关主要用于交流220/380 V的线路中,其额定电流有16 A,25 A,40 A,63 A等四级,额定漏电动作电流为0.03 A,0.1 A,0.3 A,0.5 A,极数有2极和3极。漏电保护开关有4极(用于三相四线制)、3极(用于三相三线制)和2极(用于单相,即二线制)。

4.6.2 用电设备及配电线路的保护

对用电设备及其相应的配电线路进行保护,是为建筑电气线路提供安全、可靠运行的有利保证。在民用建筑用电设备中,结构复杂的用电设备自身设有保护装置(如电梯等),因此在工程设计时不在考虑设单独的保护,配电线路作为它们的后备保护;而结构简单的用电设备(如照明电器,风扇等)因无需设单独的电气保护装置,把配电线路的保护作为它们的保护。

1.照明用电设备的保护

照明支路的保护主要考虑对照明用电设备的短路保护。对于要求不高的场合,可采用熔断器保护;对于要求较高的场合,则采用带短路脱扣器的自动保护开关进行保护,这种保护装置同时可作为照明线路的短路保护和过负荷保护,一般只使用其中的一种就可以了。

2.电力用电设备的保护

在民用建筑中,常把负载电流为6 A以上或容量在1.2 kW以上的较大容量用电设备划归电力用电设备。对于电力负荷,一般不允许从照明插座取用电源,需要单独从电力配电箱或照明配电箱中分路供电。除了本身单独设有保护装置的设备外,其余的设备都在分路供电线路上装设单独的保护装置。

对于电热器类用电设备,一般只考虑短路保护。容量较大的电热器,在单独回路装设短路保护装置时,可采用熔断器或自动开关作为其短路保护。

对于电动机类用电负荷,在需要单独分路装设保护装置时,除装设短路保护外,还应装设过载保护,可由熔断器和带过载保护的磁力启动器(由交流接触器和热继电器组成)进行保护,或由带短路和过载保护的自动开关进行保护。

3.低压配电线路的保护

对于低压配电线路,一般主要考虑短路和过载两项保护,但从发展情况来看,过电压保

护也不能忽视。

所有的低压配电线路都应装设短路保护，一般可采用熔断器或自动开关保护。下列场合应装设过载保护：

(1)有可燃性绝缘外层的导线，敷设在易燃或难燃建筑结构的明配电线路；

(2)所有照明配电线路；

(3)有专门规定的易燃易爆场所；

(4)可供临时接用的插座线路；

(5)有可能长时间过负荷的电力负荷。

过负荷保护一般可由熔断器或自动开关构成，熔断器熔体的额定电流或自动开关过电流脱扣器的整定电流应小于或等于导线允许载流量的0.8倍。

采用过电压保护是因为某些低压供电线路有时会意外地出现过电压，如高压架空线断落在低压线路上、三相四线制供电系统的零线断落引起中性点偏移，以及雷击低压线路等，这使接在该低压线路上的用电设备因电压过高而损坏。因此，应在低压配电线路上才取适当分级装设过电压保护的措施，如在用户配电盘上装设带过电压保护功能的漏电保护开关等。

在低压配电线路上，应注意上下级保护电器之间的正确配合，因为当配电系统的某处发生故障时，为了防止事故扩大到非故障部分，要求电源侧、负载侧的保护电器之间具有选择性配合。配合情况如下：

(1)熔断器保护时，一般要求熔断器的熔体的额定电流比下一级熔体的额定电流大2~3级(此处的“级”系指同一系列熔断器本身的电流等级)；

(2)当上、下级均采用自动开关时，应使上一级自动开关的额定电流大于下一级脱扣器的额定电流，一般大于或等于1.2倍；

(3)当电源侧采用自动开关、负载侧熔断器时，应满足熔断器在考虑正误差后的熔断特性曲线在自动开关的保护特性曲线之下；

(4)当电源侧采用熔断器、负载侧采用自动开关时。应满足熔断器在负误差后的熔断特性曲线在自动开关考虑了正误差后的保护特性曲线之上。

习题与思考题

4.1 电力系统由哪几部分组成？

4.2 电力负荷是如何分级的？它们对电源和供配电网络形式的要求有哪些？

4.3 电能质量标准主要有哪几个指标？

4.4 低压配电系统有哪几种常用的接线方式，它们各有什么特点？

4.5 需要系数的含义是什么？

4.6 选择导线截面的原则是什么，如何确定？

4.7 什么叫做发热条件选择法？什么叫做电压损失选择法？

4.8 导线型号选择主要取决于什么？

4.9 民用建筑中常用保护电器有哪些？哪些电器可以作为短路和过载保护？

4.10 某建筑工地的用电设备如下表，试计算工地的计算负荷。

序号	用电设备名称	功率/kW	台数	备注
1	混凝土搅拌机	10	4	三相
2	灰浆搅拌机	4.5	2	三相
3	起重机	30	2	三相 $\eta=40\%$
4	电焊机	25	2	单相 $\eta=40\%$
5	照明	10		单相平均分配

第5章 建筑电气照明

5.1 电气照明的基础知识

5.1.1 电气照明的基本概念

1.光和光谱

光是一种电磁辐射能,在空间以电磁波的形式传播,能被人的眼睛感知。这种电磁波的频谱范围很广,波长不同其特性也截然不同,波长为380~780 nm的电磁辐射能为可见光,它作用于人的眼睛就能产生视觉。在可见光区域内波长不同的光对人眼的刺激不同,呈现出不同的颜色。把光线中不同强度的单色光,按波长长短依次排列,称为光源的光谱。由780~380 nm之间依次变化时会出现红、橙、黄、绿、青、蓝、紫七种不同的光色,见图5-1所示,比红光波长长的一段为红外线波谱,比紫光波长短的一段是紫外线波谱,人眼是看不见的。产生可见光的辐射体称为光源。光源辐射的光往往由许多波长的单色光组成,用来作为电气照明的光源称为电光源。白炽灯是辐射连续光谱的电光源,气体放电光源除了辐射连续光谱外,还在某些波段上辐射很强的线状或带状光谱。具有连续光谱的电光源,对特体颜色的显视性能较好。

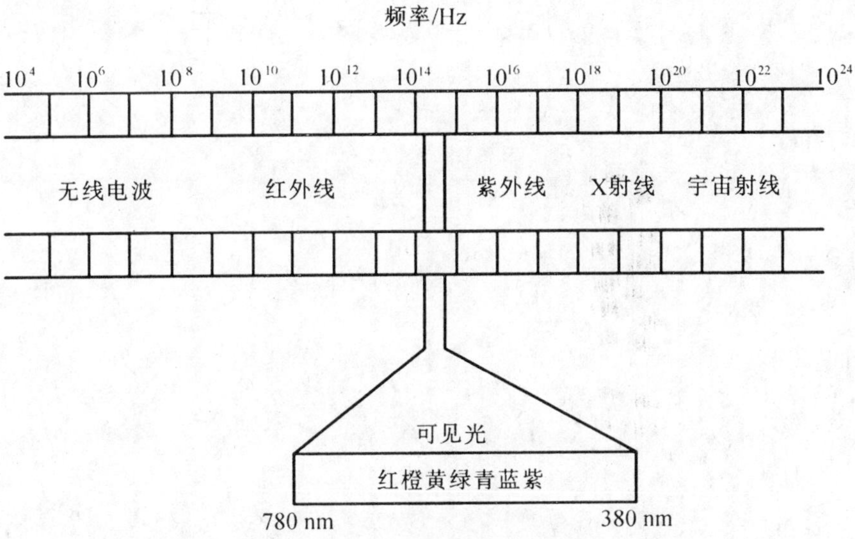

图5-1 电磁辐射波谱分布

2.光通量

由于人眼对不同波长的可见光灵敏度不同,所以采用以人眼对光的感觉量—光通量来衡量。光源在单位时间内,向周围空间辐射出的使人眼产生光感的能量,称为光通量,符号

为 Φ,单位为流明(lm)。

3.发光强度

光源在某一特定方向上辐射的光通量,称为光源在该方向上的发光强度,用 I 表示,单位为坎德拉(cd)。它是表征光源发光能力大小的物理量。

4.照度

照度指物体表面单位面积上投射的光通量,用 E 表示,单位为勒克斯(lx)。照度是衡量照明质量的一个重要依据。照度为 5 lx 时适用于通道、楼梯间等场所;照度为 10 lx 时适用于更衣室、浴室等场所;照度为 30 lx 时适用于车间休息室、宿舍、食堂等场所;办公室、会议室、阅览室等场所照度应在 50 lx 以上。

5.亮度

人眼对明暗的感觉不能直接取决于照度,而是通过亮度来衡量的。亮度指在给定的方向的单位投影面上的发光强度,用 L 表示,单位为尼特(cd/m^2)。

6.光源的色温

通常的照明光源发出的光包含多种波长成分,它们的光谱功率分布不相同,因此看上去颜色感觉不一样。光源的色温指光源辐射的光的颜色与黑体所辐射的光的颜色相同时黑体的温度。黑体指能全部吸收外来电磁辐射而毫无反射和透射的理想物体。色温的符号用 T_c 表示,单位是开尔文(K)。通常红色光的色温低,蓝色光的色温高。

7.光源的显色性

日常使用人工光源照射物体时,物体呈现的颜色与物体的本色有差异,这是由于人们将其和参考光源(如白天自然光)下的物体本色相比较而产生的。光源的显色性是光源对被照物体颜色显现的性能,它是由光源的光谱功率分布决定的。国际照明委员会使用显色指数来衡量光源的显色性。

8.光源的色调

光源的色调反映的是颜色的类别,色调按其相关色温分为三组,见表 5-1。

表 5-1 光源色表分组

色表分组	色表特征	相关色温/K	适 用 场 所
Ⅰ	暖	<3 300	客房、卧室、病房、餐厅等
Ⅱ	中间	3 300~5 300	办公室、教室、阅览室、检验室、机加工车间等
Ⅲ	冷	>5 300	热加工车间、高照度场所等

9.眩光

眩光是由光源和灯具等直接引起的,也可能是光源通过反射能力高的物体表面,特别是抛光金属那样的镜面反射所引起的。眩光是由于视野中亮度范围或者亮度分布不均匀,或存在极端的对比,以致引起不舒适的感觉或者降低观察细节部分及目标的能力的视觉现象。

眩光可分为:

(1)直接眩光。是指在视野中靠近视线方向存在的发光体所产生的眩光。

(2)反射眩光。是指在视野中的物体反射所引起的眩光,尤其是靠近视线方向可见的反射所产生的眩光。

(3)不舒适眩光。指产生不舒适感觉,但不一定降低视觉对象的可见度的眩光。

(4)失能眩光。指降低了对象的可见度,但不一定产生不舒适感觉的眩光。

(5)光幕反射。指视觉对象的镜面反射,它使视觉对象的对比降低,以致部分地或全部地难以看清细部。

5.1.2 电气照明的要求

电气照明的重要组成部分是电光源(即照明灯、灯管)和灯具。对电光源的要求是提高光效、延长寿命、改善光色、增加品种和减少附件。对灯具的要求是提高效率、配光合理,并能满足各种不同的环境和电光源的配套需要,同时要采用新材料、新工艺,逐步实现灯具系列化、组装化、轻型化和标准化。总之,要求提高照明质量、节约用电、减少购置和维护费用。

5.1.3 电气照明的分类

1.按照明方式分

(1)一般照明

在整个场所或场所的某部分照度要求基本均匀的照明,称为一般照明。对于工作位置密度大、光线无方向要求或在工艺上不适应设置局部照明的场所,宜采用一般照明。

(2)局部照明

只限于工作部位或移动的照明,称为局部照明。对于局部地点要求高,而且对光线有方向要求时,宜采用局部照明。如机床上的工作灯,便是一种局部照明。

(3)混合照明

一般照明和局部照明共同组成的照明,称为混合照明。对于在工作部位有较高的照度要求,而在其他部位要求一般的场所,宜采用混合照明。如普通的冷加工车间一般都采用混合照明。

2.按照明种类分

(1)正常照明

正常工作环境所使用的室内外照明。它用来保证工作场所正常工作时具有合适照度的照明。它一般可单独使用,或与事故照明、值班照明同时使用。

(2)事故照明

正常照明因故熄灭的情况下,供继续从事工作或安全通知的照明,称为事故照明。它一般布置在容易引起事故的场合及主要通道和出入口。

(3)值班照明

在非生产时间内供值班人员使用的照明。在非三班制连续生产的重要车间、仓库等地方通常设置值班照明。值班照明可利用正常照明中能单独控制的一部分,或利用应急照明的一部分甚至全部来作为值班照明。

(4)警卫照明

在警卫地区周界附近设置的照明。是否设置警卫照明要根据保卫部门的要求来决定。警卫照明应尽量与厂区照明合用。

(5)障碍照明

在高层建筑物上或修理路段上,作为障碍标志用的照明。在飞机场周围较高的建筑物上、有船舶通过的航道两侧的建筑上,应按民航和交通部门的有关规定设置障碍照明。

5.2 照明电光源

电光源的种类很多,按其发光机理可分为热辐射光源和气体放电光源两大类。热辐射光源有白炽灯、碘钨灯、溴钨灯等;气体放电光源有荧光灯、高压汞灯、低压钠灯、高压钠灯、金属卤化物灯、管形氙灯、管形汞氙灯等。

5.2.1 常用电光源

1.白炽灯

白炽灯也称为钨丝灯,是靠电流通过钨丝加至白炽体高温热辐射发光的。其特点是结构简单,有高度的集光性,适于频繁开关,点灭性能对寿命影响小,辐射光谱连续,显色性好,使用方便,价格低廉等,缺点是光效低,耐振性能差。

白炽灯由灯壳、灯丝、玻璃芯柱、灯头等组成,如图5-2所示。白炽灯灯壳的形状很多,如球形、圆柱形、梨形等,如图5-3所示,灯壳一般是透明的,还可进行内涂、磨砂处理,降低了灯丝的亮度,使灯光具有漫射光的性能,适用于无灯罩的装饰性灯具。钨丝是灯的发光体,分为单螺旋型、双螺旋型等。灯头是灯泡与外电路相连的部分,它有各种不同的形式,如图5-4所示,但具有一定的标准,适用于不同规格的螺口灯头和插口灯头。

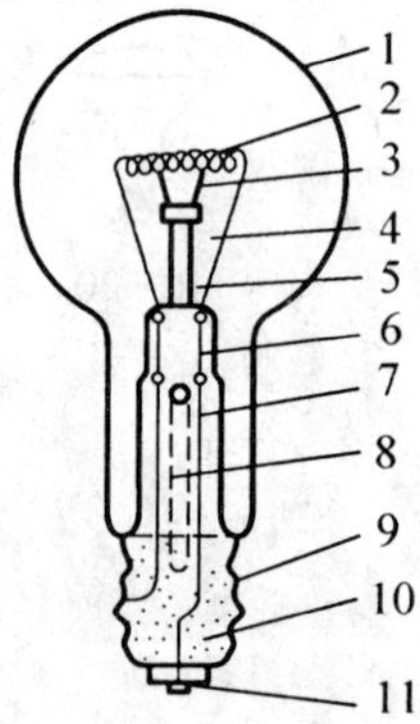

图5-2 白炽灯

1—玻壳;2—灯丝(钨丝);3—支架(铜丝);4—电极;5—玻璃芯柱;6—杜美丝;7—引入线(铜丝);8—抽气管;9—灯头;10—封端胶泥;11—锡焊接触端

白炽灯的类型很多,主要有:

(1)普通型。一般普通型白炽灯是透明灯壳,灯泡亮度较强。

(2)投光型。它能发出很强的光线,集中照射在建筑物上。

(3)局部照明型。局部照明灯泡的额定电压有6 V,12 V,24 V,36 V,适用于移动式局部照明。

(4)红外线型。适用于房间取暖、美容医疗等。

(5)其他类型。如照相、放映、轮船、煤矿等场所。

2.卤钨灯

卤钨灯是在白炽灯泡中充入微量的卤化物,利用卤钨循环的作用,使由灯丝蒸发的一部分钨重新附着在灯丝上,以达到提高光效、延长寿命的目的,如图5-5所示。卤钨灯具有结构简单、发光效率高、使用可靠、体积小、寿命长等优点,由于卤钨灯的光谱能量分布连续,所以显色性好。卤钨灯与白炽灯一样使用方便,只要灯泡额定电压与电源电压相同即可直接接入电源工作,无需点燃附件。

使用时注意:管形卤钨灯工作时需水平安装,否则将严重影响灯的寿命;卤钨灯不允许采用任何人工冷却措施,以保证正常的卤钨循环;卤钨灯灯脚引入线应采用耐高温的导线;卤钨灯耐振性差,不应使用于有振动性的场所,也不应作为移动式局部照明。

3.荧光灯

荧光灯是低压汞蒸气放电灯,它是光源史上第二代光源的代表。它由灯管、起辉器、镇流器、灯架和灯座等组成。灯管由玻璃管、灯丝和灯脚等组成,如图5-6和5-7所示,在玻璃管内壁涂有荧光材料并真空后充入少量汞和适量氩,在灯丝上涂有电子粉;起辉器由氖泡、电容、出线脚和外壳等组成;镇流器由铁芯和电感线圈等组成。工作在弧光放电区时,灯

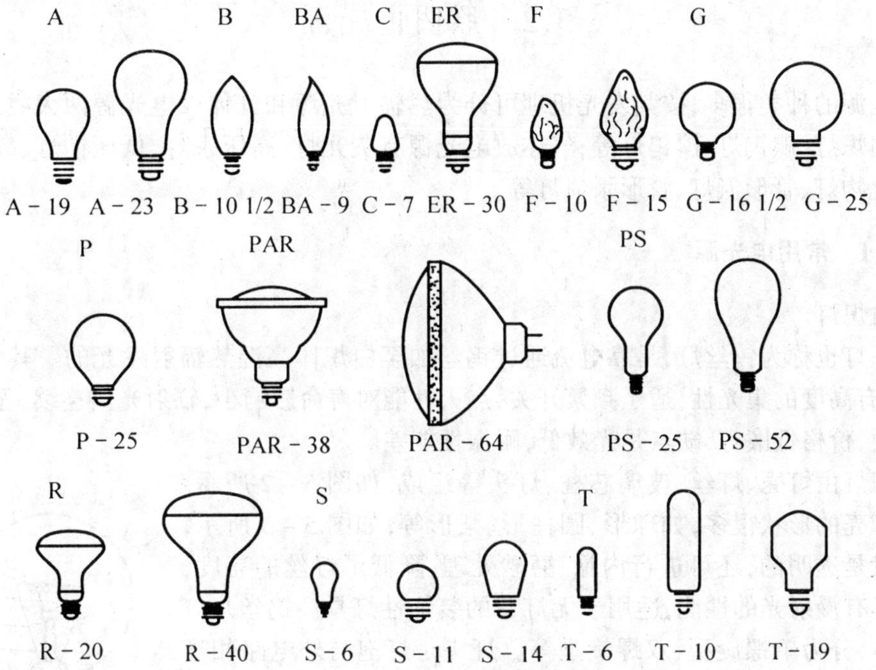

图 5-3 各种白炽灯的外形

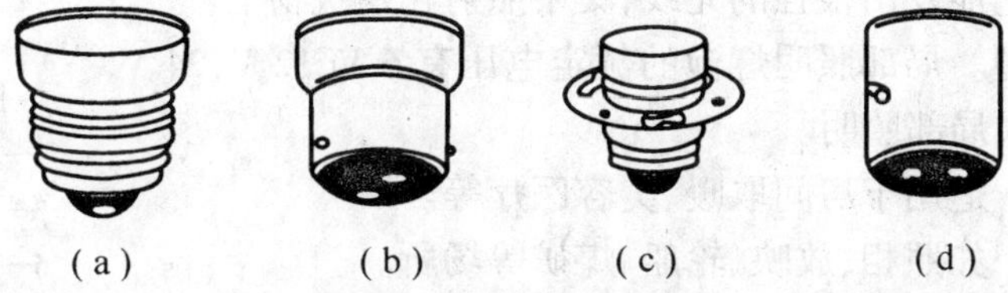

图 5-4 几种灯头外形

(a)螺口灯头;(b)插口灯头;(c)聚焦灯头;(d)特种灯头

管具有负的伏安特性,当外电压变化时工作不稳定,为了保证灯管的稳定性,它必须与镇流器和起辉器配套使用。

与普通白炽灯相比,其光谱特性接近天然光的谱线,光线柔和显色性好。荧光灯的发光效率比白炽灯高 2~3 倍,而且使用寿命长,省电、经济,但需要附件较多。如安装在频繁启动的场合会使荧光灯的寿命缩短,因此不适于安装在频繁开关的场所。另外荧光灯在低温的环境下难以启动,因此在低温环境下应使用低温用的荧光灯。

荧光灯的种类较多,按启动线路可分为预热式、快速启动式、冷阴极瞬时启动式等;按功率可分为标准型、高功率型、超高功率型等;按灯管电源的频率分为工频灯管、高频灯管、直流灯管等。除此之外还有特种荧光灯,比如高频无极荧光灯、平板荧光灯、反射式荧光灯、特殊光色荧光灯等。

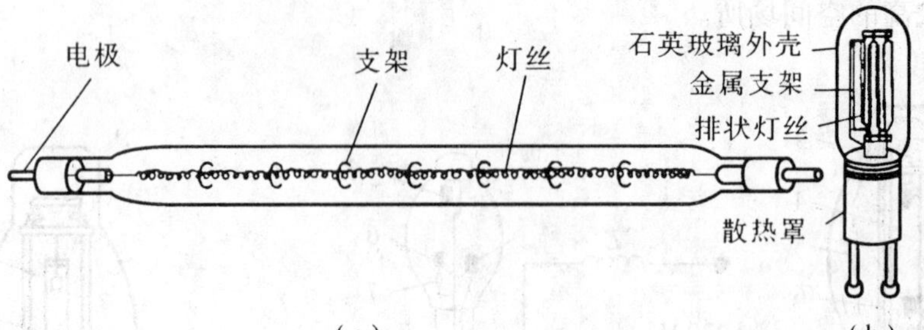

图5-5 卤钨灯外形

(a)双端引出;(b)单端引出

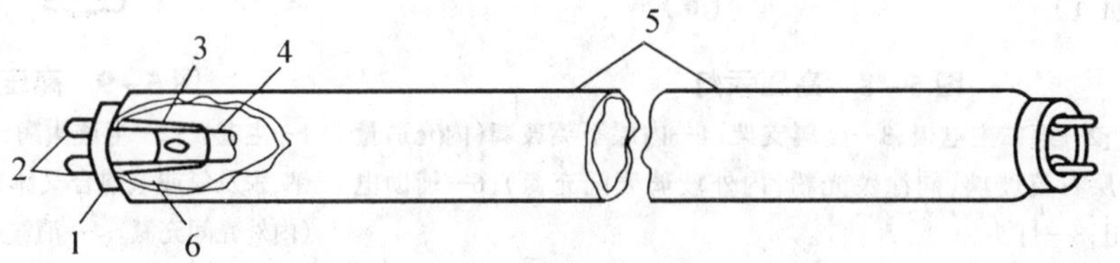

图5-6 荧光灯管

1—灯头;2—灯脚;3—玻璃芯柱;4—灯丝(钨丝,电极);5—玻璃管;6—汞(少量)

4.高压汞灯

高压汞灯其发光原理与荧光灯一样,但结构却有很大的差异,该灯的灯管有两个玻璃壳,内玻璃壳是一个管状石英管,管的两端有两个电极,由钍钨丝制成,管内充有一定的汞和少量的氩气,并有辅助电极,用来起辉放电;外玻璃壳的内壁涂有荧光粉。由于它的内玻璃壳的工作气压为2~6个大气压,故叫高压汞灯,如图5-8所示。

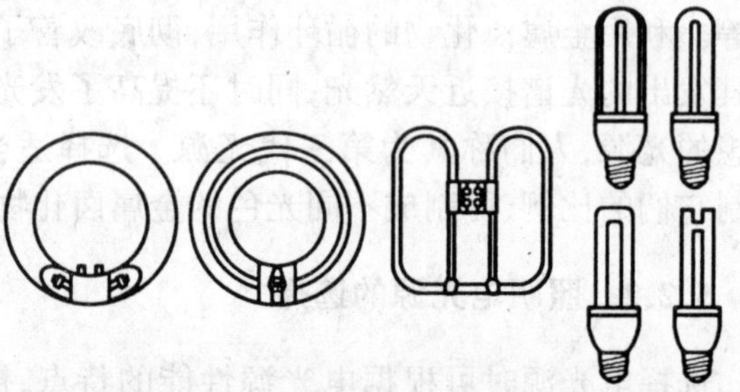

图5-7 荧光灯外形结构

(a)环形荧光灯;(b)自镇流紧凑型荧光灯

高压汞灯的光谱能量分布不连续,而集中在几个窄区段上,因其显色性能较差。高压汞灯具有功率大、发光效率高、耐振、耐热、寿命长等特点,常用于空间高大的建筑中,悬挂高度一般在5 m以上。由于它的光色差,故适用于不需要分辨颜色的大照明场所。

5.高压钠灯

高压钠灯是利用高压钠蒸气放电工作的,如图5-9所示。其共振谱线加宽,光谱能量分布集中在人眼较灵敏的区域内。环境温度对高压钠灯的影响不显著,它能在-40 ℃~100 ℃的范围内工作。与高压钠灯灯管配套的灯具,应特殊设计,不能将大部分光反射回灯管,否则会使灯管因吸热而温度升高,破坏灯口的连接处。

高压钠灯具有照射范围广、发光效率高、寿命长、紫外线辐射少、透露性好等优点。可在

任意位置点燃和耐振等优点，但显色性差。它广泛用于道路照明，当与其他光源混合后，可用于照度要求高的空间场所。

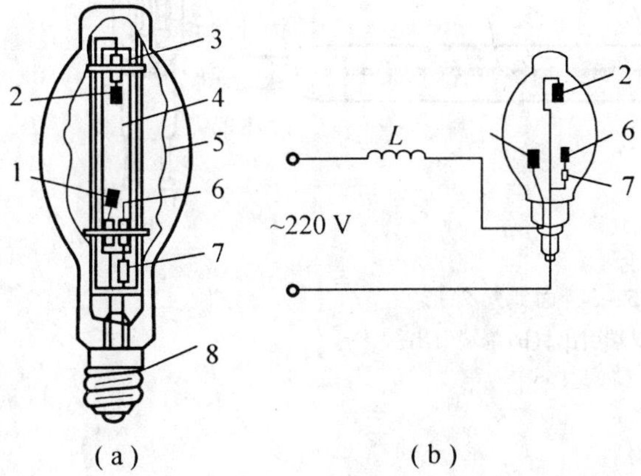

图 5－8　高压汞灯

1—第一主电极；2—第二主电极；3—金属支架；4—内层石英玻璃（内充适量汞和氩）；5—外层石英玻璃（同涂荧光粉，内外玻璃壳间充氮）；6—辅助电极；7—限流电阻；8—灯头

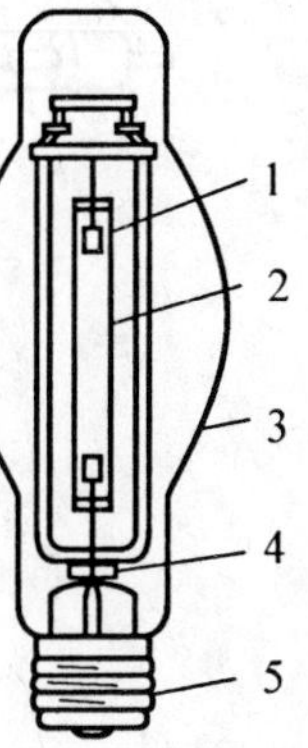

图 5－9　高压钠灯

1—主电极；2—半透明陶瓷放电管（内充钠、汞及氙或氖混合气体）；3—外玻璃壳（内外壳间充氮）；4—消气剂；5—灯头

6.金属卤化物灯

金属卤化物灯是近年来发展起来的一种新型光源，如图 5－10 所示。它是在高压汞的放电管内填充一些金属卤化物，如碘、溴、铊等。利用金属卤化物的循环作用，彻底改善了高压汞灯的光色，使其发出的光谱接近天然光，同时还提高了发光效率，是目前比较理想的光源，人们称其为第三代光源。选择适当的金属卤化物并控制它们的比例，可制成不同光色的金属卤化物灯。

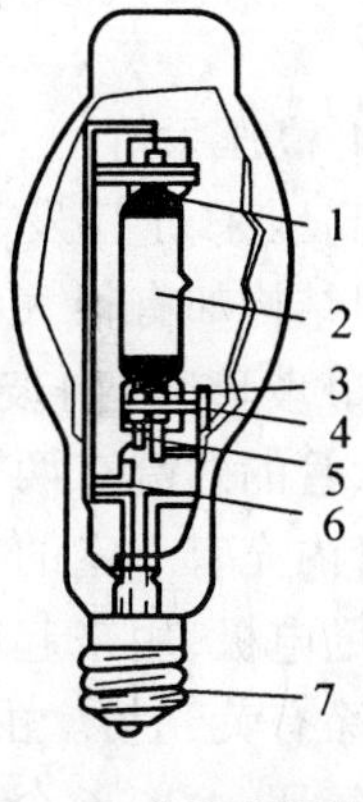

图 5－10　金属卤化物灯

1—保温膜；2—放电管；3—主电极；4—消气剂；5—启动电极；6—启动电阻；7—灯头

5.2.2　照明电光源的选择

选择电光源时可根据电光源性能的特点、被照场所的具体情况及对照明的要求合理选择。

1.一般性生产车间、辅助车间、仓库、厂房以及厂区道路等应优先考虑选用投资低廉，结构简单的白炽灯。但由于白炽灯有光效低、寿命短、电能消耗大等缺点，故今后的发展方向是用气体放电灯取代白炽灯作为工厂的一般照明。

2.对于识别颜色要求较高、照度要求较高、视看条件要求较好的场所，如设计室、图书室、实验室、办公室、宿舍等场所宜采用荧光灯。

3.考虑到灯具的安装高度，悬挂高度在 4 m 以上的场所可采用卤钨灯、高压汞灯；若悬挂高度在 4 m 以上而且又需要大面积照明的场所，如露天场地、广场等，宜采用管形氙灯或金属卤化物灯。

4.在照明开关频繁的场所、需要及时点亮的场所、局部照明的场所、调光及显色性好的场所以及需要防止电磁波干扰的场所，宜采用白炽灯。

5.振动较大的场所宜采用荧光高压汞灯或高压钠灯,不宜采用卤钨灯。

6.在同一场所,当采用一种光源的光色较差时,可考虑采用两种或多种光源混合照明,以改善光色。

7.接近市区的公路、小路可采用荧光高压汞灯;市内一般街道采用高压钠灯;繁华街道可采用金属卤化物灯。

5.3 照明器

电光源及与其配用的灯具统称为照明器。实际使用时,裸光源会产生刺眼的眩光,所以光源裸露点燃是不合理的,同时许多光线不能照到需要的地方而白白地浪费掉,致使照明效率低。因此,要得到舒适的照明环境,调整光源投射方向,有效地节约电能,就必须采用合适的灯具。

灯具的主要作用是:将光源光通量重新分配,以达到提高光源利用率的目的;限制光源的眩光作用;固定光源,保护光源免受机械力损伤;装饰美化环境。

5.3.1 照明器的特性及分类

1.照明器的特性

(1)配光曲线

配光曲线表示照明器在整个空间各个方向上光强分布特性的一种曲线。它是衡量照明器光学特性的重要标志,可根据它合理布置照明器位置及进行照度计算。对于一般灯具来说,常用的配光曲线是用极坐标表示的。具有旋转轴对称的灯具在通过光源中心及旋转轴的平面上测出不同角度的发光强度值,以某一个位置为起点,不同角度上发光强度矢量的顶端的轨迹就是灯具的极坐标配光曲线,如图 5-11 所示。

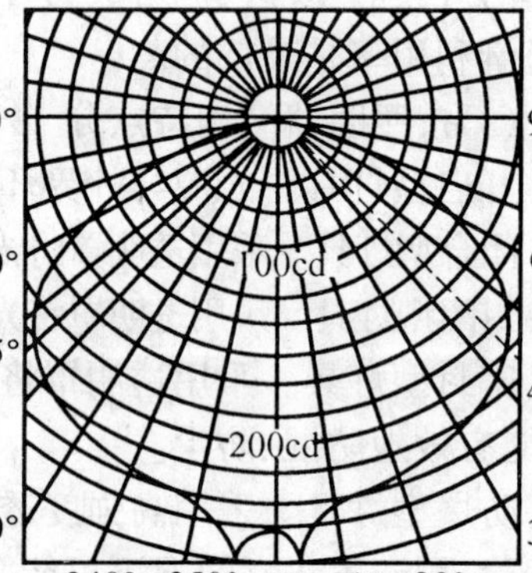

图 5-11 灯具的配光曲线

(2)保护角

保护角是用来衡量灯具保护人眼不受光源照明部分直射眩光耀眼的程度,是指灯具出口边缘辐射出去的光线和出口边缘水平面之间的夹角。保护角越大,眩光作用越小,但保护角太大会使照明器的效率变低,所以照明的保护角一般要求在 15°~30°之间。

(3)照明器的效率

照明器的光通量与光源光通量的比值称为照明器的效率。灯具在重新分配光源光通量时,因有一部分光通被其吸收,引起光通的损失,所以照明器的效率总是小于 1。照明器的效率越高,光源光通量的利用程度越大,也就是越节能。

2.照明器的分类

(1)按配光曲线形状分

正弦分布型灯具。光强是角度的正弦函数,并且当 $\theta = 90°$时光强最大。

漫射型灯具。各个角度的光强是基本一致的。

广照型灯具。最大光强分布在 50°~90°之间,可在较大的面积上形成均匀的照度。

配照型灯具。光强是角度的余弦函数,并且当$\theta=0°$时光强最大。

深照型灯具。光通量和最大光强值集中在0°~30°之间的立体角内。

特深照型灯具。光通量和最大光强值集中在0°~15°之间的立体角内。

(2)根据CIE的建议,按灯具在上下空间光通量分布的比例将室内灯具分为

直射型灯具。由不透光的材料制成,能将90%~100%光通量直接投射到灯具下部空间的灯具,灯具的光通量的利用率最高。按配光曲线的形状又可分为广照型、匀照型、配照型、探照型和特深照型等。

半直射型灯具。由半透明材料制成,能将60%~90%的光通量投射到灯具下部空间,40%~10%的光通量投射到上部空间的灯具,灯具的光通量利用率较高。

漫射型灯具。由漫射透光材料制成,灯具向上和向下发射的光通量几乎相等,都是40%~60%,这种灯具将光线均匀地投向四方,所以光通量利用率较低。

半间接型灯具。向上部空间投射的光通量为60%~90%,向下部空间反射的光通量为40%~10%,此类灯具大部分光线照在顶棚和墙面上部。这类灯具一般具有上面开口的半透明灯罩,主要作为建筑装饰照明,可增加室内的间接光,光线均匀柔和。

间接型灯具。向下部空间反射的光通量在10%以内,90%以上的光线射到顶棚和墙面上部的灯具。全部天棚可成为一个照明光源,光线柔和无阴影,无直接眩光,间接型灯具的光通量利用率是最低的。

(3)按照明器结构特点分

开启型灯具。光源与外界环境直接接触,属于普通灯具。

闭合型灯具。采用透明罩将光源包含起来,但罩内外空气能自由流通,如走廊的吸顶灯。

封闭型灯具。采用透明罩将光源封闭起来,与外界隔绝比较可靠,但内外空气可有限流通。

密封型灯具。采用透明罩将光源严密封闭起来,与外界隔绝相当可靠,内外空气不能流通,能有效地防湿、防尘。

防爆型灯具。采用高强度透明罩将光源严密地封闭起来,能确保不会因灯具而造成爆炸危险,用于不正常情况下可能会发生爆炸的场所。

隔爆型灯具。采用高强度透明罩将光源严密地封闭起来,但不是靠密闭性来防爆,而是靠灯座与灯罩的法兰之间的隔爆间隙。从而使内部发生爆炸也不会对灯罩外部产生影响。

5.3.2 照明器的选用原则

1.按能否满足工业厂房、办公室、公共建筑物等场所的生产条件和要求来合理选用配光合理的照明器。

2.按照明器的效率与寿命来合理选用,效率太低的照明器不宜选用。

3.按照明器的种类与使用环境选用。如无特殊防尘、防潮的一般环境中宜使用普照通式灯具;在潮湿场所宜选用防潮防水的密闭型灯具或带防水灯头的开启式灯具;带有腐蚀性气体和蒸汽的场所宜采用耐腐蚀性材料制成的密闭型灯具;在高温场所宜采用带有散热孔的开启式灯具;有尘埃的场所,应按防尘的保护等级来选择合适的灯具;在易受机械损伤的场所,灯具应有保护网;在振动或晃动较大的场所,灯具应带保护网和有减震措施,防止灯泡脱落;在有爆炸、火灾危险的地方,应根据现行国家标准和规范的有关规定选择相应的灯具。

4.按照明器的安装高度以及安装是否简便来选用。

5.按投资的费用,合理选用价格合理的照明器。

6.按照明器与环境整体风格是否一致来选用。

5.3.3 照明器的布置

1.灯具的高度

室内灯具悬挂要适当,如果悬挂过高,不利于维修,而且降低了照度;如果悬挂过低,会产生眩光,降低人的视力,而且容易与人碰撞,不安全。

灯具悬挂的高度应考虑:便于维护管理;保证电气安全;限制直接眩光;与建筑尺寸配合;提高经济性。各种光源的最低悬挂高度见表 5-2。

2.照明器的布置

(1)对室内照明器布置的要求

①保证最低的照度及均匀性;

②光线的射向适当,无眩光、阴影;

表 5-2 灯具的最低悬挂高度

光源种类	灯具形式	保护角	灯泡功率/W	最低悬挂高度/m
白炽灯	带反射罩	10°~30°	≤100	2.5
			150~200	3.0
			300~500	3.5
	带乳白玻璃漫射罩	—	≤100	2.0
			150~200	2.5
			300~500	3.0
荧光灯	无罩	—	≤40	2.0
卤钨灯	带反射罩	≥30°	500	6.0
			1 000~2 000	7.0
荧光高压汞灯	带反射罩	10°~30°	≤250	5.0
			≥400	6.0
高压钠灯	带反射罩	10°~30°	250	6.0
			400	7.0
金属卤化物灯	带反射罩	10°~30°	400	6.0

③符合使用场所要求的照明方式;

④灯具安装维护方便;

⑤保证光源的用电安全、经济适用;

⑥符合节能要求,将光源安装容量降到最低;

⑦布置整齐美观,并与室内空间协调一致。

(2)照明器的布置

①均匀布置

均匀布置是指照明器在整个室内均匀分布,使整个区域有均匀的照度。均匀布置的灯

具可采用直线形、正方形、矩形、菱形等。

均匀布置时需要考虑的问题是:照明器的悬挂高度,为了有效地减小眩光,各种照明器的最低离地的悬挂高度要符合标准;与房屋结构、室内设备布置情况相配合,尽量靠近工作面,保证发光强度分布合理,但不应装在大型设备的上方;应保证用电安全,和裸露导线部分应保持规定的距离。

②选择布置

灯具按工作面的照度要求进行布置,大多是按工作面对称布置,力求使工作面能获得最好的光通量和消除阴影。一般只有在需要局部照明或定向照明时,要根据情况选用。

5.4 照明设备安装

5.4.1 照明设备安装要点

1.安装灯具时,安装高度低于2.4 m时,金属灯具应作接零或接地保护,开关距门框15 ~20 cm,灯头距离易燃物不得小于30 cm;在潮湿有腐蚀性气体的场所,应采用防潮、防爆、防雨的灯头和开关;灯具安装时应牢固可靠,质量超过1 kg时,要加装金属吊链或预埋吊钩;灯架和管内的导线不应有接头;灯具配件应齐全,灯具的各种金属配件应进行防腐处理。

2.安装开关时,应注意开关的额定电压与供电电压是否相符;开关的额定电流应大于所控制灯具的额定电流;开关结构应适应安装场所的环境;明装时可选用拉线开关,拉线开关距地2.8 m,拉线可采用绝缘绳,长度不应小于1.5 m;成排安装开关时,高度应一致;开关位置应与灯位相对应,同一室内开关的开、闭方向应一致;开关应串联在通往灯头的相线上;安装开关时,无论明装还是暗装,均应安装成往下扳动接通电源,往上扳动切断电源。

3.安装插座时,应注意插座的额定电压必须与受电电压相符,额定电流大于所控电器的额定电流;插座型号应根据所控电器的防触电类别来选用;双孔插座应水平并列安装,不可以垂直安装,三孔或四孔插座的接地孔应置于顶部,不许倒装或横装;一般居室、学校,明装不应低于1.8 m,车间和实验室距地距离不应低于0.3 m。

4.安装照明线路时,室内外配线时就应采用不低于250 V的绝缘导线;军事场所、移动照明的供电线路、潮湿有腐蚀性的场所、有爆炸危险的场所、有剧烈振动等场所应采用铜导线;同一种类的照明回路允许共管敷设,但不应超过8根;不同电压等级或不同种类的照明回路不允许共管敷设;车间照明线路应避开暖气管,其间距不小于30 cm;室内照明线路,每条线路上的灯数不多于20个,计数时插座也应按灯考虑;导线在穿墙时应套瓷管或塑料管;每条分支路导线间的绝缘电阻不应小于0.22 MΩ,对于36 V,24 V,12 V的安全电压线路,其绝缘电阻也不应低于0.22 MΩ。

5.4.2 常用照明灯具的安装

1.白炽灯的安装

白炽灯的安装通常有悬吊式、壁式和吸顶式,而悬吊式又分为软线吊灯、链条吊灯及钢管吊灯。这里对软线吊灯的安装作重点介绍。

(1)吊灯的安装

①先安装圆木。圆木的规格大小应按吊线盒或灯具的法兰盘选取。如果吊灯装在天花

板上，则圆木应固定在天花板上；如果天花板是混凝土结构，则应预埋木砖或打洞埋设铁丝榫，然后用木螺钉固定圆木；如果吊灯装在木梁上或木结构的天花板上，则可用木螺钉直接将圆木拧紧固定。在安装圆木时，应先用电钻将圆木的出线孔钻好，并锯好进线槽，然后将电线从圆木出线孔穿出，在电线穿越圆木时，应套上软质塑料管加以保护，再将圆木固定好。

②然后安装吊线盒。先将圆木上的电线从吊线盒底座孔中穿出，用木螺钉把吊线盒底座紧固在圆木上，如图5-12(a)所示。然后将电线的两个线头剥去20 mm左右的绝缘层；分别旋紧在吊线盒的接线柱上，如图5-12(b)所示。最后按灯的安装高度（离地面2.5 m），取一段软电线作为吊线盒和灯头的连接线，上端接吊线盒的接线柱，下端接灯头，在离电线上端约50 mm处打一个结，如图5-12(c)所示。使结正好卡在吊线盒盖的线孔里，以便承受灯具重量。将电线下端从吊线盒盖孔中穿过，旋上吊线盒盖即可。

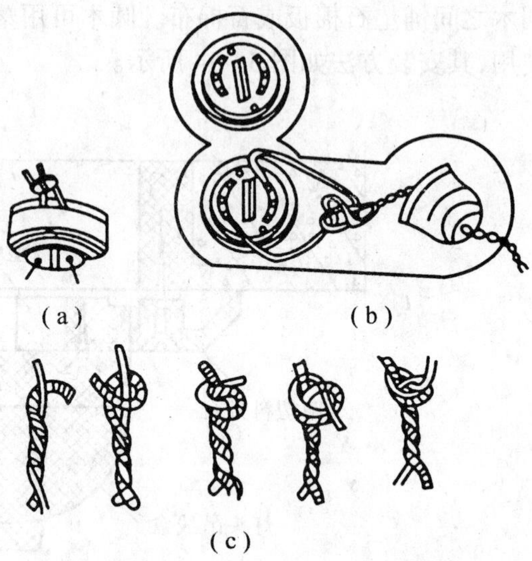

图5-12 安装吊线盒

如果使用的是瓷吊线盒，软电线上端先打结，两根线头分别穿过瓷吊线盒两棱上的小孔固定，再与两根电源线直接相接，然后分别穿入吊线盒底座平面上的两个小孔里。其他操作步骤不变。

③再安装灯座。安装灯座时，旋下灯座盖，将软线下端穿入灯座盖中。在离线头30 mm处按上述方法打个结，把两个线头分别接到灯座的接线柱上，如图5-13(a)所示，然后旋上灯座盖。如果是螺口灯座，其相线（火线）应接在与中心铜片相连接的接线柱上，否则容易发生触电事故。灯座接线与电源线连接，如图5-13(b)所示。

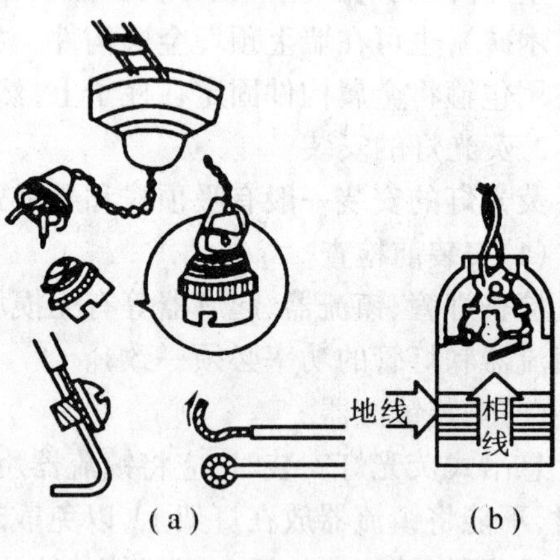

图5-13 安装灯座

④最后安装开关。开关主要有拉线开关和扳把开关两种。控制白炽灯的开关，应串接在通往灯座的相线上，也就是相线通过开关才进入灯座。一般拉线开关的安装高度距地面2.5 m；扳把开关距地面的高度为1.4 m。安装扳把开关时，开关方向要一致，一般向上为“合”，向下为“断”。

安装拉线开关或扳把开关的步骤与工艺和安装吊线盒大致相同。首先在准备安装开关的地方打孔，预埋木砖或打洞埋设铁丝榫（也可用膨胀螺栓），安装好已穿上两根线头的圆木，然后在圆木上安装开关底座，最后将相线线头、灯座与开关的连接线线头分别接在底座的两个接线柱上，旋上开关盖即可。

上述介绍的是软线吊灯的安装工艺，若灯具的重量较大（超过2.5 kg），就需要采用链条

吊灯或钢管吊灯。安装时,钢管或吊链的一端固定在灯罩口上,另一端固定在天花板的挂钩上。木结构的天花板,挂钩可用旋入法旋入天花板内加以固定;混凝土结构的天花板,挂钩应用水泥埋设固定。

(2)吸顶灯的安装

吸顶灯安装时,一般直接将圆木固定在天花板的木砖上。在固定前,还需将灯具的底座与圆木之间铺垫石棉板或石棉布。圆木可用塑料圆台代替,它与塑料接线盒、塑料吊线盒配套使用,其安装方法如图 5-14 所示。

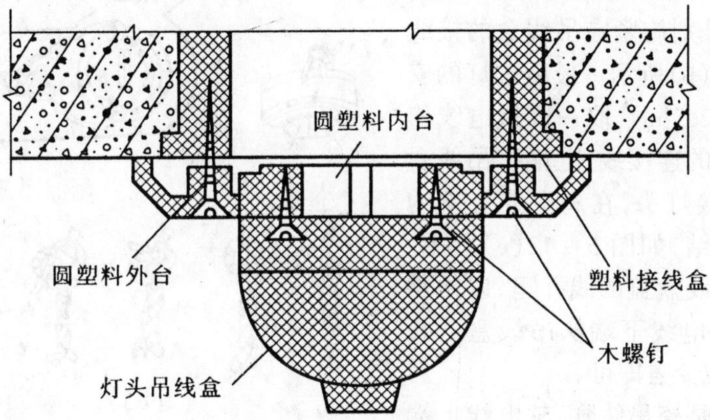

图 5-14 吸顶灯的安装

(3)壁灯的安装

壁灯可以装在墙上,也可装在柱子上。当装在砖墙上时,一般应预埋木砖(禁止用木楔代替木砖),也可在墙上预埋金属构件。如果壁灯装在柱子上,则可以在柱子上预埋金属构件或用包箍将金属构件固定在柱子上,然后再将壁灯固定在金属构件上。

2.荧光灯的安装

荧光灯的安装一般有吸顶式和悬吊式两种,其安装步骤与工艺要点如下:

(1)安装前检查

检查灯管、镇流器、起辉器等有无损坏,镇流器和起辉器是否和灯管的功率相配合(主要是镇流器和灯管的功率必须一致)。

(2)安装镇流器

悬吊式荧光灯安装时,应将镇流器用螺钉固定在金属灯架的中间位置;吸顶式荧光灯安装时,不能将镇流器放在灯架上,以免散热困难,且灯架与天花板之间应留 15 mm 的间隙,以利通风(可将镇流器放置在灯架外其他位置)。

(3)安装起辉器底座及灯座

将起辉器底座固定在灯架的一端,两个灯座(普通灯座和弹簧灯座)分别固定在灯架的两端,中间的距离要按所用灯管长度量好,使灯脚刚好插进灯座的插孔中。

(4)接线

各配件位置固定后,可按图进行接线。接线完毕要对照电路图详细检查,以防错接或漏接。

(5)安装起辉器与灯管

把起辉器与灯管分别装妥,接上电源,其相线应经开关串联在镇流器上。

(6)荧光灯安装的注意事项

①荧光灯管是长形细管,光通量在中间部分最高。安装时,应将灯管中部置于被照面的正上方,并使灯管与被照面保持平行,力求得到较高的照度;

②灯架不可直接贴装在由可燃性建筑材料构成的墙或平顶上;灯架放到离地 1 m 高时,电源引线要套上绝缘管,灯架背部加防护盖,镇流器部位的盖罩上要钻孔通风;悬吊式灯架的电源引线必须从吊线盒中引出,一般要求一灯接一个吊线盒,其吊钩应拧在平顶的木结构的木榫上或预制的吊环上;

③为了防止灯管掉下,应选用弹簧灯座或在灯管的两端加管卡,用尼龙线扎牢。

5.4.3 照明电路中设备的安装

1.开关的安装

(1)拉线开关的安装

传统的拉线开关有立轮式、卧轮式、防水式、暗装拉线开关。安装时在固定拉线开关的位置居中处,用冲击钻打一个孔,钉入木榫,固定一方木,然后把方木钻三个孔,其中间用来固定木螺钉,其余两孔用于穿电线,把拉线开关固定在方木上。

(2)暗装开关的安装

暗装时常采用暗跷板开关,从外形看有琴键式和圆钮式两种。除此外,常见的还有调光开关、调速开关、触摸开关、声控开关等。为了开门后开关方便,暗装开关通常安装在门边,距离门框最近的开关,与门框边的距离为 15 ~ 20 cm,开关之间紧挨着,其相互之间的尺寸则由开关边长确定,触摸开关、声控开关是一种自控灯开关,一般安装在走廊、过道上,距地高度为 1.2 ~ 1.4 m。

2.插座的安装

插座的种类颇多,用途各异。住宅照明、空调、家用电器等设备插座中所用最多的是两孔、三孔单相插座。插座安装方式有明装和暗装两种,在住宅电气设计中以暗装插座居多,普通家用插座的额定电流为 10 A。

插座的安装位置:明装时应距地面高度一般不小于 1.3 m,以防小孩探试插孔而发生触电事故;对于电视、电脑、音响设备、电冰箱等,一般是安装插孔带防护盖的暗插座,其距地面高度不应小于 20 cm;客厅安装的窗式、分体式空调,一般是就近安装明装单相插座;豪华住宅客厅安装柜式空调,一般是就近安装明装三相四孔插座;微波炉应单独安装插座;电饭煲、电炒锅、电水壶等电炊具一般放在厨房灶台上,它们的插座一般安在灶台的上方,且距离台板面不小于 20 cm。

习题与思考题

5.1 电气照明按照明种类可分为哪几种?

5.2 常用照明电光源有哪几种?

5.3 照明器的选用原则是什么?

5.4 安装开关时的注意事项是什么?

5.5 安装插座时的注意事项是什么?

5.6 如何安装荧光灯?

第6章 建筑电气安全技术

6.1 人体触电预防

电力已成为国民经济和人民生活不可缺少的能源。随着用电设备和负荷的增加,用电安全问题越来越突出。人身触电是经常发生的一种电气事故,它会造成人员死亡或电伤,而且电伤的部位很难愈合。如果人们在工作和生活中不注意安全使用电气设备和电气工具,就会发生触电事故,给社会和家庭造成巨大损失。因此,安全用电在生产和生活领域中更具有特殊的意义。尽管电气事故多种多样,其原因主要是以下三个方面:一、缺乏安全知识;二、电气设备安装、使用和维修不符合安全规程;三、没有安全工作制度。

电气安全技术的主要内容是掌握人身触电事故的规律性及防护技术、保证电气作业的技术措施和组织措施及有关电气安全用具的要求。

6.1.1 电流对人体的伤害分类

电流对人体的伤害分电击和电伤两种类型。

1.电击

电击就是我们通常所说的触电,绝大部分的触电死亡事故都是电击造成的。当人体触及带电导线、漏电设备的金属外壳和其他带电体,或离高压电距离太近以及雷击或电容器放电等时,都可能导致电击。

电击是电流对人体器官的伤害,如破坏人的心脏、肺部、神经系统等造成人死亡。电击时伤害程度主要取决于电流的大小和触电持续时间。

(1)电流流过人体的时间较长,可引起呼吸肌的抽缩,造成缺氧而心脏停搏;

(2)较大的电流流过呼吸中枢时,会使呼吸肌长时间麻痹或严重痉挛造成缺氧性心脏停搏;

(3)在低压触电时,会引起心室颤动或严重心律失常,使心脏停止有节律的泵血活动,导致大脑缺氧而死亡。

2.电伤

电伤是指触电时电流的热效应、化学效应及电刺激引起的生物效应对人体表面或外部造成的局部伤害。电伤在肌体上留下难以愈合的伤痕。常见的电伤有电弧烧伤、电烙印和皮肤金属化等,严重的也可以致人死亡。

6.1.2 影响触电严重程度的因素

1.不同电流强度对人体触电的影响

通过人体的电流越大,人的生理反应越明显,引起心室颤动所需的时间越短,致命的危险就越大。按照不同的电流通过人体的生理反应,可将电流分成以下三类:

(1)感觉电流。人体能感觉到的最小电流称为感觉电流。女性对电流较敏感,一般成年男性的感觉电流约在1.1 mA左右(工频),成年女性约为0.7 mA。

(2)摆脱电流。触电后人能自主摆脱电源的最大电流称为摆脱电流。摆脱电流男性比女性要大,当然要根据触电人的身体状况,身强力壮的男性摆脱电流甚至可达几十毫安,而女性触电后由于心理紧张加上体力不如男性,所以女性摆脱电流一般较小。一般成年男性摆脱电流在 16 mA 左右(工频),而成年女性约 10 mA(工频)。

(3)致命电流。从名词就可看出这个电流数值将导致人触电死亡。即在较短的时间内,危及人生命的最小电流称为致命电流。一般情况下通过人体的工频电流超过 50 mA,人的心脏就能停止跳动,发生昏迷和出现致命的电灼伤。当工频电流达 100 mA 通过人体时,人会很快死亡。不同电流强度对人体的影响如表 6-1 所示。

表 6-1 不同电流强度对人体的影响

电流强度/mA	对人体的影响	
	交流电	直流电
0.6~1.5	开始感觉,手指麻刺	无感觉
2~3	手指强烈麻刺,颤抖	无感觉
5~7	手部痉挛	热感
8~10	手部剧痛,勉强可以摆脱电源	热感增多
20~25	手迅速麻痹,不能自立,呼吸困难	手部轻微痉挛
50~80	呼吸麻痹,心室颤动	手部痉挛,呼吸困难
90~100	呼吸麻痹,心室经 3 s 左右,心脏停止跳动	呼吸麻痹

2.电流通过人体的持续时间对人体触电的影响

电流通过人体的时间越长,对人体组织破坏越厉害,后果越严重。人体心脏每收缩和扩张一次,中间有一时间间隙,在这段间隙时间内触电,心脏对电流特别敏感,即使电流很小,也会引起心室颤动。所以,触电时间如果超过 1 s 就相当危险。

3.人体电阻对人身触电的影响

人体触电时,当接触的电压一定时,流过人体的电流大小就取决于人体电阻的大小。人体电阻越小,流过人体的电流就越大,也就越危险。人体电阻主要由两个部分组成,即人体内部电阻和皮肤表面电阻。前者与接触电压和外界条件无关,一般在 500 Ω 左右;后者随皮肤表面的干湿程度、有无破伤及接触电压的大小而变化。不同情况的人,皮肤表面的电阻差异很大,因而使人体电阻差异也很大,见表 6-2 所示。但一般情况人体电阻可按 1 000~2 000 Ω考虑。

(1)干燥场所的皮肤,电流途径为单手至双脚;

(2)潮湿场所的皮肤,电流途径为单手至双脚;

(3)有水蒸气,特别潮湿场所的皮肤,电流途径为双手至双脚;

(4)游泳池或浴池中的情况,基本为体内电阻。

表 6-2　不同条件下的人体电阻

接触电压 V	人体电阻/Ω			
	皮肤干燥	皮肤潮湿	皮肤湿润	皮肤浸入水中
10	7 000	3 500	1 200	600
25	5 000	2 500	1 000	500
50	4 000	2 000	875	440
100	3 000	1 500	770	375
250	1 500	1 000	650	325

4. 电流通过人体不同途径对人体的触电的影响

电流总是从电阻最小的途径通过，所以随触电情况不同，电流通过人体的主要途径也不同，其危害程度和造成人体伤害的情况也不同。很明显，电流从左手到脚是最危险的途径。从右手到脚的途径，危险性相对要小些，但也容易引起剧烈痉挛而摔倒，导致电流通过全身或摔伤，造成严重危害。电流途径与通过人体心脏电流的百分数见表 6-3 所示。

表 6-3　电流途径与通过心脏的百分数

电流途径	左手至双脚	右手至双脚	右手至左手	左脚至右脚
通过心脏电流的百分数/%	6.7	3.7	3.3	0.4

5. 电源频率对人体触电的影响

电源频率越高或越低对人体触电危险性不一定就大，对人体伤害最严重的是 50～60 Hz 的工频交流电。各种频率的死亡率如表 6-4 所示。

表 6-4　各种频率的死亡率

频率/Hz	10	25	50	60	80	100	120	200	500	1 000
死亡率/%	21	70	95	91	43	34	31	22	14	11

6. 电压对人体触电的影响

当人体电阻一定时，作用于人体的电压越高，则通过人体的电流越大，这样就越危险，而且，随着作用于人体的电压升高，人体电阻还会下降，致使电流更大，对人体的伤害更严重。随电压而变化的人体电阻如表 6-5 所示。

表 6-5　随电压而变化的人体电阻

U/V	12.5	31.3	62.5	125	220	250	380	500	1 000
R/Ω	16 500	11 000	6 240	3 530	2 222	2 000	1 417	1 130	640
I/mA	0.8	2.84	10	35.2	99	125	268	1 430	1 560

7.人体健康状况对人体触电的影响

人身体健康、精神饱满,思想就集中,工作中就不容易发生触电,万一发生触电时,其摆脱电流相对也大;反之,若人有慢性病,身体不好或酒醉,则精力就不易集中,就容易发生触电,而且触电后体力差,摆脱电流相对也不大,而且由于自身抵抗能力差,加上容易诱发病源,触电后果更为严重。

还有人的身心健康也是防止触电的重要因素。假如人的身心不够健康,整天思想混乱,工作时就容易触电,而且触电后果也严重。

6.1.3 触电的原因及形式

1.人体触电的原因

在生产和日常生活中,不同场合下引起触电的原因也不一样。触电现象按其原因可分为直接触电和间接触电两种。直接触电是指人体直接接触或过分接近带电体而触电;间接触电是指人体触及正常时不带电,而发生故障时才带电的金属导体。根据生产、生活中所发生的触电事故,将触电原因归纳为以下几类:

(1)线路架设不合规格

室内、外线路对地距离、导线之间的距离小于允许值;室内导线破旧,绝缘损坏或敷设不合规格容易造成触电或碰线短路引起火灾;通信线、广播线与电力线距离过近或同杆架设,如遇断线或碰线时电力线电压传到这些设备上引起触电;电气修理工作台布线不合理,绝缘线被电烙铁烫坏引起触电;有的地区为节省电线而采用一线一地制等。

(2)电气操作制度不严格

带电操作时未采取可靠的安全措施;救护触电者时不采取安全保护措施;不熟悉电路和电器盲目修理;停电检修时,闸刀上未挂警告牌,其他人员误合闸造成触电事故;使用不合格的安全工具进行操作;无绝缘措施而与带电体过分接近;在架空线上操作时,不在相线上加临时接地线;无可靠的防高空跌落措施等。

(3)用电设备不合要求

电烙铁、电烫斗等电器设备内部绝缘损坏,金属外壳无保护接地措施或接地线接触不良;开关、灯具、携带式电器绝缘外壳破损或相线绝缘老化,失去保护作用;开关、熔断器误装在中性线上,使整个线路带电而触电等。

(4)用电不谨慎

违反布线规程,在室内乱拉电线,在使用中不慎造成触电;换保险丝时,随意加大规格或用铜丝代替铅锡合金丝;在电线上或电线附近晾晒衣物;在高压线附近打鸟、放风筝;未切断电源就去移动灯具或家用电器;用水冲刷电线和电器,或用湿巾擦拭,引起绝缘性能降低而漏电,造成触电事故等。

2.人体触电的形式

人体触电一般有与带电体直接接触触电、跨步电压触电、接触电压触电等几种形式。

(1)人体与带电体直接接触触电

人体直接接触带电体造成的触电,称之为直接接触触电。如果人体直接接触到电气设备或电力线路中一相带电体,或者与高压系统中一相带电导体的距离小于该电压的放电距离造成对人体放电,这时电流将通过人体流入大地,这种触电称为单相触电,如图6-1(a)所示。如果人体同时接触电气设备或线路中两相带电体,或者在高压系统中,人体同时过分

靠近两相导体而发生电弧放电，则电流将从一相导体通过人体流入另一相导体，这种触电现象称为两相触电，如图 6-1(b)所示。显然，发生两相触电危害就更严重，因为这时作用于人体的电压是线电压。对于 380 V 的线电压，两相触电后流过人体的电流为 268 mA，这样大的电流只要经过 0.186 s 就会死亡。

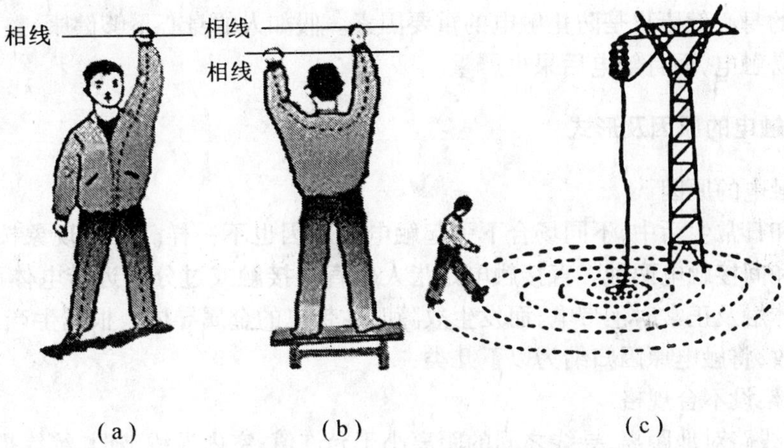

图 6-1 触电的基本形式

(a)单相触电；(b)两相触电；(c)跨步电压触电

(2)跨步电压触电

当电气或线路发生接地故障时，接地电流通过接地体将向大地四周流散，这时在地面上形成分布电位，要 20 m 以外，大地电位才等于零。人假如在接地点周围(20 m 以内)行走，其两脚之间就有电位差，这就是跨步电压。由跨步电压引起的人体触电，称为跨步电压触电，如图 6-1(c)所示。跨步电压的大小取决于人体离接地点的距离和人体两脚之间的距离。离接地点越近，跨步电压的数值就越大。

《电业安全规程》(D1,408-91)中规定：高压设备发生接地时，室内不得接近故障点4 m以内，室外不得接近故障点 8 m 以内。进入上述范围人员必须穿绝缘靴，接触设备的外壳和构架时，应戴绝缘手套。《电业安全规程》又规定：雷雨天气，需要巡视室外高压设备时，应穿绝缘靴，并不得靠近避雷针。这些都是为了防止跨步电压触电，保护人身安全方面作的规定。

6.2 接地与接零

在电能广泛使用的今天，常会遇到这样的触电事故：人体经常与用电设备的金属结构相接触，如电气设备某处绝缘损坏，使外壳带电或由于某些意外事故，使不应带电的金属外壳带电，一旦人体触及电气绝缘损坏的外壳，就可能发生触电事故。解决这类问题最常用的保护措施就是保护接地和接零。另外，根据电气系统或设备的正常工作的需要也要接地。

6.2.1 接地概述

电气设备的某部分用金属与大地作良好的电气连接，称为接地。埋入地中并直接与大地接触的金属导体，称为接地体。连接设备接地部分与接地体的金属导线，称为接地线。接

地体和接地线的总和,称为接地装置。接地电阻是指电流从埋入地中的接地体流向周围土壤时,接地体与大地远处的电位差与该电流的比值,而不是接地体表面电阻。

1.电气设备接地的目的

由于电气设备某处绝缘损坏而使外壳带电,一旦人触及设备带电的外壳就会造成对人员的触电伤害。如果没有接地装置,接地电流将同时沿着接地体和人体两条通路流过。接地电阻越小,流经人体的电流也就越小。如果接地电阻小于某个定值,流过人体的电流也就小于伤害人体的电流值,使人体避免触电的危险。为保证电气设备及建筑物等的安全,须采用过电压保护接地、静电感应接地等。

2.接地电阻

接地电阻是指电流从埋入地中的接地体流向周围土壤时,接地体与大地远处的电位差与该电流之比,而不是接地体的表面电阻。所以,接地电阻反映了接地体周围土壤对接地电流场所呈现的阻碍作用的大小。接地体的尺寸、形状、埋地深度及土壤的性质都会影响接地电阻值。严格地说,这里所指的接地电阻应称为流散的电阻,而接地装置及其周围土壤对电流的阻碍作用才称为接地电阻。由于接地电阻和流散电阻相差甚小,一般把它们看作是相等的。

6.2.2 接地类型和作用

1.接地类型

(1)工作接地

工作接地的定义:为了保证电气设备在正常和事故情况下可靠地工作而进行的接地。如变压器和发电机的中性点直接或经消弧线圈的接地、防雷系统的接地等。

工作接地的意义:有利于安全,当电气设备有一相对地漏电时,其他两相对地电压是相电压,若没有工作接地,则其他两相对地电压是线电压。在高电压系统中,有中性点接地可以使继电保护设备准确动作,并能消除单相电弧接地过电压。中性点接地可以防止零序电压偏移,保持三相电压基本平衡。在低压系统中可以方便地取出相电压。可以降低电气设备的绝缘水平。接地、接零示意图如图 6-2 所示。

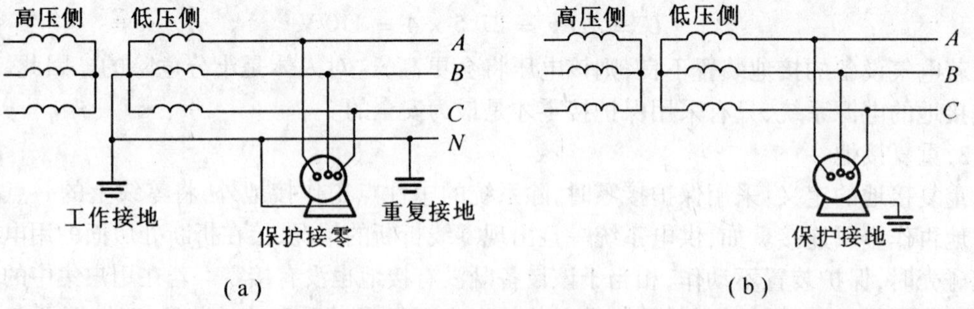

图 6-2 接地、接零示意图

(2)保护接地

保护接地的定义:在中性点不接地的低压系统中,将电气设备在正常情况下不带电的金属外壳和埋入地下接地体之间作良好的金属连接,图 6-2(b)所示。接地电阻等于接地体

对地电阻和接地线电阻之和。根据安全规程规定,对1 000 V以下的系统,接地电阻一般不大于4 Ω。当电气设备的金属外壳带电时,如果金属外壳没有保护接地,则外壳所带电压为电源线电压。采取保护接地后,因接地的电阻 R_d 很小,故金属外壳的电位接近零电位,漏电电流绝大部分经过导体流入大地,通过人体电流几乎为零,避免了触电的危险。

显然,在中性点不接地的系统中,不采取保护接地是很危险的。但是,在中性点不接地的系统中,只允许采用保护接地,而不允许采用保护接零。这是因为在中性点不接地系统中,任何一相发生接地,系统虽仍可照常运行,但这时大地与接地的零线将等于电位,则接在零线上的用电设备外壳对地的电压将等于接地的相线从接地点到电源中性点的电压值,这是十分危险的。

零线的存在既能保证相电压对称,又能使接零设备外壳在意外带电时电位为0。因此,零线绝不能断线也不能在零线上装设开关和熔断器。

2.保护接零

发电机、变压器、电动机和电器的绕组中心以及带电源的串联回路中有一点,它与外部各接线端之间的电压的绝对值均相等,该点称为中性点或中点。当中性点接地时,该点称为零点。由中性点引出的导线称为中性线,由零点引出的导线称为零线。

所谓保护接零(又称接零保护)就是在中性点接地的系统中,将电气设备在正常情况下不带电的金属部分与零线作良好的金属连接。图6-2(a)所示。当某一相线绝缘损坏时,外壳带电,由于外壳采用了保护接零措施,因此该相线和零线构成回路,单相短路电流很大,足以使线路上的保护装置迅速动作,将漏电设备与电源断开而消除触电的危险,同时也避免了设备的进一步损坏。

对于中性点接地的三相四线制系统,只能采取保护接零。保护接地不能有效地防止人身触电事故。如采用保护接地,若电源中性点接地电阻与电气设备的接地电阻均为4 D,而电源相电压为220 V,那么当电气设备的绝缘损坏使电气设备外壳带电时,两接地电阻间的电流将为

$$I_E = \frac{220}{R_E + R_0} = \frac{220}{4+4} = 27.5\ \text{A}$$

这一电流值不一定能使保护装置动作,因而使电气设备外壳长期存在着对地的电压,即

$$U = I_E R_E = 27.5 \times 4 = 110\ \text{V}$$

若电气设备的接地装置不良,则该电压将会更高,这对人体是十分危险的。因此,对中性点接地的电源系统,只有采用保护接零才是最为安全的。

3.重复接地

重复接地的定义:采用保护接零时,除系统的中性点工作接地外,将零线上的一点或多点与地再作金属连接。如,供电系统一旦出现零线折断的情况,接在折断处后面的用电设备相线碰壳时,保护装置不动作,相当于该设备既没有接地也没有接零。若在用户集中的地方采取重复接地,即使零线偶尔折断,带电的外壳也可以通过重复接地装置接地,只要各重复接地处接地电阻满足接地要求,就相当于设备外壳接地保护,避免触电对人员的危害。

4.防雷接地

防雷接地一般由接闪器、引下线、接地装置组成,作用是将雷电电荷分散引入大地,避免建筑物内部电器设备及人员遭受雷电侵害。

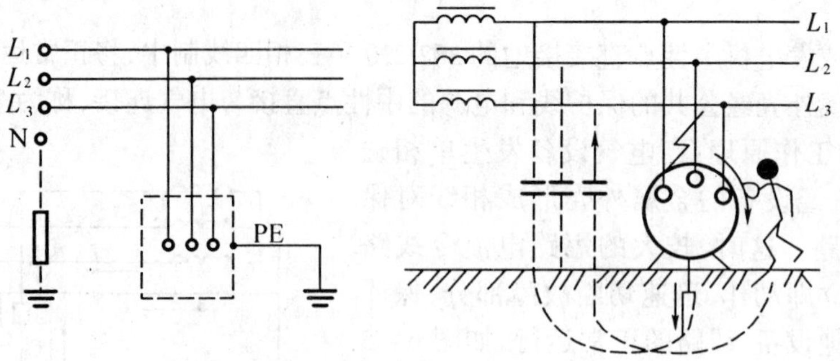

(a) (b)

图 6-3 IT 系统

IT 系统的工作原理:若设备外壳没有接地,在发生单相碰壳故障时,设备外壳带上了相电压,此时若有人触摸外壳,就会有相当危险的电流经过人体与电网和大地之间的分布电容所构成的回路,而设备的金属外壳有了保护接地后,如图 6-3(b)所示,由于人体远比接地装置的接地电阻大,在发生单相碰壳时,大部分接地电流被接地装置分流,流经人体的电流很小,从而对人体安全起了保护作用。

IT 系统适用于环境条件不良、易发生单相接故障的场所,以及易燃的场所、易爆炸的场所(如煤矿、化工厂、纺织厂等)。

6.3.2 TT 系统

如图 6-4 所示,TT 系统的电源中性点直接接地,与用电设备接地无关。设备的金属外壳也直接接地,且与电源中性点相接。

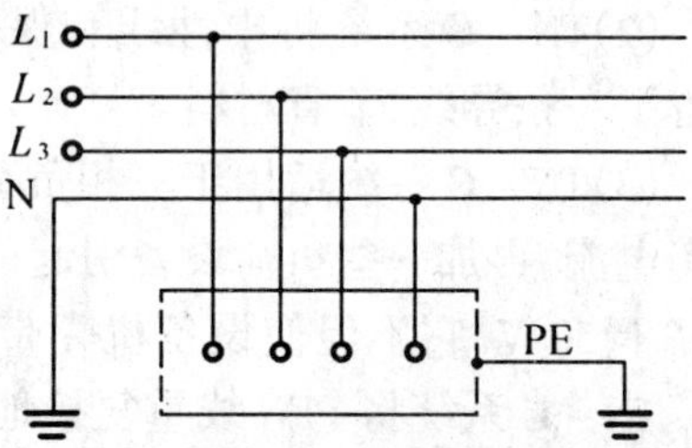

图 6-4 TT 接地系统

TT 系统的工作原理:当发生单相碰壳故障时,接地电流经保护接地装置和电流的工作接地装置所构成的回路流过。此时,若有人触摸带电的外壳,则由于保护接地装置的电阻远小于人体的电阻,大部分的接地电流被接地装置分流,从而对人身起到保护作用。

采用 TT 系统的不足之处在于以下几点:

1.在采用的电气设备发生单相碰壳故障时,接地电流并不很大,往往不能使保护装置动作,这将导致线路长期带故障运行;

2.当 TT 系统中的用电设备只是由于绝缘不良导致漏电,漏电电流并不很大(仅为毫安级),不可能使线路的保护装置动作,这也导致漏电设备的外壳长期带电,增加了人体触电的危险,因此,TT 系统中必须加装漏电保护开关,保护系统才能真正具有完善的保护功能;

3.TT 系统接地装置耗用的钢材多,而且难以回收,费工、费料。

TT 系统广泛应用于城镇、农村、居民区、工业企业和由公用变压器供电的民用建筑中。

如果有的建筑单位是采用 TT 系统,施工单位借用其他电源作临时用电时,应作一条专用保护线,以减少接地装置钢材用量。

6.3.3 TN系统

在变压器或发电机中性点直接接地的382/220 V三相四线制中，将正常运行时不带电的用电设备的金属外壳经公共的保护线和电源的中性点直接与电气连接，称为TN系统。

TN系统的工作原理：当电气设备发生单相碰壳时，故障电流经设备的金属外壳形成相线对保护线的单相短路。这时，较大的短路电流令线路上的保护装置立即动作，迅速切断故障部分，保证人身安全和其他设备、线路的正常运行，如图6－5所示。

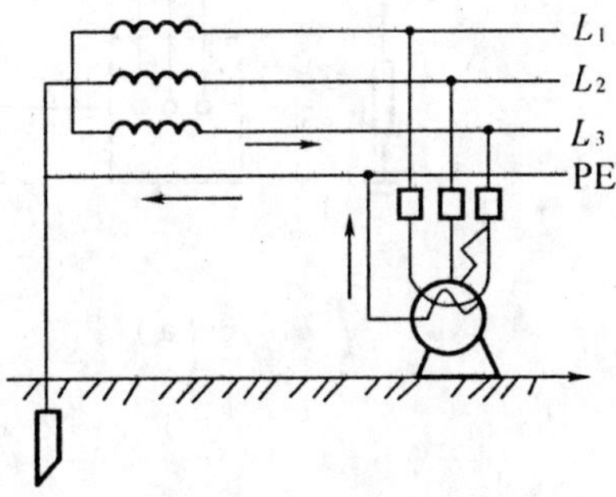

图6－5 TN系统

TN系统的电源中性点直接接地，并有中性线引出，按其保护形式，又可分为三种形式：TN－C系统、TN－S系统、TN－C－S系统。

1.TN－C系统（三相四线制）

图6－6所示为TN－C系统，整个系统的中性线（N）和保护线（PE）是合一的，该线又称为保护中性线（PEN）线。TN－C系统的特点是：

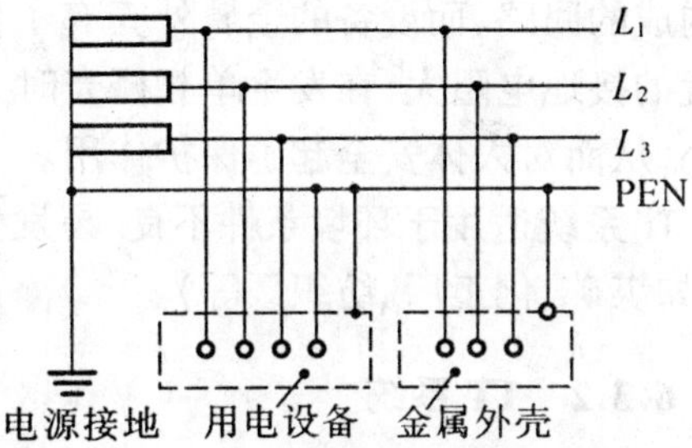

图6－6 TN－C系统

（1）它是利用中性点接地系统的中性线（零线）作为故障电流的回流导线，当电气设备相线碰壳，故障电流经零线回到中点，由于短路电流大，电路的保护电器立即切断电源，使故障设备断电，比较安全。

（2）TN－C系统将中性线和保护线合在一起，节省了一条导线，节省材料。

（3）TN－C系统适用于三相负荷基本平衡场合，如果三相负荷不平衡，则PEN线中有不平衡电流，再加一些负荷设备引起的谐波电流也会注入PEN，从而中性线N带电，且极有可能高于50 V，它不但使设备机壳带电，对人身造成不安全，而且还无法取得稳定的基准电位。TN－C系统将PEN线重复接地，其作用是当接零的设备发生相与外壳接触时，可以有效地降低零线对地电压。

（4）如果工作零线断线，则保护接零的漏电设备外壳带电。

（5）如果电源的相线碰地，则设备的外壳电位升高，使中线上的危险电位蔓延。

（6）TN－C系统干线上使用漏电断路器时，工作零线后面的所有重复接地必须拆除，否则漏电开关合不上闸，而且工作零线在任何情况下不得断线。所以，使用中工作零线只能让漏电断路器的上侧有重复接地。

（7）对接有二极漏电保护开关的单相用电设备，如用于TN－C系统中其金属外壳的保护零线，严禁与该电路的工作零线相连接，也不允许接在漏电保护开关前面的PEN线上，但在使用中极易发生误接。所以现在施工现场已经很少使用TN－C系统。

2.TN－S系统（三相五线制）

图6－7所示为TN－S系统，整个系统的N线和PE线是分开的。其优点是PE线在正常情况下没有电流通过，因此，不会对接在PE线上的其他设备产生电磁干扰。TN－S供电

系统的特点是：

(1)系统正常运行时，专用保护线上没有电流，只是工作零线上有不平衡电流。PE线对地没有电压，即使是当相线和中性线短路，或中性线电位偏移所引起的对地电位也传不到PE线上，有利于防止人身间接触电及电火花引起火灾甚至引起爆炸。电器设备金属外壳接零保护是接在专用的保护线PE上，安全可靠。

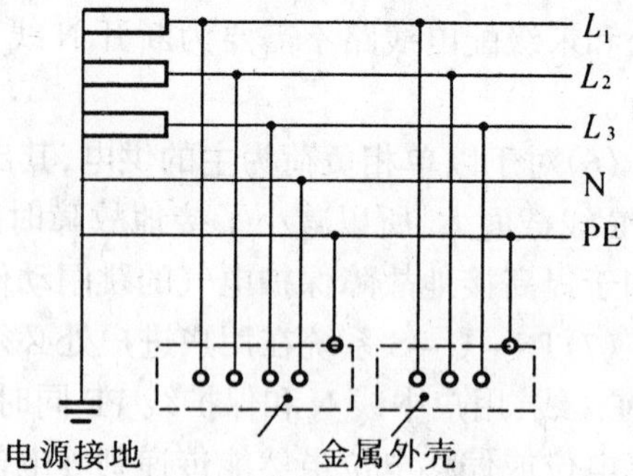

图6-7 TN-S系统

(2)工作零线只用作照明单相负载的回线，当三相负载很不平衡时，工作零线对地有电压，尤其是当工作零线出现高电位时，有可能导致检修人员间接触电的危险。因此，进户线处总开关和末级线路保护开关需要为检修隔离而采用四极或双极开关切断工作零线。因此，需要增加开关的投资成本。

(3)TN-S系统适用于工业企业、大型民用建筑。目前单独使用独一变压器供电的或变配电所距施工现场较近的工地基本上都采用了TN—S系统，与逐级漏电保护相配合，起到了保障施工用电安全的作用。

(4)保护线绝对不允许断开。否则在接零设备发生带电部分碰壳或是漏电时，就构不成单相回路，电源就不会自动切断，就会产生两个后果：一是使接零设备失去安全保护；二是使后面的其他完好的接零设备外壳带电，引起大范围的电气设备外壳带电，造成可怕的触电威胁。因此在《JGJ46-88施工现场临时用电安全技术规范》规定专用保护线必须在首末端作重复接地。

(5)同一用电系统中的电器设备绝对不允许部分接地部分接零。否则当保护接地的设备发生漏电时，会使中性点接地线电位升高，造成所有采用保护接零的设备外壳带电。

(6)保护线PE的截面应不小于工作零线的截面，并使用黄/绿双色线。

3.TN-C-S系统(三相四线与三相五线混合系统)

图6-8所示为TN-C-S系统，系统中有一部分中性线和保护线是合一的，而有一部分是分开的。这种系统兼有TN-C系统和TN-S系统的特点。TN-C-S系统的特点是：

(1)工作零线N与专用保护线PE相连接，如果负载越不平衡ND线又很长时，则设备外壳对地电压偏移就越大。所以要求负载不平衡电流不能太大，而且在PE线上应作重复接地。

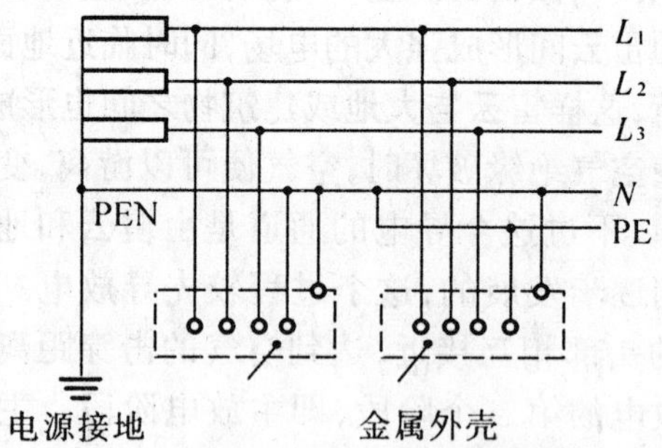

图6-8 TN-C-S系统

(2)PE线在任何情况下都不得进入漏电断路器，因为断路器跳闸将PE线也切断，这是不允许的。PE线任何情况都不得断线。

(3)对PE线除了在总箱处必须和N线相接以外，其他各分箱处均不得把N线和PE线相连。PE线上不许安装开关和熔断器，也不得用大地兼作PE线。

(4)因为在前面的PE线有三相不平衡电流通过，产生波动的电压降而对敏感的电子设备产生电阻性干扰，当这种受干扰的电子设备数量比较多时，应该采用TN-S系统。

(5)从变配电所出线是用PEN线兼作中线N和保护线PE,节省了一根线,而且在用户进户处和末级配电线路不需要为断开N线而设置四极和双极开关。一次投资比TN-S系统节省。

(6)对于以单相负荷为主的供电,其出线采用等截面四芯线,PEN的截面比TN-S系统的PE线截面大,所以减小了接地故障时的相零回路的阻抗,故增大了单相接地短路电流,有利于提高接地故障保护电气的跳闸动作的可靠性。

(7)TN-C-S系统在用户进户处必须作等电位连接,并在进户处重复接地。将出线中的PEN线、用户中线N和保护线PE同时接到总等电位连接端子上,此时PEN线和N线上的高电位或偏移电位虽然能传递到等电位连接端子上,但是由于等电位连接端子可以消除这些电位,所以对人体不会产生间接触电的危险。

(8)PE线上平时没有电流,避免了因对地电位放电产生火花而引起火灾甚至爆炸事故。可见TN-C-S系统可以有条件地用于易燃、易爆场所。

通过上述分析,当三相电力变压器工作接地情况良好、三相负载比较平衡时,用TN-C-S系统在施工用电实践中效果还是可行的。但是,在三相负载不平衡,建筑施工工地有专用的电力变压器时,还是应采用TN-S供电系统。

6.4 建筑防雷

6.4.1 雷电的形成

雷电是一种自然现象,雷击往往会造成极大的危害,如人畜伤亡、引起火灾,甚至造成建筑物倒塌等。因此,对主要的建筑物采取防雷措施,保障国家和人身安全是十分必要的。

雷电形成的原因很多,现象也很复杂。一般认为在天气闷热潮湿的季节,别处的冷空气向这个地区袭来,地面湿气受热上升,上升的气流到高空渐渐冷却,凝结成水滴或冰晶,形成积云,积云在运动过程中受到强烈气流的作用,形成了带有正、负电荷的两部分积云,这种带电积云叫做雷云。上下气流在强烈撞击和摩擦过程中,雷云中的电荷越积越多,在正、负不同的雷云间形成强大的电场,同时临近地面的雷云使地面或建筑物感应出与其极性相反的电荷,这样雷云与大地或建筑物之间也形成了强大的电场。当雷云附近的电场强度达到足以使空气绝缘破坏时,空气便可以游离,变为导电的通道,不过这个导电的通道是由雷云和地面突出物相向逐步发展的,这个过程较先导放电。当先导放电的头部相互接近,达到空气的击穿距离就开始进入放电的第二个阶段,即主放电阶段。主放电又称回击放电,其放电的电流即雷电流,可达几十万安培,电压可达几百万伏特,温度可达2万摄氏度。在几微秒时间内,使放电的空气通道白热而猛烈膨胀,并出现耀眼的光亮和巨响,这就是通常所说的“闪电”和“打雷”。打到地面上的闪电称为“落雷”,落雷击中建筑物、树木或人畜称为“雷击”。如图6-9所示。主要雷电流会引起热效应、机械效应,雷电损坏

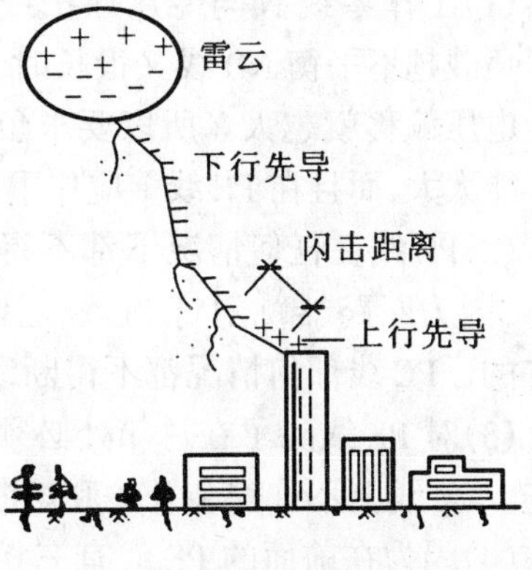

图6-9 下行先导雷击发展示意图

通常发生在雷电流最大的瞬间,其破坏作用表现在以下几个方面:

1.机械性破坏

机械性破坏由两种力产生:一种是强大的雷电流通过物体时产生的巨大电动力;另一种则是强大的雷电流通过物体时产生的巨大热量,使物体内的水分急剧蒸发而造成劈裂的物体内压力。

2.热力性破坏

产生的巨大热量使物体燃烧和金属材料熔化等现象。

3.绝缘击穿性破坏

极高的电压使电气系统中的绝缘材料被击穿,造成相间短路,使破坏的范围和程度迅速扩大和增大。这是电气系统中最危险的一种破坏形式。雷电活动有一定的规律,掌握这些规律对防雷有指导意义。雷电的活动,从气候上看,湿热的地区比干冷的地区多;从地域上看,山区多于平原;从时间上看,春夏和夏秋之交气温变化剧烈,雷电活动较多。

对于建筑物,下列地方容易遭受雷击:

(1)高耸突出的建筑物;

(2)排出导电尘埃的厂房和废气管道;

(3)建筑物上突出的部位;

(4)建筑群中,特别潮湿的建筑物和地下水位比较高的地方;

(5)屋顶有金属结构,地下埋有金属管道,内部有大量金属设备的厂房。

6.4.2 防雷装置

为了避免建筑物遭受雷击,保护建筑物内人员的人身安全,在可能遭受雷击的建筑物上,应装设防雷装置。防雷装置由三部分组成:接闪器或避雷器、引下线和接地装置。

1.接闪器

接闪器是避雷针、避雷线、避雷带、避雷网以及作接闪的金属屋面和金属构件等直接接受雷击的金属构件。其工作原理是:吸引雷电,将雷电引向自身并安全导入地中,从而保护了附近建筑物免遭雷击。接闪器用导电性很好的材料制成,装在建筑物顶部。

(1)避雷针

避雷针适用于保护细高的建筑物,如烟囱、水塔。可用镀锌圆钢或镀锌焊接钢管组成,顶端砸尖,利于尖端放电,图6-10所示。针长1 m以下,圆钢直径不应小于12 mm,钢管直径不得小于20 mm;针长1~2 m,圆钢直径不得小于16 mm,钢管直径不得小于25 mm;烟囱顶上的针,圆钢直径不得小于20 mm。当针长2 m以上,可用粗细不同的几节钢管焊接起来。在平原地区避雷针的保护角是45°,在山区是37°。

(2)避雷带

在需要进行防雷保护的工业与民用建筑物顶部及边缘装设明避雷带,是为了保护建筑物的表层不被破坏,适用于宽大的建筑物,图6-11所示。材料一般采用圆钢或扁钢,用圆钢,直径不得小于8 mm;用扁钢,截面不得小于48 mm^2,厚度不得小于4 mm。

(3)避雷网

避雷带和避雷网都是为了不影响建筑物美观,保持其造型艺术而采用的接闪器。避雷网适用于比较重要的建筑物,图6-12所示。一般将网格不大于10 m的避雷网装于建筑物屋面上,实现较全面的保护。避雷网采用直径8 mm的镀锌圆钢组成,从屋顶支起约

100 mm,支点间距离一般为 1 m。

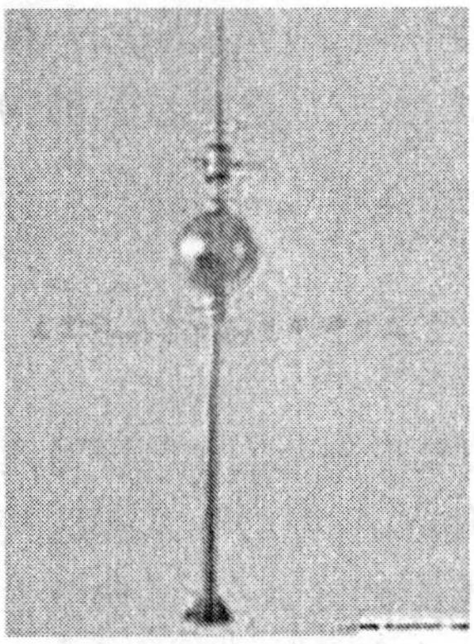

图 6-10 避雷针

图 6-11 避雷带

图 6-12 避雷网

2.避雷器

避雷器分为保护间隙、管形避雷器和阀形避雷器,主要用于保护电力设备,图 6-13 所示。避雷器使用时与被保护设备或设施并联连接,正常处在不通的状态;出现雷电过电压时,击穿放电,切断过电压,发挥保护作用;过电压终止后,迅速恢复不通状态。

图 6-13 避雷器

3.引下线

引下线又称引流线,是防雷装置的中间部分,它将接闪器承接的雷电流引入到接地装置,保证雷电流通过而不熔化。引下线可以专门敷设,也可以利用建筑物的金属构件。一般采用直径为 8 mm 的镀锌圆钢、镀锌扁钢截面不得小于 48 mm^2,厚度不得小于 4 mm。也可利用钢筋混凝土柱子内的主筋。

4.接地装置

接地装置是防雷装置的重要组成部分。接地装置向大地泄放雷电流。限制防雷装置对地电压不致于过高。接地装置包括埋设在地下的接地线和接地体,它与大地之间保持良好连接,使雷电流很快在大地中流散。

防雷接地装置可敷设人工接地体,一般采用 40 mm × 4 mm 镀锌扁钢及直径为 19 mm 镀锌圆钢组成的垂直接地体,此类多用于单独接地;或采用 40 mm × 4 mm 镀锌扁钢的水平接地体,此类多用于环绕建筑四周的联合接地。防雷接地装置也可利用钢筋混凝土基础接地,此时要求混凝土采用以硅酸盐为基料的水泥,且基础周围土壤的含水量须不低于 4%,引下线与基础内直径不小于 16 mm 的主筋两根分别焊接成整体。

除独立避雷针外,在接地电阻满足要求的前提下,防雷接地装置可以与其他接地装置共用。

6.4.3 建筑物防雷分类及保护

防雷措施对于建筑物的安全是十分必要的,但并不是对任何建筑物都需要采取相同的保护措施。应该根据当地雷电活动的特点,以及建筑物的重要性采取相应的防雷措施。在

建筑设计中，把建筑物按照防雷要求分成三类。

1.一类防雷建筑物

一类防雷建筑物包括：

(1)凡在建筑物中制造、使用或贮存大量爆炸物质或在正常情况下能形成爆炸性混合物时，可能因电火花而引起爆炸造成巨大破坏和人身伤亡者；

(2)具有特别重要用途的建筑物，如国家级的大会堂、办公建筑、大型体育馆、展览馆、国际航空港、国宾馆、大型旅游建筑物等；

(3)国家级重点文物保护的建筑物和构筑物，超高层建筑物。

一类防雷建筑的保护措施主要有三个：防直击雷、防雷电感应及防雷电波侵入。防直击雷一般采用装设避雷带或避雷网，对面积较大的屋顶装设避雷网，网格不应大于 5 m×5 m，屋面上的任意一点距避雷网均不得大于 5 m。当有 3 条及以上平行避雷带时，每隔不大于 24 m 处需相互连接。防直击雷装置的引下线应优先利用建筑物钢筋混凝土中的钢筋，其根数不作具体规定，间距不应大于 18 m，但建筑外轮廓各个直击角上的柱筋应被利用。专设引下线时，其根数不应少于两根，间距同样不应大于 18 m。防直击雷的接地装置冲击电阻不应大于 10 Ω，接地体宜围绕建筑物敷设。

防感应雷的方法是将防雷装置与大型金属物体连接起来。对于现浇或预制的钢筋混凝土结构的建筑物来说，防雷装置的各部分与建筑物的钢筋是有联系的。例如，引下线都是利用柱筋、混凝土柱子内钢筋和钢筋混凝土基础内的钢筋等，因此对于一般的建筑可以认为是采取了防雷电感应措施。上述的连接并不等于所有的金属管道、金属物体都与防雷装置有了良好的电气连接，因此对于一类建筑要求进行“笼式连接”。

为防雷电波侵入，进入建筑物的各种线路及管道全线埋地引入，并在入户处将电缆的金属外皮、钢管与接地装置连接。当低压线全线埋地有困难时，可采用一段长度不小于 50 m 的铠装电缆直接埋地引入，其入户端电缆的金属外皮与接地装置连接，其冲击接地电阻不应大于 10 Ω。

2.二类防雷建筑物

二类防雷建筑物包括：

(1)重要的或人员密集的大型建筑物，如部、省级办公楼；省级大型的体育馆、博览馆；交通、通信、广播设施及商业大厦、影剧院等；

(2)省级重点文物保护的建筑物；

(3)19 层以上的住宅建筑和高度超过 50 m 的其他建筑；

(4)省级及以上大型计算机中心和装有重要电子设备的建筑物。

这类防雷建筑物的保护措施与一类防雷建筑物的基本相同，也主要是防直击雷、防雷电感应及防雷电波侵入，只是对保护措施的要求降低了一些。防直击雷的措施是在建筑物易受雷击部位装设避雷带作为接闪器。屋面上任何一点距避雷带均不应大于 10 m。当有 3 条及以上平行避雷带时，每隔不大于 30 m 应相互连接。突出屋面的物体，一般可沿其顶部装设环状避雷带保护，若为金属可不装，但应与屋面避雷带连接。防直击雷装置的引下线不应少于 2 根，间距不应大于 30 m。接地装置的冲击接地电阻不应大于 10 Ω，且宜围绕建筑物敷设。

3.三类防雷民用建筑物

三类防雷民用建筑物包括：

(1)建筑群中高于其他建筑物或处于边缘地带的高度为 20 m 以上的建筑物，在雷电活动强烈地区高度为 15 m 以上的建筑物；

(2)高度超过 15 m 的烟囱、水塔等孤立建筑物；

(3)历史上雷电事故严重地区的建筑物或雷电事故较多地区的较重要建筑物；

(4)建筑物年计算雷击次数达到几次以上的民用建筑。

三类防雷民用建筑物的保护主要为防直击雷和雷电波的侵入。防直击雷的措施为在建筑物易受雷击部位装设避雷带或避雷针。采用避雷带保护时，屋面上任何点距避雷带均不应大于 10 m。当有 3 条及以上平行避雷带时，每隔不大于 30～40 m 处将平行避雷带进行连接。当采用避雷针保护时，单针的保护范围可按 60°计算。

对那些局部突出部位较高的建筑物，可仅在突出的部位装设避雷带或避雷针，如为金属体将其接地。不足 20 m 高的住宅楼，在雷电活动一般的地区可不装设防雷设备；但当屋顶上有许多烟囱和透气管都超过 20 m 时，除了这些突出的烟囱和透气管装设避雷设备外，在屋顶的周边也应装设避雷带保护。

对各类建筑物，布置接闪器时应优先采用避雷网或避雷带，布置按表 6－6 规定设置。

表 6－6　接闪器布置

建筑物防雷类别	滚球半径/m	避雷网网格尺寸/m×m
1	30	≤5×5　或　≤6×4
2	45	≤10×10　或　≤12×8
3	60	≤20×20　或　≤24×16

6.4.4　建筑工地的防雷

高大建筑物的施工工地的防雷问题是值得重视的。由于高层建筑物施工工地四周的起重机、脚手架等突出很高，木材堆积很多，万一遭受雷击，不但对施工人员的生命有危险，而且很易引起火灾，造成事故，因此，必须引起各方面有关人员的注意和掌握防雷知识。高层建筑施工期间，应该采取如下的防雷措施：

1.施工时应提前考虑防雷施工程序。为了节约钢材，应按照正式设计图纸的要求，首先做好全部接地装置。

2.在开始架设结构骨架时，应按图纸规定，随时将混凝土柱子内的主筋与接地装置连接起来，以备施工期间柱顶遭到雷击时，使雷电流安全入地。

3.在建筑物的四角和四边竖起的脚手架上，应做数根避雷针，并直接接到接地装置上，保护到全部施工面积，其保护角可按 60°计算，针长最少应高出脚手架 30 cm。

4.施工用的起重机的最上端必须装设避雷针，并将起重机下部的钢架连接于接地装置上。接地装置应尽可能利用永久性接地系统。如水平移动的起重机，其四个轮轴足以起到压力接点的作用，须将其两条滑行用钢轨接到接地装置上。

5.应随时使施工现场正在绑扎钢筋的各层地面构成一个等电位面，以避免遭受雷击时的跨步电压。由室外引来的各种金属管道及电缆外皮，都要在进入建筑物的进口处，就近连接到接地装置上。

习题与思考题

6.1 触电的原因有哪些?

6.2 什么叫保护接地和保护接零,各适用于什么场合?重复接地的作用是什么?

6.3 什么叫自然接地体?什么叫做人工接地体?

6.4 TN - C,TN - S,TN - C - S 系统之间的区别是什么?

6.5 TT 系统与 IT 系统各有什么不同?

6.6 PE 线与工作零线有什么区别?

6.7 零线为什么不能装设开关和熔断器?

6.8 防雷接地一、二类建筑防雷的接地电阻是多少?

6.9 建筑物的防雷可分为几类,各级如何考虑防雷要求?

6.10 简述防雷装置的组成?

第 7 章　智能建筑技术

7.1　智能建筑概述

智能建筑或智能大厦是信息时代的产物，智能建筑的表现形式是传统建筑技术和先进的信息技术(计算机技术、自动化技术、网络与通信技术等交叉技术)密切结合的结晶,它已成为建筑行业和信息技术产业共同关心的新领域,且将迅速发展的新行业。随着全球社会信息化与经济国际化的深入发展,智能建筑已成为各国综合经济国力的具体表征,是各大跨国企业集团国际竞争实力的形象标志,也是未来信息高速公路网站的一个主节点,因而,各国政府机关、各跨国集团公司总部,都竞相实现其办公大厦智能化。兴建智能型建筑已成为当今发展的目标。

7.1.1　智能建筑的发展

智能建筑起源于美国。1984 年 1 月,美国康涅狄格(Connecticut)州哈特福特(Hartford)市,将一幢旧金融大厦进行改建,定名为“都市办公大楼”(City Place Building),这就是公认的世界上第一幢“智能大厦”。该大楼有 38 层,总建筑面积十万多平方米。当初改建时,该大楼的设计与投资者,并未意识到这是形成“智能大厦”的创举,主要功绩应归于该大楼住户之一的联合技术建筑系统公司(United Technologies Building System Co, UTBS),UTBS 公司当初承包了该大楼的空调、电梯及防灾设备等工程,并且将计算机与通信设施连接,廉价地向大楼中其他住户提供计算机服务和通信服务。大楼采用计算机技术对楼内的空调、供水、消防、防盗、照明、交通、供配电系统等进行自动化综合管理,并为大楼的用户提供语音、文字、数据、情报资料检索等各类信息服务,使客户真正感到更加安全、舒适、方便。

随后,日本于 1985 年 8 月在东京青山完成了本田青山大楼,有人称之为日本的第一幢“智能大厦”。青山大楼的管理、办公自动化和通信网络等设备是运用本田与 IBM 合作开发的“HARMONY”综合办公系统。随后智能建筑在欧、美、日及世界各地蓬勃发展,我国于 90 年代初开始引入智能建筑,北京的发展大厦可谓是我国智能建筑的雏形,随即就获得了迅猛的发展,而后相继出现了上海的金茂大厦、青岛的中银大厦等具有相当高水平的智能大厦。据统计,近期在中国兴建的大型建筑将占全球一半。在步入信息社会和国内外正加速建设“信息高速公路”的今天,智能建筑越来越受到我国政府和企业的重视。智能建筑的建设已成为一个迅速成长的新兴产业。

7.1.2　智能建筑的概念

关于智能建筑,通俗说法即将建筑物内各种各样的控制设备、通信设备、管理系统、消防系统、给排水系统等装置的信息,用同一种线缆接入中央控制室,使住户可根据需要在所在办公地点添置各种各样的设备并连接于所在场所预先设置的接线装置,这些设备可随意摆放或变换位置,一旦位置确定后,管理人员只需在中央控制室进行相应点及相应设备之间的

简单跳线即可使这些设备进入布线系统,实施控制和管理功能,这就是所谓的智能建筑概念。实际上这种概念并不完全,只是形象地勾画出智能建筑结构化综合布线系统的概貌。

智能建筑是多学科跨行业的系统。智能建筑的支持理论是行为科学、信息科学、环境科学、社会工程学、人类工程学等跨学科理论。近年来,“智能建筑”这一名词已不陌生,但至今均无统一的定义。其重要原因之一是智能建筑是信息时代的产物,当今科学技术正处于高速发展阶段,其中相当多的成果将应用于智能建筑,使其具体内容与形式相应提高并不断发展。

美国智能建筑学会(AIBI,American Intelligent Building Institute)定义“智能建筑”是将结构、系统、服务、运营及相互联系全面综合,并达到最佳组合,所获得的高效率,高功能与高舒适性的大楼。该定义的特点是较概括与抽象。

日本建筑杂志载文中,突出智能建筑就是高功能大楼,是方便有效地利用现代信息与通信设备,并采用楼宇自动化技术,具有高度综合管理功能的大楼。

新加坡,规定智能大厦必须具备三个条件:一是具有保安、消防与环境控制等先进的自动化控制系统,以及自动调节大厦内的温度、湿度、灯光等参数的各种设施,以创造舒适安全的环境;二是具有良好的通信网络设施,使数据能在大厦内进行流通;三是能提供足够的对外通信设施与能力。

智能建筑具有多学科、多技术系统综合集成的特点,故推荐如下定义:智能建筑系指利用系统集成方法,将智能型计算机技术、通信技术、信息技术与建筑艺术有机结合,通过对设备的自动监控、对信息资源的管理和对使用者的信息服务及其与建筑的优化组合,所获得的投资合理,适合信息社会需要并且具有安全、高效、舒适、便利和灵活特点的建筑物。

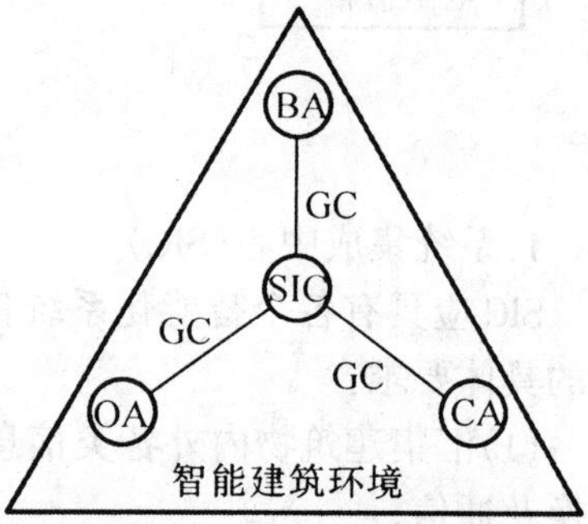

图7-1 智能建筑结构

智能建筑是社会信息化与经济国际化的必然产物,是多学科、高新技术的巧妙集成,也是综合经济实力的象征。大量高新技术竞相在此应用,多功能可视电话、多媒体技术、电子邮件、卫星通信、计算机国际通信网络、智能保安与环境控制已不陌生;未来的信息高速公路、能量无管线传输等尖端的高科技也会首先在这片沃土上扎根成长。图7-1描述智能建筑的定义。图中,建筑设备自动化系统BA(Building Automation,BA);办公自动化系统OA(Office Automation,OA);通信自动化系统CA(Communication Automation,CA);建筑物综合布线系统GC(Generic Cabling,GC);系统集成中心(System Integrated Center SIC)。前三化就是所谓“3A”(智能建筑)。智能建筑是以综合布线系统为基础,以计算机网络为桥梁,综合配置建筑物内各功能子系统,全面实现对通信系统、办公自动化系统、大楼内各种设备(空调、供热、给排水、变配电、照明、电梯、消防、公共安全)等的综合管理。智能建筑结构示意图如图7-1所示。

由图7-1可知,智能建筑是由智能化建筑环境内的系统集成中心利用综合布线连接并控制“3A”系统组成的。

7.1.3 智能建筑的组成

在智能建筑环境内体现智能功能的主要有SIC,GC和3A系统等5个部分。其系统组成和功能示意图如图7-2所示。下面简要地介绍这5个部分的作用。

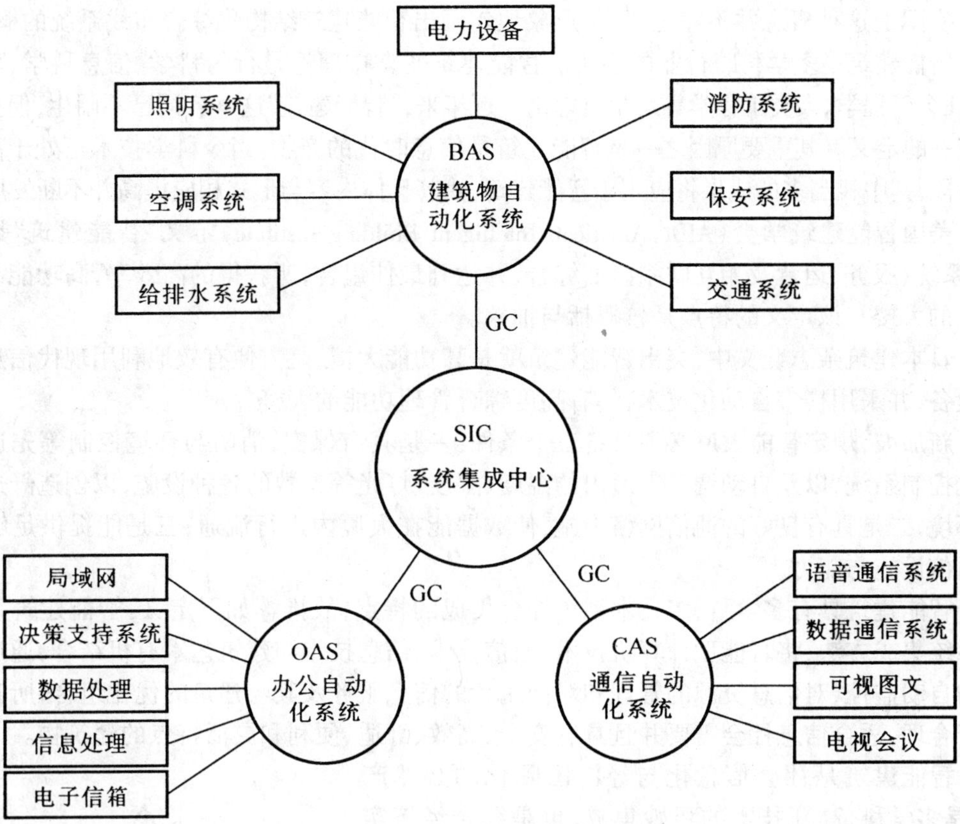

图7-2　智能建筑结构

1.系统集成中心(SIC)

SIC应具有各个智能化系统信息汇集和各类信息综合管理的功能,并要达到以下三方面的具体要求:

(1)汇集建筑物内外各类信息,接口界面要标准化、规范化,以实现各子系统之间的信息交换及通信;

(2)对建筑物各个子系统进行综合管理;

(3)对建筑物内的信息进行实时处理,并且具有很强的信息处理及信息通信能力。

2.综合布线(GC)

综合布线是由线缆及相关连接硬件组成的信息传输通道。它是智能建筑连接"3A"系统各类信息必备的基础设施。它采用积木式结构、模块化设计、统一的技术标准,能满足智能建筑信息传输的要求。

3.建筑自动化(BA)系统

建筑设备自动化系统是以中央计算机为核心,其任务是对建筑物内的能源使用、环境、交通及安全设施进行监测、控制等,以提供一个既安全可靠,又节约能源,而且舒适宜人的工作或居住环境。按设备的功能、作用及管理模式,该系统可分为火灾报警与消防联动控制系统、空调及通风监控系统、供配电及备用应急电站的监控系统、照明监控系统、保安监控系统、给排水监控系统和交通监控系统。其中,交通控制系统包括电梯监控系统和停车场自动

监控管理系统;保安监控系统包括紧急广播系统和巡更对讲系统。

BA系统的基本功能可以归纳如下:

(1)自动监视并控制各种机电设备的起、停,显示或打印当前运转状态;

(2)自动检测、显示、打印各种机电设备的运行参数及其变化趋势或历史数据;

(3)根据外界条件、环境因素、负载变化情况自动调节各种设备,使之始终运行于最佳状态;

(4)监测并及时处理各种意外、突发事件;

(5)实现对大楼内各种机电设备的统一管理、协调控制;

(6)能源管理:水、电、气等的计量收费、实现能源管理自动化;

(7)设备管理:包括设备档案、设备运行报表和设备维修管理等。

建筑物采用BA系统有如下优点:

(1)集中统一地进行监控和管理,既可节省大量人力,又可提高管理水平;

(2)可建立完整的设备运行档案,加强设备管理,制订检修计划,确保建筑物设备的运行安全;

(3)可实时监测电力用量、最优开关运行和工作循环最优运行等多种能量监管,可节约能源、提高经济效益。

4.办公自动化(OA)系统

办公自动化系统是把计算机技术、通信技术、系统科学及行为科学应用于传统的数据处理技术所难以处理的、数量庞大且结构不明确的业务上。可见,它是利用先进的科学技术,不断使人的部分办公业务活动物化于人以外的各种设备中,并由这些设备与办公人员构成服务于某种目标的人机信息处理系统。其目的是尽可能利用先进的信息处理设备,提高人的工作效率,辅助决策,求得更好的效果,以实现办公自动化目标。即在办公室工作中,以微机为中心,采用传真机、复印机、打印机、电子邮件(E-mail)等一系列现代办公及通信设施,全面而又广泛收集、整理、加工、使用信息,为科学管理和科学决策服务。

5.通信自动化(CA)系统

通信自动化系统能高速进行智能建筑内各种图像、文字、语音及数据之间的通信。它同时与外部通信网相连,交流信息。通信自动化系统可分为语音通信、图文通信、数据通信及卫星通信四个子系统。

(1)语音通信系统。此系统可给用户提供预约呼叫、等待呼叫、自动重拨、快速拨号、转移呼叫、直接拨入,能接收和传递信息的小屏幕显示、用户账单、报告、屋顶远程端口卫星通信、语音邮政等上百种不同特色的通信服务。

(2)图文通信系统。在当今智能建筑中,可实现传真通信、可视数据检索等图像通信、文字邮件、电视会议通信业务等。数字传送和分组交换技术的发展及采用大容量高速数字专用通信线路实现多种通信方式,使得根据需要选定经济而高效的通信线路成为可能。

(3)数据通信系统。它可供用户建立计算机网络,以连接办公区内的计算机及其他外部设备完成数据交换业务。多功能自动交换系统还可使不同用户的计算机之间进行通信。

(4)卫星通信系统。它突破了传统的地域观念,实现了相距万里近在眼前的国际信息交往联系。今天的现代化建筑已不再局限在几个有限的大城市范围内。它真正提供了强有力的缩短空间和时间的手段。因此通信系统起到了零距离、零时差交换信息的重要作用。

通信传输线路既可以是有线线路,也可以是无线线路。在无线传输线路中,除微波、红外线外,主要是利用通信卫星。

随着计算机化的数字程控交换机的广泛使用，通信不仅要自动化，而且要逐步向数字化、综合化、宽带化、个人化方向发展。

7.1.4 智能建筑与综合布线的关系

应该看到，土木建筑百年大计，一次性投资很大。在当前国力尚不富裕的情况下，全面实现建筑智能化是有难度的，然而又不能等到资金全部到位，再去开工建设，因为这样会失去时间和机遇。对于每个高层建筑，一旦条件成熟需要改造升级为智能建筑，也是不容置疑的。这些可能是目前高层建筑普遍存在的一个突出矛盾。综合布线是解决将当前和未来统一这一矛盾的最佳途径。

综合布线只是智能建筑的一部分。它犹如智能建筑内的一条高速公路，可以统一规划、统一设计，在建筑物建设阶段投资整个建筑物资金的3%～5%，将连接线缆综合布线在建筑物内。至于楼内安装或增设什么应用系统，这就完全可以根据时间和需要、发展与可能来决定。只要有了综合布线这条信息高速公路，想跑什么“车”，想上什么应用系统，就变得非常简单了。尤其目前兴建的高大楼群如何与时代同步，如何能适应科技发展的需要，又不增加过多的投资，综合布线平台是最佳选择。否则，不仅为高层建筑将来的发展带来很多后遗症，而且一旦打算向智能建筑靠拢时，要花费更多的投资，这是十分不合理的。

7.1.5 智能建筑与信息高速公路的关系

“信息高速公路”是由光缆构成的高速通道，将其延伸到每个基层单位、每个家庭，可形成四通八达、畅通无阻的信息“交通网”，文字、图像、语音都可以数字流的形式在这个“交通网”上快速传递。

智能建筑利用综合布线与国内外信息网连接而进行信息交流。智能建筑的信息处理功能主要包括三个部分：

1.建设高速、大容量、宽频带的信息传输平台；

2.建设信息处理平台；

3.建立信息资源共享原则，形成信息咨询产业。

由此可以看出，信息高速公路着重于信息快速通道的建设，是智能建筑与外界联系的通道。智能建筑也必须与信息高速公路对接，否则，它就成了“智能孤岛”。

7.2 建筑设备自动化系统(BAS)

在大型高等级建筑中，为业主提供舒适、安全的使用环境和高效、完善的管理功能的各种服务设施及装置统称建筑设备。它们的功能强弱、自动化程度高低是建筑物现代化程度的重要标志。随着智能建筑的兴起，建筑设备自动化也成为智能建筑的重要组成部分。

7.2.1 BAS的基本功能

建筑设备自动化系统(BAS)是对一个建筑物内所有服务设备及装置的工作状态进行监督、控制和统一管理的自动化系统。它的主要任务是为建筑物的使用者提供安全、舒适和高效的工作与生活环境，保证整个系统的经济运行，并提供智能化管理。因此，它包含的内容相当广泛。就一个典型的智能建筑而言，BAS应具备八大模块的基本内容，下面分别简要阐

述主要部分。

1.电力供应监控系统

电力供应监控系统的关键是保证建筑物安全可靠供电。为此,首先对各级开关设备的状态,主要回路的电流、电压及一些电缆的温度进行检测。由于电力系统的状态变化和事故都在瞬间发生,因此,利用计算机进行这种监测时要求采样间隔非常小(几十至几百毫秒),并且应能自动连续记录在这种采样间隔下各测量参数的连续变化过程,这样才能预测并防止事故发生,或在事故发生后及时判断故障点。在此基础上,还可对有关的供电开关通过计算机进行控制。尤其在停电后可进行自动复电的顺序控制。此外,对设备用应急发电机进行监测与控制,以及在起用应急发电设备时自动切断一些非主要回路,以保护应急发电机不超载。

在保障安全可靠供电的基础上,系统还可包括用电计量、各户用电费用分析计算、与供电政策有关的高峰时超负荷及分时计价,以及高峰期对次要回路的控制等。

2.照明监控系统

照明监控与节能有重大关系。在大型建筑中它的耗电仅次于空调系统。与常规管理相比,BAS控制可省电30%~50%。这主要是对厅堂及其办公室和客房进行"无人熄灯"控制。这些控制可以利用软件在计算机上设定启停时间表和按值班人员运动路线等,及建筑空间使用方式设定灯具开环控制的开闭时间,也可以采用门锁、红外线等方式探测是否无人而自动熄灯的闭环控制方式。

3.空调监控系统

空调监控系统控制管理的中心任务是在保证提供舒适环境的基础上尽可能降低运行能耗。系统的良好运行除要对每个设备进行良好控制外,还取决于各设备间的有机协调,并且与建筑物本身的使用方式有密切关系。例如,根据上下班时间适当地提前启动空调进行预冷;提前关闭空调,依靠建筑物的热惯性维持下班前一段时间的室内环境;关闭不使用的厅堂的空调;根据空调开启程度确定冷冻机开启台数及运行模式等。此类协调需由空调监控系统的中央管理计算机通过BAS索取到建筑物使用要求与使用状况的信息,再分析决策后才能实现。

4.消防监控系统

消防监控系统(FAS)是建筑设备自动化中非常重要的一部分。FAS主要由火灾自动报警系统和消防联动控制两个部分构成。火灾报警系统是FAS中最主要的部分。它要求在火灾萌发时就能及时测知,并准确指出火警位置。同时,对于吸烟等其他原因造成的局部发烟、高温和发光又不误报。这依赖于灵敏的火灾参数探测传感器及计算机智能分析系统。火灾状况可以通过烟感、温感、光感和气体成分的变化进行监测,每种物理量又由不同类型的传感器探测。需要探测的信号种类及适用的传感器类型都取决于建筑物的类型和可能产生的火灾种类。一个探测区域所需要的探测器的数量也有规定。各种探测器的输出一般都是通、断两种状态,分别对应所探测的物理量"超过标准"和"处于正常范围"两种情况。各探测器通过总线连接至区域报警器。总线提供各个探测器的工作电源,并通过脉冲编码的方式接收各个探测器的输出状态。对于用计算机的智能型区域报警器而言,就不仅仅是将各探测器的输出状态按其位置进行显示,而且要进一步进行分析,剔除误报信息。

消防联动控制包括对防火门、防火卷帘和防火阀的控制,排烟和正在送风的控制,消防水泵、喷淋水泵的控制,自动喷洒灭火装置的控制,疏散广播控制,警铃控制及电梯扶梯控制

等。这些消防装置中有些与它直接相关的感温或感烟装置连接,出现火灾信号后自动动作。此时计算机控制系统应能及时测出这些动作,并使其他装置的设备与其协调工作。其他消防装置则是由值班人员手动控制或由计算机系统自动控制,在火灾时产生要求的动作。在火灾误报率较高的情况下,除了使用计算机系统根据报警信息启动自动喷洒装置外,还需要值班人员根据报警信号进行确认后,才能启动这些消防设备,相当多的消防设备还与其他建筑设备系统有关,如正压送风排烟、电梯、扶梯等。这些设备往往是在正常情况下就需要由BAS控制管理,按照某种运行模式运行,火灾时转换到消防模式。此时,消防系统只是通过BAS向空调、电梯扶梯的控制系统发出向消防模式转换的命令,通过这些设备自己的控制系统来实现消防动作。

5.给排水系统

给排水系统的控制管理主要是为了保证系统能正常运行,因此基本功能是监测给水泵、排水泵、污水泵及饮用水泵的运行状态,监测各种水箱及污水池的水位,监测给水系统压力以及根据这些水位及压力状态启、停水泵。

6.保安系统

保安系统(SAS)是建筑设备自动化的重要部分。它一般有如下内容:

(1)出入口控制系统。这是将门磁开关、电子锁或读卡机等装置安装于进入建筑物或主要管理区的出入口,从而对这些通道进行出入对象控制或时间控制,并可随时掌握管理区内人员构成状况。

(2)防盗报警系统。这是将由红外或微波技术构成的运动信号探测器安装于一些无人值守的部位。当发现所监视区出现移动物体时,即发出信号通知SAS控制中心。

(3)闭路电视监视系统。这是将摄像机装于需要监视控制的区域,通过电缆将图像传至控制中心,使中心可以随时监视各监控区域的现场状态。计算机技术还可进一步对这些图形进行分析,从而辨别出运行物体、火焰、烟及其他异常状态,并报警及自动录像。

(4)保安人员巡逻管理系统。指定保安人员的巡逻路线,在路径上设巡视开关或读卡机,从而计算机可确认保安人员是否按顺序在指定路线下巡逻,以保证保安人员的安全。

上述各部分都需要将各自的工作状态,尤其是所发现的异常现象及时报至SAS控制中心,进而由计算机进行统一分析,帮助值班人员作出准确判断与及时处理。

7.交通监控系统

交通监控系统指对建筑物内电梯、扶梯及停车场的控制管理。电梯、扶梯一般都带有完备的控制装置,但需要将这些控制装置与BAS相连并实现它们之间的数据通信,使管理中心能够随时掌握各个电梯、扶梯的工作状况,并在火灾等特殊情况下对电梯的运行进行直接控制。这些已成为愈来愈多的业主对BAS提出的要求。

停车场的智能化控制主要包括停车场出入口管理,停车计费,车库内外行车信号指示和库内车位空额显示、诱导等。停车场的计算机系统可以通过探测器检测进入场内的总车量,确定各层或各区的空位,并通过各种指示灯引导进入场内的汽车找到空位。该系统也需要随时向控制中心提供车辆信息,以利于在火灾、匪警等特殊情况下控制中心进行正确判断和指挥。

8. BAS 的集中管理协调

在智能建筑中，上述各种系统都不是完全独立运行的，许多情况下需要系统间相互协调。例如，消防系统在发现火灾报警后，要通知空调系统、给排水系统转入火灾运行模式，以利于人员疏散；电力系统则需要停掉一些供电线路，以保证安全；保安系统在发现匪警时也要求照明系统、交通系统进行一些相应的控制动作。这些协调控制需要在 BAS 控制中心通过计算机和值班人员的相互配合来实现。

7.2.2 BAS 采取的控制方式

智能化建筑自动化管理是智能化建筑弱电系统的核心，它的高可靠性是整个弱电系统高可靠性的基石，因此 BAS 系统采取三级控制方式。

1. 操作站级

由计算机及打印机组成，采用实时图形监控操作软件，是 BAS 系统的人—机界面，既可通过显示或打印各种信息来观察当前或以前的系统及其所监控各种机电设备的运行状况及数据，又可通过键盘或鼠标的操作来改变各种机电设备的运行，从而达到特定的监控要求。

2. 网络控制器级

网络控制器是 BAS 系统通讯网络的重要装置，也是整个 BAS 系统的心脏。它一方面通过以太网与操作站及其他网络控制器联系，另一方面通过现场总线网络与分布在大厦各处的直接数字控制器通信。在网络控制器中存放着整个系统所有信息，网络控制器具有多种控制功能，如各种机电设备运行时间统计、事件统计、电力负荷削峰限载计算、联动控制、机组群控等复杂的高性能控制功能，对整个 BAS 系统进行着有条不紊的监控。同时，网络控制器又是将各个分系统接入 BAS 系统进行设施集成的重要接口。

3. 现场控制器级

现场控制器构成系统的第三级，其主要功能是接收安装于各类机电设备上的各种传感器、检测器发出的数据，按控制器内部预先设置的参数和预先编制的控制程序来进行相应的运算（如最大值、延时等），并对各类机电设备进行控制，同时随时根据操作站经由网络控制器发出的各种指令来调整参数或启动有关程序以改变或启动相应设备的监控。

4. 采用三级控制的特点

系统的三级控制采用了分散控制、集中管理的结构，即使系统网络的某一部分控制或线路受到损坏，也只有系统的这一部分瘫痪，不会影响到整个系统的运行。同时，现场控制器采用工业级器件并具有独立运行功能，即使万一操作站或网络发生问题不能工作时，现场控制器仍然能够按控制器内部预先设置的参数和预先编制的控制程序继续运行，整个系统仍能运行。采用三级控制结构，使每一层的结构都相对简单，降低了维修的复杂程度，同时一级网络为 10 兆以太网，二级网络为9 600波特 RS－485 总线，减少了系统网络之间、尤其是现场环境引入的干扰的可能性。

7.3 建筑中的通信自动化系统(CAS)

7.3.1 通信自动化系统的组成

通信自动化系统是以数字程控交换机(PABX)为核心,以语音信号为主,兼有数据信号、传真、图像资料传输的通信网络。该通信网络不仅要保证建筑物内的语音、数据、图像的传输,且要与外界的通信网络如电话网、用户电报网、传真网、公用数据网、卫星通信网、无线电话网及多种计算机网络相通,达到与国内外各种场所互通信息、查询资料,实现信息资料共享。这些可分为语音通信、卫星通信、图文通信及数据通信四个子系统,如图 7-3 所示。

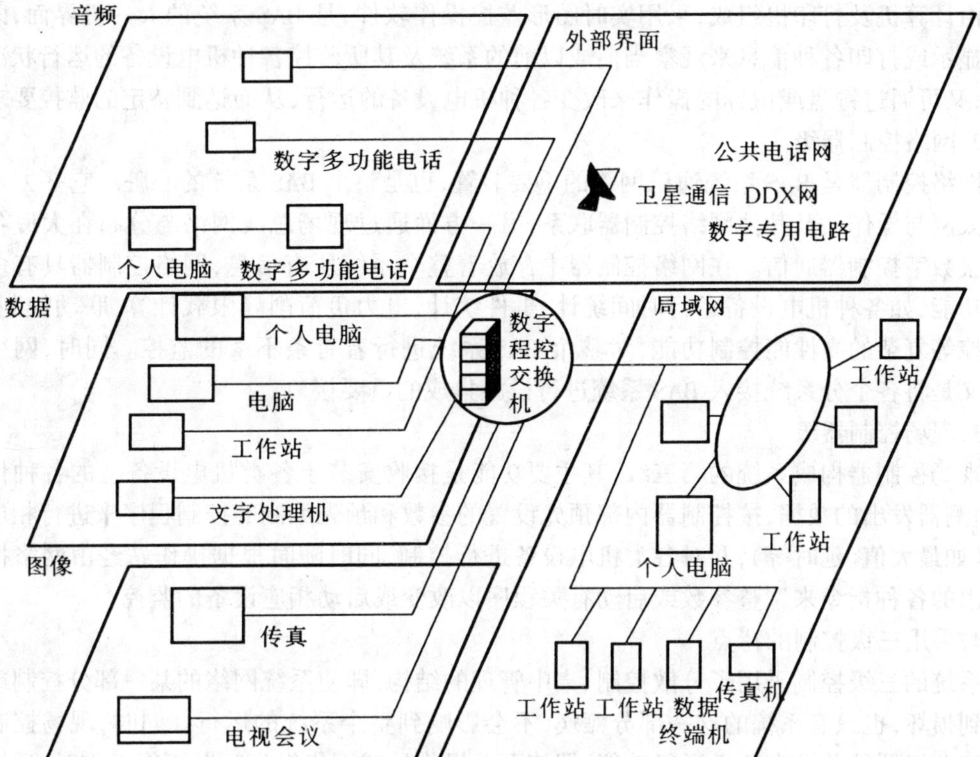

图 7-3 通信自动化系统组成

1.语音通信

语音通信是智能化建筑通信的基础,应用最广泛且功能日趋增多,主要包括以下几个方面。

(1)程控电话

程控电话是电子式自动化电话交换机组成的电话通信。它兴起于 20 世纪 70 年代。程控电话是数字电子计算机程序控制接续的交换设备,即把各种控制功能、步骤、方法编成程序,放入存储器,利用存储器中存储的程序控制整个电话交换机的工作。程控电话交换机主要由话路部分和控制部分组成。其话路部分与纵横制交换机的话路部分相似,而控制部分

则是一台电子计算机,包括中央处理机、存储器和输入/输出设备。程控电话具有体积小、质量轻、可靠性高、接续速度快、服务功能全、便于维护管理、便于向综合业务数字网方向发展等优点,已成为目前城市电话通信建设的主要设备。

(2)移动通信

移动通信是通信的一方或双方在移动中利用无线电波实现通信。它包括移动台(在汽车、火车、飞机、轮船等移动体上)与另一移动台之间通信。移动通信系统包括移动电台、控制终端、无线入网交换、计算机集中控制等并可与公用电话网连接,是在城市中特别是大城市中被广泛使用的一种方便灵活的通信手段。蜂窝状移动通信是20世纪80年代发展起来的小区制大容量公用移动通信系统。它是目前发展最为迅速的移动通信系统,具有容量大、覆盖区域广、功能齐全、可提供呼叫转移、三方通话、遇忙回叫、无人接话自动转移、追查恶意呼叫等新的服务项目,并具有自动诊断、维护方便、性能可靠、小型轻便、低功耗等特点。

(3)磁卡电话

磁卡电话是20世纪70年代后期开始使用的新型公用电话。它主要解决了电话自动收费问题。磁卡电话集中了计算机、通信、电磁学的先进技术,具有使用方便、灵活,易于集中维护管理,更改费率方便,保密,可防伪造,可靠耐用等优点。但目前正在被发展迅速的移动通信所代替。

2.卫星通信

卫星通信是近代航空技术和电子技术相结合产生的一种重要通信手段。它利用赤道上空35 739 km高度、装有微波转发器的同步人造地球卫星作中继站,把地球上若干个信号接收站构成通信网,转接通信信号,实现长距离、大容量的区域通信乃至全球通信。卫星通信实际是微波接力通信的一种特殊形式。在地球同步轨道上的通信卫星可覆盖18 000 km范围的地球表面,即在此范围内的地球站经卫星一次转接便可通信。卫星通信系统主要由同步通信卫星和各种卫星地球站组成。此外,为保证系统正常运行,还必须有监测、管理系统和卫星测控系统。卫星通信的主要特点是通信距离远、覆盖面积大、通信质量高、不受地理环境限制、组网灵活、便于多址连接,以及容量大、投资省、见效快等优点。它适用于远距离的城市之间的通信。

甚小口径终端(VSAT)是20世纪80年代发展起来的一种新型的卫星通信系统,是具有小口径天线的智能化地球站。这类地球站安装使用方便,非常适合智能建筑使用。大量的小站协同一个主站,构成一个卫星通信系统,可以单向、双向传输数据、话音、图像及其他综合电信及信息业务。在写字楼中使用卫星通信系统,最适宜的就要数VSAT终端站。它以体积小、质量轻、安装方便,给大厦顶层架设卫星天线带来了便利。VSAT网特别适用于工商,信息和管理部门的计算机通信业务。业已成熟的VSAT技术,除了为地面通信网提供数据和话音通道外,还能接入ISDN终端来满足将来发展的备种新业务。用户可以使用计算机、传真机、电话机来进行数据传输、高速传真、语音通信等,而且VSAT的通信技术质量均高于电话网。

3.图文通信

图文通信主要是传送文字和图像信号。传统的文字通信有用户电报和传真。新发展的有电子信箱(E-mail)。

(1)用户电报和智能用户电报

用户电报是用户利用装设在办公室或住所的电报终端设备,由市内电信线路与电信局

连通，通过电信局的用户电报网，与本地或国内外各地用户之间直接通信的一种电报业务。用户电报具有与电话通信相似的直接通信和处理问题的特点，只不过用电传打字机代替电话机，用文字代替语音进行通信。它还兼有与公众电报相同的文字记录的特点。用户电报能立即接通，比公众电报快，而且双方电报随问随答，用文字直接交谈，迅速解决问题。与电话比较，用户电报的传输成本较低，双方来去通信均有文字记录可查。当收报用户不在时，发报用户也可以自动启动对方电传打字机收报，这对于有时差的国际间的电报通信十分方便。智能用户电报又称高速用户电报，是一种远程信息处理业务，其终端内有微处理机、数据存储器及报文编辑功能处理机。它的通信过程与用户电报不同。它不是双方操作人员之间的人工通信，而是双方终端存储器之间的自动通信，可在公用电话网、分组交换网和综合业务数字网上进行。

(2)传真通信

传真通信是利用扫描技术，通过电话电路实现远距离精确传送固定的文字和图像等信息的通信技术。形象地说，这是一种远距离复印技术。传真通信按照不同的传送内容分为真迹传真、相片传真和报纸传真；根据不同的业务处理程序可分为用户传真和公众传真。用户传真是用户经批准在本单位的普通电话线路或专线上加装传真终端设备，通过市内电话网和长途电话网，与对方装有传真终端设备的用户直接通报的一种通信方式。公众传真是经手写和印刷材料，特别适合中国的汉字和少数民族文字的传送。当今各种用途、形式的传真机相继问世，如磁盘信息传真机、电脑录像传真机、信息查询传真机、仿真传真机、彩色传真机、便携式传真机、家用传真机等。

(3)电子信箱

电子信箱(或电子邮件，又称消息处理系统)是一种基于计算机网络的信息传递业务。消息可以是一般的电文、信函、数字传真、图像、数字化语音或其他形式的信息。按处理的信息不同，分为语音邮箱、电子邮箱和传真邮箱等。消息处理系统的每个注册用户在本地可以连接现有的各种共用电信网或专线，经过系统的处理和传输，最后送到被叫用户的电子信箱并通知收信人。被叫用户通过一定的指令可以从邮箱中取出信息。这种业务的特点是在通信过程中不要求收信人在场，也不需要将每一收到的信息都以拷贝的形式出现，可具有转发和同时向多个用户发送消息的能力，可以进行迟延投递、加密处理等，并避免了用户占线和无人应答等问题。

图像通信与文字通信相结合产生了图文通信。它是近10多年来发展起来的新型综合通信业务。它将卫星通信、计算机、电话、电视技术结合在一起形成开放式的信息服务系统。通常由信息处理中心、数据库、电话网(或数据网)和用户终端设备组成，实现最大范围的信息资源共享。利用可视图文系统可以传送或接收文本文件和图像信息，用户可以与数据库进行通信。可视图文分为交互型、广播型和计算与信息处理型，目前应用广泛的是第一种。交互型可视图文是一种双向通信业务，用户可直接通过菜单检索等方式向数据库索取各种数据资料，如查询新闻、法律、文化艺术、体育消息、市场动态、科技资料、专科目录、图书情报、火车时刻、飞机航班、天气预报、电话号码等；也可在索取信息的同时，修改数据库的内容，进行“既读又写”的操作，如银行储蓄、电子购物、预订票证、旅馆、证券交易等。广播型可视图文是一种单向通信业务，利用广播电视信号空隙传送文字或图形，即可与电视节目同时收看，也可单独收看。计算机与信息处理型可视图文是用户要求服务主机提供翻译、各类专家咨询系统等。

4.数据通信

数据通信技术是计算机与电信技术相结合的新兴通信技术。操作人员使用数据终端设备与计算机,或计算机与计算机,通过通信线路和按照通信协议实现远程数据通信,即所谓人—计算机或计算机—计算机之间的通信。数据通信实现了通信网资源、计算机资源与信息资源等共享以及远程数据处理。按照服务性质可分为公用数据通信和专用数据通信;按组网形式可分为电话网上的数据通信、用户电报网上的数据通信和数据通信网通信;按交换方式可分为非交换方式数据通信、电路交换数据通信和分组交换数据通信。

分组交换数据通信是公用数据通信网采用统计复用存储转发的信号交换技术。它将数据分解为若干个分组,每个分组中除了要传送的数据外还有地址信息及其他控制信息。交换节点对所收到的各个分组分别处理,按其中的地址信息选择路由,以发送到能到达目的地的下一节点。

7.3.2 广播音响电视系统

1.广播音响系统

在现代化智能建筑通信设备的配置中,除了计算机网络、闭路电视和卫星电视等现代化设施之外,广播音响系统是不可缺少的一个组成部分。

(1)广播音响系统概述

现代智能建筑的广播音响系统绝不是传统概念中拾音器、扩音机加扬声器的简陋系统,而是由客房音响、背景音响、多功能厅音响、会议厅(室)音响及消防报警紧急广播音响等部分的多种设备组成。虽然现在广播音响系统的设备和内容比传统的要丰富得多,但广播音响系统的本质还是扩声和声音传播系统。无论哪种用途的广播音响系统,它的基本功能都是将微弱的声源信号,通过声电转换、放大等方法处理后传送到各播放点,经电声转换器还原成具有高保真度的声音,播放到听众区。扩声系统的基本功能是将微弱声音信号转变成电信号,并对该信号进行放大、处理。传播系统是将经放大、处理过的电声信号,通过电线、电缆传送到播音终端,并利用扬声器还原成低失真度的声音,播放到声学环境中去。

(2)广播音响系统基本组成

为了实现广播音响系统的扩声和传送播放功能,一个完整的广播音响系统应该有音源输入设备、前级处理设备、功率放大设备、信号传输线路、扬声器等部分。

(3)广播音响系统分类

广播音响系统的基本功能是扩声和声音传播,但由于实际用途、设备配置、工作原理、声源性质等不同,广播音响系统可以有多种不同的划分方法。

①按应用范围划分为以下三种。

a.业务性广播系统。主要是用于建筑大楼的日常工作、宣传教育、信息传递、召开会议等行政管理事务,以及发生紧急情况时指挥大楼内人员疏散等。业务性广播以播放语音信息为主,其广播音响网络一般分布在会议室、办公室、展厅、走廊、机房、各通道口处,以及建筑物外空间等有人员活动的场所。

b.服务性广播系统。主要是用于大堂、走廊、多功能厅、咖啡厅、酒吧、茶座、商场、客房、健身娱乐室等处的服务性、娱乐性广播,以播放供欣赏娱乐的音乐节目为主。对于涉外的宾馆、国际会议或贸易中,有时还需要配置同声传译会议系统。

c.火灾事故紧急广播系统。为保证大型高层建筑,尤其是兼有客房、舞厅的综合楼,在发

生火灾时能及时传递信息,指挥疏散人群,根据有关规定专门设有火灾事故紧急广播系统。

②广播音响系统的信号可通过有线传输也可以无线传输。由于无线传输的设备投入大,且受频率管理的限制,智能大楼的广播音响系统一般都采用有线传输方式。按有线广播音响系统的信号馈送方式划分,可以分成调频信号传输方式、高电平信号传输方式和低电平信号传输方式。

③按广播音响系统的工作原理划分,可以分成单声道或多声道立体声音响系统等。由于智能大楼内广播音响系统的多样性以及具体应用的环境各不相同,对音响系统的设计要求也不相同。除以音乐欣赏为主的歌舞音乐厅和多功能厅要配置双声道或多声道立体声音响系统外,像大堂、走廊、餐厅、客房等许多场所一般都采用单声道音响系统。

(4)音响设备的信号处理方式有模拟式和数字式两种。传统的音响设备都是模拟设备。模拟音响设备存在失真度高和噪声大等固有缺陷。随着集成电路和微处理机技术在音响领域得到越来越多的应用,出现了各种利用微处理机和大规模数字集成电路为核心的新一代数字化音响设备,已经成为现代音响设备的主流。数字化音响设备的特点是低失真、低噪声、多功能、高分解力以及可预存、可编程等。

(5)按用途划分成以下六种。

客房音响、背景音响、多功能厅音响、会议厅(室)的扩声、即席发言和同声传译系统、消防事故紧急广播、卡拉OK包厢音响。

2.有线电视系统

(1)有线电视的产生

电视接收机在一般情况下通过本身的接收天线,接收电视台发射的含有图像和伴音信息的高频电磁波(通常称为高频电视信号),经接收机解调后,还原成图像和声音。由于高频电视信号的频率属于甚高频(VHF)和超高频(UHF)频段,而在该频段范围内的电磁波的空间传播特性决定了只有在其视距范围内才有可能接收到高频电视信号,而且只有当接收点的场强大于一定值时,才能获得较好的接收效果。

但是,由于高频电视信号在传播过程中受到视距范围内的气候、环境和地貌的影响,不仅使远离发射天线处接收点的信号场强迅速下降,使图像背景上出现噪波干扰,即使离发射天线不远的地方,尤其是大、中城市,由于信号传播受到阻挡、折射、反射的缘故,有可能收不到信号,即使收到信号也会使接收到的图像产生扭曲、丢色或重影,使接收效果变差。

为了克服上述现象,在20世纪50年代初期,就采取在接收条件不好的地方架设高增益接收天线来接收高频电视信号,再经过放大器对信号放大后,通过电缆分配到楼内或附近的电视接收机的输入端口,这就是早期共用天线电视系统的雏形,简称为CATV系统。由于电视接收机所需的高频电视信号是从电缆中取得的,所以有时称这种系统为电缆电视系统。

(2)有线电视系统的基本组成

有线电视系统通常由前端系统、传输网络和用户分配网络三个部分组成。

①前端系统。信号源与传输系统之间的设备,包括接收电视台电视节目的多振子天线、接收卫星广播电视的抛物面天线、自办节目的录像机和影碟机等,以及这些信号的处理设备,构成前端系统。前端还分为本地前端、远地前端和中心前端。直接与干线系统相连的前端叫本地前端。经过长距离光缆、地面微波接力或卫星线路把信号送到本地前端的前端,叫远地前端。辅助前端或中心前端设在服务区中心,其信号源来自本地前端,再加入自办节目或其他途径接收的信号。

②传输网络。干线系统是信号的传输网络。传输线路根据不同情况可采用同轴电缆、光缆,其中串入若干放大器和均衡器,以补偿传输线路的损耗和均衡信号电平。干线系统是有线电视系统的重要组成部分,相应的管道在建筑施工过程中同时敷设,所以,需充分考虑长期稳定使用的要求。管道转弯处应安装弯曲半径足够大的过渡盒,以避免传输线路(电缆)折角而产生信号反射。管道内的电缆不能有接头,否则将可能有强反射。

③用户分配网络。由传输线路、分配器、分支器和线路延长放大器等部件组成,通过用户线把输出口与用户电视机相连。

7.3.3 智能建筑与综合业务数字网

随着社会信息量的爆炸式增加,通信业务范围越来越大。从技术上经济方面考虑,要求将用户的话音与非话音信息按照统一的标准以数字形式综合于同一网络,构成综合业务数字网 ISDN。

智能建筑中的信息网络应是一个以话音通信为基础,同时具有大量数据、文字和图像通信能力的综合业务数字网,并且是智能建筑外广域综合业务数字的用户子网。

1.综合业务数字网

简单地说,综合业务数字网就是具有高度数字化、智能化和综合化的通信网。它将电话网、电报网、传真网、数据网和广播电视网用数字程控交换机和数字传输系统联合起来,实现信息收集、存储、传送、处理和控制一体化。综合业务数字网是一种新型的电信网。它可以代替一切系列专用服务网络,即用一个网络就可以为用户提供包括电话、高速传真、智能用户电报、可视图文、电子邮政、会议电视、电子数据交换、数据通信、移动通信等多种电信服务。用户只需通过一个标准插口就能接入各种终端,传递备种信息;并且只占用一个号码,就可以在一条用户线上同时打电话、发送传真、进行数据检索等。综合业务数字网的服务质量和传输效率都远优于一般电信网,并且具有开发和承受各种电信业务的能力。

综合业务数字网的发展可以分为以下三个阶段:

(1)第一个发展阶段是:以 64 kb/s 的电路交换网、分组交换网为基础,通过标准接口实现窄带业务的综合,进行话音、高速数据和运动图像的综合传输;

(2)第二个发展阶段是:用户或网络接口的标准化,且终端用户也采用光纤传输,并使用光纤交换技术,达到向用户提供 500 多个频道以上的广播电视和高清晰度电视节目等宽带业务,如图 7-4 所示;

(3)第三个发展阶段是:从第二阶段电路-分组交换网、宽带数字网和多个频道广播电视网的基础上引入了智能管理网,并且由智能网络控制中心管理这三个基本网,同时还会引入智能电话、智能交换机以及工程设计、故障检测与诊断的各种智能专家系统,所以,可称为智能化宽带综合业务数字网,如图 7-5 所示。

7.3.4 国际互联网

信息社会瞬息万变,当昨天还在宣传信息高速公路的时候,今天它已经走进了我们的生活。在美国,作为最大网络的国际互联网(INTERNET)已经成为人们生活的一部分,科技人员利用它查询资料、寻求合作与帮助,公司经理则利用它来介绍产品、拓展国际市场,学生利用它来发送电子邮件、获取最新免费软件……

Internet 网是当今信息高速公路的主干网,同时也是世界上最大的信息网。它来源于

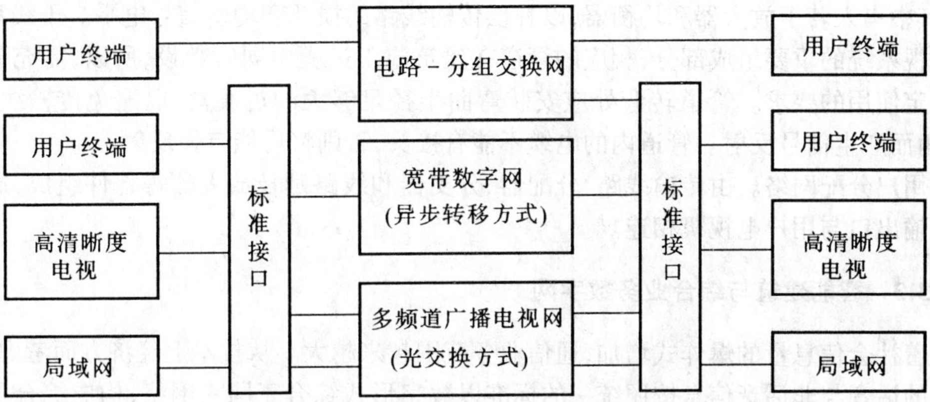

图7-4 第二个发展阶段的综合业务数字网

1969年美国国防部高级研究计划局(ARPA)的RPANET。到20世纪80年代初,在美国国家自然科学基金会(BSF)的支持下,用高速线路把分布在各地的一些超级计算机连接在一起,经过十多年的发展,形成了当今的Internet网。

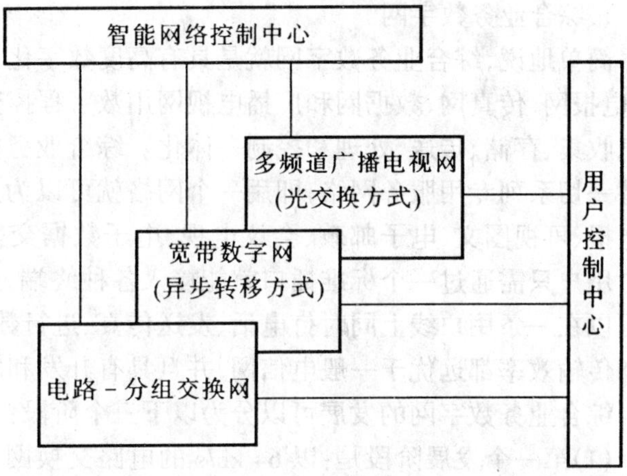

图7-5 第三个发展阶段的综合业务数字网

Internet网称为国际互联网,是通过TCP/IP协议将各种网络连接在一起的网络。Internet网除了具有资源智能网络控制中心共享和分布式处理的特点以外,它最大的特点是交互性,即每一个联网终端既可以接受信息,又可以在网上发送自己的信息,每个入网的用户既是网络的使用者,同时也是信息的提供者。因而连接的网络越多,Internet网提供的信息也就越丰富,Internet网也就越有价值。由于Internet网的入网方式简单,不需要用户了解网络的具体形式,也不需要考虑用户使用的机型,只要具有一台计算机和一个调制解调器,就可以进入到世界上的任何一个网络,和其他网上的用户进行联系。因此,它已逐渐成为人们与现代社会密切联系的重要手段。Internet网之所以取得如此广泛的影响,是因为它采用了统一的通信协议把为数众多的局域网和广域网连成了一片,因而Internet网也称为网络的网络。

Internet像是一棵大树,它的树干是具体的物理链接,分支是校园网、区域网、广域网、专业网等,树叶是传真机、计算机等信息发送和接收设备。它们作为现代信息社会的命脉,使整个信息产业随着这棵大树的生长而枝繁叶茂。随着Internet网的发展,新兴的服务项目无止境地从枝叶上冒了出来,如电子邮件、资料检索、在家购物、交互电视、数据通信、电子数据交换、可视图文信息。

随着Internet网的发展,人们之间的距离正在缩短。通过网络人们可以做以下一些事情:

(1)电子邮件(E-mail)。在 Internet 网中,这是使用最广泛的功能。通过 E-mail 人们可以向世界各地的 Internet 网用户发送信件,既可以是文本格式,也可以是图形或照片,甚至可以获得需要的软件。利用电子邮件发送信件,一般只需几秒钟,而价格只有长途电话的 1/20。对于一些致力于海外求学的学子来说,可以通过向各个大学发电子邮件的途径介绍自己,或者获得有关大学的帮助。

(2)远程登录(Telnet)。这可使人们做到“秀才不出门,便知天下事”,使人们方便地选列另一个入网的计算机。这个计算机既可以是同一局域网内的,也可以是世界上任何一个角落的计算机。

(3)文件传输(FTP)。通过 Internet 网使人们可以与别的网络上的人进行信息交流。一些追星族甚至可以利用 Internet 把所喜爱的明星个人资料、音像资料、CD 等收集起来。

由于 Internet 网具有如此强大的功能,它的用户已不局限于科研工作者。目前,Internet 网的 48%的使用与研究工作有关、20%与商业活动有关、10%与军事有关、7%与政府活动有关、6%与教育有关。Internet 网给全世界的用户提供了丰富多彩的信息服务,任何用户都可以借助于带有调制解调器的计算机,从一个网络进入到另一个网络,从一个国家的计算机进入到另一个国家的计算机,实现全球范围内的信息传输和接收。通过 Internet 网,用户可以得到新闻、天气预报、公论、官方的经济数据统计、学术报告、科学数据等等各种类型的信息。

Internet 网作为信息革命的先锋,正在逐步改变着人们的生活方式。

7.4 建筑中的办公自动化系统(OAS)

在当今世界,浩繁信息的获取、处理、存储和利用已成为社会管理的必要手段。一个国家的经济现代化,取决于管理现代化和决策科学化。办公自动化(OA)是构成智能化建筑的重要组成部分。它是一门综合了计算机、通信、文秘等多种技术的新型学科,是办公方式的一次革命,也是当代信息社会的必然产物。

7.4.1 办公自动化的形成和发展

办公自动化的概念最早是由美国人在 20 世纪 60 年代提出的。发展至今,大体经历了三个阶段。

第一阶段(1975 年以前)为单机阶段。即采用单机设备,如文字处理机、复印机、传真机等,在办公程序的某些重要环节上由机器来执行,局部地、个别地实现自动操作以完成单项业务的自动化。

第二阶段(1975 年~1985 年)为局域网阶段。这一阶段办公自动化的特点是个人计算机开始进入办公室,并形成局域网系统,实现了办公信息处理网络化。在办公室业务的处理中采用信息采集、处理、保存的综合系统,并广泛利用局域网络、城域网络和远程网络,加强了办公信息的通信联系和办公信息资源的共享。这一阶段的另一个特点是广泛利用数据库技术,把办公自动化从事务处理级向信息管理级和计算机辅助决策级方向发展。人们在利用各种现代化办公设备的同时,还加强对办公自动化系统软硬件及有关办公管理科学方面的研究,如分析办公流程,研究办公自动化系统模型,开展对办公自动化系统的分析及系统效益、系统评估等理论方面的研究。

第三阶段(1985 年至今)为计算机办公自动化一体化阶段。此时,由于计算机网络通信体系

的进一步完善及综合业务数字网通信技术的发展和实施,计算机技术与通信技术相结合,办公自动化进入了一体化阶段,即办公自动化系统向着综合化和信息处理一体化方向发展。

7.4.2 办公自动化的概念和任务

办公自动化系统(OAS)是指办公人员利用现代科学技术的最新成果,借助先进的办公设备,并由这些设备与办公室人员构成的服务于某种目标的人一机信息处理系统,以实现办公活动的科学化、自动化。办公自动化系统的目的是尽可能充分地利用信息资源,提高生产、工作效率和质量,辅助决策,提高管理和决策的科学化水平。即在办公室工作中,以微型计算机为中心,采用传真机、复印机、打印机、电子信箱(E - mail)等一系列现代化办公及通信设备,全面、广泛、迅速地收集、整理、加工和使用信息,为科学管理和科学决策提供服务。办公自动化是用高新技术来支撑的,辅助办公的先进手段。它主要有三项任务。

1.电子数据处理(EDP)。即处理办公中大量繁琐的事务性工作,如发送通知、打印文件、T总表格、组织会议等,即将上述繁琐的事务交给机器完成,以达到提高工作效率,节省人力的目的。

2.信息管理(MIS)。对信息流的控制管理是每个部门最本质的工作,办公自动化是信息管理的最佳手段,它把各项独立的事务处理通过信息交换和资源共享联系起来以获得准确、快捷、及时、优质的功效。

3.决策支持(DS)。决策是根据预定目标行动的决定,是高层次的管理工作。决策过程是一个提出问题、搜集资料、拟订方案、分析评价、最后选定等一系列活动环节。办公自动化系统的建立,能自动地分析、采集信息、提供各种优化方案、辅助决策者作出正确与迅速的决定。

7.4.3 智能建筑办公自动化系统的类型与功能

按照国家标准《智能建筑设计标准 GB/T50314 - 2000》,在智能建筑中,根据各类建筑物的使用功能需求,可建立两类办公自动化系统:通用办公自动化系统和专用办公自动化系统。

另外,根据办公自动化系统的功能层次,可分为事务处理型、信息管理型和决策支持型办公自动化系统。

1.通用办公自动化系统

建筑物的物业管理营运信息、电子账务、电子邮件、信息发布、信息检索、导引、电子会议以及文字处理、文档等的管理。如建筑设备管理系统 BMS、物业管理系统、建筑物 Intranet、一卡通系统、综合信息服务系统等。

通用办公自动化系统应实现的主要功能包括:

(1)应能对建筑物内各类设备的运行状况、统计信息及维护进行管理;

(2)应具有进行文字处理、文档管理、各类公共服务的计费管理、电子账务、人员管理等功能;

(3)应具有共用信息库,向建筑物内公众提供信息采集、装库、检索、查询、发布、导引等功能;

(4)智能卡管理子系统应能识别身份、门钥、信息系统密钥等,并进行各类计算。

2.专用办公自动化系统

对于专业型办公建筑,其办公自动化系统除具有通用办公自动化系统的功能外,还应按其特定的业务需求,建立专用办公自动化系统。如银行业务系统、商场酒店管理系统、政府

机关办公系统、各类企业管理系统等。

3.事务型办公自动化系统

大体上可分为办公事务处理(如文字处理、电子表格、电子邮件等)和行政事务处理(如公文流转等)两大部分。

4.信息管理型办公自动化系统

即管理信息系统(MIS)。它是把事务处理办公系统和数据库密切结合的一种一体化的信息处理系统。政府机关、企事业单位,为了优化日常的办公活动,提高办公效率和质量,必须具备本单位或有关的社会信息。管理信息层的办公活动,应包括日常事务处理和信息管理两部分。其中,信息管理是指对本办公业务领域内及相关的各类信息(社会信息、经济信息及监控信息)进行控制与利用。

5.决策支持型办公自动化系统

决策是人们对出现的问题和要求,去寻求解决和实现的对策或方法,是普遍存在的一种思维活动。通常是根据该问题所具有的数据、资料、模型、案例和经验等作为综合分析和逻辑推理的基础,该问题的具体要求作为综合或选择的条件,去得出解决问题的对策或办法。

决策支持系统使用数据仓库和数据挖掘技术,应用人工智能技术,基于模型库、方法库和知识库,提供业务领域所需要的决策信息,从而支持科学决策,优化决策。

7.4.4 办公自动化系统在智能建筑中的作用和地位

1.办公自动化系统是办公类智能建筑的灵魂

从用户角度看,智能建筑就是向用户提供一个安全、高效、舒适、便利的建筑环境。一栋办公类智能建筑,如果不能提供一个高效的办公环境,尽管它很安全、很舒适,恐怕也不会有多少单位进驻。而高效的办公环境最终是通过建立高效办公自动化系统来体现的。

2. 办公自动化系统是实现建筑智能化系统的集成、运行与维护的必要手段。《智能建筑设计标准 GB/T50314 - 2000》明确规定,智能建筑办公自动化系统的设计应主要针对智能建筑的通用办公自动化系统,并具体规定了:甲级标准应设置、乙级标准宜设置“建筑设备综合管理系统 BMS”。

此外,智能建筑要汇集建筑内外的各种信息,实现各智能化子系统的集成,需要设置位于各智能化子系统最上层的智能建筑综合管理系统 IBMS。IBMS 能够将收集到的有关楼内外资料,分析整理成具有高附加值的信息,运用先进的技术和方法使建筑物的作业流程更有效,运行成本更低,竞争力更强。同时,又使建筑物内各实时子系统高度集成,做到保安、防火、设备监控三位一体,集成在一个图形操作界面上,以实现整个建筑的全面监视、控制和管理,从而提高建筑物全局事件和物业管理的效率、综合服务的功能。

7.4.5 办公自动化的主要技术和主要设备

办公自动化技术是一间综合性、跨学科技术,它涉及计算机科学、通信科学、系统工程学、人机工程学、控制论、经济学、社会心理学、人工智能等,但人们通常把计算技术、通信技术、系统科学和行为科学称作办公自动化的四大支柱。目前,应以行为科学为主导、系统科学为理论,结合运用计算机技术和通信技术来帮助人们完成办公室的工作,以实现办公自动化。

1.办公自动化的主要技术

(1)计算机技术

计算机软硬件技术是办公自动化的主要支柱。办公自动化系统中信息采集、输入、存储、加工、传输和输出均依赖于计算机技术。文件和数据库的建立和管理、办公语言的建立和各种办公软件的开发与应用也依赖于计算机。另外,计算机高性能的通信联网能力,使相隔任意距离、处于不同地点的办公室之间的人可以像在同一间办公室办公一样。因而在众多现代化办公技术与设备中,对办公自动化起关键作用的是计算机信息处理设备和构成办公室信息通信的计算机网络通信系统。

(2)通信技术

现代化的办公自动化系统是一个开放的大系统,各部分都以大量的信息纵向和横向联系,信息从某一个办公室向附近或者远程的目的地传送。所以,通信技术是办公自动化的重要支撑技术,是办公自动化的神经系统。从模拟通信到数字通信,从局域网到广域网,从公共电话网、低速电报网到分组交换网、综合业务数网,从一般电话到微波、光纤、卫星通信等各种现代化的通信方式,都缩短了空间距离、克服了时空障碍、丰富了办公自动化的内容,如图 7-6 所示。

(3)其他综合技术

支持现代化办公自动化系统的技术还包括微电子技术、光电技术、精密仪器技术、显示技术、自动化技术、磁记录和光记录技术等。

2.办公自动化的主要设备如图 7-6 所示。

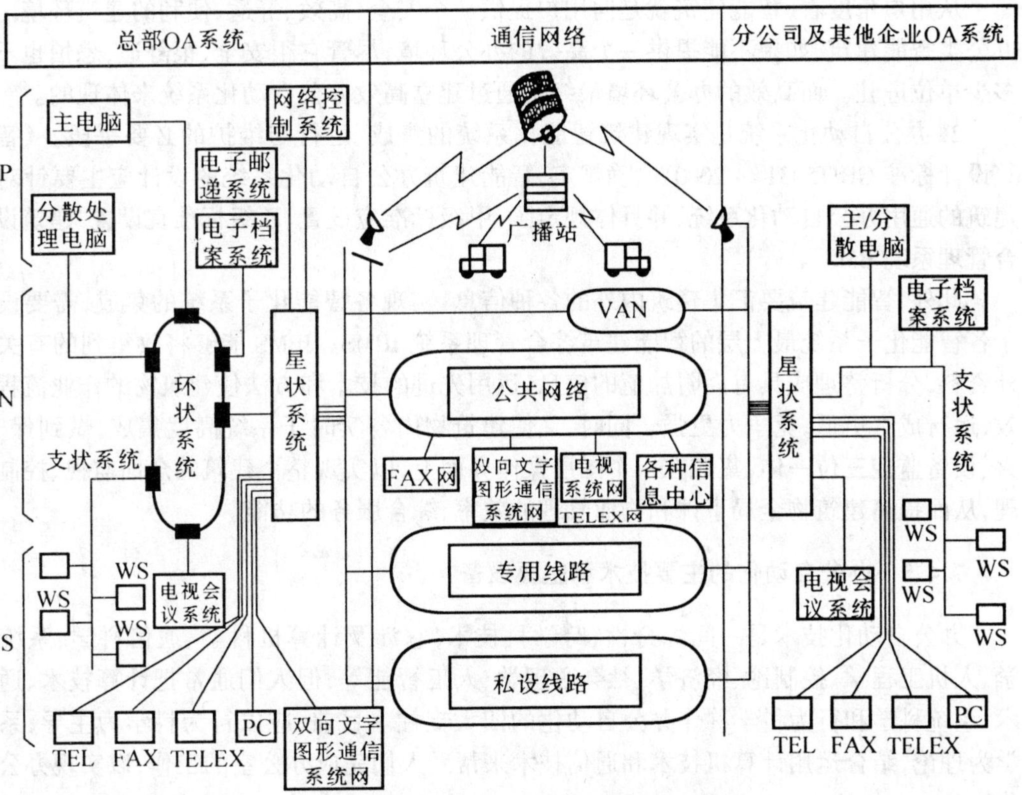

图 7-6　智能化建筑内外办公自动化系统通信概念图

办公自动化系统的主要设备有两大类：

(1)图文数据处理设备。包括计算机设备，电子打字机、打印机、复印机、图文扫描机、电子印刷系统等。

(2)图文数据传送设备。包括图文传真机、电传机、程控交换机以及各种新型的通信设备。

习题与思考题

7.1 智能建筑的主要特征是什么？

7.2 智能建筑由哪几部分组成？

7.3 BAS 系统的基本功能有哪些？

7.4 办公自动化的主要任务有哪些？

7.5 简述办公自动化的概念。

第8章　实验技能训练

实验一　电阻元件伏安特性的测绘

一、训练目的

1. 掌握线性电阻、非线性电阻元件伏安特性的逐点测试法；
2. 学习恒电源、直流电压表、电流表的使用方法。

二、训练设备

1. 直流数字电压表、直流数字电流表(EEL－06组件或EEL系列主控制屏)；
2. 恒压源(EEL－Ⅰ,Ⅱ,Ⅲ,Ⅳ均含在主控制屏上,根据用户的要求,可能有两种配置:(1)＋6 V(＋5 V),＋12 V,0～30 V可调或(2)双路0～30 V可调)；
3. EEL－51组件、EEL－52组件。

三、训练内容

1. 测定线性电阻的伏安特性

按图8－1接线,图中的电源U选用恒压源的可调稳压输出端,通过直流数字毫安表与1 kΩ线性电阻相连,电阻两端的电压用直流数字电压表测量。调节恒压源可调稳压电源的输出电压 U,从0伏开始缓慢地增加(不能超过10 V),在表8－1中记下相应的电压表和电流表的读数。

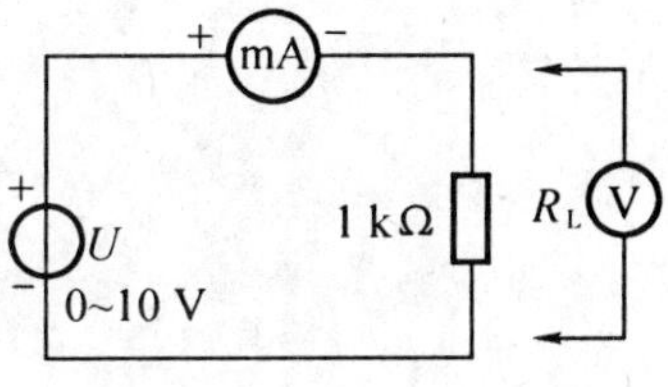

图8－1

表8－1　线性电阻伏安特性数据

U/V	0	2	4	6	8	10
I/mA						

2. 测定6.3 V白炽灯泡的伏安特性

将图8－1中的1 kΩ线性电阻换成一只6.3 V的灯泡,重复1的步骤,电压不能超过6.3 V,在表8－2中记下相应的电压表和电流表的读数。

表8－2　6.3 V白炽灯泡伏安特性数据

U/V	0	1	2	3	4	5	6.3
I/mA							

3.测定半导体二极管的伏安特性

按图 8－2 接线，R 为限流电阻，取 200 Ω（十进制可变电阻箱），二极管的型号为 1N4007。测二极管的正向特性时，其正向电流不得超过 25 mA，二极管 VD 的正向压降可在 0～0.75 V 之间取值。特别是在 0.5～0.75 V 之间更应取几个测量点；测反向特性时，将可调稳压电源的输出端正、负连线互换，调节可调稳压输出电压 U，从 0 伏开始缓慢地增加（不能超过－30 V），将数据分别记入表8－3 和表 8－4 中。

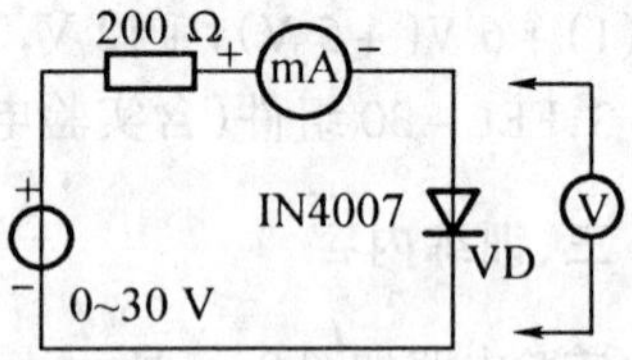

图 8－2

表 8－3　二极管正向特性实验数据

U/V	0	0.2	0.4	0.45	0.5	0.55	0.60	0.65	0.70	0.75
I/mA										

表 8－4　二极管反向特性实验数据

U/V	0	－5	－10	－15	－20	－25	－30
I/mA							

四、预习要求

1.线性电阻与非线性电阻的伏安特性有何区别？它们的电阻值与通过的电流有无关系？

2.如何计算线性电阻与非线性电阻的电阻值？

五、技能训练报告的要求

1.根据实验数据，分别在方格纸上绘制出各个电阻的伏安特性曲线。

2.根据伏安特性曲线，计算线性电阻的电阻值，并与实际电阻值比较。

3.根据伏安特性曲线，计算白炽灯在额定电压(6.3 V)时的电阻值，当电压降低 20%时，阻值为多少？

实验二　基尔霍夫定律的验证

一、训练目的

1.验证基尔霍夫定律，加深对基尔霍夫定律的理解；

2.掌握直流电流表的使用以及学会用电流插头、插座测量各支路电流的方法；

3.学习检查、分析电路简单故障的能力。

二、训练设备

1.直流数字电压表、直流数字毫安表（根据型号的不同，EEL—Ⅰ型为单独的 MEL－06

组件,其余型号含在主控制屏上);

2.恒压源(EEL-Ⅰ,Ⅱ,Ⅲ,Ⅳ,Ⅴ均含在主控制屏上,根据用户的要求,可能有两种配置:(1)+6 V(+5 V),+12 V,0~30 V可调或(2)双路0~30 V可调);

3.EEL-30组件(含实验电路)或EEL-53组件。

三、训练内容

实验电路如图8-3所示,图中的电源U_{S1}用恒压源中的+6 V(+5 V)输出端,U_{S2}用0~+30 V可调电压输出端,并将输出电压调到+12 V(以直流数字电压表读数为准)。实验前先设定三条支路的电流参考方向,如图中的I_1,I_2,I_3所示,并熟悉线路结构,掌握各开关的操作使用方法。

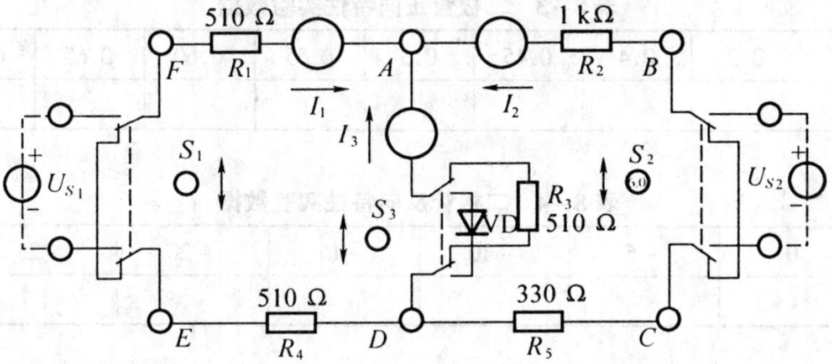

图8-3

1.熟悉电流插头的结构,将电流插头的红接线端插入数字毫安表的红(正)接线端,电流插头的黑接线端插入数字毫安表的黑(负)接线端。

2.测量支路电流

将电流插头分别插入三条支路的三个电流插座中,读出各个电流值。按规定:在节点A,电流表读数为"+",表示电流流出节点;读数为"-",表示电流流入节点,然后根据图8-3中的电流参考方向,确定各支路电流的正、负号,并记入表8-5中。

表8-5 支路电流数据

支路电流/mA	I_1	I_2	I_3
计算值			
测量值			
相对误差			

3.测量元件电压

用直流数字电压表分别测量两个电源及电阻元件上的电压值,将数据记入表8-6中。测量时电压表的红(正)接线端应插入被测电压参考方向的高电位(正)端,黑(负)接线端插入被测电压参考方向的低电位(负)端。

表 8-6　元件电压数据

各元件电压/V	U_{S1}	U_{S2}	U_{R1}	U_{R2}	U_{R3}	U_{R4}	U_{R5}
计算值							
测量值							
相对误差							

4.检查、分析电路的简单故障

在图 8-3 实验电路中,用选择开关设置开路、短路、元件值、电源值错误等故障,用电压表按通电检查法检查、分析电路的简单故障。首先用选择开关选择"正常",在单电源作用下,测量各段电压,记入自拟的表格中,然后分别选择"故障 1~5",测量对应各段电压,与"正常"时的电压比较,并将分析结果记入表 8-7 中。

表 8-7　故障原因

故障 1	故障 2	故障 3	故障 4	故障 5

四、预习要求

1.根据图 8-3 的电路参数,计算出待测的电流 I_1, I_2, I_3 和各电阻上的电压值,记入表中,以便实验测量时,可正确地选定毫安表和电压表的量程。

2.在图 8-3 的电路中,A,D 两节点的电流方程是否相同,为什么?

3.在图 8-3 的电路中可以列几个电压方程?它们与绕行方向有无关系?

五、技能训练报告的要求

1.根据实验数据,选定实验电路中的任一个节点,验证基尔霍夫电流定律(KCL)的正确性;

2.根据实验数据,选定实验电路中的任一个闭合回路,验证基尔霍夫电压定律(KCL)的正确性;

3.列出求解电压 U_{EA} 和 U_{CA} 的电压方程,并根据实验数据求出它们的数值;

4.写出实验中检查、分析电路故障的方法,总结查找故障的体会。

实验三　戴维南定理

一、训练目的

1.验证戴维南定理、诺顿定理的正确性,加深对该定理的理解;

2.掌握测量有源二端网络等效参数的一般方法。

二、训练设备

1.直流数字电压表、直流数字毫安表(根据型号不同,EEL-Ⅰ型为单独的 MEL-06 组

件,其余型号含在主控制屏上);

2.恒压源(EEL-Ⅰ,Ⅱ,Ⅲ,Ⅳ均含在主控制屏上,根据用户的要求,可能有两种配置:(1)+6 V(+5 V),+12 V,0~30 V可调或(2)双路0~30 V可调);

3.恒源流(0~500 mA可调);

4.EEL-51组件、EEL-52组件。

三、训练内容

被测有源二端网络如图8-4所示。

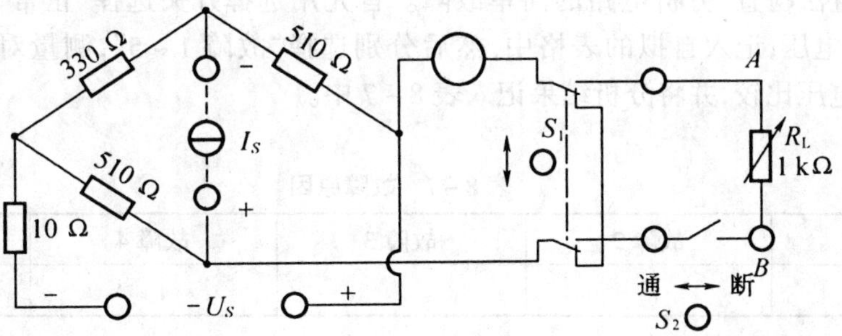

图8-4

1.图8-4线路接入稳压源 $U_S=12$ V和恒流源 $I_S=20$ mA及可变电阻 R_L。先断开 R_L 测 U_{oc},再短接 R_L 测 I_{sc},则 $R_o=U_{OC}/I_{sc}$,填入表8-8中。

表8-8

U_{oc}/V	I_{sc}/mA	$R_o(=U_{oc}/I_{sc})$/Ω

2.负载实验

按图8-4改变 R_L 阻值,测量有源二端网络的外特性,填入表8-9中。

表8-9

R_L/Ω	990	900	800	700	600	500	400	300	200	100
U/V										
I/mA										

3.验证戴维南定理:用1 kΩ(当可变电器用),将其阻值调整到等于按步骤"1"所得的等效电阻 R_o 值,然后令其与直流稳压电源(调到步骤"1"时所测得的开路电压 U_{oc} 之值)相串联,仿照步骤"2"测其特性填入表8-10中,对戴氏定理进行验证。

表 8－10

R_L/Ω	990	900	800	700	600	500	400	300	200	100
U/V										
I/mA										

四、预习要求

1.如何测量有源二端网络的开路电压和短路电流,在什么情况下不能直接测量开路电压和短路电流?

2.说明测量有源二端网络开路电压及等效内阻的几种方法,并比较其优缺点。

五、技能训练报告的要求

1.根据步骤 2 和 3,分别绘出曲线,验证戴维南定理的正确性,并分析产生误差的原因;

2.根据步骤 1,4,5 各种方法测得的 U_{oc}与R_0与预习时电路计算的结果作比较,你能得出什么结论?

实验四　交流串联电路的研究

一、训练目的

1.学会使用交流数字仪表(电压表、电流表、功率表)和自耦调压器;

2.学习用交流数字仪表测量交流电路的电压、电流和功率;

3.学会用交流数字仪表测定交流电路参数的方法;

4.加深对阻抗、阻抗角及相位差等概念的理解。

二、训练设备

1.交流电压表、电流表、功率表;

2.自耦调压器(输出可调的交流电压);

3.EEL－17 组件(含白炽灯 220 V,40 W,日光灯 30 W,镇流器,电容器 4 μF,2 μF/400 V)。

三、训练内容

实验电路如图 8－6 所示,功率表的连接方法见图 8－5,交流电源经自耦调压器调压后向负载 Z 供电。

1.测量白炽灯的电阻

图 8－6 电路中的 Z 为一个 220 V,40 W 的白炽灯,用自耦调压器调压,使 U 为 220 V,(用电压表测量),并测量电流和功率,记入自拟的数据表格中。

将电压 U 调到 110 V,重复上述实验。

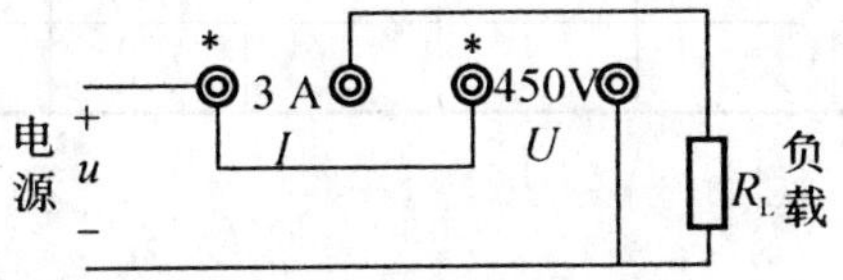

图 8-5

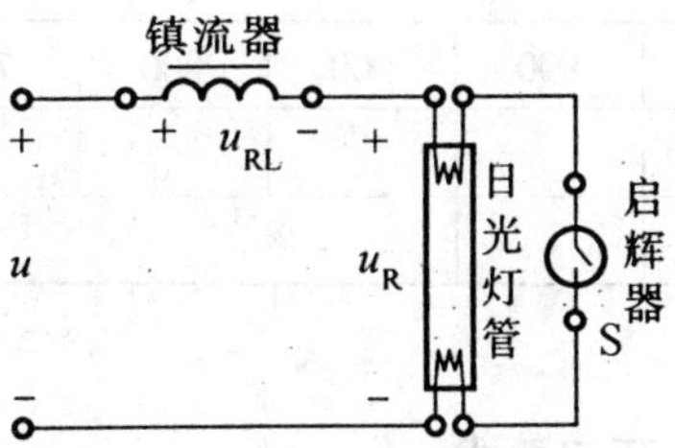

图 8-6

2.测量电容器的容抗

将图 8-6 电路中的 Z 换为 4 μF 的电容器(改接电路时必须断开交流电源),将电压 U 调到 220 V,测量电压、电流和功率,记入自拟的数据表格中。

将电容器换为 2 μF,重复上述实验。

3.测量镇流器的参数

将图 8-6 电路中的 Z 换为镇流器,将电压 U 分别调到 180 V 和 90 V,测量电压、电流和功率,记入自拟的数据表格中。

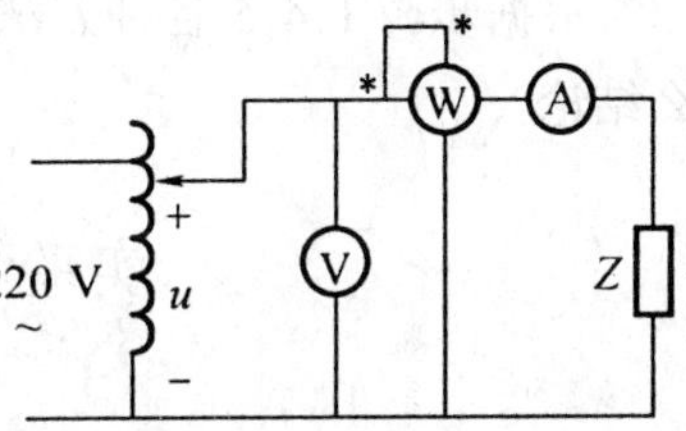

图 8-7

4.测量日光灯电路

日光灯电路如图 8-7 所示,将电压 U 调到 220 V,测量日光灯管两端电压 U_R、镇流器电压 U_{RL} 和总电压 U 以及电流和功率,并记入自拟的数据表格中。

四、预习要求

1.自拟实验所需的全部表格;

2.在 50 Hz 的交流电路中,测得一只铁芯线圈的 P,I 和 U,如何计算它的电阻值及电感量?

3.参阅课外资料,了解日光灯的电路连接和工作原理;

4.了解功率表的连接方法;

5.了解自耦调压器的操作方法。

五、技能训练报告的要求

1.根据实验 1 的数据,计算白炽灯在不同电压下的电阻值;

2.根据实验 2 的数据,计算电容器的容抗和电容值;

3.根据实验 3 的数据,计算镇流器的参数(电阻 R 和电感 L);

4.根据实验 4 的数据,计算日光灯的电阻值,画出各个电压和电流的相量图,说明各个电压之间的关系。

实验五　三相电路电压、电流的测量

一、训练目的

1. 练习三相负载的星形连接和三角形连接；
2. 了解三相电路线电压与相电压，线电流与相电流之间的关系；
3. 了解三相四线制供电系统中，中线的作用；
4. 观察线路故障时的情况。

二、训练设备

1. 三相交流电源；
2. 交流电压表、电流表；
3. EEL－55组件。

三、训练内容

1. 三相负载星形连接(三相四线制供电)

实验电路如图8－8所示，将白炽灯按图所示，连接成星形接法。将三相调压器的旋钮置于三相电压输出为0 V的位置(即逆时针旋到底的位置)，然后旋转旋钮，调节调压器的输出，使输出的三相线电压为220 V。测量线电压和相电压，并记录数据。

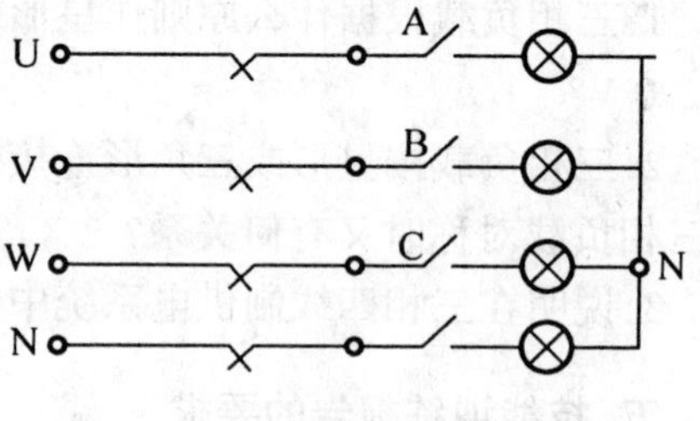

图8－8

(1)在有中线的情况下，测量三相负载对称和不对称时的各相电流、中线电流和各相电压，将数据记入表8－11中，并记录各灯的亮度。

(2)在无中线的情况下，测量三相负载对称和不对称时的各相电流、各相电压和电源中点 N 到负载中点 N' 的电压 U'_{NN}，将数据记入表8－11中，并记录各灯的亮度。

表8－11　负载星形连接实验数据

中线连接	每相灯数			负载相电压/V			电流/A				U'_{NN} /V	亮度比较
	A	B	C	U_A	U_B	U_C	I_A	I_B	I_C	I_N		A,B,C
有	1	1	1									
	1	2	1									
	1	断开	2									
无	1	断开	2									
	1	2	1									
	1	1	1									
	1	短路	3									

2.三相负载三角形连接

实验电路如图8-9所示，将白炽灯按图所示，连接成三角形接法。调节三相调压器的输出电压，使输出的三相线电压为220 V。测量三相负载对称和不对称时的各相电流、线电流和各相电压，将数据记入表8-12中，并记录各灯的亮度。

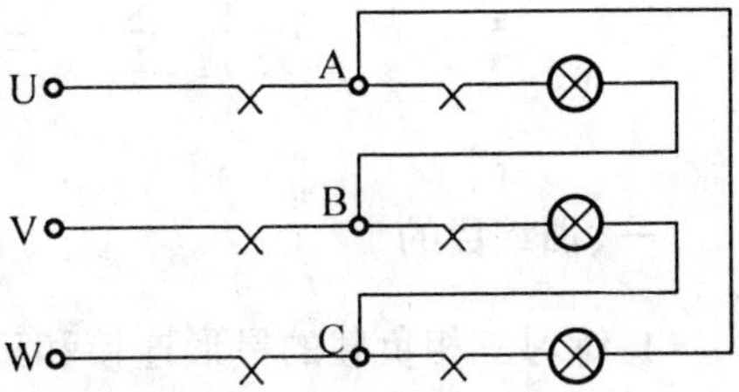

图8-9

表8-12 负载三角形连接实验数据

每相灯数			相电压/V			线电流/A			相电流/A			亮度比较
$A-B$	$B-C$	$C-A$	U_{AB}	U_{BC}	U_{CA}	I_A	I_B	I_C	I_{AB}	I_{BC}	I_{CA}	
1	1	1										
1	2	3										

四、预习要求

1.三相负载根据什么原则作星形或三角形连接？本实验为什么将三相电源线电压设定为220 V？

2.三相负载按星形或三角形连接，它们的线电压与相电压、线电流与相电流有何关系？当三相负载对称时又有何关系？

3.说明在三相四线制供电系统中中线的作用，中线上能安装保险丝吗，为什么？

五、技能训练报告的要求

1.根据实验数据，在负载为星形连接时，$U_l=\sqrt{3}\,U_p$ 在什么条件下成立？在三角形连接时，$I_l=\sqrt{3}\,I_p$ 在什么条件下成立？

2.用实验数据和观察到的现象，总结三相四线制供电系统中中线的作用。

3.不对称三角形连接的负载，能否正常工作？实验是否能证明这一点？

根据不对称负载三角形连接时的实验数据，画出各相电压、相电流和线电流的相量图，并证实实验数据的正确性。

实验六　三相鼠笼式异步电动机正反转控制

一、训练目的

1.通过对三相鼠笼式异步电动机正反转控制线路的安装接线，掌握由电气原理图接成实际操作电路的方法；

2.加深对电气控制系统各种保护、自锁、互锁等环节的理解；

3.学会分析、排除继电接触控制线路故障的方法。

二、训练设备

1.三相交流电源(220 V);
2.三相鼠笼式异步电动机 DJZ4;
3.D61 继电接触控制挂箱(一),D62 继电接触控制挂箱(二)。

三、训练内容

1.倒顺开关正反转控制线路

(1)旋转调压器旋钮将三相调压电源 U,V,W 输出线电压调到 220 V,按下"关"按钮切断交流电源。

(2)按图 8－10 接线。图中 Q_1(用以模拟倒顺开关),FU_1,FU_2,FU_3 选用 D62 挂件,电机选用 DJ24(△/220 V)。

(3)启动电源后,把开关 Q_1 合向"左合"位置,观察电机转向。

(4)运转半分钟后,把开关 Q_1 合向"断开"位置后,再扳向"右合"位置,观察电机转向。

2.接触器联锁正反转控制线路

(1)按下"关"按钮切断交流电源。按图 8－11 接线。图中 SB_1,SB_2,SB_3,KM_1,KM_2,FR_1 选用 D61 件,Q_1,FU_1,FU_2,FU_3,FU_4 选用 D62 挂件,电机选用 DJ24(△/220 V)。经指导老师检查无误后,按下"开"按钮通电操作。

(2)合上电源开关 Q_1,接通 220 V 三相交流电源。

(3)按下 SB_1,观察并记录电动机 M 的转向、接触器自锁和联锁触点的吸断情况。

(4)按下 SB_3,观察并记录 M 运转状态、接触器各触点的吸断情况。

(5)再按下 SB_2,观察并记录 M 的转向、接触器自锁和联锁触点的吸断情况。

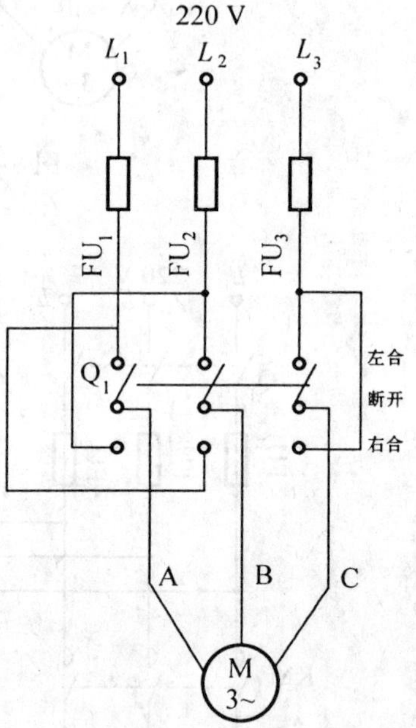

图 8－10 倒顺开关正反转控制线路

3.按钮联锁正反转控制线路

(1)按下"关"按钮切断交流电源。按图 8－12 接线。图中 SB_1,SB_2,SB_3,KM_1,KM_2,FR_1 选用 D61 挂件,Q_1,FU_1,FU_2,FU_3,FU_4 选用 D62 挂件,电机选用 DJ24(△/220 V)。经检查无误后,按下"开"按钮通电操作。

(2)合上电源开关 Q_1,接通 220 V 三相交流电源。

(3)按下 SB_1,观察并记录电动机 M 的转向、各触点的吸断情况。

(4)按下 SB_3,观察并记录电动机 M 的转向、各触点的吸断情况。

(5)按下 SB_2,观察并记录电动机 M 的转向、各触点的吸断情况。

四、故障分析

1.接通电源后,按启动按钮($5B_1$ 或 $5B_2$),接触器吸合,但电动机不转且发出"嗡嗡"声

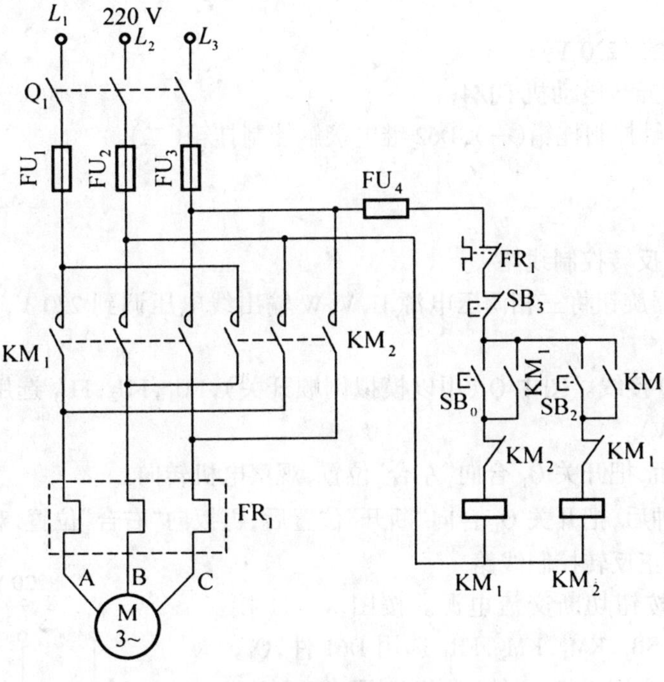

图 8-11 接触器联锁正反转控制线路

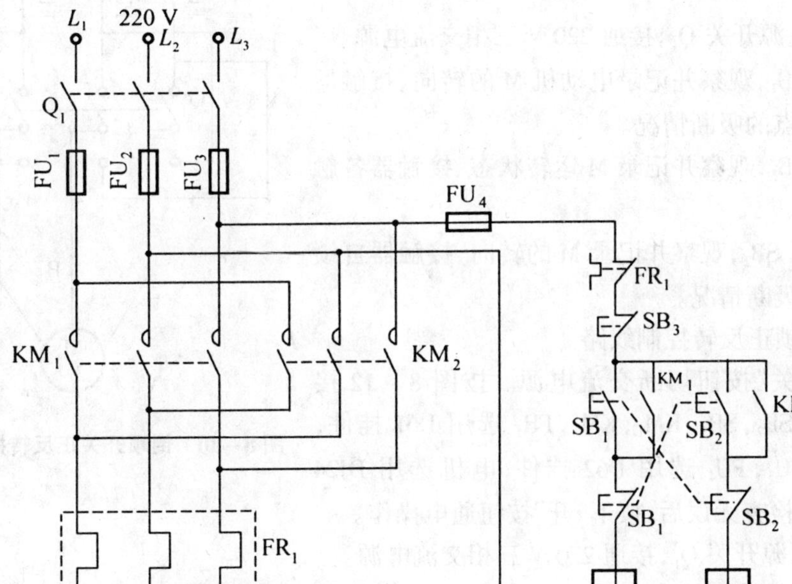

图 8-12 按钮联锁正反转控制线路

响;或者虽能启动,但转速很慢。这种故障大多是主回路一相断线或电源缺相。

2.接通电源后,按启动按钮($5B_1$ 或 $5B_2$),若接触器通断频繁,且发出连续的噼啪声或吸合不牢,发出颤动声,此类故障原因可能是:

(1)线路接错,将接触器线圈与自身的动断触头串在一条回路上了;

(2)自锁触头接触不良,时通时断;

(3)接触器铁芯上的短路环脱落或断裂;

(4)电源电压过低或与接触器线圈电压等级不匹配。

五、技能训练报告的要求

1.在图10中,欲使电机反转为什么要把手柄扳到"停止"使电动机M停转后,才能扳向"反转"使之反转,若直接扳至"反转"会造成什么后果?

2.试分析图10,11,12各有什么特点?并画出运行原理流程图。

3.图11,12虽然也能实现电动机正反转直接控制,但容易产生什么故障,为什么?

4.接触器和按钮的联锁触点在继电接触控制中起到什么作用?

附录

附录 1　半导体器件的命名方法

1.国产半导体器件的命名由五部分组成。

附表 1-1　国产半导体器件命名方法

第一部分		第二部分		第三部分		第四部分	第五部分
用数字表示器件的电极数		用字母表示器件的材料和极性		用字母表示器件的类型		用数字表示器件的序号	用字母表示器件的规格
符号	意　义	符号	意　义	符号	意　义	意　义	意　义
2	二极管	A	N 型,锗材料	P	普通管		
3	三极管	B	P 型,锗材料	V	微波管		
		C	N 型,硅材料	W	稳压管		
		D	P 型,硅材料	C	参量管		
		A	PNP 型,锗材料	Z	整流管		
		B	NPN 型,锗材料	L	整流桥		
		C	PNP 型,硅材料	S	隧道管		
		D	NPN 型,硅材料	N	阻尼桥		
		E	化合物材料	U	光电器件		
				K	开关管		
				X	低频小功率管		
				G	高频小功率管		
				D	低频大功率管		
				A	高频大功率管		
				T	可控整流器件		
				Y	体效应器件		
				B	雪崩管		
				J	阶跃恢复管		
				CS	场效应器件		
				BT	半导体特殊器件		
				FH	复合管		
				PIN	PIN 管		
				JG	激光器件		

2.整流二极管:常用的型号有 2CZ 系列、2CP 系列等。

附表 1-2 整流二极管的主要参数

型 号	最大整流电流(A)	正向压降(V)	最高反向工作电压(V)	反向电流(μA)	频率(kHz)
2CZ56A~K	3	≤0.8	50~800	10	3
2CZ57A~K	5	≤0.8	50~800	10	3
2CZ58A~K	10	≤0.8	50~800	10	3
2CZ59A~K	20	≤0.8	50~800	10	3
2CZ60A~K	50	≤0.8	50~800	10	3
2CZ82A~H	100	≤1.0	25~600	5	3
2CZ83A~H	300	≤1.0	50~600	5	3

3.稳压二极管:常用的稳压二极管有 2CW 系列。

附表 1-3 稳压二极管的主要参数

型号	最大稳定电流(mA)	稳定电压(V)	动态电阻(Ω)	正向压降(V)	最大允许耗散功率(W)
2CW1	23	7~8.5	12	≤1.0	0.28
2CW2	25	8.5~9.5	18	≤1.0	0.25
2CW3	23	9.2~10.5	25	≤1.0	0.25
2CW4	21	10~12	30	≤1.0	0.25
2CW5	20	11.5~12.5	35	≤1.0	0.25
2CW6	14	13.5~17	45	≤1.0	0.25
2CW18	20	10~11.8	30	≤1.0	0.25
2CW19	17	11.5~14	35	≤1.0	0.25

4.检波二极管:常用的型号有 2AP 系列。

附表 1-4 检波二极管的主要参数

型号	最大整流电流(mA)	反向击穿电压(V)	最高反向工作电压(V)	最高工作频率(MHz)
2AP1	16	≥40	20	150
2AP2	16	≥45	30	150
2AP3	25	≥45	30	150
2AP4	16	≥75	50	150
2AP5	16	≥110	75	150
2AP6	12	≥150	100	150
2AP7	12	≥150	100	150

5.开关二极管:常用的型号有 2AK 系列、2CK 系列。

附表 1-5　开关二极管的主要参数

型号	反向击穿电压(V)	最高反向工作电压(V)	正向电压降(V)	最大正向电流(mA)	反向恢复时间(nS)
2AK1	30	10	≤1.0	≥100	≤200
2AK2	40	20	≤1.0	≥150	≤200
2AK3	50	30	≤0.9	≥200	≤150
2AK4	55	35	≤0.9	≥200	≤150
2AK5	60	40	≤0.9	≥200	≤150
2AK6	70	50	≤0.9	≥200	≤150
2AK9	60	40	≤1.0	≥10	≤150
2AK10	70	50	≤1.0	≥10	≤150
2CK1	40	30	≤1.0	100	≤150
2CK2	80	60	≤1.0	100	≤150
2CK3	120	90	≤1.0	100	≤150
2CK9	15	10	≤1.0	30	≤5
2CK10	30	20	≤1.0	30	≤5
2CK11	45	30	≤1.0	30	≤5

6.常用晶体管的主要参数。

附表 1-6　PNP 型锗低频小功率管的主要参数

型号	集电极-基极间反向电流 I_{CBO} (μA)	集电极-发射极间反向电流 I_{CEO} (μA)	直流电流放大倍数 $\overline{\beta}$	共发射极截止频率 f (kHz)	集电极-基极间反向击穿电压 $U_{(BR)CBO}$ (V)	集电极-发射极间反向击穿电压 $U_{(BR)CEO}$ (V)	集电极允许最大电流 I_C (mA)	集电极最大允许耗散功率 P_{CM} (mW)
3AX31M	≤25	≤1 000	80~400		15	6	125	125
3AX31A	≤20	≤800	40~180		20	12	125	125
3AX31B	≤12	≤600	40~180		30	18	125	125
3AX31C	≤6	≤400	40~180		40	24	125	125
3AX81A	≤30	≤1 000		≥6	20	10	200	200
3AX81B	≤15	≤700		≥8	30	15	200	200
3AX85A	≤50	≤1 200	40~180	≥6	30	12	500	300
3AX85B	≤50	≤900	40~180	≥8	30	18	500	300
3AX85C	≤50	≤700	40~180	≥8	30	24	500	300
3AX55M	≤80	≤1 200	30~50	≥6	50	12	500	500
3AX55A	≤80	≤1 200	30~50	≥6	50	20	500	500
3AX55B	≤80	≤1 200	30~50	≥6	50	30	500	500
3AX55C	≤80	≤1 200	30~50	≥6	50	45	500	500

附表 1－7　PNP 型锗高频小功率三极管的主要参数

型号	集电极－基极间反向电流 I_{CBO} (μA)	集电极－发射极间反向电流 I_{CEO} (μA)	交流电流放大倍数 β	特征频率 f_T(MHz)	集电极－基极间反向击穿电压 $U_{(BR)CBO}$ (V)	集电极－发射极间反向击穿电压 $U_{(BR)CEO}$ (V)	集电极允许最大电流 I_{CM}(mA)	集电极最大允许耗散功率 P_{CM} (mW)
3AG53A	≤5	≤200	30～200	≥30	25	15	10	50
3AG53B	≤5	≤200	30～200	≥50	25	15	10	50
3AG53C	≤5	≤200	30～200	≥100	25	15	10	50
3AG54A	≤5	≤300	40～180	≥30	25	15	30	100
3AG54B	≤5	≤300	40～180	≥50	25	15	30	100
3AG54C	≤5	≤300	40～180	≥100	25	15	30	100
3AG55A	≤8	≤500	40～180	≥100	25	15	50	150
3AG55B	≤8	≤500	40～180	≥200	25	15	50	150
3AG55C	≤8	≤500	40～180	≥300	25	15	50	150

附表 1－8　PNP 型锗小功率开关三极管的主要参数

型号	集电极－基极间反向电流 I_{CBO} (μA)	集电极－发射极间反向电流 I_{CEO} (μA)	直流电流放大倍数 $\overline{\beta}$	特征频率 f_T(MHz)	集电极－基极间反向击穿电压 $U_{(BR)CBO}$ (V)	集电极－发射极间反向击穿电压 $U_{(BR)CEO}$ (V)	集电极允许最大电流 I_{CM}(mA)	集电极最大允许耗散功率 P_{CM} (mW)
3AK7	≤10		30～150	≥50	≥30	≥20	35	60
3AK8	≤10		30～150	70～120	≥30	≥15	35	60
3AK9	≤10		30～150	120～200	≥30	≥15	35	60
3AK10	≤10		30～250	≥200	≥30	≥15	35	60
3AK11	≤10	≤100	30～150	≥8	≥30	≥25	70	120
3AK12	≤5	≤100	30～150	50～70	≥30	≥20	60	120
3AK13	≤5	≤100	30～150	70～120	≥30	≥15	60	120
3AK14	≤5	≤100	30～150	120～200	≥30	≥15	60	120
3AK15	≤5	≤100	30～250	≥200	≥30	≥15	60	120

附表 1－9　PNP 型锗大功率三极管的主要参数

型号	集电极－基极间反向电流 I_{CBO}（mA）	集电极－发射极间反向电流 I_{CEO}（mA）	直流电流放大倍数 $\overline{\beta}$	共发射极截止频率 f（KHz）	集电极－基极间反向击穿电压 $U_{(BR)CBO}$（V）	集电极－发射极间反向击穿电压 $U_{(BR)CEO}$（V）	集电极允许最大电流 I_{CM}（A）	集电极最大允许耗散功率 P_{CM}（W）
3AD50A	0.3	2.5	20～140	4	50	18	3	10
3AD50B	0.3	2.5	20～140	4	60	24	3	10
3AD50C	0.3	2.5	20～140	4	70	30	3	10
3AD52A	0.3	2.5	20～140	4	50	18	2	10
3AD52B	0.3	2.5	20～140	4	60	24	2	10
3AD52C	0.3	2.5	20～140	4	70	30	2	10
3AD53A	0.5	12	20～140	2	50	12	6	20
3AD53B	0.5	10	20～140	2	60	18	6	20
3AD53C	0.5	10	20～140	2	70	24	6	20
3AD56A	0.8	15	20～140	3	60	30	15	50
3AD56B	0.8	15	20～140	3	80	45	15	50
3AD56C	0.8	15	20～140	3	100	60	15	50
3AD57A	1.2	20	20～140	3	60	30	30	100
3AD57B	1.2	20	20～140	3	80	45	30	100
3AD57C	1.2	20	20～140	3	100	60	30	100

附表 1－10　NPN 型硅高频小功率三极管

型号	集电极－基极间反向电流 I_{CBO}（μA）	集电极－发射极间反向电流 I_{CEO}（μA）	直流电流放大倍数 $\overline{\beta}$	特征频率 f_T（MHz）	集电极－基极间反向击穿电压 $U_{(BR)CBO}$（V）	集电极－发射极间反向击穿电压 $U_{(BR)CEO}$（V）	集电极允许最大电流 I_{CM}（mA）	集电极最大允许耗散功率 P_{CM}（mW）
3DG100M	≤0.1		25～270	≥150	≥20	≥15	20	100
3DG100A	≤0.1		≥30	≥150	≥30	≥20	20	100
3DG100B	≤0.1		≥30	≥150	≥40	≥30	20	100
3DG100C	≤0.1		≥30	≥300	≥30	≥20	20	100

附表 1-10(续)

型号	集电极-基极间反向电流 I_{CBO} (μA)	集电极-发射极间反向电流 I_{CEO} (μA)	直流电流放大倍数 $\bar{\beta}$	特征频率 f_T(MHz)	集电极-基极间反向击穿电压 $U_{(BR)CBO}$ (V)	集电极-发射极间反向击穿电压 $U_{(BR)CEO}$ (V)	集电极允许最大电流 I_{CM}(mA)	集电极最大允许耗散功率 P_{CM} (mW)
3DG100D	≤0.1		≥30	≥300	≥40	≥30	20	100
3DG110M	≤0.5	≤0.5	25~270	≥150	≥20	≥15	50	300
3DG110A	≤0.1	≤0.1	≥30	≥150	≥20	≥15	50	300
3DG110B	≤0.1	≤0.1	≥30	≥150	≥40	≥30	50	300
3DG110C	≤0.1	≤0.1	≥30	≥300	≥60	≥45	50	300
3DG110D	≤0.1	≤0.1	≥30	≥300	≥20	≥15	50	300
3DG130M	≤1	≤5	25~270	≥150	≥30	≥20	300	700
3DG130A	≤0.5	≤1	≥30	≥150	≥40	≥30	300	700
3DG130B	≤0.5	≤1	≥30	≥150	≥60	≥45	300	700
3DG130C	≤0.5	≤1	≥30	≥300	≥40	≥30	300	700
3DG130D	≤0.5	≤1	≥30	≥300	≥60	≥45	300	700

附表 1-11 PNP 型硅高频小功率晶体三极管的主要参数

型号	集电极-基极间反向电流 I_{CBO} (μA)	集电极-发射极间反向电流 I_{CEO} (μA)	直流电流放大倍数 $\bar{\beta}$	特征频率 f_T(MH$_Z$)	集电极-基极间反向击穿电压 $U_{(BR)CBO}$ (V)	集电极-发射极间反向击穿电压 $U_{(BR)CEO}$ (V)	集电极允许最大电流 I_{CM}(mA)	集电极最大允许耗散功率 P_{CM} (mW)
3CG110A	≤0.1	≤0.1	≥25	≥100	≥15	≥4	50	300
3CG110B	≤0.1	≤0.1	≥25	≥100	≥30	≥4	50	300
3CG110C	≤0.1	≤0.1	≥25	≥100	≥45	≥4	50	300
3CG120A	≤0.1	≤0.1	≥25	≥200	≥15	≥4	100	500
3CG120B	≤0.1	≤0.1	≥25	≥200	≥30	≥4	100	500
3CG120C	≤0.1	≤0.1	≥25	≥200	≥45	≥4	100	500
3CG130A	≤0.5	≤1	≥25	≥80	≥15	≥4	300	700
3CG130B	≤0.5	≤1	≥25	≥80	≥30	≥4	300	700
3CG130C	≤0.5	≤1	≥25	≥80	≥45	≥4	300	700

附表 1-12　PNP 型硅小功率开关三极管的主要参数

型号	集电极-基极间反向电流 I_{CBO} (μA)	集电极-发射极间反向电流 I_{CEO} (μA)	直流电流放大倍数 $\overline{\beta}$	特征频率 f_T(MHz)	集电极-基极间反向击穿电压 $U_{(BR)CBO}$ (V)	集电极-发射极间反向击穿电压 $U_{(BR)CEO}$ (V)	集电极允许最大电流 I_{CM}(mA)	集电极最大允许耗散功率 P_{CM} (mW)
3CK9A	≤10	≤20	≥30	≥150	≥15	≥4	700	700
3CK9B	≤10	≤20	≥30	≥150	≥25	≥4	700	700
3CK9C	≤10	≤20	≥30	≥150	≥40	≥4	700	700
3CK9D	≤10	≤20	≥30	≥150	≥60	≥4	700	700
3CK10A	≤10	≤20	≥25	≥150	≥35	≥4	1 000	1 000
3CK10B	≤10	≤20	≥25	≥150	≥50	≥4	1 000	1 000

附表 1-13　NPN 型硅开关三极管的主要参数

型号	集电极-基极间反向电流 I_{CBO} (μA)	集电极-发射极间反向电流 I_{CEO} (μA)	直流电流放大倍数 $\overline{\beta}$	特征频率 f_T(MHz)	集电极-基极间反向击穿电压 $U_{(BR)CBO}$ (V)	集电极-发射极间反向击穿电压 $U_{(BR)CEO}$ (V)	集电极允许最大电流 I_{CM}(mA)	集电极最大允许耗散功率 P_{CM} (mW)
3DK2A	≤0.1	≤0.1	≥20	≥150	≥30	≥20	30	200
3DK2B	≤0.1	≤0.1	≥20	≥200	≥30	≥20	30	200
3DK2C	≤0.1	≤0.1	≥20	≥150	≥20	≥15	30	200
3DK3A	≤0.1	≤0.1	≥10	≥200	≥10	≥6	30	100
3DK3B	≤0.1	≤0.1	≥20	≥300	≥15	≥9	30	100
3DK4A	≤1	≤10	≥20	≥100	≥40	≥30	800	700
3DK4B	≤1	≤10	≥20	≥100	≥60	≥45	800	700
3DK4C	≤1	≤10	≥20	≥100	≥40	≥30	800	700
3DK7	≤1	≤1	25~180	≥120	≥25	≥9	50	150

附录2 常用照明电光源

1.电光源型号的表示方法

电光源型号的表示一般由三部分组成:第一部分为字母,由电光源名称中主要特征的3个以内汉语拼音首字母组成;第二部分数字表示电光源的额定电压;第三部分数字表示电光源的额定功率。常用电光源型号见表2-1。

附表2-1 常用电光源型号

光源名称	型号组成			举例
	第一部分	第二部分	第三部分	
普通照明灯泡	PZ	额定电压	额定功率	PZ220-60
反射照明灯泡	PZF			PZF220-60
装饰灯泡	ZS			ZS220-40
局部照明灯泡	JZ			JZ220-15
聚光灯泡	JG			JG220-100
摄影灯泡	SY			SY6
水下灯泡	SX			SX60
卤钨灯	LZG			LJG220-500
直管型荧光灯	YZ	额定功率	RR 日光色 RL 冷白色 RN 暖白色	YZ40RR
U型荧光灯	YU			YU40RN
环型荧光灯	YH			YH40RL
紫外线灯管	ZW			ZW40
荧光高压汞灯	GGY			GGY50
反射性荧光高压汞灯	GFY			GGF400
低压钠灯	ND	额定功率		ND150
高压纳灯	NG			NG200

2.常用照明电光源技术参数

附表2-2 常用普通照明灯泡额定值

灯泡型号	电压(V)	功率(W)	光通量(lm)
PZ220-15	220	15	110
PZ220-25		25	220
PZ220-40		40	350
PZ220-60		60	630
PZ220-100		100	1 250
PZ220-200		200	2 920
PZ220-500		500	8 300
PZ220-1 000		1 000	1 860

附表 2－3　照明管型卤钨灯额定值

灯泡型号	电压(V)	功率(W)	光通量(lm)
LZG220－500	20	500	9 750
LZG220－1 000		1 000	21 000
LZG220－1 500		1 500	31 500
LZG220－2 000		2 000	42 000

附表 2－4　荧光灯的型号、参数

型号		额定功率(W)	额定电压(V)	工作电流(mA)	启辉电流(mA)	额定光通量(lm)	平均寿命(h)
第一型号	工厂型号						
YZ4	–	4	35	110 ± 5	170	70	700
YZ6		6	55	135 ± 5	200	150	1 000
YZ8		8	65	145 ± 5	220	250	
–	RR－15S	15	58	300	500	665	
	RR－30S	30	96	320	560	1 700	
YZ15	RR－15	15	50	320	440	580	
	RL－15					635	
YZ20	RR－20	20	60	350	500	930	3 000
	RL－20					1 000	
YZ30	RR－30	30	81	350	560	1 500	
	RL－30					1 700	
YZ40	RR－40	40	108	410	650	2 400	
	RL－40					2 640	
YZ100	RR－100	100	87	1 500	1 800	5 000	2 000
	RL－100					6 100	
YH20	CRR20	20	60	350	500	970	2 000
YH30	CRR30	30	95	350	560	1 550	
YH40	CRR40	40	108	410	650	2 200	
YU30	URR30	30	80	350	560	1550	
YU40	URR40	40	108	410	650	2 200	

附表 2-5 常用高压汞灯的技术数据

灯泡型号	光电参数							
	电源电压(V)	灯泡功率(W)	灯泡电压(V)	工作电流(A)	启动时间(min)	再启动时间(min)	配用镇流器阻抗(Ω)	寿命(h)
GGY125	220	125	115 ± 15	1.25	4 ~ 8	5 ~ 10	134	2 500
GGY250	220	250	130 ± 15	2.15	4 ~ 8	5 ~ 10	70	5 000
GGY400	220	400	135 ± 15	3.25	4 ~ 8	5 ~ 10	45	5 000
GGY1 000	220	1 000	145 ± 15	7.5	4 ~ 8	5 ~ 10	18.5	5 000

附表 2-6 自镇流高压汞灯的技术数据

灯泡型号	电源电压(V)	灯泡功率(W)	工作电流(A)	启动电压(V)	启动时间(min)	寿命(h)
GLY-250	220	250	1.2	180	3 ~ 6	2 500
GLY-450	220	450	2.25	180	3 ~ 6	3 000
GLY-750	220	750	3.56	180	3 ~ 6	3 000

附表 2-7 内触发高压钠灯光电参数表

灯泡型号	光电参数						
	额定电压(V)	额定功率(W)	启动电压(V)	灯泡电压(V)	启动电流(A)	灯工作电流(A)	额定光通量(lm)
NG-250 NG-400	220	250 400	187	100 ± 20	4.5 5.2	3.0 4.6	23 750 42 000

附表 2-8 外触发高压钠灯光电参数表

灯泡型号	光电参数						
	额定电压(V)	额定功率(W)	启动电压(V)	灯泡电压(V)	启动电流(A)	灯工作电流(A)	额定光通量(lm)
NG-250 NG-400	220	250 400	187	100 ± 20	3.8 5.7	3.0 4.6	23 750 42 000

附表 2-9　国产 36 W 荧光灯用镇流器性能对比表

比较对象	普通电感镇流器	节能型电感镇流器	电子镇流器
自身功耗(W)	8-9	<5	3-5
系统光效比	1	1	1.2
价格比较	低	中	较高
重量比	1	1.5 左右	0.3 左右
寿命(年)	15-20	15-20	5-10
可靠性	较好	好	较好
电磁干扰(FMI) 或无线电干扰(RFI)	较小	较小	在允许范围内
灯光闪烁度	有	有	无
系统功率因数	0.4-0.6(不补偿)	0.4-0.6(不补偿)	0.9 以下

附录3 常用电线、电缆型号及主要用途

序号	型号		名称	主要用途
	铝芯	铜芯		
1	BLX	BX	500 V橡皮绝缘电线	室内架空或穿管敷设交流500 V及直流1 000 V以下
2	BLXF	BXF	500 V氯丁橡皮线	室内外架空或穿管敷设交流500 V及直流1 000 V以下
3		BXR	铜芯橡皮绝缘软线	室内安装,要求柔软时使用
4	BLV	BV	聚氯乙烯绝缘电线	用于交流500 V及以下或直流1 000 V及以下的电器设备及电器线路,可明敷、暗敷,护套线可以直接埋地。软电线可用于安装要求柔软时使用
5	BLV105	BV105	耐热(105℃)聚氯乙烯绝缘电线	
6	BLVV(圆形) BLVVB(平形)	BVV(圆形) BVVB(平形)	聚氯乙烯绝缘聚氯乙烯护套电线	
7		BRV	聚氯乙烯绝缘软线	
8		RV	铜芯聚氯乙烯绝缘软线	供交流250 V及以下或直流500 V及以下各种电器、仪表、电信设备自动化装置接线用。RVB,RVS,RVV型可用于交流250 V及以下的照明、家用电器的电源接线。阻燃型软线用于上述有阻燃要求的场合。耐热软线用于高温(105℃)使用场合
9		Z R-RV	阻燃型铜芯聚氯乙烯绝缘软线	
10		RVB	铜芯聚氯乙烯绝缘平型软线	
11		Z R-RVB	阻燃型铜芯聚氯乙烯绝缘平型软线	
12		RVS	铜芯聚氯乙烯绝缘绞型软线	
13		Z R-RVS	阻燃型铜芯聚氯乙烯绝缘绞型软线	
14		BVV(圆形) BVVB(平形)	铜芯聚氯乙烯绝缘聚氯乙烯护套软线	
15		Z R-RVV	阻燃型铜芯聚氯乙烯绝缘聚氯乙烯护套软线	
16		RV-105	耐热(105℃)铜芯聚氯乙烯绝缘软线	
17		ZR-RV-105	阻燃耐热(105℃)铜芯聚氯乙烯绝缘软线	

附录3(续一)

序号	型号		名称	主要用途
	铝芯	铜芯		
18		BVP BVP105	聚氯乙烯绝缘屏蔽电线耐热(105℃)聚氯乙烯绝缘屏蔽电线	适用于交流250 V及以下的电器、仪表、电信、电子设备及自动化装置屏蔽线路,105℃电线线芯的长期允许工作温度应不超过105℃,其他型号电线应不超过65℃。安装时环境温度应不低于-15℃。
19		RVP RVP105	聚氯乙烯绝缘屏蔽软线耐热(105℃)聚氯乙烯绝缘屏蔽软线	
20		BVVP	聚氯乙烯绝缘聚氯乙烯护套屏蔽电线	
21	YJLV	YJV	交联聚氯乙烯绝缘,聚氯乙烯护套电力电缆	敷设在室内、沟道中及管子内,也可埋设在土壤中,不能承受机械外力的作用,但可承受一定的敷设牵引力
22	YJLVF	YJVF	交联聚氯乙烯绝缘,分相聚氯乙烯护套电力电缆	敷设在室内、沟道中及管子内,也可埋设在土壤中,不能承受机械外力的作用,但可经受一定的敷设牵引力
23	YJLV22	YJV22	交联聚氯乙烯绝缘,聚氯乙烯护套内钢带铠装电力电缆	敷设在土壤中,能承受机械外力的作用,但不能承受大的拉力
24	YJLV30	YJV30	交联聚氯乙烯绝缘,聚氯乙烯护套裸细钢丝铠装电力电缆	敷设在室内、隧道内及矿井中,能承受机械外力作用,并能承受相当的拉力
25	YJLV40	YJV40	交联聚氯乙烯绝缘,聚氯乙烯护套裸粗钢丝铠装电力电缆	敷设在室内、隧道内及矿井中,能承受机械外力作用,并能承受较大的拉力
26	YJLV42	YJV42	交联聚氯乙烯绝缘,聚氯乙烯护套内粗钢丝铠装电力电缆	敷设在水中,能承受较大的拉力
27	YJL22 ZR-YJL22	YJ22 ZR-YJ22	交联聚氯乙烯绝缘钢带铠装聚氯乙烯护套电力电缆(ZR表示阻燃型)	固定敷设在交流50 Hz,额定电压0.6/1 KV的电力传输和电力分配线路上;正常运行时导线最高温度为90℃
28	YJL32 ZR-YJL32	YJ32 ZR-YJ32	交联聚氯乙烯绝缘钢丝铠装聚氯乙烯护套电力电缆	

附录 3(续二)

序号	型号		名称	主要用途
	铝芯	铜芯		
29	ZR – YJLV	ZR – YJV	交联聚氯乙烯绝缘聚氯乙烯护套阻燃电力电缆	高层建筑、地铁、地下隧道、核电站、火车站等场所
30	ZR – YJLV22	ZR – YJV22	交联聚氯乙烯绝缘钢带铠装聚氯乙烯护套阻燃电力电缆	
31	ZR – YJLV32	ZR – YJV32	交联聚氯乙烯绝缘钢丝铠装聚氯乙烯护套阻燃电力电缆	
32		NH – VV	聚氯乙烯绝缘和护套耐火电力电缆	照明、电梯、消防、报警系统应急供电回路以及地铁、核电站等与消防救火有关的场所
33		NH – VV22	聚氯乙烯绝缘和护套钢带铠装耐火电力电缆	
34	DYDL – ZR – VLV	DYDL – ZR – VV	聚氯乙烯绝缘聚氯乙烯护套低烟低卤阻燃电力电缆	高层建筑、地铁、船舶等人员密集、空间密闭的场所
35	DYDL – ZR – VLV22	DYDL – ZR – VV22	聚氯乙烯绝缘钢带铠装聚氯乙烯护套低烟低卤阻燃电力电缆	
36		DYWL – ZR – YJJ	交联聚氯乙烯绝缘交联聚烯烃护套低烟无卤阻燃电力电缆	固定敷设在 0.6/1 kV 电力线路中,对电缆阻燃、烟密度、毒性指数等有特别要求的场所,如高层建筑、地铁、核电站等
37		DYWL – ZR – YJJ22	交联聚氯乙烯绝缘钢带铠装交联聚烯烃护套低烟无卤阻燃电力电缆	
38		DYWL – ZR – YJJ32	交联聚氯乙烯绝缘钢丝铠装交联聚烯烃护套低烟无卤阻燃电力电缆	
39		JKYJ JKTR YJ	铜芯交联聚氯乙烯绝缘架空电缆;软铜芯交联聚氯乙烯绝缘架空电缆	架空固定敷设,软铜芯产品用于变压器引下线
40		JKLYJ JKLHYJ	铝芯交联聚氯乙烯绝缘架空电缆;铝合金芯交联聚氯乙烯绝缘架空电缆	电缆架设时,应考虑电缆和树木保持一定的距离,电缆运行时,允许电缆和树木频繁接触

附录 3(续三)

序号	型号		名称	主要用途
	铝芯	铜芯		
41		JKLYJ/B JKLHYJ/B	铝芯本色交联聚氯乙烯绝缘架空电缆;铝合金芯本色交联聚氯乙烯绝缘架空电缆	架空固定敷设。电缆架设时,应考虑电缆和树木保持一定的距离,电缆运行时,允许电缆和树木频繁接触
42		JKLYJ/Q JKLYHJ/Q	铝芯轻型交联聚氯乙烯绝缘架空电缆;铝合金芯轻型交联聚氯乙烯绝缘架空电缆	架空固定敷设。电缆架设时,应考虑电缆和树木保持一定的距离,电缆运行时,只允许电缆和树木短时接触
43	LMY	TMY	母线(母排)	室内外架空或地沟中、隧道内
44	LJ	TJ	裸绞线	室外架空
45	LG		钢芯铝绞线	室外大跨度架空输电线路
46		KXHF	橡皮绝缘非燃性橡套控制电缆	室内、电缆沟中、管道内及地下
47		KYVD	聚氯乙烯绝缘耐寒塑料护套控制电缆	
48		KXVD	橡皮绝缘耐寒塑料护套控制电缆	

参考文献

1　林平勇.电工电子技术(第2版).北京:高等教育出版社,2006.
2　魏金成.建筑电气(第3版).重庆:重庆大学出版社,2004.
3　杨光臣.建筑电气工程图识读与绘制(第2版).北京:中国建筑工业出版社,2004.
4　汪永华.建筑电气.北京:机械工业出版社,2004.
5　邢江勇.建筑电气技术.北京:科学出版社,2005.
6　唐定曾.建筑电气技术(第2版).北京:机械工业出版社,2005.
7　黄冬梅.电工电子实训.北京:中国轻工业出版社,2006.
8　黄民德.建筑电气技术基础.天津:天津大学出版社,2006.
9　王玉华.工厂供配电.北京:中国林业出版社,2006.
10　黄冬梅.电工基础.北京:中国轻工业出版社,2007.
11　周希章.照明装置的选用、安装与维修(第2版).北京:机械工业出版社,2007.
12　关光福.建筑电气.重庆:重庆大学出版社,2007年.
13　徐君贤.电气实习.北京:机械工业出版社.
14　韩廷臣.工厂供电.北京:机械工业出版社.